AF318809

TRAITÉ

DE

DROIT COMMERCIAL MARITIME

PAR

Arthur DESJARDINS

Docteur en droit, Docteur ès-lettres

AVOCAT-GÉNÉRAL A LA COUR DE CASSATION

MEMBRE DE L'INSTITUT DE FRANCE

TOME HUITIÈME (1)

I. Traité des assurances maritimes (ch. VIII, IX et X).
(Commentaire du titre X du livre II du code de commerce français, modifié par la loi du 12 août 1885 et droit comparé).

II. Appendice aux traités des assurances maritimes et des gens de mer.
(Loi allemande du 13 juillet 1887 et projet de loi français du 15 octobre 1888).

III. Des prescriptions et fins de non recevoir.
(Commentaire des titres XIII et XIV du livre II du code de commerce français et droit comparé).

PARIS

A. DURAND ET PEDONE-LAURIEL, ÉDITEURS
LIBRAIRES DE LA COUR D'APPEL ET DE L'ORDRE DES AVOCATS,
PEDONE-LAURIEL, SUCCESSEUR
13, RUE SOUFFLOT, 13
1889

(1) Les souscripteurs du tome VIII recevront gratuitement un volume en préparation, contenant l'*Introduction historique à l'étude du droit commercial maritime*, et les tables générales de l'ouvrage.

TRAITÉ

DE

DROIT COMMERCIAL MARITIME

PAR

Arthur DESJARDINS

Docteur en droit, Docteur ès-lettres

AVOCAT-GÉNÉRAL A LA COUR DE CASSATION

MEMBRE DE L'INSTITUT DE FRANCE

TOME HUITIÈME (1)

I. Traité des assurances maritimes (ch. VIII, IX et X).
(Commentaire du titre X du livre II du code de commerce français, modifié par la loi du 12 août 1885 et droit comparé).

II. Appendice aux traités des assurances maritimes et des gens de mer.
(Loi allemande du 13 juillet 1887 et projet de loi français du 15 octobre 1888).

III. Des prescriptions et fins de non recevoir.
(Commentaire des titres XIII et XIV du livre II du code de commerce français et droit comparé).

PARIS

A. DURAND ET PEDONE-LAURIEL, ÉDITEURS

LIBRAIRES DE LA COUR D'APPEL ET DE L'ORDRE DES AVOCATS,

PEDONE-LAURIEL, SUCCESSEUR

13, RUE SOUFFLOT, 13

1889

(1) Les souscripteurs du tome VIII recevront gratuitement un volume en préparation, contenant l'*Introduction historique à l'étude du droit commercial maritime*, et les tables générales de l'ouvrage.

AVANT-PROPOS

On m'a reproché, soit en France, soit en Allemagne, de négliger l'histoire du droit maritime. Je tiens à me justifier. J'amassais depuis longtemps les matériaux d'une *Introduction historique à l'étude du droit commercial maritime* et je l'ai maintenant à peu près terminée. C'est une œuvre d'assez longue haleine, qui forme la matière d'un volume.

On s'étonnera peut-être que je n'aie pas publié cette introduction dès 1878, en même temps que mon tome I. C'est à dessein que j'ai retardé cette publication. L'introduction se divise en deux parties dont la première va jusqu'au dix-huitième siècle inclusivement, la seconde formant un tableau des législations maritimes contemporaines. Je voulais utiliser pour celle-là de récents travaux historiques ; je désirais que celle-ci eût un caractère pratique et fît connaître aux lecteurs le dernier état de la loi maritime. Je me réjouis particulièrement, à ce dernier point de vue, de les avoir fait attendre, la plupart des codes de commerce ayant été profondément modifiés depuis dix ans.

L'introduction historique paraîtra très prochainement, en même temps que les tables.

A. Desjardins.

TRAITÉ DES ASSURANCES MARITIMES

(Chap. VIII, IX et X).

CHAPITRE VIII.

COMMENT FINIT LE CONTRAT D'ASSURANCE.

CHAPITRE IX.

COMPÉTENCE ET PRODÉDURE.

CHAPITRE X.

DROIT FISCAL.

SECTION I.

Droits d'enregistrement.

TRAITÉ

DES ASSURANCES MARITIMES

CHAPITRE VIII.

COMMENT FINIT LE CONTRAT D'ASSURANCE.

1624. Plusieurs codes contiennent un chapitre placé sous une semblable rubrique. Tel est le chapitre IV de la section III, titre III, livre III du code espagnol, intitulé « *De los casos en que se anula, rescinde o modifica el contrato de seguro* » ; telle est la quatrième section du chapitre III, livre III du nouveau code mexicain (1884), précédée de la même rubrique ; telle est la septième section du titre XI, livre V du code allemand, intitulée « Dissolution du contrat d'assurance et restitution de la prime ». Ce procédé de rédaction n'a pas été suivi par les rédacteurs du code français. Mais un traité du contrat d'assurance maritime serait incomplet si l'on n'y étudiait à part et d'une façon distincte comment ce contrat finit.

Nous ne suivrons pas, dans cette partie de notre traité, l'exemple donné par un certain nombre d'anciens auteurs. Stypmanus, par exemple, enseigne (1) que les causes générales d'annulation des contrats annulent le contrat d'assurance : tels sont l'erreur, qui vicie le consentement ; la violence, qui le paralyse ; le dol. La rescision pouvait-elle être prononcée pour lésion de plus de moitié ? Oui, d'après Straccha, *de sponsionibus* ; non, d'après Stypmanus lui-même ; *propter dubium eventum*, disait ce dernier jurisconsulte, *non possit dimidium considerari*. Nous sortirions de notre

(1) *Pars* IV, c. VII, n. 706 et s.

cadre en étudiant, à propos des assurances, la théorie générale des obligations (1). Il nous suffit d'exposer jusqu'à quel point et en quoi le code de commerce y a dérogé, c'est-à-dire d'examiner les causes spéciales d'annulation, de résolution et d'extinction de ce contrat spécial.

1625. J'ai développé dans mon tome VI, n. 1492, cette proposition de Casaregis : *Principale fundamentum assecurationis est riscum*. Il est évident que, si l'objet de l'assurance maritime n'est pas exposé aux risques maritimes, le contrat doit être annulé.

1626. Donc il doit être annulé quand le voyage est rompu avant d'avoir été commencé. On lisait dans le *Guidon* (ch. IX, art. 12) : « Pour le regard de l'asseureur, dés le port l'asseurance se peut defaire : si forcement, il n'aura rien ; mais si volontairement le voyage se rompt, defait ou change, il sera payé d'un pour cent s'il a convenu le transport de la riviere, sinon demy |pour cent ». L'ordonnance de 1681 (l. III, tit. VI, art. 37) s'exprima comme il suit : « Si le voyage est entièrement rompu avant le départ du vaisseau, même par le fait des assurés, l'assurance demeurera pareillement nulle, et l'assureur restituera la prime, à la réserve du demi pour cent ». Le code répéta (art. 349) : « Si le voyage est rompu avant le départ du vaisseau, même par le fait de l'assuré, l'assurance est annulée ; l'assureur reçoit, à titre d'indemnité, demi pour cent de la somme assurée ».

Il y a lieu, dans ce cas, à « ristourne », suivant la définition même que nous avons donnée dans notre traité du contrat à la grosse (t. V, n. 1171) : « Lors donc que le risque dont les assureurs s'étaient chargés, dit Emérigon (ch. XVI), s'évanouit avant que de naître, il s'opère une espèce de contreposition ou *restorne* du risque : *storno del rischio* ; d'où l'on a composé le mot de *ristourne* et, par syncope, celui de *stourny*, qui est provençal-italien (2) ».

1627. *Avant le départ du vaisseau* (3)... Ces expressions, ainsi

(1) Un certain nombre de jugements et d'arrêts décident que l'exécution volontaire de polices entachées d'irrégularités emporte la renonciation des parties aux moyens de nullité opposables à ces actes (v. par exemple dans la *Gaz. des trib.* du 20 octobre 1888 le jugement du tribunal de commerce de la Seine du 26 septembre 1888). Nous croyons devoir, par le même motif, renvoyer le lecteur aux règles générales sur la confirmation ou la ratification des contrats et aux commentaires de l'article 1338 c. civ. — (2) Le tarif arrêté au Conseil d'État le 7 novembre 1778 pour les courtiers de Marseille employait le mot *stourny*. — (3) *Quia deficiente periculo cessat præmium*, disait Wedderkop (*Introd. in jus nauticum*, § CIII), *sequitur ut, si navis iter stipulatum plane instituere impediatur .., integrum præmium assecurator restituere teneatur*. Le jurisconsulte danois invoque, dans ce sens, les principes du droit prussien et du droit belge, les ordonnances de Rotterdam (art. 56), d'Amsterdam (art. 23), de Hambourg (tit. 5, art. 16).

qu'Emérigon l'avait expliqué (1), ne doivent pas être prises à la lettre, et signifient : avant le commencement du voyage assuré, avant que la chose qui fait l'objet de l'assurance ait été exposée à la mer aux risques des assureurs ; car si l'on avait stipulé, par exemple, que le risque sur corps commencerait depuis que le navire aurait pris charge ou serait mis sous charge, la prime serait acquise aux assureurs quoique le voyage fût rompu avant le départ, pourvu que ce fût après que le navire aurait pris charge. C'est pourquoi le projet de révision imprimé en 1867 substituait aux mots « avant le départ du vaisseau » les mots « avant le commencement des risques ». Quand commencent les risques? Nous avons traité cette question dans notre tome VI, chapitre V, sect. II.

1628. ....*Même par le fait de l'assuré.* Telle n'était pas l'opinion de Roccus (2), de Santerna (3), de Straccha (4), de Casaregis (5) d'après lesquels, quand le contrat était rompu par le fait de l'assuré, même avant le départ, l'assureur n'en avait pas moins droit à la prime entière, ces auteurs n'exonérant l'assuré que s'il n'avait pas pu charger ses marchandises ou faire partir le navire. Mais Loccenius (6) était d'un avis différent et le règlement d'Amsterdam (art. 22) permettait à l'assuré de provoquer l'annulation du contrat par cela seul qu'il se réavisait et n'envoyait point les marchandises. Pothier dit à ce sujet (7) : « Lorsqu'un armateur a fait assurer son vaisseau pour un certain voyage, si le voyage a été entièrement rompu avant le départ du vaisseau, quoique par le fait de l'assuré, la prime ne sera pas due aux assureurs parce que, le vaisseau n'étant aux risques des assureurs que du jour qu'il a mis à la voile, ils n'ont, en ce cas, couru aucuns risques; et si elle leur avait déjà été payée, ils seraient tenus de la rendre, *condictione sine causa*, comme l'ayant reçue indûment. Pareillement si des marchands ont fait assurer des marchandises qu'ils se proposaient de charger sur un certain vaisseau et que, ces marchands ayant changé d'avis, le chargement ne se soit pas fait, la prime d'assurance de ces marchandises ne sera pas due aux assureurs, qui n'ont dans ce cas couru aucun risque » (8).

Le mauvais côté de cette disposition législative, c'est qu'elle ne maintient pas entre les contractants une entière égalité. L'assuré

(1) Ch. XVI, sect. I § 2. — (2) Not. 11, 13, 14, 82, 88. — (3) Part. 3, n. 19, 20, 22. — (4) Gl. 6. — (5) Disc. I, n. 53 et 56. — (6) L. II, c. V, n. 16. — (7) *Traité du contrat d'assur.*, n. 176. — (8) *Ut si mercium assecuratarum plane nihil navi imponatur*, disait aussi Wedderkop, qui renvoie, à ce propos, aux principes du droit danois, du droit prussien, du droit belge, aux ordonnances de Middelbourg, de Rotterdam, d'Amsterdam et de Hambourg.

peut toujours se dégager, tandis que l'assureur, la police une fois signée, ne le peut plus et n'a qu'une ressource : mettre l'assuré en demeure d'exécuter ou de résilier le contrat. Mais, comme l'a fait ressortir Cresp (1), il serait encore plus fâcheux d'ôter cette latitude aux assurés : « quelle charge, quelle ruine pour le commerce, si on lui rendait strictement obligatoires des opérations qu'il a pu projeter comme favorables, mais que les réflexions ou des circonstances nouvelles lui présenteraient comme désastreuses » !

Il y a rupture lorsque, avant le départ, le navire renonce à exécuter le voyage, soit qu'il désarme (2), soit qu'il en entreprenne un autre (3). Mais un voyage n'est pas rompu s'il n'est que différé (4). Il ne l'est pas non plus au sens de l'art. 349, s'il n'a été changé qu'après le commencement des risques. Pour distinguer le voyage rompu du voyage changé, il faut se demander avant tout si l'assureur a été un seul moment sous le coup de la police : la question est-elle résolue affirmativement ? l'article 349 n'est pas applicable.

Si l'assureur était tenu de restituer la prime, il avait le droit de toucher ou de garder un demi pour cent de la somme assurée. C'est un antique usage, adopté dans une ordonnance espagnole de 1556 (6), consacré par l'ancien droit des pays scandinaves, de la Prusse, de la Belgique, par les anciennes ordonnances de Middelbourg (art. 24), de Rotterdam (art. 56), d'Amsterdam (art. 23), de Hambourg (tit. V, art. 16, tit. VI, art. 1) (7). L'ordonnance de 1681 et le code de 1807 l'ont successivement confirmé.

Pothier a dit (8) : « Ce *demi pour cent* étant dû pour les dommages-intérêts de l'inexécution du contrat d'assurance par le fait de l'assuré, il s'ensuit que, lorsque ce n'est point par le fait de l'assuré que le contrat d'assurance n'a pas eu son exécution, l'assuré ne doit pas ce *demi pour cent*. Par exemple, si c'est l'incendie du

---

(1) III, p. 184-185. — (2) Cf. Marseille, 2 janvier 1824. Rec. de M. XVII, 1, 5. — (3) Cf. Lemounier, I, n. 94. — (4) « L'assuré conserverait donc le droit de le reprendre, après l'interruption survenue, aux conditions et sous le bénéfice de l'assurance consentie à son profit » (Weil, n. 124). V. sur la différence entre le voyage rompu et le voyage raccourci un intéressant arrêt d'espèce, rendu par la cour de Bordeaux le 29 janvier 1833. S. 1833. 2. 318. — (5) Cf. de Valroger, IV, n. 1538. — (6) Extrait de l'ordonnance de la *contractacion* de Séville, ch. XXXIX : « Dans tous les cas où un contrat d'assurance pour un voyage aux Indes ou de retour sera résolu parce qu'on n'aura couru aucun risque, l'assuré paiera à l'assureur un demi pour cent du montant du contrat. » — (7) Presque partout, *ubivis*, dit Wedderkop (§ CIII, note). *Junge* Kuricke, *Diatriba de assecurationibus*. — (8) Traité du contrat d'assur., n. 178.

vaisseau par le feu du ciel, avant son départ, qui a empêché l'exécution du contrat, les assureurs ne peuvent prétendre en ce cas le *demi pour cent* ; car l'inexécution du contrat ne provient pas, en ce cas, du fait de l'assuré, mais d'une force majeure dont l'assuré ne peut être tenu, suivant le principe *Nemo præstat casus fortuitos* ». Il en devrait être de même, sous l'empire des codes modernes (cf. art. 1148 c. civ.), si l'on considérait ce demi pour cent comme étant dû « pour les dommages-intérêts de l'inexécution du contrat ».

Mais Loccenius avait dit : *dato ipsi assecuratori, pro molestia, dimidio de centum*. Emérigon répéta (2) : « Le *demi pour cent* qui qui est dû aux assureurs dans les cas de ristourne leur est accordé non pour dommages-intérêts de l'inexécution du contrat...., mais bien pour la peine d'avoir signé et couché la partie sur leurs livres »(3). De ce principe, une fois posé, l'illustre jurisconsulte déduisait que le demi pour cent est dû dans tous les cas « pourvu que l'assureur ne soit pas coupable de dol ». Il semble qu'on ait, dans les travaux préparatoires, embrassé cet avis, car la cour d'Ajaccio, ayant demandé que l'assuré fût dispensé de payer le demi pour cent dans le cas de force majeure, ne fut pas écoutée. Les commentateurs du code ont répété 1° que cette indemnité « est la représentation des frais de négociation faits par l'assureur, de ses déplacements, peines et soins » (4); 2° que par conséquent l'assuré ne peut s'en affranchir en prouvant que la rupture du voyage est le résultat d'une force majeure tout-à-fait indépendantede sa volonté ou même qu'elle lui est nuisible (5).

Toutefois, d'après Bédarride (6) et M. Laurin (7), « un tempérament devrait être apporté à cette solution au cas où le ristourne serait la conséquence d'une *interdiction de commerce* ou d'un *acte du gouvernement* survenus avant le départ ». Il ne peut se faire, en effet, dans cette hypothèse, dit M. Laurin, que l'assureur soit indemnisé alors que l'assuré ne l'est point : d'ailleurs ce n'est pas là ce que la loi appelle la *rupture du voyage*, et la comparaison des art. 252 et 253 d'une part. 276, 277 et 288 d'une autre éclaire sous ce rapport d'un véritable jour la pensée du législateur». Tel n'est pas notre avis : ce sont les rapports de l'as-

---

(1) L. II, c. V, n. 16. — (2) Ch. XVI, sect. VI. — (3) Les règlements du Conseil des 7 novembre 1778 et 6 février 1779 portent « qu'en cas de stourny le droit de signature acquis au notaire ou au courtier et les frais de stourny seront à la charge de l'assuré » (Emérigon). — (4) Pardessus, III, n. 873 ; Weil, n. 124. Cf. J. V. Cauvet, n. 253. — (5) Ce sont les expressions mêmes de Pardessus, *loc. cit. Sic* Lemonnier, I, n. 97, de Valroger, IV, n. 1541, etc. — (6) IV, n. 1224. — (7) III, p. 185.

sureur et de l'assuré qu'il faut régler, non ceux du fréteur et de l'affréteur : il importe peu que, d'après les dispositions du titre des *chartes parties*, les conventions soient résiliées sans dommages intérêts de part ni d'autre au cas d'interdiction de commerce (1).

Par les mêmes motifs, si l'assurance conditionnelle est caduque parce que la condition vient à défaillir, les assureurs peuvent encore, ainsi que l'enseignait Emérigon, réclamer le demi pour cent.

Le projet de révision (1867) avait supprimé l'indemnité de demi pour cent comme étant tombée en désuétude.

1629. Nous n'avons parlé, pour tout simplifier, que du voyage rompu. Parlons maintenant du contrat annulé. S'il l'est par le fait de l'assuré, sans fraude, il suffit d'appliquer l'article 349. La question se complique s'il y a eu fraude de l'assuré.

D'après Emérigon (2), « l'assuré qui, par la police, affirmerait avoir lui-même chargé les marchandises assurées, serait de son chef (3) non recevable à soutenir qu'il n'a rien chargé ; *nemo auditur allegans propriam turpitudinem* » : par conséquent, il n'aurait pas le droit de répéter les primes payées. Que déciderait-on aujourd'hui ? La jurisprudence restreint de plus en plus la portée de cette maxime romaine, « ce qui a été payé sans être dû étant sujet à répétition et ce qui a été payé en vertu d'une obligation nulle n'étant pas dû » (4). Toutefois s'il était établi que l'assuré a tenté de se faire remettre le montant d'une indemnité d'assurance en employant des manœuvres frauduleuses pour persuader l'assurance d'un chargement imaginaire, c'est-à-dire commis effectivement une tentative d'escroquerie, il nous paraîtrait impossible d'accorder l'action en répétition (5). Alors même qu'on ne rencontrerait pas dans la cause les éléments constitutifs d'un délit prévu par la loi pénale, on ne peut pas oublier que l'art. 357 co., annulant dans un cas analogue le contrat à l'égard de l'assuré seulement, en maintient les effets au profit de l'assureur (conf. ci-dessous, n. 1634). Il est inutile d'ajouter que, le paiement n'ayant pas été fait par erreur, l'article 1376 est hors de cause.

Si le contrat est annulé par la faute de l'assureur, l'assuré peut indubitablement répéter les primes payées. Devra-t-il le demi pour cent ? Non sans doute dans le système de Pothier, d'après lequel les assureurs sont ainsi dédommagés de l'inexécution. Mais

---

(1) *Sic* de Valroger, *loc. cit.* — (2) Ch. XVI, sect. I, § 3. — (3) Emérigon reconnaît, au contraire, que les syndics de la faillite de l'assuré, représentant la masse, pourraient répéter les primes (ainsi jugé par l'amirauté de Marseille en 1781.)— (4) Civ. rej. 11 février 1884, B. civ. 1884, p. 47 ; civ. cass. 25 janvier 1887. D. 1887. 1. 405. — (5) Conf. Larombière, sur l'art. 1133, n. 33 et s., et Poncet, note sur l'arrêt du 25 janvier 1887.

Emérigon lui-même, on l'a vu, réserve leur dol. En effet, il n'en faut punir, à aucun point de vue, l'assuré. S'ils ne sont pas indemnisés des frais de négociation, déplacement, peines, soins, qu'ils se l'imputent.

Si la nullité n'est pas plus imputable à l'une qu'à l'autre des parties, l'assuré peut encore, sans aucun doute, répéter les primes payées. Mais serait-il encore débiteur du demi pour cent ? Non, d'après une ancienne et constante tradition. Le règlement d'Anvers (art. 14) ne conférait ce dédommagement aux assureurs que s'ils n'avaient rien su du vice ; Emérigon (ch. XVI, sect. VI) le leur enlève par cela seul qu'ils n'ont pu l'ignorer ; Pardessus (III, n. 874) ne le leur accorde qu' « en vertu de leur bonne foi présumée ». Tel nous paraît être, en effet, l'esprit de l'art. 349.

1630. Les dispositions de l'article 349 ne sont pas d'ordre public.

Les contractants peuvent stipuler, dans la police, que l'assuré ne paiera pas le demi pour cent si le voyage est rompu.

Peuvent-ils stipuler que l'assureur aura droit à la prime convenue quand même le risque ne serait pas alimenté ? Ce serait, dira-t-on peut-être, imposer à l'assuré une obligation sans cause, par conséquent dépourvue d'effet. Toutefois les parties sont libres d'élever et de transformer l'indemnité que l'article 349 accorde à l'assureur ; par conséquent il leur est loisible de stipuler que celui-ci gardera le montant de la prime à titre de dédit. Cette stipulation peut être implicite (1).

1630 *bis.* On lit dans la police du Havre : « Le droit de ristorne ou de résiliation pour les assurances en prime simple est fixée à un quart pour cent sur navires désignés et à demi pour pour cent sur ceux non désignés. Il est accordé, pour faire une demande en ristorne appuyée de pièces justificatives, deux mois pour les chargements faits en France ou ceux y arrivant ; trois mois pour ceux d'Europe, Méditerranée ; six mois pour l'Atlantique, et un an pour les ports au-delà des caps Horn et de Bonne-Espérance ; après ces délais, le droit de ristorne sera doublé, ainsi que les primes des échelles non indiquées par les assurés qui en auraient eu connaissance » (2) (art. 18). Le droit commun (cf. art.

(1) D'après un jugement du Havre du 28 août 1883 (Rec. du H. 1883. 1. 238), est valable l'assurance souscrite ferme sans ristourne et l'assureur a droit, en pareil cas, à la prime convenue, quand le risque ne serait pas alimenté. — (2) « Ces derniers mots s'appliquent au cas où la faculté de faire échelle, à la charge d'une augmentation de prime par chaque escale, étant stipulée sur la police, l'assuré omet d'avertir l'assureur des échelles effectuées par le capitaine, au fur et à mesure qu'elles parviennent à sa connaissance » (Lemonnier, II, n. 507).

432 co.) donne à l'assuré cinq ans pour intenter l'action en ristourne ; les assureurs avaient un intérêt manifeste à être plus promptement renseignés sur le sort des contrats. Cette disposition générale s'applique d'ailleurs au cas prévu par l'art. 15, avec lequel elle doit être combinée : « En cas d'assurances sur navires non désignés, dit cet article, l'assuré s'oblige à faire connaître le nom dudit navire au plus tard dans huit mois pour les voyages au-delà des caps Horn et de Bonne-Espérance ; dans quatre mois pour les autres voyages de long cours et de grand cabotage, et dans deux mois pour ceux du petit cabotage, le tout à compter de la date de la présente, à défaut de quoi le risque sera résilié » (1).

« Si l'assurance porte sur ou par navire désigné, lit-on dans la police de Nantes, en cas de non mise en mer après six mois de la date de la police pour les voyages en-deça des caps Horn et de Bonne-Espérance, neuf mois pour ceux au-delà desdits caps, la prime convenue sera augmentée de un pour cent. Au bout d'un an, dans le premier cas, et de quinze mois dans le second, il sera alloué aux assureurs deux pour cent, et le contrat sera nul à partir de l'expiration de ces dernières époques » (art. 9). « Si l'assurance est faite sur navires indéterminés, l'assuré est tenu de faire connaître le nom des navires au plus tard dans le délai de six mois pour les voyages au-delà des caps Horn et de Bonne-Espérance ; dans les quatre mois pour les autres voyages de long cours ; dans deux mois pour les voyages de grand cabotage et dans un mois pour ceux de petit cabotage ; le tout à partir de la date de la police ; faute de quoi, la police est nulle de plein droit, et il est payé aux assureurs demi pour cent de droit de ristourne pour les voyages de long cours, un quart pour cent pour ceux de cabotage » (art. 10). « *Le droit de ristourne ou de résiliement* sera d'un quart pour cent, sans dérogation, sauf celui pour assurances par navires indéterminés qui reste fixé à demi pour cent » (art. 11). L'article 10 est fait pour les assurances dont un navire, indéterminé au moment du contrat, mais qui doit être nommé dans un certain délai, forme l'objet, tandis que l'article 11 *in fine*, applicable aux facultés, permet de les faire assurer sans détermination du navire qui les porte, mais sous l'obligation de payer, en cas de ristourne, le droit ordinaire de $1/2$ 0/0 (2).

La police « française » sur facultés, édition de 1888, s'exprime comme il suit dans son article 7 § 1 : « Si l'assurance est faite sur navire ou navires indéterminés, l'assuré est tenu de faire connaître aux assureurs le nom du navire ou des navires et de leur

---

(1) « Ce n'est point le risque qui peut être résilié, mais le contrat dont le risque est l'objet : cette résiliation, étant expressément stipulée, s'opère de plein droit et par la seule expiration du délai. » — (2) Lemonnier, II, n. 560.

déclarer la somme en risque dès la réception des avis qu'il aura reçus lui-même ou au plus tard dans les trois jours de cette réception ». Cette obligation manque d'une sanction précise. « Des nullités, écrit M. de Courcy (1), des pénalités, des doubles primes prononcées pour le fait inoffensif d'une négligence de quelques jours à communiquer un avis de chargement paraîtraient intolérables à la clientèle et donneraient lieu aux plus irritantes discussions ». Toutefois, poursuit-il, le droit commun reste aux assureurs qui pourront, suivant le cas, demander la résiliation du contrat. Le deuxième alinéa du même article est ainsi conçu : « Quand la police n'a pas exprimé la durée pour laquelle elle est faite, elle ne peut plus produire aucun effet au profit de l'assuré, après quatre mois de la date de la police, pour tout ce qui n'aura pas été chargé dans ce délai ». « Il arrive parfois, remarque M. de Courcy (2), qu'on souscrit une police d'une somme maximum sur un ou plusieurs navires à désigner, en conséquence d'un crédit ouvert ou en prévision d'une opération projetée. L'opération prévue ne se réalise pas toujours. Il conviendrait de résilier une police sans objet. Souvent personne ne s'en avise. Il n'y a pas de prime à payer ni à recevoir qui serve d'avertissement et les deux parties négligent de provoquer l'annulation. Un tel contrat oublié peut-il sommeiller indéfiniment, pour se réveiller lorsqu'une des parties ou un tiers intéressé le découvrira ? » Tel est l'inconvénient grave auquel on a voulu remédier.

La police de Marseille sur marchandises par vapeurs (décembre 1882) reproduit littéralement dans son article 7 les deux dispositions que nous venons d'analyser. On lit dans la police du même port, de mars 1866 (art. 7) : « Si l'assurance est faite *in quovis*, soit sans désignation de navire, l'assuré est tenu de faire connaître le nom du navire au plus tard dans six mois pour les voyages au-delà des caps Horn et de Bonne-Espérance, dans trois mois pour les autres voyages au long cours et pour ceux de grand cabotage, et dans deux mois pour les voyages de petit cabotage ; le tout à partir de la date de la police. À l'expiration de ces délais, les assureurs auront le droit de signifier à l'assuré qu'ils résilient le risque. La police sera nulle dix jours après la date de la signification et il sera dû aux assureurs, en indemnité, un cinquième de la prime pour droit de ristourne ».

On lit enfin dans la police de Bordeaux (art. 10) : « Si l'assurance est faite sur navires à désigner, l'assuré est tenu de faire connaître le nom du navire dans le délai de six mois pour les voyages au-delà des caps Horn et de Bonne-Espérance, dans quatre mois

---

(1) Comment., 2ᵉ éd., p. 242. — (2) Ib., p, 246,

pour les autres voyages de long cours, dans deux mois pour les voyages de grand cabotage et dans un mois pour ceux de petit cabotage, le tout à partir de la date de la police ; faute de quoi la police est nulle de plein droit » (art. 10).

1630 *ter*. Il faut bien distinguer, ai-je dit plus haut (n. 1628), le voyage différé du voyage rompu. Le contrat n'est pas ristourné parce que l'exécution en est ajournée. Mais l'attente ne peut pas être éternelle. C'est pourquoi l'article 11 de la police de Bordeaux est ainsi rédigé : « Si, l'assurance étant faite sur un navire partant d'Europe, le départ est retardé de plus de trois mois à dater de la souscription du risque, l'assureur a la faculté d'annuler la police avant le départ du navire, en conservant demi pour cent pour risques courus ». Cette disposition rétablit l'équilibre entre les deux contractants. Toutefois l'assureur ne peut provoquer la rupture du contrat que si l'assuré lui donne lieu de craindre, par une inaction prolongée, la rupture du voyage, tandis que l'assuré peut arbitrairement rompre le contrat en rompant le voyage.

L'article 7 § 2 de la police française sur facultés, que nous venons de commenter, est conçu dans un esprit analogue.

1631. Il y a, tout comme au cas où le voyage est préalablement rompu, défaut absolu de risques quand, plusieurs assurances ayant successivement couvert le même objet, le premier contrat subsiste seul et les assurances subséquentes sont ristournées. Nous avons, dans notre tome VII (n. 1498 et s.), commenté l'article 359 et caractérisé le cumul prohibé par la loi. Ainsi que le sait déjà le lecteur (cf. n. 1507), « les assureurs qui ont signé les contrats subséquents sont libérés ; ils ne reçoivent que demi pour cent de la somme assurée ».

Il faut évidemment combiner les deux premiers alinéas de l'article 359. Le second n'a trait, comme le premier, qu'aux contrats faits sans fraude. Le législateur, en prononçant le ristourne contre l'assuré, fait retomber sur lui les conséquences non pas de son dol, mais de son erreur ou de sa négligence. Son premier contrat ne lui suffisait pas et lui laissait du souci ? Il pouvait en négocier la résiliation ou le ristourne, faire assurer par un deuxième contrat la solvabilité des assureurs, faire assurer la chose à nouveau avec déclaration de l'assurance antérieure dont, en cas de sinistre, il cèderait les droits à ses nouveaux assureurs (1). N'ayant pris aucune de ces précautions, il ne sera garanti que par le premier contrat.

En revanche, il n'aura pas de prime à payer aux assureurs subséquents, sauf convention contraire. Nous croyons que les intéressés peuvent fixer à forfait le montant de l'indemnité due à l'assureur, par conséquent l'évaluer au montant de la prime (v. ci-

____

(1) Cf. de Courcy, Quest. I, p. 366.

dessus, n. 1630). La compagnie des messageries maritimes qui, en vertu d'un traité conclu avec un grand nombre d'assureurs, a reçu mandat, pour ses agents et capitaines, d'assurer les marchandises chargées sur ses navires aux divers lieux d'escale, a pu légalement annoncer qu'elle ne restituerait pas les primes perçues (1). C'est encore ainsi que, d'après une des polices de Marseille (mars 1866) (2), « toute annulation de risque et tout ristourne excédant cinquante pour cent de la somme assurée est soumis à un droit du cinquième de la prime sur la totalité de la somme ristournée en faveur des assureurs. »

Mais, quand la convention est muette, la loi fixe l'indemnité des assureurs au demi pour cent de la somme assurée. Tout ce que nous avons dit du demi pour cent au n. 1628 s'applique à l'interprétation de l'article 359 § 2. C'est avec raison que Lemonnier, commentant l'art. 17 (ancien) de la police du Havre, met sur la même ligne, à ce point de vue, les dispositions des art. 349 et 359, conçues d'ailleurs dans les mêmes termes.

S'il y a eu fraude de l'assuré, ce n'est plus l'article 359 qu'il faut appliquer, mais l'article 357. Nous avons exposé dans notre t. VI (n. 1447) le système proposé par la cour de cassation dans les travaux préparatoires, qui consistait à faire rendre par l'assureur la prime reçue en retenant seulement, même dans cette hypothèse, demi pour cent de la somme assurée. Cette proposition ne fut pas adoptée. Quand la nullité n'est pas invoquée par l'assureur, l'assuré ne peut pas se dispenser de payer la prime. Mais peut-il ne pas la payer quand c'est l'assureur qui demande la nullité ? La loi, qu'on le remarque, dit non pas précisément que la nullité sera demandée par l'assureur seul, mais que le contrat « est nul à l'égard de l'assuré seulement ». Si le contrat est nul à l'égard de l'assuré seulement. il semble que celui-ci, même quand il n'en profite pas. une fois que la nullité est prononcée, n'importe qui l'ait fait prononcer, soit tenu de payer la prime (3). Autrement l'annulation serait prononcée contre l'assureur.

1631 bis. Quand une chose a été affectée intégralement à un prêt à la grosse, elle ne peut plus être assurée (voir notre tome V, n. 1174). Mais si les assureurs qui ont signé les contrats subséquents sont libérés, doivent-ils recevoir en outre, par application de l'art. 359 § 2, demi pour cent de la somme assurée? On peut le soutenir, par ce double motif que le prêt à la grosse équivaut pour les emprunteurs à une assurance, diminuant leur mise en risque, et que le préjudice occasionné par le ristourne, outre qu'il provient

(1) Cf. de Courcy, Quest. I, p. 373 et 374. — (2) Art. 28. — (3) *Contra* Lyon-Caen et Renault, n. 2065.

de la même cause, est exactement le même pour les assureurs ris-tournés ? Cependant il nous semble plus rigoureusement juridique de ne pas étendre d'un cas à l'autre cette pénalité civile, qui est de droit étroit.

Les jurisconsultes aux yeux desquels l'emprunt postérieur à l'as-surance, mais fait avant le départ, annule cette assurance (1), ont à se poser la même question dans cette seconde hypothèse. Il nous paraît encore plus difficile d'allouer, par analogie, aux assureurs *antérieurs* le demi pour cent ! Mais l'assuré qui leur aurait causé un dommage par son fait serait évidemment tenu de le réparer con-formément au droit commun.

1632. Il y a défaut de risque, ai-je dit, si la chose présentée comme mise en risque ne court plus de péril. Je renvoie le lecteur aux explications données dans mon tome VII, n. 1480 à 1483. Il y verra que l'assurance faite après la perte ou l'arrivée n'est pas né-cessairement nulle, le législateur admettant l'équivalence du ris-que putatif et du risque réel. Mais nous supposons que la connais-sance de la perte ou de l'arrivée est soit présumée (conformément à l'article 366 et dans le cas où l'assurance n'est pas faite sur bon-nes ou mauvaises nouvelles), soit prouvée.

Dans l'un et dans l'autre cas, le juge doit prononcer la nullité du contrat contre la partie qui est en faute.

Si la fraude est prouvée contre l'assuré, celui-ci paie à l'assu-reur une double prime ; en cas de preuve contre l'assureur, celui-ci paie à l'assuré une somme double de la prime convenue. C'est ce que décide expressément l'article 368, dont le texte ne soulève, à ce point de vue, aucune difficulté.

Si la fraude est simplement présumée, la double prime n'est pas due. Mais ne peut-on pas soutenir, en invoquant par analogie l'ar-ticle 357, que, dans l'hypothèse où l'assuré est présumé légale-ment avoir connu la perte, puisque le contrat n'est annulé qu'à son égard, il est tenu, dans tous les cas, de payer la prime ? Nous ne le pensons pas. Emérigon a dit, au début de la section VII du chapitre XV, intitulée « Peine de la fraude » : « La présomption tirée de la lieue et demie par heure opère la nullité de l'assurance ; mais *elle n'est pas une preuve de fraude.* Par conséquent, elle n'est accompagnée d'aucune peine. Si l'assuré *pouvait savoir*, l'assureur pouvait savoir aussi. Ils n'ont rien à se reprocher sur ce point. Il suffit donc de casser l'assurance par cela seul que la loi la déclare nulle. » C'est ce qu'enseignait déjà Pothier. Il est tout à fait im-probable que les rédacteurs du code se soient écartés de cette in-terprétation traditionnelle. D'ailleurs, dans le système inverse,

(1) Nous avons adopté l'opinion contraire dans notre t. V, n. 1174.

comment serait puni l'assureur dont la fraude aurait été seulement présumée? Il y aurait dans le code de commerce une lacune ou une contradiction.

1633. *Droit anglais.* Une fois que les risques ont commencé, il n'y a pas lieu, dit Arnould (1), au ristourne de la prime (*return of premium*), à raison du temps pendant lequel ils se sont prolongés, la durée du risque n'étant pas la mesure du risque. Mais quand il y a défaut absolu d'intérêt assurable, soit parce que l'intérêt en risque est une pure expectative (*contingency or expectation*), soit parce que l'assurance porte sur un navire incapable de tenir la mer, il y a lieu au ristourne de la prime. La règle peut être posée dans les termes suivants : si, par erreur, à la suite d'un faux avis (*or any other innocent cause*), une assurance a été faite sans un intérêt assurable (2), l'assuré a droit de recouvrer la prime (3).

De même si le contrat n'a pas reçu d'exécution et si, par conséquent, le risque n'a pas commencé (4). Mais il semble, ajoute Arnould (5), que l'assuré, pour exercer un tel droit, doive notifier préalablement aux assureurs sa renonciation au contrat (6).

La prime doit être incontestablement restituée toutes les fois que la police est annulable (*is rendered void*) par la fraude de l'assureur : par exemple si la clause *lost or non lost* y a été insérée, l'assureur ayant secrètement appris, au moment où se signait le contrat, l'heureuse arrivée du navire (7). L'assuré peut-il, de son côté, répéter la prime quand le contrat a été, par sa propre fraude, nul (*rendered void*) *ab initio* ? La question a été débattue et, pendant quelque temps, diversement résolue par les tribunaux anglais. D'après la jurisprudence qui prévaut, si le contrat est annulé par la fraude grossière et actuelle (*gross and actual fraud*) de l'assuré (ou de son agent), celui-ci ne peut pas se faire restituer la prime (8). Cette formule doit être prise au pied de la lettre. En

---

(1) II, p. 1066. — (2) Arnould dit un peu plus loin : « sans une étincelle d'intérêt » (*no scintilla of interest*). — (3) En cas de prise, si le capteur acquiert un intérêt assurable, quoiqu'il puisse être ultérieurement dépossédé par la cour d'amirauté, ordonnant la restitution de la prise, il n'a pas droit au ristourne (Bœhm *v.* Bell, 8 T. R. 154). Il en serait autrement si ce capteur n'avait eu qu'une simple expectative, subordonnée au bon plaisir de la Couronne, pourvu que le contrat ne fût pas vicié par la fraude et que le voyage ne fût pas entaché d'illégalité (Routh *v.* Thompson, 11 East, 428). — (4) Tappenden *v.* Randall, 2 B. and P. 467 ; Aubert *v.* Walsh, 3 Taunt. 276. — (5) II, p. 1063-1064. — (6) Un assuré sur facultés, faute d'avoir ainsi procédé, a été déclaré non recevable dans l'affaire Palyart *v.* Leckie, 6 M. and Sel. 290. — (7) Lord Mansfield in Carter *v.* Boehm, 3 Burr. 1909. — (8) Tyler *v.* Horne, 2 Marshall, Ins. 661 ; Chapman *v.* Fraser, ib. Dans l'affaire Tyler *v.* Horne, il y avait fraude énorme (*very gross*), l'assuré ayant enjoint au courtier de conclure après avoir été particulièrement avisé du sinistre.

effet, si le contrat n'est annulable *ab initio* que par la simple faute de l'assuré (dans des circonstances qui n'impliquent pas la fraude actuelle), par exemple s'il a violé, sans fraude, les *garanties* (déclarations ou promesses) explicites ou implicites (on peut supposer que le navire ne part pas au jour prescrit ou n'est pas en état de tenir la mer), la prime est restituable (1).

Le lecteur sait (v. ci-dessus, n. 1510) quelle est, en matière de double assurance, la règle du droit anglais : l'assuré a droit au ristourne des primes, proportionnel à l'excédant totalisé des sommes assurées dans l'universalité des polices sur la valeur assurable des objets mis en risque (2).

Dans tous les cas où la prime est restituable (en tout ou en partie), l'usage est, dit Arnould (3), d'allouer à l'assureur, toutes les fois qu'une clause contraire n'a pas été insérée dans la police, un demi pour cent (4) : *the rule is in practice always acted upon at Lloyd's*, poursuit-il, *where no stipulation is made to the contrary* (5). Mais il suffit que l'assureur, au moment de la signature, ait été avisé, en fait, ou ait dû être avisé de quelque vice radical annulant (*avoiding*) le contrat (6) pour être privé du droit à cette indemnité (7).

Droit anglo-américain. Le vingt-deuxième chapitre du traité de Phillips débute par cette citation de lord Mansfield (8) : « Où le risque n'a pas couru, que ce soit par la faute, par le bon plaisir ou la volonté de l'assuré ou par tout autre motif, la prime sera ristournée. » On peut supposer que des marchandises avaient été assurées pour un voyage et que l'assuré n'a fait aucun chargement (9). La règle cesse évidemment d'être applicable si la chose

---

(1) Henckle *v.* Royal Exch. Ass. Co., 1 Ves. 317 ; Annen *v.* Woodman, 3 Taunt. 299. *Sic* 2 Marshall, Ins. 663. D'après un arrêt rendu par la Haute-Cour de justice, division de la chancellerie, le 21 mars 1888 (V. le *Journ. du dr. intern. privé*, t. XVI, p. 317), l'assurance contractée sur le chargement d'un navire hors d'état de naviguer est radicalement nulle, et l'usage établi de payer néanmoins les chargeurs de bonne foi (*Innocent shippers*) ne peut être invoqué devant un tribunal. — Si la police est annulée parce que l'assuré y a introduit, après coup, sans l'assentiment des assureurs, quelque modification substantielle (*material alteration*), la prime n'est pas restituable (Langhorn *v.* Cologan, 4 Taunt. 329). — (2) *Junge* ci-dessus, n. 1510. Quant à la répartition entre les différents assureurs des restitutions à faire, selon que la police est unique ou qu'il y a plusieurs polices simultanées ou plusieurs polices conclues à des dates différentes, v. Arnould, II, p. 1069 et s. — (3) II, p. 1077. — (4) Evidemment « de la somme assurée», quoique le jurisconsulte ne le dise pas.— (5) *Sic* Stevens on Average, p. 206. — (6) Par exemple il connaissait l'heureuse arrivée des marchandises qu'il assurait. — (7) Arnould, dans cette partie de son traité, s'approprie à plusieurs reprises les doctrines d'Emérigon. — (8) Tyrie *v.* Fletcher, Cowp. 666. — (9) Waddington *v.* United Ins. Co., 17 Johns. R. 23.

assurée a été mise en risque, ne fût-ce qu'un moment (1). Elle l'est assurément si le risque assuré l'est une seconde fois par le même au profit du même (2). La prime doit être également ristournée si l'assuré n'a pas d'intérêt dans la chose assurée, de façon que l'assureur n'encourt aucune responsabilité (3). Les polices américaines contiennent généralement une clause ainsi conçue : « si l'assuré a fait une assurance antérieure, les assureurs seront seulement responsables en tant que le montant de celle-ci ne suffira pas à garantir l'objet de l'assurance et restitueront la prime proportionnellement à la fraction de la somme assurée dont ils seront libérés (*exonerated*) par cette assurance antérieure », en déduisant toutefois le demi pour cent ou toute autre portion de la prime (4). Au cas de fraude imputable à l'assureur (s'il a connu, par exemple, au moment de l'assurance, l'heureuse arrivée des objets assurés), il doit restituer la prime (5). Si le contrat est annulé pour avoir été conclu en violation des lois (*on account of illegality*), l'assuré n'a pas, en général, qualité pour répéter la prime, par application de la règle suivant laquelle les parties, quand elles sont *in pari delicto*, ne peuvent pas s'actionner l'une l'autre (6).

D'après le projet de code civil pour l'Etat de New-York (art. 1423), une violation de *garantie*, sans fraude, exonère simplement l'assureur à partir du moment où elle a lieu ; si elle arrive dès le début, elle empêche la police de s'appliquer au risque.

Nous avons cité plus haut (n. 1460) l'article 2501 du code civil du Bas-Canada (*junge* ci-dessus, n. 1510).

Code espagnol. Est nul le contrat d'assurance qui garantit des navires ou des marchandises antérieurement affectés à un prêt à la grosse pour toute leur valeur (art. 781 § 1) ou encore un navire qui, sans avoir été retenu par la force majeure, n'a pas pris la mer dans les six mois à partir de la signature de la police, auquel cas, outre que l'assurance est annulée, l'assureur reçoit demi pour cent de la somme assurée (art. 781 § 6) ou encore un navire qui soit omet d'entreprendre le voyage assuré, soit entreprend un voyage différent, auquel cas l'assureur reçoit demi pour cent de la somme assurée (art. 781 § 7). D'après l'art. 782, au cas d'assurances successives, si l'entière valeur des objets assurés est couverte par le premier contrat, celui-ci subsiste seul ; les assureurs subséquents sont libérés et reçoivent demi pour cent de la somme assurée.

---

(1) Phillips, II, n. 1820. — (2) V. l'exemple tiré par Phillips (n. 1823) de l'affaire Taylor *v.* Sumner, 4 Mass. R. 56. — (3) V. Phillips, II, n. 1824 et s. — (4) Phillips, ib. n. 1839. Cf. New-York Ins. Co. *v.* Thomas, 3 Johns. Cas. 1. — (5) V. pour le développement de cette proposition Phillips, II, n. 1845. — (6) V. pour le développement de cette proposition, ib., n. 1846.

Mais, aux termes de l'art. 783, l'assuré ne sera pas dispensé de payer l'intégralité des primes aux différents assureurs, s'il n'a pas fait connaître à ces assureurs subséquents (*postergados*) la rescision de leurs contrats avant que les objets assurés soient parvenus à destination. S'il est prouvé que l'assuré savait la perte ou l'assureur l'arrivée du navire avant la signature du contrat, l'auteur de la fraude devra payer à l'autre partie un cinquième de la somme assurée (art. 785 § 2). Enfin l'article 788 est ainsi conçu : « Si, une assurance ayant été contractée frauduleusement par divers assureurs, l'un d'eux ou quelques-uns d'entre eux ont procédé de bonne foi, ils auront droit de réclamer la totalité de leurs primes aux auteurs de la fraude, l'assuré n'ayant à supporter aucune responsabilité (1). Il sera procédé d'une manière analogue dans les rapports des assurés avec l'assureur, lorsque quelques-uns d'entre eux auront été les auteurs de l'assurance frauduleuse » (cf. art. 1232 c. chilien).

Codes de Costa-Rica et du Pérou. Quand le voyage est rompu ou quand la destination du navire est changée avant le commencement des risques, l'assurance est nulle, alors même que l'événement est causé par la faute ou par le caprice de l'assuré (art. 829 c. cost. riq.). Est encore nulle l'assurance faite sur un navire qui passe, après la signature de la police, un an sans entreprendre le voyage. Dans l'un et l'autre cas, l'assureur reçoit un demi pour cent de la somme assurée (art. 830 c. c. r.). Le code de Costa-Rica (art. 831 et 832) reproduit les art. 782 et 783 du code espagnol. Dans l'hypothèse prévue par l'art. 785 c. esp., l'assureur auteur de la fraude perdra le droit à la prime et sera condamné à payer le cinquième de la somme assurée : si c'est l'assuré qui a commis la fraude, l'assurance ne pourra pas lui profiter ; il restera débiteur de la prime convenue et paiera en outre le cinquième de la somme assurée (art. 836). L'art. 914 § 3 du code péruvien annule l'assurance à l'égard de l'assureur si le navire a passé, depuis la signature de la police, un an sans entreprendre le voyage. Toutes les autres dispositions du code péruvien (art. 915 à 917, 919, 923, 924, 926) reproduisent exactement les dispositions précitées du code de Costa-Rica.

D'après le code mexicain de 1884, si le voyage est rompu avant que le navire ait pris la mer ou si la destination est changée, l'assurance est annulée (*se tendra por nulo*), quand cet événement arrive par la faute ou par la volonté arbitraire de l'assuré (art. 1303). De même si le navire reste un an après la signature de la police sans entreprendre le voyage (art. 1304 § 1). Dans ces cas,

____

(1) Alinéa reproduit par le code de Costa-Rica (art. 837).

l'assureur a droit au cinq pour cent de la prime convenue (art. 1304 § 2). Les articles 1305 § 1 et 1306 contiennent des dispositions semblables aux articles 782 et 783 du code espagnol : toutefois l'assureur reçoit non pas un demi pour cent de la somme assurée, mais cinq pour cent de la prime. Est nulle (art. 1307) toute assurance faite postérieurement à la bonne arrivée ou à la perte des objets assurés, s'il est prouvé légalement que les intéressés connaissaient l'un ou l'autre événement : comme en droit espagnol, l'auteur de la fraude devra payer à l'autre partie un cinquième de la somme assurée (art. 1309) (1).

Codes du Chili, de Guatemala, du Honduras et du Salvador. On lit dans la partie générale du code chilien (*dispositions communes aux assurances terrestres et maritimes*) : « L'assurance est résiliée : pour non-exécution des obligations contractées ; par suite du manque absolu de risques ou de leur extinction » (art. 557 §§ 2 et 3). « Si la nullité ou la résiliation de l'assurance sont prononcées par suite de fraude ou de dol de l'assuré, l'assureur pourra demander le paiement de la prime ou la retenir, sans préjudice de l'action criminelle, alors même qu'aucun risque n'aurait couru » (art. 558). On lit encore dans la partie spéciale du même code : « Si le voyage est rompu ou modifié avant que les objets assurés aient commencé à courir les risques, l'assurance est annulée » (art. 1228). « Lorsque la fraude de l'assureur ou de l'assuré est prouvée aux termes du paragraphe 3 de l'art. 1230 (connaissance de la perte par l'assuré, de l'heureuse arrivée par l'assureur), le premier paiera une double prime et le second le double de la prime outre qu'il restituera la prime s'il l'avait déjà reçue » (art. 1231). « Si la nullité de l'assurance faite par plusieurs assureurs est prononcée, l'assuré est déchargé de l'obligation de payer la prime aux assureurs qui n'auraient pas participé à la fraude. Mais, en pareil cas, les assureurs de mauvaise foi seront responsables envers les assureurs restés de bonne foi pour les primes qui leur reviennent d'après le contrat » (art. 1232). « Les assureurs ont également le droit de résilier l'assurance si le navire reste une année après la signature de la police sans entreprendre le voyage assuré » (art. 1273). « Les assureurs ont le droit de toucher ou de retenir un demi pour cent de la somme assurée dans les cas suivants : 1° si la nullité de l'assurance venait à être déclarée par quelque circonstance ignorée des assureurs sans qu'il y eût de leur faute ; 2° si, avant que le navire mît à la voile, le voyage projeté était rompu soit par le fait de l'assuré, soit que ledit voyage eût été effectué vers une autre destina-

---

(1) V. au texte l'art. 1308, concernant l'assurance *sobre buenas o malas noticias.*

tion que celle annoncée dans la police ; 3° si le navire était retenu par ordre du président de la république avant que le voyage fût commencé ; 4° si les marchandises désignées n'étaient pas chargées ou bien si elles étaient transportées sur un autre navire par un autre capitaine que celui du contrat ; 5° si l'assurance tombait sur un objet intégralement affecté à un prêt à la grosse, à l'insu de l'assureur ; 6° dans le cas prévu par l'art. 1257 (embarquement sur un nombre de navires inférieur au chiffre indiqué dans la police) ; 7° dans tous les autres cas de résiliation totale ou partielle compris dans l'art. 557 (art. 1274). Ces dispositions sont reproduites par les codes de Guatemala, du Honduras et du Salvador.

D'après le code de commerce du Venezuela, l'assuré doit avoir un intérêt réel à éviter le risque (*interes real en evitar los riesgos*), à peine de nullité de l'assurance (art. 418). L'assurance qui ne réunit pas toutes les conditions exprimées dans l'article 419 est nulle (1). Sont nulles les assurances qui ont pour objet : les profits ou bénéfices espérés, les objets de commerce illicite, les choses assurées déjà pour leur valeur intégrale (2) ; les choses ayant déjà couru le risque, qu'elles aient été sauvées ou détruites (art. 420) (3). Les art. 674 et 710 du même code sont calqués sur les art. 1228 et 1273 du code chilien. L'art. 675 ajoute : « Est de nulle valeur l'assurance contractée après la cessation des risques si, au moment de signer la police, l'assuré avait connaissance de la perte des objets assurés ou l'assureur de leur heureuse arrivée. » En outre, le « coupable » paiera dans ce cas, d'après l'art. 441, le double de la prime convenue et restituera tout ce qu'il aurait reçu en exécution du contrat. L'art. 1274 c. chil. est reproduit par l'art. 711 cod. venez., sauf le 7ᵉ alinéa. Dans le cas prévu par l'art. 359 § 2 du code français, les assureurs subséquents dont les contrats sont annulés restituent la prime, *salvo su derecho a indemnizacion* (art. 423).

Code hollandais. J'ai cité plus haut (n. 1460) les articles 281 et 282 du code hollandais. L'article 269 du même code ajoute : « Toute assurance contractée sur un intérêt quelconque après l'existence du dommage est nulle si l'assuré ou celui qui a fait

---

(1) Peuvent être assurées, d'après cet article, toutes les choses corporelles ou incorporelles, pourvu qu'elles existent au moment du contrat ou à l'époque où commencent à courir les risques pour compte de l'assureur, qu'elles aient une valeur appréciable en argent, qu'elles puissent faire l'objet d'une spéculation licite, qu'elles soient exposées à se perdre par l'effet du risque que l'assureur prend à sa charge. — (2) A menos que el seguro se refiera a tiempo o riesgos distintos de los que comprenda el anterior. — (3) Dispositions extraites du liv. I, où il est traité des assurances en général.

assurer pour lui avec ou sans mandat connaissait l'existence du dommage au moment du contrat. » L'article 635 (l. II, tit. IX, sect. IV) est ainsi conçu : « Si le voyage est rompu avant que les risques aient commencé, l'assurance est annulée, sans paiement de la prime. La prime sera retenue par l'assuré ou restituée par l'assureur. Dans les deux cas, l'assureur recevra un demi pour cent de la somme assurée, à moins que la prime entière ne s'élève pas à un pour cent ; dans ce dernier cas, l'assureur recevra la moitié de la prime » (art. 635). Aux termes de l'art. 599, le contrat d'assurance doit être ristourné s'il porte sur des navires ou marchandises affectés antérieurement à la grosse pour leur valeur entière. Le lecteur sait déjà (cf. n. 1460) que, d'après l'art. 662, dans le cas où les objets assurés ne sont pas expédiés, et généralement dans les cas prévus par l'art. 281, l'assureur jouit d'un demi pour cent de la somme assurée ou de la moitié de la prime suivant les distinctions établies par l'art. 635.

Les codes argentin et de l'Uruguay (art. 666 et 667) reproduisent (v. n. 1460) les articles 281 et 282 c. néerl., en ajoutant toutefois dans le deuxième alinéa de l'art. 666 : « Il y a également lieu à la répétition de la prime si la chose assurée a péri depuis la signature de la police, mais avant le moment où les risques ont commencé à courir pour le compte de l'assureur. » Les assureurs subséquents dont les contrats sont ristournés (dans l'hypothèse prévue par l'art. 359 § 2 du code français) sont obligés de restituer la prime reçue en retenant à titre d'indemnité demi pour cent de la somme assurée (art. 663 § 3). Les articles 1368 du code argentin, 1378 du code de l'Uruguay, on le sait (v. n. 1460), allouent à l'assureur demi pour cent de la somme assurée dans tous les cas où les risques n'ont pas commencé à courir et où l'assurance est annulée par un fait qui ne résulte pas directement de la force majeure.

On lit dans le code portugais de 1889, au titre XV du livre II : « L'assurance est nulle si, quand le contrat se forme, l'assureur sait que les risques ont pris fin ou si soit l'assuré, soit celui qui fait l'assurance a connaissance du sinistre. Dans le premier cas, l'assureur n'a pas droit à la prime ; dans le second, il n'est pas obligé d'indemniser l'assuré, mais il a droit à la prime » (art. 436). « L'assurance est sans effet : 1° si la chose assurée n'a pas commencé à courir un risque ; 2° si le sinistre provient d'un vice propre connu de l'assuré ou non dénoncé par lui à l'assureur ; 3° si le sinistre a été causé par l'assuré (*causado pelo segurado*) ou par une personne dont il est civilement responsable ; 4° si le sinistre a été occasionné par une guerre ou par des troubles (*por guerra ou tumulto*) dont l'assureur n'avait pas assumé le risque. Dans le pre-

mier de ces quatre cas, l'assureur a droit à la moitié de la prime,
à la condition qu'elle n'excède pas un demi pour cent de la somme
assurée. L'assuré doit, dans les huit jours immédiatement posté-
rieurs à celui duquel date pour lui la connaissance du vice propre
(non révélé dans le contrat), aviser l'assureur, et celui-ci peut déclarer l'assurance sans effet, en restituant la moitié de la prime
non encore gagnée » (art. 437) (1). L'article 600 ajoute : « L'assurance est nulle quand elle a pour objet : 1° les loyers et profits de
l'équipage ; 2° les marchandises qui ont déjà fait l'objet d'un autre
contrat *de risque* (*contracto de risco*) (2) pour leur entière valeur et
sans exception de risques ; 3° les choses dont le trafic est prohibé
par les lois du royaume et les navires nationaux ou étrangers employés à leur transport. »

L'article 684 du *code brésilien* est conçu dans les mêmes termes.
Il est, en outre, spécifié dans l'article 683 de ce dernier code que
les assureurs subséquents ristournés (au cas prévu par l'art. 359
§ 2 du code français) sont obligés de restituer la prime reçue en
retenant seulement l'indemnité de demi pour cent.

Codes de la Turquie et de l'Egypte. Les articles 194 c. t., 191 c.
ég. sont ainsi conçus : « Si le voyage est rompu, même par le fait
de l'assuré, avant que les risques de l'assurance aient commencé
conformément à l'art. 186 (184 c. ég.), l'assurance est annulée et la
prime, si elle a déjà été payée, est restituée par l'assureur, sauf à
celui-ci à recevoir, à titre d'indemnité, 1/2 0/0 de la somme assurée
ou la moitié de la prime si elle ne s'élève pas en entier à un pour
cent. » Les articles 204 § 2 c. t., 201 § 2 c. ég., 213 c. t., 210 c.
ég. sont calqués sur les art. 359 § 2 et 368 du code français (3).

D'après la police de Corfou-Syra (art. 15) (4), « l'assuré peut de-

(1) Ces dispositions sont placées sous la rubrique générale *Dos seguros
contra riscos*. — (2) Assurance ou prêt à la grosse. — (3) On lit dans la
police de Constantinople (art. 18) : « Dans les cas suivants d'annulation
totale ou partielle de l'assurance et de remboursement de la prime, la
société renonce à la perception d'un droit de ristourne : 1° lorsqu'il est
prouvé que l'entreprise à laquelle se rattache l'assurance est abandonnée
en tout ou partie par l'assuré ou bien que, sans l'entremise de ce dernier,
tout ou partie des objets assurés n'ont pas été exposés au risque accepté
par la société ; 2° lorsqu'en cas de double assurance, celle souscrite par la
société est la première en date, mais a été conclue sans ordre sur compte
d'autrui, tandis que la plus récente en date a été prise directement par l'assuré qui, au moment de la conclusion de la seconde police, ignorait encore
l'existence de la première ou qui, en prenant la seconde assurance, donne
avis à la société qu'il n'accepte pas la première conclue auprès de lui. Dans
tous les autres cas d'annulation totale ou partielle de l'assurance, la société
peut retenir un droit de ristourne. » — (4) V. von John, p. 70.

mander ristourne (τὴν ἀκύρωσιν) de l'assurance lorsqu'il prouve légalement que l'objet en risque avait été couvert antérieurement par un autre assureur ou n'a couru aucun risque à la charge de la compagnie. Alors le ristourne aura lieu sous paiement de 1/4 0/0 et d'un droit d'enregistrement de 1 0/0. Si la prime ne dépasse pas 1 0/0, l'assurance sera annulée sous paiement de 1/8 0/0 et du droit d'enregistrement comme il a été dit. Cependant il ne sera pas fait de ristourne pour les assurances par navires indéterminés (ἐπὶ τυχόντων ἀκατονομάστων πλοίων), et les primes en seront intégralement payées à la caisse de la compagnie, lors même qu'elle n'aurait couru aucun risque. »

Belgique. Le lecteur sait (v. n. 1460) que, d'après la loi belge du 11 juin 1874, l'assureur doit, dans le cas où le contrat d'assurance est totalement annulé, restituer toute la prime si l'assuré a agi de bonne foi, mais sans que la bonne foi puisse être invoquée dans le cas de l'art. 12 § 1 (v. notre t. VII, n. 1515) (1). On lit, en outre, dans la loi du 21 août 1879 : « L'assurance est annulée et l'assureur reçoit, à titre d'indemnité, un demi pour cent de la somme assurée : si, avant le commencement des risques, le voyage est rompu, même par le fait de l'assuré ; lorsque, l'affréteur ayant fait assurer le fret, il arrive que le fret n'est pas dû ; lorsque, dans le cas prévu par l'article 10 de la loi du 11 juin 1874, l'assuré a droit à la restitution de la prime. Si la prime n'atteint pas le taux de 1 pour cent, l'indemnité sera de la moitié de la prime » (art. 177). L'article 197 de la même loi est calqué sur l'art. 368 §§ 1 et 2 du code français.

Code allemand. Si l'assuré renonce entièrement à l'entreprise à laquelle se réfère l'assurance ou si, sans son fait, la chose assurée n'est pas exposée aux risques pris à sa charge par l'assureur, la prime peut être répétée ou retenue pour le tout, sous la déduction d'une indemnité à payer à l'assureur. L'indemnité consiste, sauf convention ou usage contraire du lieu où l'assurance a été conclue, dans demi pour cent de la somme assurée. et, si la prime n'atteint pas 1 0/0 de cette somme, dans la moitié de la prime (art. 899) (2). Si l'assurance est sans effet à raison du défaut d'inté-

---

(1) Nous avons cité, au n. 1460, l'art. 11 de la même loi. — (2) Les conditions générales des assurances maritimes de 1867 (art. 154, 158 et 159) réduisaient déjà le montant de l'indemnité. On lit dans les conditions générales de Brème (1875) : « Dans tous les cas où les risques n'ont pas commencé et où le voyage assuré est abandonné, l'assuré peut demander l'annulation de la police et la remise de la prime, sous déduction pour ristourne d'un quart pour cent de la somme assurée » (art. 67). On lit dans la police de Berlin, sur facultés, traduite et publiée par M. Chaufton (II, p. 432) : « Dans les cas suivants où la résiliation de l'assurance est complète

rêt assuré (art. 782) ou pour cause de double assurance (art. 792) et s'il y a eu bonne foi de celui qui a fait assurer au moment de la conclusion de l'assurance, et, en outre, dans le cas d'une assurance pour compte d'autrui, s'il y a eu bonne foi de l'assuré au moment où le mandat a été donné, la prime peut être répétée ou retenue sous déduction de l'indemnité de ristourne déterminée dans l'art. 899 » (art. 900) (1). « Il n'y a pas lieu à ristourne quand les risques ont déjà commencé à courir pour l'assureur » (art. 902) (2).

On lit dans le code danois de Chrétien V (l. IV, ch. VI, art. 11) : « S'il arrive que quelqu'un, par une raison quelconque, change de destination (ou charge moins de marchandises qu'il n'en a fait assurer), le propriétaire, aussitôt qu'il prend cette résolution ou qu'il en a connaissance, doit le faire savoir à l'assureur et résilier le contrat, ce qui est appelé *ristourne* (3) : alors le contrat d'assurance sera nul. Néanmoins l'assureur gardera, pour la peine qu'il aura eue d'inscrire la convention sur ses registres et de la rayer, un demi pour cent de la prime convenue, et il rendra le reste sans retard.

Code suédois. Lorsque, après la signature du contrat d'assurance, le voyage du navire est indéfiniment ajourné ou lorsque les marchandises n'arrivent pas pour le chargement, l'assurance est nulle ou partielle et où il y a restitution de la prime, la compagnie renonce à la bonification qui lui revient (droit de ristourne) : 1° s'il est démontré que l'affaire à laquelle l'assurance s'applique a été abandonnée en totalité (ou en partie) par l'assuré ou que, sans qu'il y soit pour rien, l'objet assuré en totalité (ou en partie) n'a pas été exposé au risque couvert par la compagnie ; 2° si, en cas de double assurance, celle conclue la première avec la compagnie a été prise pour compte d'autrui, tandis que la deuxième est prise par l'assuré lui-même, alors qu'il ignorait encore l'existence de la première ou si ce dernier, en concluant la deuxième assurance, déclare à la compagnie qu'il n'accepte pas l'assurance faite antérieurement avec elle. Dans tous les autres cas légaux de résiliation totale (ou partielle) de l'assurance, la compagnie est fondée à réclamer le droit de ristourne et, en tout cas, le remboursement du coût de la police et des frais de timbre, s'il y a lieu » (art. 19).

(1) *Conditions générales de Brême* (1875) : « Quand, un même intérêt ayant été assuré deux ou plusieurs fois, l'assurance est nulle, la prime n'en doit pas moins être payée. Mais, si l'assuré fournit la preuve que la première assurance a été faite à son insu, il est autorisé à demander le ristourne des assurances postérieures, moyennant un quart pour cent » (art. 69). — (2) *Mêmes conditions générales* : « Après le commencement des risques, l'annulation du contrat ne peut plus être demandée ; mais, si l'assuré le désire, il peut s'entendre avec l'assureur pour la restitution de la prime » (art. 68). — (3) *Restourno*, dit le texte.

et l'assureur est tenu de rendre la prime qu'il a déjà reçue ; mais, pour se couvrir des frais, il a droit à 1/4 0/0 de la somme pour laquelle le navire ou les biens étaient assurés ; toutefois il garde ce qu'il a déjà reçu, si le montant n'excède pas 1/2 0/0 de la somme assurée (art. 272). Si, à l'époque fixée par le contrat d'assurance, le navire n'est pas encore arrivé au lieu où il doit prendre charge et à partir duquel les risques doivent courir, le voyage étant ainsi rompu, l'assuré a droit au remboursement de la prime, sous déduction de l'indemnité du quart ou de demi pour cent de la somme assurée suivant la même distinction » (art. 274) (1).

Code finlandais. Si le voyage ou l'envoi des marchandises assurées est interrompu, l'assuré est admis à résilier le contrat et à réclamer la prime qu'il a payée ; toutefois il sera déduit de ladite prime, en faveur de l'assureur, un quart pour cent de la somme assurée, à titre de dédommagement pour ses frais, sans pourtant que cette indemnité puisse dépasser la moitié de la prime (art. 195 § 1). Selon les mêmes principes, l'assuré pourra également résilier

---

(1) Le projet de loi maritime norwégienne récemment élaboré par les commissaires norwégiens, suédois et danois, s'exprime en ces termes : « Si, par suite de défaut d'intérêt d'assurance, d'exagération des sommes assurées ou d'assurance double, une assurance devient nulle en tout ou en partie, l'assureur a néanmoins droit à la prime, à moins qu'à l'époque où il s'est chargé de l'assurance, il ne connût la circonstance qui la rendait nulle » (art. 236). « Si le voyage désigné lors de la conclusion du contrat est changé avant que les risques de l'assureur aient commencé, l'assureur est déchargé de toute responsabilité d'une assurance faite sur le navire ou sur le fret pour le compte de l'armateur ; s'il s'agit d'assurance sur le fret pour le compte d'autrui ou d'assurance des effets autres que le navire et le fret, elle continue à rester en vigueur si le voyage a été changé sans le consentement de l'assuré. Si, avant le commencement des risques de l'assurance, des effets assurés sont exposés à des risques à bord d'un navire autre que celui qui a été désigné lors de la conclusion du contrat, l'assureur est déchargé de ses obligations » (art. 254). « Si la chose assurée n'est pas exposée à un risque à la charge de l'assureur, l'assuré peut exiger la résiliation du contrat et le remboursement total ou partiel de la prime (ristourne) ; toutefois l'assureur a droit à une indemnité qui, sauf convention contraire, est fixée à 1/4 pour cent de la somme assurée et à la moitié de la prime stipulée, si celle-ci est inférieure à 1/2 0/0 » (art. 266). « Si, par suite du défaut de risques, d'assurance excessive ou double, de réticence ou de fausses déclarations ou de toute autre raison, le contrat d'assurance est totalement ou partiellement annulé, — mais si l'assureur et, en cas d'assurance pour le compte d'autrui, l'assuré, à l'époque où il a donné l'ordre de conclure le contrat d'assurance, ont été de bonne foi au sujet de la circonstance qui fait invalider le contrat, — la ristourne de la prime peut être exigée sous la déduction établie ci-dessus ; toutefois la demande doit en être faite avant que l'objet soit exposé à des risques » (art. 267).

le contrat, lorsque le navire n'arrive pas au lieu où les risques auraient dû commencer ou encore lorsqu'une assurance postérieure, quoique conclue de bonne foi, n'est pas valable à cause d'une assurance antérieure (art. 196).

Code italien. Aux termes de la règle générale énoncée au chapitre II, tit. XIV du livre I, « l'assurance est nulle si l'assureur et l'assuré ou la personne qui a fait assurer connaissaient l'absence de risques ou leur cessation ou l'arrivée du dommage ». « Si l'assureur seul connaissait l'absence de risques ou leur cessation, l'assuré n'est pas tenu de payer la prime ; si la personne qui a fait assurer savait que le dommage était déjà arrivé, l'assureur n'est pas tenu d'exécuter le contrat, et il a droit à la prime » (art. 430). « L'assurance est considérée comme non avenue si la chose assurée n'a pas été exposée au risque, mais l'assureur a droit à une indemnité égale à la moitié de la prime et qui ne peut dépasser un demi pour cent de la somme assurée » (art. 431). On lit en outre dans la partie spéciale (l. II, tit. VI) : « Si le voyage est rompu avant le commencement des risques, même par le fait de l'assuré, l'assurance est annulée. L'assureur reçoit à titre d'indemnité la moitié de la prime convenue, mais pas plus de demi pour cent de la somme assurée » (art. 614). L'article 15 de la police italienne sur facultés est ainsi conçu : « Au cas de ristourne, la prime est restituée en entier, pourvu que le ristourne ait été dûment justifié avant l'arrivée du navire à destination (1). Par exception, il peut l'être, pour les vapeurs, après l'arrivée ; mais, dans ce dernier cas, l'assuré devra fournir à l'assureur la preuve du défaut de chargement et toutes autres justifications valables » (2).

Les dispositions précitées du code italien sont reproduites par le code roumain de 1887 (art. 455, 456 et 626).

Les *polices de Trieste*, sur corps et sur facultés (Lloyd allemand), contiennent la clause suivante : « S'il y a lieu à ristourne amiable ou forcé, l'assureur aura droit à un demi pour cent » (de la somme assurée) (3).

---

(1) « Ed era troppo giusto che l'assicuratòre non rimanesse inutilmente con una *partita aperta* per lungo tempo, esposto anche a rifiutare altre assicurazioni sulla stessa nave, credendosi già impegnato pel suo massimale sopra di essa » (comment. de Vallebona, p. 56). — (2) « D'altra parte colla navigazione a vapore succede di frequente che lo stesso piroscafo, che deve portare le merci, porta la valigia postale in cui è la lettera d'avviso della minore o della nessuna caricazione, e in questi casi venne consentito lo storno della sicurtà anche dopo l'arrivo della nave, ma con tutte le cautele che il caso speciale richiede » (même commentaire). — (3) Art. 12 de la police sur corps, 26 de la police sur facultés. — V. encore dans V. von John, p. 293 et

Ordonnance maltaise de 1858 (n. XVIII). « Si le voyage est rompu, même par un fait de l'assureur, avant que les risques aient commencé pour l'assureur, l'assurance est annulée ; et l'assuré n'est pas tenu de payer la prime ou, s'il l'a payée, elle doit lui être restituée. Mais l'assureur reçoit, *a titolo di storno,* demi pour cent de la somme assurée ou la moitié de la prime si la prime entière n'atteint pas un pour cent (de la somme assurée) » (art. 49). Même mode de ristourne si les objets assurés ne sont pas expédiés (art. 64). « Le contrat est nul s'il a pour objet les navires ou les facultés grevés d'un prêt à la grosse, avant le commencement du voyage, pour leur valeur intégrale » (art. 47 § 3).

1634. Pothier a dit (1) : « De même que l'entière inexécution du contrat d'assurance par le fait ou sans le fait de l'assuré fait cesser entièrement l'obligation de payer la prime et donne même lieu à la restituer lorsqu'elle a été payée ; de même lorsque le contrat n'a eu exécution que pour une partie de la somme assurée, l'obligation de la prime cesse quant à la partie pour laquelle le contrat n'a pas eu exécution, et cette prime doit être restituée pour cette partie, si elle avait déjà été payée. »

Par conséquent, il y a lieu au ristourne partiel si la totalité des choses annoncées dans la police n'a pas été chargée (2), sans qu'il y ait dol de l'assuré. Nous supposons qu'il n'y a pas eu assurance conjointe quant aux choses et que les parties ne se sont pas proposé d'assurer sans division (v. ci-dessus, n. 1382 et 1383). Cela posé, le droit commun français ne permet pas à l'assureur d'alléguer qu'il a voulu tout assurer ou ne rien assurer. Une telle présomption n'eût pas été raisonnable, cette espèce de contrat étant, par sa nature, essentiellement divisible.

Le ristourne partiel entraîne la restitution partielle de la prime. L'assureur restitue, bien entendu, cette portion de la prime qui correspond aux effets non chargés (3).

L'assureur peut-il stipuler qu'il ne subira pas le ristourne partiel quoique l'assurance soit séparée par rapport aux choses ? Le montant de la prime pourrait assurément lui être accordé, même par un pacte implicite, à titre de dédit (v. ci-dessus, n. 1630).

304, l'article 30 de la police générale du Lloyd autrichien et l'art. 20 de la police établie selon les usages et conditions de Londres.

(1) Traité du contrat d'assur., n. 180. — (2) Pardessus, III, n. 875. — (3) *Quia deficiente periculo cessat præmium,* écrivait Wedderkop (CIII), *sequitur ut si minor ac assecurata est quantitas navi imponatur et transvehatur, partem præmii restituere* (assecurator) *teneatur* (ancien droit des pays scandinaves, ancien droit prussien, ancien droit belge, ordonn. de Middelbourg, de Rotterdam, d'Amsterdam et de Hambourg).

Au cas de ristourne partiel prononcé parce que la totalité des choses annoncées dans la police n'a pas été chargée, l'assureur a-t-il droit au demi pour cent, non pas, bien entendu, de toute la somme assurée, mais de la partie de cette somme qui correspond aux effets non chargés ? Je le crois (1). On n'est pas précisément, je le sais, dans l'hypothèse prévue par l'article 358, et les pénalités civiles sont de droit étroit. Mais, quant à ces marchandises, le voyage est rompu. D'abord, cet assuré qui ne charge pas se trouve, quant aux effets non embarqués, dans la même position que le chargeur de toutes les facultés eu égard à l'universalité de ces facultés lorsqu'il se décide à ne rien mettre en risque. Ensuite, il ne faut pas oublier que cette indemnité de ristourne est instituée dans l'intérêt de l'assureur: si l'on suppose que les assureurs *Paul* et *Pierre* ont assuré chacun une moitié distincte des effets à charger et que les effets assurés par *Paul* ne soient pas mis en risque, il n'importe guère à ce dernier que le « vaisseau » parte avec le surplus du chargement et, le ristourne étant total en ce qui le concerne, il serait tout à fait illogique de lui enlever le demi pour cent. Or il nous paraît impossible de distinguer entre cet assureur de la moitié, privé de tout son risque, et l'assureur unique auquel on dérobe la moitié du risque.

S'il y avait soit fraude de l'assuré, soit faute de l'assureur, soit faute commune de l'assureur et de l'assuré, il y aurait lieu d'adapter au défaut partiel de risques les principes énoncés au n. 1629. L'assuré a-t-il trompé l'assureur ? Celui-ci peut seul demander le ristourne et n'est point obligé de remplir les engagements issus de la police, quoiqu'il puisse soit conserver, soit exiger la prime entière : celui-là ne peut exciper de sa propre fraude pour se dégager dans le cas où l'assureur, n'ayant pas demandé le ristourne, exigerait, après l'heureuse arrivée. le paiement de la prime entière ou voudrait la conserver (conf. ci-dessus, n. 1631) (2). Au contraire l'assuré n'a-t-il commis qu'une erreur ? Il peut faire ristourner le contrat jusqu'à concurrence de la quotité des objets non chargés, par une extension équitable et nécessaire de l'article 349 : l'assureur, une fois le chargement terminé, peut aussi demander le ristourne (3).

1635. « Il peut y avoir lieu à ristourne partiel, a dit Pardessus (III, n. 875), lorsque la police a été diminuée en route par des

---

(1) Ainsi l'enseignaient au dix-septième siècle Kuricke (Diatrib. de assecurat.), au dix-huitième Wedderkop (CIII, *note*). — (2) *Sic* Pardessus, III, n. 876. — (3) Il lui faudra d'abord (au moins toutes les fois qu'un délai fixé n'aura pas été imparti au chargeur) faire constater que le chargement est terminé, par exemple au moyen d'une mise en demeure.

déchargements partiels autorisés » (1). Ne nous méprenons pas sur la portée de cette proposition. En principe, dans notre droit commercial, il n'y a pas lieu à ristourne partiel et la prime entière est due dès que les risques ont commencé à courir. En effet, il ne faut pas oublier que, d'après l'article 364 § 2, l'assurance a son entier effet si le voyage est raccourci : quant aux marchandises débarquées dans un port d'escale, le voyage est simplement raccourci et, par conséquent, l'assurance non susceptible de ristourne.

Il en sera sans doute autrement lorsque les parties auront dérogé quant à ce, par un pacte formel, à l'article 364. Mais ne faut-il pas ajouter avec les jurisconsultes anglais qu'il en est encore autrement si la police montre que les parties avaient en vue des risques distincts (*had distinct risks in contemplation*) et les avaient divisés en conséquence ? Par exemple, aux termes d'une police à l'année qui a prévu le déchargement éventuel de telles ou telles marchandises dans les ports d'escale, tout trajet, d'un port d'escale à l'autre, doit être regardé comme un voyage distinct et former l'objet d'un règlement séparé. L'assuré qui, vingt-quatre heures après le départ, aura déchargé la moitié de ses marchandises au premier port d'escale, ne pourra-t-il pas invoquer les clauses de la police pour faire ristourner l'assurance à terme et réduire la prime jusqu'à due concurrence ? Le juge du fait pourra très bien le décider ainsi par interprétation de l'intention commune. Mais il faut décider, pour en arriver là, que les parties se sont placées soit explicitement, soit implicitement en dehors de l'article 364 § 2. Il s'agit plutôt d'un ristourne conventionnel que d'un ristourne légal.

1636. Quand la valeur des effets assurés a été frauduleusement exagérée, le contrat d'assurance est nul, aux termes de l'article 357, à l'égard de l'assuré seulement. Nous renvoyons le lecteur au tome VI, dans lequel nous avons commenté l'article 357 (n. (1447).

Quand la valeur des effets assurés a été exagérée sans fraude, il y a lieu au ristourne partiel, la prime est réduite dans la même proportion que l'assurance, et l'assureur reçoit à titre d'indemnité un demi pour cent sur tout ce qui dépasse son risque. Pour justifier cette dernière prescription de l'article 358, M. de Valroger (IV, n. 1650) a dit : « La considération du gros risque que courait l'assureur, trompé par l'estimation erronée de l'assuré, a pu l'empêcher de s'engager dans quelque autre affaire ». Ces dommages-intérêts spéciaux sont dus plutôt *pro molestia*, ainsi que nous l'avons expliqué au n. 1628.

______

(1) D'après le jurisconsulte danois Wedderkop (CIII), il y aurait eu lieu à un ristourne toutes les fois qu'un passager, garanti par un contrat d'assurance contre les risques d'esclavage, serait mort en route.

Nous avons commenté très amplement l'article 358 dans notre tome VI, n. 1448 et dans notre tome VII, n. 1497. Nous renvoyons le lecteur à ces développements antérieurs.

Il a été traité au n. 1448 du cas où la surévaluation aurait été sciemment convenue de part et d'autre. Nous répétons avec la cour de cassation (Req. 12 juin 1876) (1) que, « à raison du principe d'ordre public qui ne permet point qu'un sinistre puisse procurer un bénéfice à l'assuré, l'assureur est recevable à contester l'estimation convenue et à prouver qu'elle est excessive » (2). Dans la même hypothèse, lorsque l'assureur, en cas d'heureuse arrivée, demandera le paiement de la prime, l'assuré sera recevable à faire la même preuve, et l'assureur ne pourra s'opposer au ristourne partiel sous prétexte qu'on aurait voulu faire une gageure (3).

J'avais cité dans mon tome VII, n. 1448, l'art. 15 de la police française sur facultés. M. de Courcy s'est borné à dire dans la deuxième édition de son commentaire (1888) : « La loi du 2 août 1885 ayant compris le bénéfice espéré parmi les choses susceptibles d'être assurées, l'art. 15 échappe à toute censure. Sous le régime de l'art. 347, qui déclarait nulle l'assurance du profit espéré, on pouvait soutenir que la surélévation prévue par l'art. 15 était frappée de nullité. Tel n'a jamais été mon avis pour une évaluation qui ne dépasse pas la vraie valeur des choses d'après les cours de la marchandise. Désormais il n'y a même plus de controverse possible. » C'est ce que nous avons dit ; mais il n'est pas inutile de rappeler aux assurés que, si la surévaluation dépasse cette vraie valeur (4), l'assureur quoique l'ayant agréée sciemment, pourra toujours, en invoquant un principe d'ordre public, la faire réduire.

1637. Il y a lieu à ristourne partiel lorsque, l'assurance sur facultés ou sur profit espéré ayant été faite à prime liée, l'assuré ne fait pas de chargement de retour ou ne charge que pour une valeur inférieure à celle qu'il avait annoncée, soit volontairement, soit par l'effet d'une force majeure. L'assuré reçoit seulement les deux tiers proportionnels de la prime convenue. Nous renvoyons le lecteur au commentaire de l'art. 355 (t. VII, n. 1456 *bis*).

D'après la police de Bordeaux (art. 8), « en cas d'assurance à prime liée (v. ci-dessus, n. 1393) pour un voyage au-delà des caps Horn et de Bonne-Espérance, il est accordé au capitaine six mois de séjour à compter du jour où il aura abordé au premier port où

---

(1) D. 77. 1. 194. — (2) Bien entendu, nous n'entendons point contester par là la légitimité d'une surévaluation qui correspondrait, dans l'intention des parties, à l'assurance loyale du profit espéré (cf. t. VI, n. 1448). — (3) Comp. Pardessus, III, n. 877. — (4) Bénéfice espéré compris, si l'assurance embrasse le bénéfice espéré.

il doit commencer ses opérations ; il n'est accordé que quatre mois
pour les autres voyages. A l'expiration de ces termes, chaque mois
de séjour en sus donne lieu à une augmentation de prime de 3/4 0/0
par mois jusqu'à la fin du douzième mois. Dès lors les assureurs
sont déchargés de tout risque *et ont droit aux deux tiers de la prime
liée* fixée par la police et, de plus, à l'augmentation de prime résultant de la prolongation de séjour. « Le douzième mois depuis
le jour du départ expiré, dit Lemonnier (I, n. 244), la présomption
de l'aggravation des risques devient si forte que le contrat qui, pri-
mitivement et lorsque tout annonçait que le retour s'opèrerait dans
le délai ordinaire des expéditions semblables, mettait, comme ceux
de l'aller, les risques du retour au compte des assureurs, se résilie
aussitôt de plein droit ; les risques demeurent terminés, et les deux
tiers de la prime totale sont acquis à l'assureur, sans préjudice du
surcroît de prime qu'il a gagné en répondant des risques courus
depuis le sixième ou quatrième mois jusqu'au douzième, sous la
seule obligation de réparer les pertes ou dommages survenus avant
cette dernière époque (1) ».

On lit encore dans la police du Havre (art. 17) : « Dans le cas
d'assurance en prime liée sur les navires destinés pour les voyages au-delà des caps Horn et de Bonne-Espérance, il est accordé
aux capitaines soit en temps de paix, soit en temps de guerre, six
mois de séjour à compter du jour où ils auront abordé au premier
port de la colonie où ils auront commencé leurs opérations et quatre mois seulement pour les autres voyages. Après ce temps, chaque mois de séjour donnera lieu à une augmentation de prime de
2/3 0/0 jusqu'au neuvième mois de séjour, après lequel temps les
assureurs seront déchargés de tous risques. Dans ce cas, *nous tien-
drons compte à l'assuré du tiers de la prime liée* convenue dans la
police (tant sur corps que sur facultés), et l'assuré nous tiendra
compte, de son côté, des augmentations acquises, comme il vient
d'être dit, en raison de la prolongation de séjour (2) ».

1638. On admet en Angleterre le ristourne *for short interest* (3).
Cette résolution partielle repose sur le principe suivant : si l'assureur n'a pu jamais être exposé, dans n'importe quelles circonstances, à payer le montant intégral de la somme énoncée dans la police, mais n'a été exposé qu'à en payer une partie, par exemple la

---

(1) Lemonnier explique très bien, au numéro suivant, comment l'art. 356
co. statue pour un cas différent et demeure applicable même sous l'empire de
la police (la double application ne pouvant d'ailleurs être faite que si le voyage
assuré ne dépasse pas le délai de douze mois). — (2) La rédaction de cet article est défectueuse et mérite toutes les critiques de Lemonnier (v. le tome
II de cet auteur, n° 504). — (3) Mot à mot « pour intérêt amoindri ».

moitié ou le quart, il ne peut conserver la prime que dans la même proportion et doit rendre le surplus (1). Voici quelques exemples de ristourne *for short interest* : 1° on n'a mis à bord qu'une partie de la marchandise spécifiée ou déclarée dans la police ; 2° le fret avait été assuré *at a gross sum* d'une manière générale (*insured generally*), les parties ayant manifestement en vue un fret afférent au chargement complet, et le chargement n'a pas été complété ; 3° on avait assuré le bénéfice espéré sur une certaine quantité de marchandises et c'est seulement une partie de ces marchandises qui a été mise en risque (2). L'assuré, dans tous ces cas, a droit au ristourne proportionnel de la prime.

Quand, dans une police *ouverte* sur facultés ou sur fret, le montant totalisé des sommes assurées (*of the different subscriptions*) excède la valeur de l'intérêt en risque, par exemple si les assureurs se sont engagés pour 1000 livres et si la valeur assurable du chargement ne dépasse pas 500 livres, ces assureurs, au cas de sinistre, ne peuvent pas être contraints de payer plus de 500 livres, soit la moitié de la somme assurée ; par conséquent ils doivent rendre la moitié de la prime. C'est ce que les Anglais appellent *return for over-insurance* (3). On sait que de tout autres principes sont applicables aux polices évaluées (4).

Aux Etats-Unis comme en Angleterre, *a return on account of a less amount being put at risk than is insured* (5) *is called a return of premium for short interest* (6). Dans une police sur profit espéré, il n'y a ristourne partiel sur profit espéré *fort short interest* que si l'on a seulement mis à bord une partie des marchandises dont le profit était assuré (7). Quand une prime est affectée en bloc à une période prise en bloc, aucune portion de la prime n'est sujette à ristourne après que le contrat a reçu un commencement d'exécution (8). Au contraire, il est dû un ristourne proportionnel de la prime *for short interest* à répartir en périodes déterminées si la po-

(1) Stevens on Average, 200, 203 ; Marshall, II, p. 649, Magens, II, p. 137 ; Arnould, II, p. 1067. *Sic* Fisk *v.* Masterman, 8, M. and W. 165. — (2) Eyre *v.* Glover, 16 East, 218. — (3) Arnould II, p. 1068. — (4) V. notre t. VI, n. 1452. — (5) « S'il a été mis en risque moins qu'il n'avait été assuré ». — (6) Phillips, II, n. 1835. — (7) Phillips, *ib.*, n. 1831 : « tandis que, en Angleterre, d'après le jurisconsulte américain, il peut y avoir ristourne total ou partiel dans une assurance du profit espéré par cela seul que l'état du marché ne comportait pas la réalisation d'un profit ou comportait seulement la réalisation d'un profit inférieur à la somme assurée ». — (8) Phillips, n. 1832, suppose que, un navire ayant été assuré pour douze mois *at an entire premium*, l'assuré tente d'obtenir un ristourne partiel sous prétexte que le risque a pris fin au bout de deux mois. *Sic.* Loraine *v.* Tomlinson, Doug. 564.

lice contient une base de ventilation (*a suggestion and measure for an apportionment*) (1). Au cas d'*overinsurance* (surévaluation des choses assurées), il y a lieu, sans aucun doute, au ristourne partiel *for short interest*, quand même le contrat n'aurait, à ce sujet, rien prévu (2). De même, au cas où plusieurs assureurs se seraient engagés dans la même police pour des sommes distinctes, il y a lieu à un ristourne proportionnel *for short interest*, quoique la police n'en ait rien dit (3).

Nous avons cité les articles 2502 et 2516 du code civil du Bas-Canada aux nᵒˢ 1460 et 1510. Nous avons encore cité plus haut (nᵒ 1452) l'article 752 du code espagnol (4).

On lit dans les codes du Chili (art. 557 § 4), de Guatemala (art. 456 § 4), du Salvador (art. 486 § 4), du Honduras (art. 556 § 4) : « Si le défaut de risques ou leur extinction n'étaient que partiels, l'assurance serait résiliée partiellement (5) ». D'après l'art. 424 du code vénézuélien, le contrat d'assurance ou de réassurance consenti pour une somme qui excède la valeur des objets assurés est nul à l'égard de l'assuré seulement, s'il est prouvé qu'il y a dol ou fraude de sa part : s'il n'y a qu'erreur, le contrat est valable jusqu'à concurrence de la valeur des choses assurées, sauf le droit des assureurs à une indemnité *por el exceso*. Dans le cas prévu par notre art. 356, si le chargement en retour n'atteint pas les deux tiers de ce qu'il pouvait être, les assureurs ne peuvent exiger (sauf stipulation contraire) que les deux tiers de la prime afférente au voyage de retour (art. 708).

Code hollandais. Nous renvoyons le lecteur aux nᵒˢ 1316, 1452, 1460, 1483, 1510, 1633.

Le code portugais de 1889 reproduit dans son article 609 l'article 356, dans son article 610 l'article 361 du code français. Toutefois, aux termes de l'art. 610 *in fine*, l'assureur doit recevoir la *moi-*

---

(1) « Under an open policy on the cargo of a vessel until its return to the United States, dit Phillips (n. 1833), *as interest should appear*, at the rate of fifteen per cent for six months, the vessel had on board successively, at diferent times within that period, 5000, 1500, 2500 dollars » : il a été jugé « qu'une fraction de la prime, proportionnelle selon les périodes, pouvait être ristournée *for short interest*. Le jurisconsulte américain, après avoir exposé (n. 1834) les controverses suscitées par cette question aux Etats-Unis, aboutit à cette formule : « *An entire premium cannot be apportioned and a part of it be returnable, unless the policy contains some express provision or implication to serve as a basis of the apportionment* ». — (2) Pillips, II, n. 1836. — (3) *ib.*, n. 1837. Même solution au cas d'*overinsurance* dans des polices simultanées (*ib.*). *Junge* notre t. VII, n. 1500. — (4) V. aussi pour les codes de Costa-Rica et du Pérou les nᵒˢ 1452, 1460, 1510. — (5) V. en outre ci-dessus, pour les quatre codes, notre t. VI, n. 1452, p. 454.

tié de la prime afférente aux marchandises dont les assurances se trouvent annulées, pourvu que cette indemnité n'excède pas un demi pour cent de leur valeur. L'article 435 s'exprime en ces termes : « Quand l'assurance excède la valeur de l'objet assuré, elle n'est valable que jusqu'à concurrence de cette valeur (1) » (comp. art. 601 *in fine*).

Les codes de Buenos-Ayres et de l'Uruguay (art. 666) embrassent dans une même prévision le défaut absolu et le défaut partiel de risques. Nous nous sommes d'ailleurs expliqué plus haut (nᵒˢ 1452 et 1460).

Code brésilien. Nous renvoyons le lecteur aux nᵒˢ 1452, 1460, 1510.

Codes de la Turquie et de l'Egypte. Le lecteur consultera notre tome VI, nᵒ 1452 (2).

La loi belge du 11 juin 1874 (art. 10) embrasse dans une même prévision l'annulation partielle et l'annulation totale du contrat (v. ci-dessus nᵒ 1460). En ce qui touche l'*over-insurance*, nous renvoyons le lecteur au tome VI, n. 1452.

Code allemand. Si l'assuré renonce en partie à l'entreprise à laquelle se réfère l'assurance ou si, sans son fait, la chose assurée n'est pas, en partie, exposée aux risques pris à sa charge par l'assureur, la prime peut être répétée ou retenue pour une part proportionnelle, sous la déduction d'une indemnité à payer par l'assureur. L'indemnité consiste, sauf convention ou usage contraire du lieu où l'assurance a été conclue, dans 1/2 0/0 de la partie proportionnelle de la somme assurée, et, si la prime n'atteint pas 1 0/0 de cette somme, dans la moitié de la partie proportionnelle de la prime (art. 899). L'article 900, que nous avons cité au nᵒ 1633, s'applique au cas de surassurance comme au cas de double assurance.

D'après les anciens principes du droit danois (code de Chrétien V, l. IV, ch. VI, art. 6), les assurances totalisées ne devaient pas dépasser les neuf dixièmes de la valeur du navire et des marchandises assurées : « l'assurance qui les surpasse est de nulle valeur, ajoutait le législateur de 1683, et celui qui aura commis cette fraude perdra la prime (3) ».

En droit suédois, dit Brandt (4), l'assureur ne reçoit qu'une partie de la prime lorsque le navire rentre au port et renonce au voyage par suite de vents contraires ou par d'autres motifs ; de même si les marchandises chargées sont ensuite déchargées. En effet, d'a-

---

(1) Cette disposition est placée sous la rubrique générale *Dos seguros contra riscos.* — (2) *Junge* ci-dessus n. 1633, notes. — (3) *Junge* ci-dessus, quant au défaut partiel de risques, n. 1633. — (4) *Seeversicherung,* p. 71.

près l'art. 273 du code maritime suédois, « si le voyage n'est ajourné qu'après que le chargement est déjà commencé, ou si le navire assuré est forcé par les vents contraires ou par toute autre cause de revenir à son point de départ et qu'ensuite le voyage soit indéfiniment ajourné (1), l'assurance devient nulle : dans ce cas, l'assureur garde une partie de la somme déjà reçue proportionnée aux risques qu'il a courus ; cette partie est fixée d'un commun accord ou par un expert ; l'autre partie est remboursée à l'assuré, sous déduction de l'indemnité du quart ou de demi pour cent, suivant la distinction établie plus haut ». Au cas de surassurance (2) (si plusieurs assurances ont été contractées simultanément et de bonne foi sur le même et pour les mêmes risques), on opère une réduction proportionnelle sur le montant de la somme à rembourser par l'assureur en cas de sinistre, et l'indemnité du quart ou de demi pour cent à laquelle celui-ci peut avoir droit (comp. ci-dessus n. 1633) est également soumise à la même réduction proportionnelle (3).

Le code finlandais admet aussi (art. 195 § 2) le ristourne partiel « dans le cas où le voyage serait rompu après le commencement des risques ou lorsque le chargement des marchandises assurées aurait été commencé ou achevé ou que le navire, après avoir mis à la voile, aurait été forcé de revenir ; mais, dans ce cas, l'assureur pourra retenir sur la prime une somme équivalente à ses frais et aux risques déjà courus ; cette somme, faute d'entente entre les parties, sera fixée par des arbitres » (4).

Contrairement à l'opinion qui avait prévalu dans la commission française de révision en 1867, les rédacteurs du code italien, comme ceux du nouveau code espagnol (5), ont maintenu le principe du ristourne partiel au cas d'assurance à prime liée, posé par l'article 356 du code français : « Si le contrat, dit l'article 620, a pour objet l'assurance du chargement pour l'aller et le retour et si, le vaisseau étant parvenu à sa première destination, il ne se fait point de chargement en retour ou si le chargement de retour n'est pas complet, l'assureur reçoit seulement les deux tiers proportionnels de la prime convenue, s'il n'y a stipulation contraire (6) ». Le code roumain de 1887 (art. 632) s'exprime dans les mêmes termes.

D'après la loi maltaise de 1858 (n. XVIII), si les objets assurés n'avaient été affectés que partiellement à un emprunt à la grosse,

---

(1) *Vel si ad portum, unde exiit, repulsa, rursus solvi impediatur*, disait en 1757 Wedderkop (*Introd. in jus nauticum* § CIII). — (2) V. ci-dessus n. 1452 et 1510. — (3) Comp. ci-dessus (n. 1633) et ci-dessous (n. 1639) le projet de loi maritime norwégienne. — (4) *Junge* n. 1510 en ce qui touche la surassurance. — (5) V. ci-dessus, n. 1460. — (6) *Junge*, pour le droit italien, n. 1452, 1510, 1633.

le contrat d'assurance resterait valable jusqu'à concurrence de l'excédant de valeur libre (1).

1639. Plusieurs des codes qui exposent dans un chapitre spécial ou dans une disposition distincte les causes de la dissolution du contrat contiennent, sous un numéro particulier, les réticences, les déclarations fausses ou erronées de l'assuré. Tel est, par exemple, le nouveau code mexicain (2).

On sait déjà que, d'après l'art. 348 du code français, « toute réticence, toute fausse déclaration de la part de l'assuré, toute différence entre le contrat d'assurance et le connaissement qui diminueraient l'opinion du risque ou en changeraient le sujet annulent l'assurance ». Nous nous bornons à répéter avec un surcroît d'énergie que cet article a trait exclusivement à la réticence commise au moment du contrat (v. notre t. VII, n. 1463 *bis*). La cour de Caen, saisie par l'arrêt de cassation du 4 avril 1887, s'est gardée de tomber dans l'étonnante erreur que nous avons signalée : « Attendu, a-t-elle dit en audience solennelle le 26 février 1889 (3), *qu'en admettant que* l'assuré soit astreint à révéler à l'assureur les nouvelles assurances de cette nature, postérieures en date, etc. » En tout cas, dit très bien la cour de renvoi : 1° l'assuré qui, postérieurement à une assurance sur avances de fret,

---

(1) Si les objets assurés n'ont été que partiellement expédiés, le ristourne s'opère conformément à l'art. 49 précité, mais seulement sur ce qui excède la valeur des objets expédiés. L'art. 66 est ainsi conçu (texte italien) : « L'assicurazione fatta per una somma eccedente il valore degli oggetti assicurati è nulla riguardo all'assicurato soltanto, se si prova dolo o frode per parte sua. Si non vi è dolo o frode, l'assicurazione è valida sino alla concorrenza degli oggetti assicurati, e gli assicuratori, in riguardo all'eccedenza, ricevono il mezzo per cento, o la meta del premio, giusta il disposo nell' articolo 49. E valido il patto, che l'assicuratore sia tenuto fino all'intero ammontare della somma espressa nel contratto, senza riguardo al valore dell'oggetto assicurato. »
— (2) L'art. 1302 est ainsi conçu : « Siempre que por el conocimiento de las cosas aseguradas se hallare que el asegurado cometio falsedad a sabiendas en cualquiera de las clausulas de la poliza, se tendra por nulo el seguro, observandose en cuanto á la inexactitud de la avaluacion de las mercaderias lo prescrito en el art. 1272. V. en outre l'art. 557 § 1 du code chilien, reproduit par les codes de Guatemala, du Honduras et du Salvador. L'art. 781 du code espagnol se borne à dire : *Sera nulo el contrato de seguro que recayere : 8° sobre cosas en cuya valoracion se hubiere cometida falsedad a sabiendas* (§ 8). Le code vénézuélien dit : Las declaraciones falsas y las reticencias por error o de proposito deliberado, por parte del asegurado, que hagan creer la disminucion del riesgo o cambien su objeto, anulan el contrato, aunque la pérdida no haya provenido del hecho ocultado o mal representado (art. 442). Las declaraciones falsas y las reticencias fraudulentas tanto de parte del asegurador como del asegurado, son siempre causa de nulidad, que la parte de buena fé puede invocar (art. 443). — (3) Rec. du H. 1889. 2. 66.

fait avec d'autres compagnies une assurance sur bonne arrivée (1) (ou profits espérés) ne commet pas envers les assureurs antérieurs, en s'abstenant de porter à leur connaissance la nouvelle assurance, une réticence de nature à entraîner la nullité des assurances antérieures, lorsqu'il est démontré que les dernières assurances s'appliquaient à des profits et à des intérêts légitimes et qu'elles n'avaient pas augmenté les risques, que les assurances ont été souscrites par le même courtier, que les assurances sur bonne arrivée étaient pratiquées par les premiers assureurs, que ceux-ci les auraient souscrites si elles leur avaient été proposées ou qu'enfin les dernières assurances, en les supposant portées à la connaissance des premiers assureurs, n'auraient modifié en rien leur opinion du risque ; 2° lorsque des assurances sur facultés ont été faites par un commissionnaire pour le compte d'un commettant et que, postérieurement, le commissionnaire a fait pour son compte personnel une assurance sur bonne arrivée (soit l'assurance du profit espéré sur lequel il était en droit de compter), le défaut de déclaration de cette assurance aux assureurs antérieurs ne peut nuire au commettant ni être regardé comme constitutif de réticence à son égard.

Après avoir signalé cet important document de jurisprudence, nous renvoyons le lecteur à la section II du chapitre VI, dans laquelle nous avons amplement étudié cette cause de nullité.

Plaçons toutefois sous ses yeux le projet de loi maritime norwégienne récemment élaboré par les commissaires norwégiens, suédois et danois. On y lit : « L'assuré, de même que celui qui fait l'assurance pour son compte, et tout autre qui, en qualité d'intermédiaire, contribue à faire conclure le contrat d'assurance, doit, lors de sa signature, exactement et véridiquement faire connaître toutes les circonstances qui lui sont connues et qui pourront influer sur l'appréciation des risques dont se charge l'assureur et des conditions sous lesquelles l'assurance se fait » (art. 241). « S'il y a négligence à l'égard des énonciations dont il est question au § 241 et si, lors de la conclusion du contrat, la circonstance qui a été passée sous silence n'était pas connue ni ne pouvait, à juste titre, être présumée connue par l'assureur, le contrat n'est pas obligatoire pour celui-ci ; néanmoins il a droit à la prime entière. Si l'assuré ou un autre, à qui il incombait de faire cette énonciation, a appris si tard la circonstance qui devait être communiquée que, seulement en prenant des mesures tout extraordinaires, il aurait pu en donner avis à l'assureur avant la conclusion du contrat, son omission n'amènera pas la nullité de l'assurance. Si l'assu-

---

(1) V. notre t. VI, n. 1388 *bis*.

rance a été faite sans l'ordre de l'assuré et à son insu, elle ne devient pas nulle parce qu'aucun avis n'a été donné à l'assureur d'une circonstance qui, bien que connue de l'assuré, était ignorée par celui qui faisait l'assurance (art. 242). Si une fausse déclaration a été faite relativement à une des circonstances dont il est question au § 241, l'assurance est annulée et la prime perdue, même si la déclaration a été faite de bonne foi, à moins que, lors de la conclusion du contrat, l'assureur n'eût connaissance des faits véritables (art. 243). Si la circonstance qui n'a pas été énoncée ou dont il a été fait fausse déclaration ne se réfère qu'à une partie des objets assurés, le contrat demeure en vigueur pour la partie restante de ceux-ci, à moins qu'il ne soit à présumer que l'assureur ne se serait pas chargé de l'assurance de cette partie seule sous les conditions convenues pour le tout, s'il avait connu les faits véritables (art. 244).

Le code portugais de 1889 est plus laconique : « Toute déclaration inexacte, dit-il (art. 429), comme aussi toute réticence de faits ou circonstances connus de l'assuré ou de celui qui fait l'assurance et qui pourraient influer sur l'existence ou les conditions du contrat, rendent l'assurance nulle. Si ces déclarations sont faites de mauvaise foi, l'assureur a droit à la prime » (1).

L'article 48 de la loi maltaise de 1858 reproduit exactement notre article 348.

1640. La loi commune a sous-entendu la condition résolutoire dans les contrats synallagmatiques pour le cas où l'une des parties ne satisferait point à ses engagements (art. 1184 c. civ.). Les tribunaux ont souvent l'occasion d'appliquer cette loi commune à notre contrat (v. ci-dessus, n. 1624). Par exemple l'assuré, après s'être engagé formellement à déclarer dans un délai prescrit les applications d'aliment à mesure qu'il recevrait les avis d'expédition à lui faites, omet volontairement d'appliquer à sa police flottante les chargements qui devaient en faire l'aliment, en vue de se soustraire au paiement des primes : il encourt la résiliation quand cette cause de résiliation ne serait pas exprimée dans la convention, « parce que la condition résolutoire est toujours sous-entendue dans les contrats synallagmatiques » (2). C'est par une application de ce principe que le changement volontaire de route ou de voyage a pour effet de résilier les assurances. On serait peut-être tenté d'alléguer, dans un certain nombre de cas et par exemple pour certains changements de route, que l'assureur a rempli son engagement en ses points essentiels (3). C'est

---

(1) Cf. ci-dessus, n. 1633. — (2) Paris, 28 février 1889. Rec. du H. 1889. 2. 94. — (3) Il en pourrait être ainsi d'après le pur droit civil. V. Demolombe, Obligations, II, n. 500.

ce que la loi commerciale ne veut pas laisser dire et j'ai, dans mon tome VI, n. 1438, expliqué pourquoi elle donnait à l'assureur le droit absolu d'exiger qu'on ne changeât pas le lieu du risque.

Mais, conformément aux principes du droit civil, cette résolution est *relative* et *judiciaire*. Elle ne saurait être demandée que par celle des parties qui peut se plaindre, envers l'autre, de l'inexécution. Celle-ci, quand elle ne veut pas poursuivre l'exécution, doit former une demande en résolution devant le juge compétent (1). Toutefois le pouvoir d'appréciation du juge est beaucoup plus restreint que si la demande était simplement fondée sur la violation de l'art. 1184 c. civ. Le juge peut seulement consulter, pour la détermination des points extrêmes et de la route à suivre, les usages maritimes (2). Il arrive par là même à décider, le cas

(1) C'est pourquoi, d'après l'arrêt précité du 28 février 1889, le fait par les assureurs d'avoir, après la découverte de la fraude et l'introduction de l'instance en résiliation, accepté des déclarations d'aliment, n'emporte pas déchéance à l'encontre de l'action en résiliation : « la résiliation n'ayant pas lieu de plein droit, l'assureur, tant qu'elle n'avait pas été judiciairement prononcée, dit la cour de Paris, restait lié par la police et pouvait craindre d'engager sa responsabilité s'il refusait de l'exécuter ». — (2) V. ci-dessus, n. 1317 et 1438. Ainsi la cour d'Aix a pu juger contrairement aux prétentions des assureurs, le 29 mars 1887, que « la plage de Coroglio est comprise dans le périmètre du port de Naples et que les chargements faits sur ce point doivent être réputés faits dans ce dernier port » (*Rev. intern. du dr. marit.*, II, p. 666). Le pouvoir d'appréciation des juges du fait a pu s'exercer encore dans les circonstances suivantes (arrêt de Bordeaux du 10 mai 1880. *Mémor. de jur. commerc. et marit.*, t. XLVII, p. 231) : « Dans la pratique des assurances maritimes, il est d'usage d'employer les termes *via tel port*, lorsque, suivant toute probabilité, la marchandise devra être transbordée au point indiqué sur un autre navire, souvent après avoir été débarquée et avoir séjourné un certain temps à terre ; quand il s'agit seulement d'escales à faire pour le navire, on emploie la locution *touchant à tel port*. En conséquence, lorsqu'une compagnie d'assurances maritimes a assuré une certaine somme sur marchandises chargées ou à charger sur vapeurs indéterminés pour de Gênes aller à Mazatlan *via Liverpool, Colon et Panama*, l'assureur, en cas de perte, ne peut pas repousser la demande en délaissement en se fondant sur ce que le vapeur, ayant touché en un ou plusieurs ports de la Méditerranée, suivant ainsi une route qui n'était pas directe entre Gênes et Liverpool, aurait dérouté » (pourvu que le sinistre soit arrivé pendant la route qu'il devait parcourir pour faire escale dans les ports habituellement desservis par les vapeurs de la compagnie et qui devait être connue de l'assureur). De même la cour d'appel d'Alexandrie a pu décider par un arrêt infirmatif du 22 mars 1888 (*Rev. internat. du dr. mar.* III, p. 92) « qu'aucun usage auquel sa longue durée aurait donné une notoriété suffisante ne considère le port de Syra comme étant situé sur la route directe de Marseille à Alexandrie. »

échéant, que l'intention présumée des contractants, fondée sur ces usages, donne une certaine latitude à l'assuré, partant le soustrait à l'application de l'article 351. Mais si, nonobstant certains actes qui paraissent impliquer un changement de route, de voyage ou de vaisseau, le juge du fait s'abstenait d'appliquer cet article, sans expliquer nettement comment il arrive à sa déduction juridique, la cour suprême pourrait décider qu'elle n'est pas mise à même d'exercer son contrôle, et prononcer une cassation.

Le nouveau code portugais (art. 608) a dit : « Tout changement volontaire de route, de voyage ou de vaisseau par le fait de l'assuré, au cas d'assurance sur corps ou sur fret, fait cesser l'obligation de l'assureur. Cette disposition est applicable à l'assurance sur facultés, si le chargeur a consenti au déroutement. Dans les cas prévus par le présent article, l'assureur a droit à la prime entière, si les risques ont commencé à courir. »

L'assureur pourrait-il demander la résolution en alléguant qu'il n'y a pas déviation *forcée*, si l'assuré ne s'était détourné de sa route qu'en vue d'un sauvetage ? Non, avons-nous dit au n. 1400, s'il ne s'agit que de sauver des biens ; oui, s'il s'agit de sauver des hommes. Tout en persistant dans cette opinion, nous devons prévenir le lecteur que, d'après un jugement du tribunal de commerce d'Anvers du 11 juillet 1887, l'assistance n'est pas une obligation de droit privé, quand même le patron d'un navire aurait, pouvant secourir sans péril un autre navire en détresse, exposé des marins à la mort par une déplorable abstention (1). D'après cette sentence, il serait tout à fait à craindre que la jurisprudence belge n'envisageât dans aucune hypothèse la déviation accomplie pour secourir des naufragés comme un changement forcé de route (2). Il en serait autrement, à coup sûr, en Hollande, puisque d'après l'art. 474 du code pénal néerlandais, « le capitaine d'un navire néerlandais qui néglige de porter secours à des navires, capitaines ou passagers en détresse dans la mesure de ses moyens *sans exposer à la*

---

(1) « ... Attendu, dit le tribunal, que le défendeur a donc tenu une conduite indigne d'un honnête homme et surtout d'un marin, mais qu'aucune disposition de nos lois soit pénales, soit civiles, ne prévoit cette éventualité... » — (2) V. dans la *Belgique judiciaire* du 2 septembre 1888 un intéressant article de M. Ch. Sainctelette. — L'art. 255 du projet précité de loi maritime norwégienne s'exprime en ces termes : « Si le voyage est changé ou si, d'une autre manière, le risque contre lequel l'assurance a été faite est augmenté ou changé après que le risque a commencé, l'assureur est déchargé de la responsabilité de tout accident survenu après le changement, à moins que celui-ci n'ait eu lieu sans le consentement de l'assuré ou dans un cas de nécessité causé par un danger dont l'assuré est responsable *ou qu'il soit fait pour sauver des vies d'homme* » (art. 255).

perte son navire, les passagers ou lui-même, est puni d'une détention de trois mois au plus et d'une amende de trois cents florins au plus. »

Nous rappelons au lecteur que, d'après l'article 28 de la police « française » sur corps (v. n. 1328 *quater*), la vente *publique* du navire fait cesser de plein droit l'assurance au jour de la vente. Dans cette hypothèse, la résolution n'est pas *judiciaire*. Il en est de même, selon le mécanisme de cette police, au cas de vente *privée* s'appliquant au moins à moitié de l'intérêt vendu, si, l'acquéreur ayant demandé que l'assurance de cet intérêt continuât, les assureurs s'y sont refusés (cf. ci-dessus, n. 1328 *quater*).

Pour éviter des redites, nous renvoyons au n. 1438.

1640 *bis.* C'est encore par application de la condition résolutoire sous-entendue dans les contrats synallagmatiques et de l'art. 1184 c. civ. que le contrat d'assurance est résiliable pour défaut de paiement des primes (cf. ci-dessus, n. 1458). La jurisprudence qui prévaut en matière d'assurances terrestres (1) nous paraît applicable aux assurances maritimes. Donc : 1º le retard dans le paiement des primes n'empêche pas l'obligation d'exister et doit être seulement envisagé comme une cause de résolution ; 2º ce n'est pas une conséquence légale de ce retard que les assureurs cessent d'être obligés à la garantie des sinistres ; 3º pour atteindre ce résultat, l'assureur devra demander la résolution en justice, et le contrat ne serait pas résolu par des réclamations verbales ou même par des lettres missives adressées à l'assuré en vue d'obtenir le paiement des primes à l'échéance.

Il en serait autrement s'il était écrit dans la police que, faute de ce paiement, l'assurance sera « résolue » ou « annulée » de plein droit. Le juge pourrait alors décider, par application d'une convention particulière, que les assureurs ont, *ipso facto*, cessé d'être astreints à la garantie des sinistres (2).

1641. Nous avons expliqué, en commentant l'article 1351 (v. ci-dessus, n. 1438), que, sauf dans le cas où les risques sont divisés, une fois qu'ils ont commencé de courir, le droit à la prime entière est justifié. C'est là, qu'on le remarque, un principe général et non pas seulement une règle spéciale aux changements de route, de voyage ou de vaisseau. Il suffit, pour employer le langage même du code, que « les pertes et dommages proviennent du fait de l'assuré » ou, comme l'a dit le 28 février 1865 (3) la cour de cassation sous une autre forme, que « la résolution de l'assu-

---

(1) V. surtout civ. cass. 24 novembre 1875. D. 76. 1. 364. — (2) Comp. une sentence arbitrale d'Anvers, du 20 septembre 1884. Rec. d'Anvers, 1888. 1. 195. — (3) S. 65. 1. 192.

rance ne soit point imputable à l'assureur ». Dans le procès terminé par l'arrêt de cette cour, un contrat de réassurances avait été résolu, à la suite et en conséquence de la mise en liquidation d'une société d'assurances mutuelles, réassurée : les primes payées ou souscrites par les réassurés furent intégralement acquises aux réassureurs, parce qu'ils ne pouvaient pas souffrir d'une résolution qui ne leur était point imputable (1).

Il existe une apparence de contradiction entre l'arrêt de la cour de cassation, chambre civile, que nous venons de citer, et l'arrêt de la même cour, chambre des requêtes, du 17 janvier 1860 (2) qui, dans un procès analogue entre les mêmes parties, approuva la cour de Paris d'avoir ordonné « la restitution aux assurés d'une portion de la prime payée par eux pour une année entière, portion correspondant à la période de cette année pendant laquelle l'assurance n'avait pas pu continuer à produire ses effets. » Toutefois il importe de remarquer que la règle de droit est posée dans des termes semblables par les deux sections de la cour régulatrice. « La restitution de la prime entière n'est accordée à l'assureur, avait dit la chambre des requêtes, que dans le cas où la rupture de l'assurance est imputable à l'assuré, soit que les conditions du risque aient été changées, soit que les pertes et dommages éprouvés proviennent du fait de cet assuré » (3).

On lit dans le projet de loi maritime norwégienne élaboré en 1887 par les commissaires norwégiens, suédois et danois : « Si l'assuré néglige de prendre les mesures qui dépendent de lui pour prévenir les dommages résultant de ce que le risque, sans son consentement, a été changé ou augmenté par le fait d'un tiers, l'assureur est déchargé de la responsabilité qui, dans les autres cas, lui incombe » (art. 256). Il n'en serait pas de même en France. Aucun texte n'autorise les tribunaux à prononcer une résolution contre l'assuré parce qu'il aura négligé, après coup, de réparer le mal fait par autrui. C'est la loi commune qu'il faut appliquer : l'assureur aura droit, le cas échéant, à des dommages-intérêts (4).

1642. L'assurance, on le sait, finit par l'expiration du temps pour lequel elle était faite. Nous avons examiné cette question sous presque toutes ses faces dans notre tome VI, aux n. 1431 et 1434, traitant particulièrement des prolongations après l'échéance du terme, à la suite et en conséquence des avaries survenues pendant la durée des risques.

---

(1) Même arrêt. — (2) S. 1860. 1. 895. — (3) Si l'on y regarde de près, c'est la cour de Paris qui, dans ces deux espèces, avait apprécié d'une façon différente, en fait, la nature des rapports entre les réassurés et les réassureurs. — (4) Conf. ci-dessus n. 1473 *bis*.

La question a été reprise par M. de Courcy, quelques semaines avant sa mort (1).

Les usages de la France et ceux de l'Angleterre ont longtemps différé sur un point. Chez nous, si le navire est en mer ou en relâche à l'expiration des douze mois, les risques se prolongent jusqu'à ce qu'il parvienne à son port de destination. Chez nos voisins les risques (et le contrat avec les risques) cessaient à date fixe, le navire fût-il en pleine mer. L'usage français de prolonger les risques jusqu'au port de destination du voyage entrepris a commencé de se répandre en Angleterre, dit M. de Courcy (2) : par contre, en France, la compagnie des messageries maritimes, qui fait souscrire des assurances sur ses plus grands paquebots, suit l'usage anglais de la date fixe en l'appliquant à l'année ordinaire.

Les conventions dureront un jour de plus dans les années bissextiles (3).

M. de Courcy pose et résout comme il suit la « question du méridien ». « Le paquebot des messageries, assuré du 1er janvier au 31 décembre 1888, a fait naufrage dans les mers de Chine le 1er janvier 1889. Les assureurs seront portés à se croire indemnes. Cela dépendra de l'heure. Si le naufrage a lieu le matin, nous fêterons encore ici la saint Silvestre, et les douze mois assurés ne seront pas achevés. Par contre, le naufrage qui aurait lieu à New-York le 31 décembre, à dix heures du soir, ne serait pas à la charge des assureurs de l'année 1888. L'année 1889 serait ici commencée ». Nous croyons avec l'éminent publiciste qu'il faut se référer, pour calculer la révolution des douze mois, au méridien du lieu du contrat » (cf. ci-dessus, n. 1376). Autrement on en prolongerait ou on en réduirait arbitrairement la durée de quelques heures (4). Cette solution a prévalu chez les Anglais (5).

Il est autrement difficile de déterminer jusqu'à quelle date la responsabilité des assureurs subsiste et les conventions se prolongent, à la suite de certaines avaries incontestablement survenues pendant la durée des risques, que suivent des avaries postérieures au terme fixé par la lettre de ces conventions. Le paquebot, assuré du 1er janvier au 31 décembre 1888, éprouve une avarie grave le 30 décembre : la réparation n'est pas possible en mer et l'on pourvoit le moins mal possible aux exigences de la situation, par

(1) *Le commencement et la fin des risques dans l'assurance des navires.* Paris, 1888. — (2) *op. cit.,* p. 4. — (3) C'est ce que signifie la formule anglaise : *twelve calendar months* (ib.). — (4) « Et il peut s'agir de millions, remarque M. de Courcy, dans cette question d'horloge ». — (5) Cf. Alg. Jones, Bull. de la soc. de lég. comp., t. VIII, p. 489. — Au contraire, le code finlandais (art. 191 § 3) s'attache à l'heure du port où se trouve le navire.

exemple en tâchant de gagner à la voile un port de destination ou de relâche. Le 2 janvier 1889, ce même navire, heurté par une collision, sombre et s'engloutit. Qui paiera la perte ? M. de Courcy suppose que le litige naît entre deux compagnies d'assurances et, se livrant à l'examen critique de certains arrêts, reproche à la jurisprudence (1) de sacrifier les assureurs de 1888 aux assureurs de 1889.

Il faut pourtant reconnaître que, s'il n'est pas arrivé d'accident nouveau et que le navire ait coulé le 2 janvier, succombant à la voie d'eau du 30 décembre, la perte ne peut pas être à la charge des assureurs de 1889. Ce n'est pas, si l'on veut parler un langage bien précis, que la première convention ait été prolongée, c'est que la blessure mortelle a été reçue pendant la durée des premiers risques. Il importe peu que le vaisseau blessé ne soit pas resté sur le champ de bataille dès le 30 décembre (2).

Mais la question se complique assurément si le navire périt à la suite d'un accident *nouveau* survenu le 2 janvier 1889. Le navire a-t-il péri par cet événement ? a-t-il péri par la blessure du 30 décembre ? Je suppose, bien entendu, que la police s'est abstenue de mettre expressément à la charge des seconds assureurs tout accident survenu après l'expiration de la première année, quelle qu'en fût la cause initiale, et qu'il y a matière à interprétation (3). Voici notre réponse : il serait absurde d'adapter, d'avance, à toutes les hypothèses une même solution juridique. Si le juge pense que le navire eût péri même sans l'accident de 1889, il est impossible de décharger les assureurs de 1888 sous prétexte que les premières conventions ont pris fin. Il faut, au contraire, les décharger s'il est constant que, sans ce nouveau sinistre, le navire n'eût pas péri. Enfin s'il est établi que le navire succombe à ses deux blessures, les assureurs de 1888 ne peuvent pas s'attacher à l'expiration du terme pour décliner une part dans la responsabilité. Quelle part auront-ils donc à supporter ? C'est une question de fait à résoudre d'après les circonstances.

Le problème se complique encore quand il s'agit de décider si les effets de l'assurance ont pris fin, pour les assureurs du navire, même après l'arrivée au lieu de destination et pendant le temps nécessaire aux réparations. La question doit être résolue négative-

---

(1) Bordeaux, 28 février 1859 et 26 juin 1860 ; Req. 18 février 1861. — (2) C'est ce que M. de Courcy reconnaît lui-même, ib., p. 13. — (3) M. de Courcy dit (ib., p. 16) : « J'ai vu des contrats rédigés comme suit : *les risques ont commencé le…, à midi, en quelque lieu et situation que fût le navire, même à la mer*. Les assureurs acceptaient donc que le navire pût être *en situation* d'avaries ». C'est, à notre avis, forcer le sens des mots.

ment, sans nul doute, quand l'accident tient aux travaux eux-mêmes (1). Mais ne doit-elle pas l'être affirmativement, si l'accident du 2 janvier 1889 est à la fois indépendant de ces travaux et des avaries antérieures (2)? C'est embarrassant. Nous avons dit nous-même (n. 1431) que le voyage n'est pas terminé dans les rapports de l'assureur et de l'assuré tant que l'exécution des obligations contractées par l'assureur empêche le navire de reprendre la mer. Nous nous demandons aujourd'hui, après avoir lu la dernière brochure de M. de Courcy, si cette proposition n'était pas trop générale. Il est vrai que le second accident ne serait probablement pas arrivé si le bâtiment n'était pas entré dans un bassin pour y recevoir les réparations nécessaires. Mais cette relation purement fortuite d'un lieu avec un fait qui ne se rattache pas par lui-même aux risques prévus par la convention suffit-elle à prolonger les effets de cette convention? Toute réflexion faite, nous en doutons, et nous engageons les juges à méditer les observations du regretté publiciste (3).

Des difficultés s'élèvent parfois entre assureurs et réassureurs sur la question de savoir si la fin d'une police coïncide avec celle de l'autre. La *Foncière lyonnaise* avait assuré le *Cochin* par une police à temps du 1er juin 1882 au 1er juin 1883 : il était en outre stipulé que si, au 1er juin 1883, le *Cochin* était en cours de route, cette police serait prolongée avec une prime proportionnelle. Une police de réassurance limitait aussi le risque au 1er juin 1883 et on se contentait d'ajouter que le réassureur acceptait intégralement les clauses de la police originaire. D'après un arrêt de la haute cour de justice anglaise, division du banc de la reine (7 juin 1888) (4), il fut décidé que, eu égard à la clause de prolongation, la seconde police ne renvoyait pas à la première. En thèse, la prolongation ne se présume pas.

Toutefois il ne faut pas étendre à la légère, en matière d'assurance à terme, les solutions qui ont prévalu chez nos voisins d'outre-Manche. Il ne faut pas oublier que, d'après la loi fiscale

---

(1) Par exemple, « le navire, en entrant dans le bassin, a fait une mauvaise pose, a subi un heurt ou un écrasement contre les portes de l'écluse, etc... L'équité ne permet pas de mettre à la charge des assureurs de 1889 un accident *dépendant* des avaries de 1888 ». — (2) Il s'agit, par exemple, d'un coup de foudre embrasant le navire, d'un incendie communiqué du dehors, etc. — (3) Quelques-unes des critiques dirigées par M. de Courcy contre l'arrêt de la chambre des requêtes du 18 février 1861 (cité au n. 1431) sont certainement fondées. Il est encore moins douteux que la cour de Bordeaux avait eu tort d'étayer sa doctrine (arrêt du 28 février 1859) sur une prétendue obligation de réparer les avaries, à la charge des assureurs. Cf. notre t. VII, n. 1475. — (4) Rev. intern. du dr. mar. IV, p. 183.

anglaise du 31 mai 1867 (art. 8), « aucune police ne sera faite pour un temps excédant douze mois et toute police faite pour un temps excédant douze mois sera radicalement nulle » (*null and void to all intents and purposes*).

Cette dernière règle, fondée sur l'intérêt du fisc anglais, n'existe pas aux Etats-Unis.

1643. Nous avons amplement traité de la résolution du contrat en droit français par la faillite de l'assureur où de l'assuré. On sait aussi que, si l'assuré peut requérir contre l'assureur failli la dissolution du contrat parce que, suivant l'expression d'Emérigon, « la cause finale de l'assurance est d'avoir un assureur qui soit en état de répondre du sinistre », l'effet d'une semblable demande est purement relatif et ne rejaillit pas sur les rapports de l'assureur et du réassureur, les débiteurs du failli ne pouvant pas être déliés de leurs engagements parce que celui-ci ne tient pas les siens (1). Nous renvoyons le lecteur au tome VII, n. 1457 *bis* et 1621 (2), et nous complétons ainsi qu'il suit notre analyse des législations étrangères.

Les codes de l'Espagne (art. 787), de Costa-Rica (art. 826) (3) prévoient la faillite de l'assureur comme celle de l'assuré, et confèrent des droits égaux aux contractants. Le code péruvien se borne à prévoir la faillite de l'assureur et dit (art. 912) : « Au cas de faillite déclarée de l'assureur pendant le temps des risques, l'assuré peut exiger une caution ; si le failli ou le syndic ne l'a pas donnée dans les huit jours de la réquisition, le contrat est tenu pour rescindé ». Le nouveau code mexicain dit (art. 1301) : « Si l'assureur a été déclaré en faillite pendant le temps des risques, l'assuré pourra demander caution aux syndics de la faillite et si ceux-ci n'ont pas donné caution dans les trois jours de la réquisition, le contrat sera rescindé (*se rescindira*). L'assureur a le même droit contre l'assuré, s'il n'a pas reçu la prime ». Les codes du Chili (art. 559), de Guatemala (art. 458), du Salvador (art. 488), du Honduras (art. 557) tiennent ce langage : « En cas de faillite de l'assureur pendant que les risques courent, l'assuré pourra demander la résiliation du contrat ou exiger que l'assemblée des créanciers garantisse par une caution l'exécution des obligations du failli. L'assureur jouit du même droit d'option, si la faillite de l'assuré arrive avant le paiement de la prime. Si le failli ou l'administrateur de la faillite ne donne pas caution dans les trois jours qui suivent la notification de la demande, l'assurance sera résiliée ». Les codes de la république Argentine et de l'Uruguay donnent à l'assuré contre

____

(1) Conf. ci-dessus, n. 1371. — (2) Conf. ci-dessus, n. 1460. — (3) Sous la rubrique : « De los casos en que se anula, rescinde o modifica el contrato... »

la faillite de l'assureur les mêmes droits qu'à l'assureur contre la faillite de l'assuré (1). Si l'une des deux parties tombe en faillite avant la fin des risques, lit-on dans le code vénézuélien (art. 440), l'autre peut demander caution ou la rescision du contrat. « Si, pendant le cours d'une assurance, dit l'art. 285 du code hollandais, l'assureur est déclaré en état de faillite, l'assuré peut demander soit la résiliation du contrat, soit une caution suffisante qu'il sera satisfait pleinement par la masse aux obligations de l'assureur ». On lit dans le code brésilien (art. 687 § 2) : « L'assuré peut rompre l'assurance quand l'assureur devient insolvable, avant qu'on sache que le risque a cessé, en provoquant en justice l'annulation de la première police ; et si, dès ce moment, à raison d'un sinistre accompli, il est dû une indemnité quelconque à l'assuré, il peut produire pour le montant de sa créance dans la faillite de l'assureur ». « Si l'assureur, dit l'art. 191 du code turc, tombe en faillite lorsque le risque n'est pas encore fini, l'assuré peut demander caution pour l'exécution des obligations de l'assureur ou la résiliation du contrat ». L'art. 189 § 1 du code égyptien tient un langage un peu différent : « Si l'assureur tombe en faillite, lorsque le risque n'est pas encore fini, l'assuré peut demander la résiliation du contrat, s'il ne lui est pas donné caution pour l'exécution des obligations de l'assureur » (2). La loi belge du 11 juin 1874 (art. 29) donne à l'assureur les mêmes droits qu'à l'assuré (3).

On lit dans le code allemand (art. 903) (4) : « Si l'assureur est devenu insolvable, l'assuré a le droit, à son choix, soit de se désister du contrat et de répéter ou de retenir la totalité de la prime, soit de conclure un nouveau contrat d'assurance aux frais de son assureur. Cependant ce droit n'appartient point à l'assuré quand, avant qu'il se soit désisté du contrat ou ait conclu une assurance nouvelle, une garantie suffisante lui est donnée pour garantir l'exécution des obligations de l'assureur ».

Le code portugais de 1889 ne permet à l'assureur de provoquer l'annulation du contrat au cas de faillite de l'assuré, à l'assuré de la provoquer au cas de faillite ou de liquidation de l'assureur que si, sur réquisition, la caution n'a pas été fournie (5) (art. 438).

Le projet de loi maritime norvégienne élaboré par les commis-

---

(1) Art. 670. Conf. ci-dessus, n. 1460. L'alinéa final de l'art. 670 est ainsi conçu : « Au cas où la masse des créanciers ne donnerait pas caution suffisante, l'assuré peut demander la cession gratuite des droits résultant de tout contrat de réassurance dont l'existence serait établie ». — (2) V., en ce qui concerne la faillite de l'assuré, n. 1460. — (3) Conf. ci-dessus n. 1460.— (4) Sous la rubrique « Dissolution du contrat d'assurance ». — (5) *Quando esta (caução) se não preste.*

saires norvégiens, suédois et danois s'exprime en ces termes : « Si l'assureur a fait faillite ou si, par une une saisie, il a été constaté qu'il est insolvable ou s'il a suspendu ses paiements, l'assuré a le droit d'annuler l'assurance et de recouvrer la prime, à moins que l'assureur, sur réquisition, ne donne des sûretés pour l'accomplissement exact du contrat ; si, dans ce cas, l'objet assuré a déjà été exposé à des risques, l'assureur a le droit de garder une part proportionnelle de la prime » (art. 240).

Le code russe énonce expressément que, « si l'assureur a fait faillite, les assurés ont le droit de se faire assurer par d'autres » (1).

D'après l'art. 433 du code italien, sur lequel est calqué l'article 458 du nouveau code roumain, « si l'assuré tombe en faillite lorsque le risque n'est pas encore fini et que l'assureur n'ait pas été payé de la prime, celui-ci peut demander caution ou, à défaut de caution, la résiliation du contrat. L'assuré a le même droit si l'assureur tombe en faillite ou se met en état de liquidation ». La loi maltaise de 1858 (art. 46) dit : « Si l'assureur tombe en faillite quand le risque n'est pas encore fini, l'assuré peut demander caution ou la résiliation du contrat. L'assureur a le même droit au cas de faillite de l'assuré s'il n'a pas été payé de la prime ».

Pour comprendre, en ce point, le mécanisme des lois anglaises, il faut se reporter aux indications que nous avons données sur le rôle des courtiers anglais (*brokers*), au n. 1308 (2). Ceux-ci, disions-nous, exercent un droit propre et direct : ils sont débités des primes envers les assureurs et crédités des indemnités, crédités des primes envers les assurés et débités des indemnités. Les jurisconsultes anglais se bornent à dire que l'*agency* cesse *ipso facto*, avec les effets juridiques de l'intervention, par la faillite de l'assureur. Il faut donc, pour que le *broker*, assigné par les ayants-droits de ce failli, échappe à leurs poursuites, que le montant des ristournes, par exemple, ait été passé en compte et réglé (*actually adjusted in account*) entre lui et l'assureur, avant la faillite (3). D'autre part, ainsi que l'explique Phillips (4), supposant que le *broker* est l'agent des deux parties, le montant des pertes et des ristournes ne peut être réclamé par les assurés *à l'assureur*, au cas où celui-ci tombe en faillite, pas plus que le montant des primes ne peut être réclamé contre le courtier par la masse, en tant que ces sommes ont été passées en compte et réglées (*passed and settled in account*) entre le *broker* et l'assureur avant la faillite. Il en est autrement si ce règlement n'était pas antérieur à la faillite (5).

(1) Art. 924. Traduct. et numérot. d'A. de St-Joseph. — (2) Comp. Paris, 6 août 1884, *Gaz. des trib*. du 4 oct. 1884. — (3) V. le développement de cette idée dans Arnould, édit. de 1877, p. 225. — (4) II, n. 1927. *Sic* Crump, n. 121. — (5) *Sic* Parker *v*. Smith, 16 East, 389 ; Minett *v*. Forrester, 4

1643 *bis*. La section III du titre II du décret du 22 janvier 1868 est évidemment applicable aux sociétés d'assurances mutuelles maritimes. Par conséquent les sociétaires ont, indépendamment de toute disposition statutaire, le droit de se retirer tous les cinq ans en prévenant la société six mois d'avance. Ce droit sera réciproque au profit de la société. Dans tous les cas où un sociétaire a le droit de demander la résiliation, il peut le faire soit par une déclaration au siège social ou chez l'agent local, dont il lui sera donné récépissé, soit par acte extrajudiciaire, soit par tout autre moyen indiqué dans les statuts (1). Les statuts indiquent spécialement le mode suivant lequel se fait l'estimation des valeurs assurées, les conditions réciproques de prorogation ou de résiliation des contrats et les circonstances qui font cesser les effets desdits contrats (art. 25). Toute modification des statuts relative à la nature des risques garantis et au périmètre de la circonscription territoriale donne de plein droit à chaque sociétaire la faculté de résilier son engagement. Cette faculté doit être exercée par lui dans un délai de trois mois à dater de la notification qui lui aura été faite conformément à l'art. 20 (2) (art. 26). Les statuts ne peuvent défendre aux sociétaires de se faire réassurer ou assurer à une autre compagnie. Ils peuvent seulement stipuler que la société sera immédiatement informée et aura le droit de notifier la résiliation du contrat (art. 27).

Taunt, 541. Il se peut toutefois que le fait même du règlement ne suffise pas, s'il n'est pas établi que les événements qui ont ouvert le droit au ristourne soient antérieurs au règlement lui-même, etc.

(1) Par conséquent, l'envoi d'une lettre chargée ne peut avoir pour effet de rompre le contrat, si ce mode de résiliation n'est pas autorisé par les statuts au profit des associés et il importe peu que la société elle-même se soit réservé dans les statuts le droit de faire cesser le contrat d'assurance par l'envoi d'une lettre chargée (Nancy, 30 juillet 1886. Rec. du H. 1887.2. 214). Comp. trib. civ. du Havre, 3 août 1883, ib. 86. 2. 101 ; Paris, 16 mars 1882 et Orléans, 13 décembre 1883. D. 84, 2. 163. — (2) Art. 20 § 2. Toute modification de statuts est portée à la connaissance des sociétaires dans le premier récépissé de cotisation qui leur est délivré.

CHAPITRE IX

1644. L'ordonnance de 1673, tit. XII, art. 7, enlevait aux juges d'amirauté la connaissance des affaires maritimes. Mais, dès le 28 juin 1673, un arrêt du Conseil ordonnait de surseoir à l'application de cette disposition nouvelle. Un autre arrêt du Conseil l'abrogea, le 16 août 1679, et cette attribution de compétence fut définitivement maintenue par l'ordonnance de 1681, l. I, tit. II, art. 1 et 2. La loi des 16-24 août 1790 déféra le contentieux des affaires commerciales maritimes, comme celui de toutes les affaires commerciales, aux tribunaux de commerce. Enfin le code s'exprima comme il suit : « Les tribunaux de commerce connaîtront des contestations relatives aux actes de commerce entre toutes personnes » (art. 631 § 3). « La loi répute actes de commerce... toutes assurances et autres contrats concernant le commerce de mer ». En combinant ces deux articles, on reconnaît que le législateur défère aux tribunaux de commerce les contestations relatives aux assurances maritimes.

Mais le tribunal de commerce est-il invariablement compétent, alors même que l'action est dirigée contre l'assuré ?

M. Dalloz enseigne (1) que le contrat d'assurances maritimes est, de la part de l'assuré, commercial ou civil, « selon qu'il couvre des risques commerciaux ou non commerciaux ». Il paraît en conclure que, conformément aux règles de compétence admises par la jurisprudence française, l'assuré, quand l'opération litigieuse prend en ce qui le concerne un caractère civil, *doit* être actionné devant le tribunal civil et *peut* citer celui ou ceux pour lesquels l'opération reste commerciale soit devant le tribunal civil, soit devant le tribunal de commerce (2). M. Em. Cauvet, tout en croyant que l'assurance maritime est pour l'assuré un acte de conservation et d'administra-

---

(1) Conf. ci-dessus, n. 1300. — (2) V. le supplément au Rép., v° Acte de comm., n. 360. Comp. (en matière de transport maritime) Req. 30 juillet 1884. D. 85. 1, 193.

tion, non un acte de commerce, le regarde néanmoins comme
« soumis à la juridiction commerciale par un motif tout spécial ».
Nous n'avons aucun motif d'hésiter puisque, nous étant demandé
plus haut (n. 1300) si l'acte est commercial non seulement à l'égard
de l'assureur, mais encore à l'égard de l'assuré, nous les avons mis
sur le même plan. Par une déduction logique, nous reconnaissons
sans difficulté que le tribunal de commerce est compétent dans
tous les cas (1).

Dans le système que nous adoptons et qu'une pratique universelle a sanctionné, le juge de paix ne connaît jamais des actions
dirigées contre les assurés, malgré leur caractère mobilier et quel
qu'en soit le chiffre, parce qu'il n'a aucune part à l'exercice de la
juridiction commerciale.

En matière d'assurances terrestres, les parties pourraient étendre sa compétence d'un commun accord, puisqu'il leur est loisible
de l'appeler, par une prorogation *de quantitate ad quantitatem*, à juger
en dernier ressort ce qu'il n'aurait pu juger régulièrement qu'en
premier (2). Mais on ne pourrait lui déférer des contestations relatives aux assurances maritimes que par une prorogation *de re ad
rem*, c'est-à-dire en le chargeant d'affaires qui lui sont absolument
étrangères (3).

Un non commerçant avait acheté d'un autre non commerçant
une part d'intérêt dans une société d'assurances maritimes à la suite
d'un appel de fonds : des contestations s'étant élevées entre eux
sur la répartition de versements à faire, la cour de Bordeaux (4)
déclara la juridiction commerciale compétente en visant l'art. 633
co. Nous croyons aussi que le cessionnaire de la part d'intérêt
avait fait un acte de commerce (cf. ci-dessus n. 1300) et que la juridiction commerciale devait en apprécier les suites (art. 631 § 3).

J'ai dit plus haut (n. 1300) que le contrat d'assurance mutuelle
maritime reste commercial. Donc une action formée par le liqui-
dateur d'une telle société contre les assurés pour obtenir le paiement des obligations qu'ils ont contractées doit être portée devant
les tribunaux de commerce (5). On sait d'ailleurs que, d'après la

---

(1) M. Droz a dit (II, n. 684), employant les termes les plus généraux :
« Les tribunaux compétents pour connaître des litiges entre assureurs et assurés sont les tribunaux de commerce ». — (2) Trib. civ. de la Seine, 23
juillet 1888 (*le Droit* du 1er août 1888). — (3) « La volonté des parties, a dit
la cour de cassation le 14 février 1866 (D. 66. 1. 477), ne peut étendre la
compétence d'un juge d'exception à une matière qui lui est complètement
étrangère ». *Sic* civ. cass. 20 juin 1877. D. 77. 1. 392. Cf. Curasson, *Comp.
des juges de paix*, I, n. 29 et Garsonnet, *Cours de procédure*, I, p. 640. —
(4) 4 février 1846. D. 46. 4. 6. — (5) *Sic* Req. 21 juillet 1856. D. 56. 1. 323.
« Attendu, dit l'arrêt, que la cause, par sa nature et par le but qu'elle se

jurisprudence de la cour suprême (1), le directeur d'une société d'assurances mutuelles purement civile à l'origine devient, en établissant à côté de cette société une entreprise commerciale avec ses chances spéciales de bénéfices ou de pertes (2), justiciable de la juridiction consulaire (3).

1644*bis*. Le tribunal de commerce est-il encore compétent si c'est l'Etat qui s'est fait assurer, si l'État est assigné par l'assureur en exécution de ses obligations ou s'il assigne l'assureur?

A ne consulter que les principes du droit universel, il n'y a pas lieu d'attribuer compétence, en pareil cas, aux tribunaux administratifs. Nous avons dit au n. 1119 (et nous ne regrettons pas cet excès d'audace) qu'un achat de souliers n'était pas un acte de souveraineté ; à nos yeux, un contrat d'assurance n'est pas non plus un acte de souveraineté. En outre il est déraisonnable de convier les tribunaux administratifs à statuer sur l'exécution d'une police, sur les suites d'un délaissement ou d'une action d'avaries « qui ne peuvent être constatées ni évaluées que d'après les règles du code de commerce ». Nous empruntons ces derniers mots à l'arrêt du conseil d'Etat du 9 juillet 1820 (4).

Mais cet arrêt même réserve le cas où il s'agirait d'une contestation sur l'exécution ou l'interprétation d'un marché passé avec un ministre ou en son nom. Il se peut qu'une clause d'assurance soit insérée dans un contrat de ce genre et que le tribunal des conflits, par exemple, l'envisage comme une partie intégrante du marché. Dans ce cas, on appliquera sans aucun doute l'art. 14 du décret du 11 juin 1806 (v. ci-dessus n. 1116) et la compétence des tribunaux administratifs sera proclamée. Mais bien entendu les juges auront à se demander d'abord si, au fond et quelle que soit la forme de l'acte, il ne s'agit pas de déterminer, dans le litige, les droits et les obligations dérivant d'un contrat passé par l'administration. Dans ce cas, le jugement appartiendrait, conformément à l'arrêt de 1820, aux tribunaux de droit commun (5).

proposait, celui d'assurances pour le commerce maritime, était essentiellement commercial : qu'ainsi, et à ces divers titres, c'était devant le tribunal de commerce, etc. ».

(1) Req. 28 décembre 1886. S. 1888.1.68. — (2) Par cela seul qu'il a constitué, pour l'exploitation de la direction, un capital divisé en un certain nombre de parts, à chacune desquelles il a attribué une portion correspondante des bénéfices. — (3) Cf. Pont, *Soc. civ. et comm.* I, n. 108. — (4) D., v° Marché de fournitures, n. 150. — (5) « Considérant, a dit le tribunal des conflits le 11 janvier 1873 (aff. Damours c. l'Etat), que l'autorité judiciaire est seule compétente pour statuer sur le sens et l'exécution des contrats de droit commun, même quand ces contrats se rattachent à l'exécution de travaux publics, comme au cas de cession amiable ».

Mais l'Etat ne pourrait-il pas du moins, comme en matière d'abordage, alléguant que son vaisseau ne naviguait pas dans un intérêt commercial, saisir indistinctement la juridiction civile ou la juridiction consulaire (1)? Nous ne le croyons pas, le législateur ayant entendu, selon nous, imprimer le caractère commercial à l'assurance maritime, alors même qu'un des contractants ne se serait pas proposé un but lucratif.

Par le même motif, l'Etat, cité devant le tribunal de commerce en paiement d'une prime, ne pourrait pas demander son renvoi devant le tribunal civil.

1645. J'ai dit plus haut (n. 1322) que l'article 332 du code de commerce déroge à l'art. 1006 du code de procédure. Il est indubitable que la clause compromissoire est, par exception, valable dans les contrats d'assurances maritimes : les parties peuvent s'y soumettre à la juridiction arbitrale quoique la contestation ne soit pas encore née et que, par conséquent, l'objet du litige ne soit pas fixé. La cour d'Aix, en jugeant autrement le 17 février 1886 (2), viola manifestement l'article 332. La cour de cassation a dit très bien : « Cet article, en autorisant la stipulation de la clause compromissoire dans la police d'assurances maritimes, n'a point rappelé le principe consacré par le code de procédure relativement aux arbitrages volontaires : son silence à cet égard s'explique et se justifie par les principes du droit ancien en cette matière et par la nature du contrat d'assurance maritime. Sous l'ordonnance de 1681, la clause compromissoire était toujours valable, bien que l'objet du litige et les noms des arbitres ne fussent pas désignés. Au moment de la rédaction de la police, les parties ne peuvent préciser l'objet d'une contestation qui n'est pas née ni choisir des arbitres dont l'aptitude spéciale puisse offrir les garanties d'une bonne justice (3) ». Cette interprétation de la loi commerciale est, on le sait, la nôtre.

Il y a, sous ce point de vue, un intérêt palpable à distinguer les assurances maritimes des assurances terrestres (4).

(1) Comp. ci-dessus, n. 1116. — (2) V. le *Journ. du dr. intern. privé*, ann. 1888 p. 84 et en sens contr. les décis. citées dans mon t. VI, p. 110, note 2. — (3) Req., 27 nov. 1860 (précité). *Junge* Rouen, 11 juillet 1888. Rec. du H. 1888. 2, 156. Lorsque, en exécution d'une clause compromissoire inscrite dans une police d'assurance dans les termes de l'art. 332, ajoute cet arrêt, les parties ont soumis leurs contestations à un arbitre, il n'appartient aux tribunaux de commerce « ni de réformer ni même d'interpréter » la sentence arbitrale. C'est de toute évidence. *Junge*, sur la validité de la clause compromissoire dans les assurances maritimes, civ. cass. 13 mars 1889. — (4) V. quant à la nullité de la clause compromissoire en matière d'assurances *terrestres* Req., 7 mars 1888, S. 1888, 1, 296.

Le tribunal de commerce de la Seine a jugé, le 8 janvier 1889 (1),
l'article 332 inapplicable au contrat de réassurance toutes les fois
qu'il n'aurait pas « stipulé la cession d'un risque ou d'un certain
nombre de risques nominativement désignés déjà couverts par une
où plusieurs polices consenties par l'assureur primitif, et relaté les
mentions qui, aux termes de l'art. 332, ont dû être obligatoirement
exprimées dans lesdites polices ». C'est ajouter à la loi. Encore
une fois (v. n. 1370), l'indétermination des risques maritimes ne vicie pas l'assurance (2).

1646. La cour d'Aix a, dans ses arrêts du 17 février et du 24
mars 1886, commis une autre erreur en assimilant à la clause compromissoire une stipulation qui astreint l'assuré, de nationalité française, contractant avec un assureur étranger, à porter devant le tribunal de commerce de la ville étrangère où la police a été souscrite toutes les contestations à naître de cette police. Elle n'était
pas conduite à l'annulation de ce pacte, même par une fausse interprétation de l'art. 332. « Malgré la légitime confiance que doivent inspirer les tribunaux français, a dit M. Lyon-Caen, surtout
quand il s'agit d'un procès entre un français et un étranger, il est
vraiment impossible de considérer par rapport aux juges français
les juges étrangers comme de simples arbibres ». Les français sont
libres de conclure avec les étrangers des contrats par lesquels ils
reconnaissent à l'avance, en cas de difficulté, la compétence d'un
tribunal étranger. Cette règle a été récemmment appliquée par le
tribunal de commerce de Marseille à un contrat d'assurances maritimes (3), mais n'est pas spéciale à cette sorte de conventions (4).

1647. Il est évident qu'un des contractants, de nationalité française peut, s'il n'a pas renoncé au bénéfice de l'article 14, citer
l'autre contractant étranger, même non résidant en France, devant
un tribunal français, soit en France, soit à l'étranger.

C'est par application de cet article 14 que, pour l'exécution d'une

---

(1) *Gaz. des trib.* du 22 janvier 1889. — (2) Ce jugement prête d'autant
mieux le flanc à la critique qu'il avait dit lui-même : « il n'est pas contesté
que les opérations susvisées ont été faites en exécution des conventions in-
tervenues entre les parties pour la réassurance par la compagnie la Réunion
des risques maritimes de la compagnie grecque le Phénix, dans une proportion et à des conditions déterminées aux conventions ». — (3) 19 juillet 1888.
Rev. internat. du dr. mar., t. IV, p. 172. — (4) V. l'arrêt de cassation rendu
sur mes conclusions par la chambre civile le 29 février 1888. Le connaissement attribuait, dans l'espèce, compétence au tribunal du chef-lieu du district d'attache du navire à vapeur, situé en Italie. « Une pareille clause n'est
point contraire à l'ordre public, dit la cour suprême, et il est loisible au
Français de renoncer d'avance à la faculté que lui donne l'art. 14, c. civ. ».
(*Rev. intern. du dr. mar.* III, p. 657).

convention d'assurance sur facultés souscrit entre assureurs et assurés étrangers *pour compte de qui il appartiendra*, le destinataire français qui apparaît après coup peut traduire les assureurs étrangers devant le tribunal de son propre domicile, étant censé avoir contracté lui-même (1).

C'est par application du même article que l'assureur français, ayant contracté avec des assurés étrangers et mis par le fait d'un tiers étranger dans la nécessité d'acquitter envers eux les obligations nées de son contrat, peut actionner ce tiers devant un tribunal français. Il en serait sans doute autrement si cet assureur agissait comme cessionnaire des droits de l'assuré ou comme subrogé à ces droits (2). Mais nous avons expliqué dans notre t.VII, n. 1516, que l'assureur, si le fait d'un tiers a réalisé le risque dont il répond, ne peut pas être privé du recours personnel ouvert par le droit commun à toute personne lésée par le fait d'autrui. Le lecteur sait déjà que l'assureur, s'il agit en vertu de ce droit propre, peut saisir les juges français (3).

Les armateurs français qui ont contracté avec des assureurs italiens ne se soucient pas, en ce moment, d'être jugés par les tribunaux italiens. De leur côté, les assureurs italiens, ne se souciant pas d'être jugés par les tribunaux français, introduisent dans leurs polices, signées en Italie, la clause suivante : « Qualunque sia il domicilio dell' assicurato, sia nel Regno d'Italia, sia altrove, la sede del giudizio ed il tribunale competente pel ricorso, in caso di controversie, sarà sempre nel luogo in cui viene sottoscritta la polizza ». L'assuré français qui souscrit une telle police hors de France renonce au bénéfice de l'art. 14. Il ne suffirait pas, à notre avis, au juge du fait, pour le replacer sous l'empire de cet article et le soustraire à la loi du contrat, d'une affirmation vague et dénuée de précision, fondée par exemple sur l'esprit général de la correspondance, la cour de cassation ne pouvant pas abdiquer le droit de vérifier si ce juge, en constatant un fait, en a déduit une solution juridique (4).

1648. Le jugement rendu par un tribunal étranger (5) qui statue sur l'application ou l'exécution d'un contrat d'assurance mari-

---

(1) Marseille, 17 juin 1880. Rec. de M. 1881. 1, 236. Comp. civ. rej. 5 mars 1888. *Rev. intern. du dr. mar.*, III, p. 659. — (2) Comp. Aix, 30 décembre 1869. Rec. de M. 1870, 1, 50. V. ci-dessus notre t. VII, n. 1516. — (3) Civ. cass. 12 août 1872, D. 72, 1, 293. *Junge* les autres jugements et arrêts cités en note sous le n. 1516. — (4) C'est pourquoi la cour suprême vient de casser sur mes conclusions (13 mars 1889) un arrêt de la cour d'Aix du 24 mars 1886. — (5) Nous nous plaçons en ce moment, bien entendu, hors de l'hypothèse où les contractants se sont engagés d'avance à faire juger leurs procès par un tribunal étranger.

time n'a pas, en général, d'autorité dans notre pays (cf. Rouen, 22 décembre 1885 et, sur pourvoi, civ. rej. 5 mars 1888) (1). C'est l'application à un cas donné de la règle écrite dans les art. 2123 c.civ. et 546 pr., d'après laquelle l'exécution des jugements rendus par les tribunaux étrangers ne doit être ordonnée en France qu'après révision en fait et en droit. Il est même utile de remarquer que certains traités, comme celui de 1760 entre la France et la Sardaigne (2), enjoignant aux « cours suprêmes de déférer de part et d'autre, à la forme de droit, aux réquisitions qui leur seront adressées à ces fins mêmes, sous le nom desdites cours », et par conséquent ayant pour but de favoriser l'exécution réciproque des jugements puisqu'ils donnent un moyen d'éviter cette revision (3), ne peuvent pas enlever aux parties le droit de se présenter, si bon leur semble, devant les tribunaux de l'un des deux pays pour y demander l'exécution des jugements rendus dans l'autre en se soumettant au droit commun (4).

Voici, qu'on le remarque, un cas dans lequel le tribunal *civil* est amené, par la force des choses, à statuer au fond sur une affaire commerciale d'assurances maritimes : en effet, la demande d'*exsequatur* ne peut être portée que devant le tribunal civil, investi de la plénitude de juridiction (5).

Il est à peine utile de faire observer qu'il appartient à la juridiction française de vérifier : 1º si les documents produits sont suffisants aux termes des traités diplomatiques pour obtenir l'*exsequatur* poursuivi sous examen du fond de la cause ; 2º si la décision dont l'*exsequatur* lui est demandé émane d'un tribunal compétent (6).

(1) *Rev. intern. du dr. mar.*, III, p. 659. — (2) Confirmé par la convention du 14 mars 1860 entre la France et l'Italie. — (3) Comp. notre t.V, n.1122. — (4) Qui implique la révision desdits jugements au fond. Ainsi jugé par la cour de cassation le 5 mars 1888. Dans l'espèce, les assurés Trombetta et Carrara ne s'étaient pas munis de lettres rogatoires délivrées par la juridiction compétente et avaient porté directement leur demande devant le tribunal civil du Havre. — (5) Il importe peu, dit à ce sujet la cour de Rouen (*Rev. intern. du dr. mar.* II, p. 264), que, pour y statuer, ce tribunal doive être amené à reviser le jugé au fond du droit dans une affaire commerciale ; il ne l'examine en pareil cas, ainsi que l'a reconnu la cour de Bordeaux par arrêt du 16 décembre 1867 (D. 68, 5, 194), qu'à titre de conséquence et comme moyen de résoudre la question d'exécution : celle-ci, restant toujours principale et dominante, détermine la nature de la contestation ». — (6) V. sur ces deux points un bon jugement rendu par le tribunal de la Seine le 9 novembre 1886 dans l'affaire de la Cie des assurances l'*Union industrielle* c. Willm (*Journ. du dr. intern. privé*, ann. 1887, p. 473). V. sur l'obligation qu'ont les tribunaux français de vérifier si le tribunal étranger dont le jugement doit être exécuté en France était compétent d'après le statut étranger

Si « l'ordre des choses et le droit des gens », pour employer les expressions d'Emérigon, permettent d'opposer aux assureurs l'exception de chose jugée fondée sur un règlement d'avaries fait à l'étranger (v. ci-dessus n. 969), il ne faut pas oublier que ceux-ci gardent le droit de déterminer le rapport du règlement avec l'assurance, c'est-à-dire de limiter, sans contester la chose jugée entre les contribuants, l'obligation dérivant de leur propre contrat. Si le juge étranger avait entendu déterminer cette obligation, les art. 2123 c. civ. et 546 pr. reprendraient leur empire.

1649. De ce qu'un tribunal étranger juge le procès, il ne faut pas conclure qu'il doit appliquer le statut étranger. Il n'y a pas de connexité nécessaire entre l'attribution de compétence au juge d'une nation et l'application des lois votées par les pouvoirs publics de cette nation. On n'aperçoit aucune raison pour soustraire à la règle commune les contrats d'assurances maritimes passés à l'étranger : ils doivent être régis quant à leur forme, à leur mode de preuve, à leurs conditions fondamentales, par la loi du lieu du contrat. C'est ainsi que le tribunal de commerce du Havre, chargé de statuer sur un litige né de l'interprétation d'un contrat d'assurance maritime conclu et signé à Rotterdam, a, le 7 février 1887 (1), appliqué non la loi française, mais l'art. 721 du code néerlandais (2). Il importe de ne laisser subsister, dans cet ordre d'idées, aucune confusion entre le contrat d'assurances lui-même et le règlement d'avaries établi au lieu du sinistre, lequel, comme l'a très bien dit le tribunal de commerce de Nantes (3), « est complètement indépendant des polices ». Pour éviter des redites, nous renvoyons aux nos 969 et 1615.

Cette règle générale doit assurément fléchir si l'application du statut étranger en France (ou du statut français à l'étranger) heurte quelque loi d'ordre public. Le tribunal de commerce d'Anvers, après avoir décidé le 16 mars 1887 (4) dans l'affaire Kronheimer c. God. Furst que la clause compromissoire était atteinte, en France par une nullité d'ordre public, était conduit à juger qu'il n'y avait pas lieu de tenir compte de cette clause, même si la convention avait été faite en Belgique, alors que la clause compromissoire devait recevoir son exécution en France.

1650. Les assureurs entre lesquels il n'y a pas de société de commerce ne s'engagent pas solidairement entre eux, avons-nous dit (n. 1381 et 1496).

S'ils sont, par exception, unis solidairement, le premier ou le dernier ressort se calcule sur le chiffre de la somme totale demandée contre eux. Au cas contraire, l'action mobilière en paiement des sommes assurées est essentiellement divisible. C'est en prévision de ce cas contraire, de beaucoup le plus fréquent, que J.-V. Cauvet a écrit (1) : « Dans les instances entre assurés et assureurs, les limites du dernier ressort se déterminent pour chacun de ceux-ci soit par la somme demandée contre chacun, soit, à défaut, par la somme que chacun a souscrite ». La question, réduite à ces termes simples, ne soulève aucune difficulté.

Mais en est-il encore ainsi quand le débat porte sur la validité d'un délaissement? La question fut posée d'office à la cour de cassation, le 20 mars 1860, par l'avocat-général de Peyramont : « Si, considéré en lui-même, le délaissement est indivisible, répondit la chambre des requêtes (2), il en est autrement dans ses effets à l'égard des assureurs : au respect de ceux-ci, il se répartit dans la proportion de leurs engagements, et dès lors la demande en délaissement ne peut modifier les limites de la juridiction, qui restent fixées par la part d'intérêt de chacun des défendeurs ». En effet, le véritable objet de la demande, pour l'assuré qui la forme, est toujours d'obtenir la somme dont le paiement lui a été promis par les assureurs en prévision de certains sinistres et le délaissement peut n'être envisagé que comme l'accomplissement d'une condition justificative de cette demande à laquelle il se rattache ainsi de la façon la plus intime. La cour de cassation a persisté dans cette jurisprudence (Req. 18 février 1863 (3) et 25 mai 1880) (4).

En 1880, les assureurs soutinrent non moins inutilement, pour faire modifier le taux du ressort, qu'ils avaient opposé la nullité de l'assurance aux assurés, demandeurs en validité du délaissement : la chambre des requêtes répondit très sensément « que ce système de défense était sans influence sur la distinction et l'importance respective de chacune des demandes auxquelles il était opposé ».

Dans ce même procès, la police originairement souscrite au profit d'un sieur C..., assuré pour 43,000 fr., avait été modifiée par des avenants successifs consentis à ses fournisseurs qui avaient été mis expressément en son lieu et place jusqu'à concurrence du montant de leurs avances respectives. Cependant plusieurs deman-

(1) II, n. 509. — (2) D. 60. 1. 275. — (3) D. 63. 1. 375.— (4) D. 81. 1. 11.

deurs, dont l'intérêt était inférieur à 1500 francs, agirent collectivement en vertu d'un titre unique. La cour de Rennes et la cour de cassation jugèrent néanmoins que, à leur égard, le tribunal de Nantes avait statué en dernier ressort. En effet, qu'importe cette façon de procéder si, dès l'origine, les droits de chacun ont été distincts ou s'ils le sont devenus par une cause légale de division ? L'identité des moyens que font valoir simultanément dans une instance plusieurs assurés, demandeurs, laisse subsister le caractère indépendant de chaque action et celle-ci, quant à la détermination du ressort, doit être appréciée « au point de vue de la valeur propre dé son objet individuel » (1).

Mais une demande en dommages-intérêts faite par l'assuré, accessoirement à une demande en délaissement, suffit à rendre celle-ci susceptible d'appel, même à l'égard des assureurs souscripteurs d'une somme inférieure à 1500 francs, lorsque, jointe à la demande principale, elle excède cette somme (2).

D'après un arrêt d'Aix du 10 mai 1869 (3), le mandat donné par plusieurs assureurs à l'assuré dans l'intérêt du navire assuré les oblige solidairement au remboursement des sommes dépensées pour l'accomplissement de la chose prescrite. Par suite, si ces sommes dépassent 1500 francs, le jugement rendu sur l'instance en délaissement et en remboursement est susceptible d'appel, même à l'encontre des assureurs dont la souscription (sur la police) est inférieure à 1500 francs. Cette jurisprudence applique sainement l'article 2002 du code civil. « Il est juste, disait Berlier dans l'exposé des motifs du titre *du mandat*, que, dans un acte officieux et souvent gratuit, celui qui rend le service ait une action solidaire contre ceux qui tirent d'un mandat un profit commun » : la conséquence tirée par la cour d'Aix est tout à fait juridique.

Quand un assuré sur corps, assigné par le propriétaire d'un navire abordé, assigne lui-même ses assureurs en garantie et que ceux-ci, *loin de contester le principe de la garantie* (4), prennent *fait et cause*, en première instance, pour cet assuré, le « garant » devient dès lors, comme dans toute autre instance, l'ayant-cause du « garanti », et il ne subsiste plus, pour ainsi dire, qu'une seule et même contestation complexe et liée (5). Il importe peu dès lors

______

(1) Expressions de l'arrêt du 25 mai 1880. — (2) *Sic* Aix, 14 janvier 1874. Rec. de M. 1874. 1. 217. Il en serait autrement si une demande reconventionnelle en dommages-intérêts avait été fondée sur la demande principale elle-même. — (3) Rec. de M. 1870. 1. 7. — (4) Nous insistons sur cette circonstance particulière, car l'assureur, on le sait et nous le redirons bientôt, n'est pas, en thèse, un garant. — (5) Comp. civ. rej. 10 mars 1829. S. 1829. 1. 142.

que l'intérêt de chacun des assureurs au procès soit inférieur au taux du dernier ressort : chacun d'eux peut appeler pour demander la réformation des condamnations prononcées au profit du demandeur originaire. Par une conséquence naturelle, celui-ci peut interjeter appel contre les mêmes assureurs, quand il n'aurait pas pris de conclusions contre eux devant les premiers juges. Bien plus, l'appel de ce « garant », remettant en question la cause même de son obligation, c'est-à-dire la dette du « garanti », profite à l'assuré, comme l'appel de l'assuré profiterait à l'assureur, puisque la condamnation prononcée contre le premier ne peut disparaître sans que s'évanouisse la condamnation prononcée contre le second : par une conséquence naturelle, l'appel interjeté par le demandeur principal contre l'assuré seul maintiendrait en cause les assureurs et permettrait au juge de les condamner à « garantir » cet assuré d'un supplément d'indemnité mis à sa charge (1).

La question de savoir si un contrat d'assurance maritime est ou non résolu est indéterminée de sa nature et par conséquent doit être jugée par le tribunal de commerce en premier ressort. Il en pourrait être autrement si la défense, tout en soulevant la question de résolution, ne la soulevait qu'eu égard aux primes demandées (le montant de ces primes ne dépassant pas d'ailleurs 1,500 francs), en défense à cette demande et non par une demande principale ou incidente, parce qu'alors le juge saisi de l'action resterait compétent pour connaître de l'exception (2). Mais le principe reprend son empire si la demande en résiliation est formée reconventionnellement, par des conclusions expresses et formelles, tendant à ce que la résiliation de la police soit effectivement prononcée. Le tribunal peut encore connaître de cette demande incidente, quoiqu'elle s'attaque à l'existence même du titre, parce qu'elle est commerciale de sa nature, mais il n'en connaîtra que sauf appel à raison de sa nature indéterminée (3).

1651. En matière personnelle, dit le code de procédure (art. 59 § 1), le défendeur sera assigné devant le tribunal de son domicile ; s'il n'a pas de domicile, devant le tribunal de sa résidence. Telle est, en matière d'assurances maritimes comme en toute autre matière, la règle générale. Le règlement d'avaries et le délaissement, qui forment le mode spécial d'une demande en paiement

---

(1) La cour d'Aix a poussé jusqu'à cette extrémité la rigueur des déductions (29 janvier 1866. Rec. de M. 1866. 1. 80). Il était difficile qu'elle statuât autrement, une fois qu'on admet une « indivisibilité » d'intérêt entre le garant et le garanti. Cf. Crépon, Traité de l'appel civil, I, n. 1741. — (2) Cf. civ. cass. 22 juillet 1861. D. 1861. 1. 306, et civ. cass. 27 avril 1875. 1. 423. — (3) V. civ. cass. 21 juillet 1867. D. 67. 1. 79. Comp. Garsonnet, I § CLXV.

contre l'assureur, sont assujettis à cette règle. Le tribunal du domicile de l'assuré est, par un semblable motif, compétent pour connaître de la demande en paiement des primes (1).

Par application de ce principe, le tribunal de commerce du Havre a décidé le 24 octobre 1883 (2) que les assureurs sur facultés, assignés en remboursement de pertes et avaries devant le tribunal du lieu de destination des marchandises, sont fondés à décliner la compétence de ce tribunal et à demander leur renvoi devant les juges de leur domicile, encore bien que le tribunal du lieu de destination ait déjà ordonné une expertise et que les assureurs y aient assisté, *si l'expertise n'a été ordonnée et consentie que sous la réserve de toutes exceptions.*

Quand un assureur s'est substitué un autre assureur par un traité selon lequel le second prendra passivement et activement le lieu et place du premier, le second est tenu sans nul doute envers l'assuré des mêmes obligations que le premier. La cour de Bordeaux en a conclu le 6 août 1885 (3) que le tribunal jadis compétent pour connaître des contestations entre le premier assureur et l'assuré restait compétent pour connaître des procès où figurait le second assureur. Elle a pu sans aucun doute le juger en appréciant, par interprétation du contrat, que le second assureur, en acceptant les mêmes obligations, s'était « soumis aux mêmes modes d'exécution ». Il en serait autrement s'il y avait eu novation ; mais, outre que la novation ne se présume pas, il ne saurait y avoir, avons-nous dit, extinction de l'obligation primitive et de ses suites si le débiteur délégant n'avait pas été déchargé par le créancier délégataire (v. ci-dessus, n. 1330).

Quand l'indication du lieu de paiement est suivie des mots « siège de la compagnie » et que la société a, depuis la conclusion du contrat, transféré son siège dans une autre ville, on ne peut pas présumer que cette translation ait eu pour effet de changer à l'encontre de l'assuré les conditions primordiales du contrat, en rendant leur exécution plus onéreuse pour lui. Le tribunal du Havre a donc jugé le 6 avril 1887 (4) et, selon nous, bien jugé, que le lieu du paiement restait fixé, dans les rapports du souscripteur primitif, à l'ancien siège social.

S'il y a plusieurs défendeurs, ajoute le code de procédure (art.

______

(1) V., entre autres auteurs, J. V. Cauvet, II, n. 506. — (2) Rec. du H. 1883. 1. 242. — (3) Journ. des arrêts de la cour de Bordeaux, 1885. 1. 268. — (4) Rec. du H. 87. 1. 136. Il en serait sans doute autrement si le lieu du paiement (dans l'espèce, la ville du Havre) n'avait pas été spécifié dans le contrat. On pourrait alors présumer que les contractants avaient en vue le siège social, quel qu'il fût.

59 § 2), ils seront assignés devant le tribunal du domicile de l'un d'eux, au choix du demandeur. Par application de ce texte, l'assuré sur corps peut assigner en délaissement tous les assureurs de son navire devant le tribunal du domicile de l'un d'eux, quand même l'assurance aurait été souscrite sur des places différentes et par des polices distinctes (1). Il peut même arriver que, par une déduction du même principe, l'assureur unique soit légalement distrait de son juge naturel, c'est-à-dire du tribunal de son domicile. Par exemple, un assuré sur facultés actionne à la fois le transporteur et l'assureur, la responsabilité des avaries devant peser sur l'un ou sur l'autre selon qu'elles proviendront d'une fortune maritime ou d'une faute : il peut poursuivre l'un devant le tribunal du domicile de l'autre, l'action étant d'ailleurs intentée à raison du même fait et pour la réparation du même dommage. C'est en vue d'une telle hypothèse et pour épargner aux plaideurs, outre la multiplicité des procès ou des frais, la chance de jugements opposés que le deuxième alinéa de l'article 59 a été fait. Ainsi l'a jugé la cour de cassation le 29 juillet 1868 (2). Mais il faut, bien entendu, pour que cet alinéa s'applique, que la question à juger soit la même pour tous (3) ou tout au moins que « les deux demandes soient intimement connexes » (4) : c'est pourquoi l'arrêt de 1868 ne reconnaît aux destinataires la faculté d'assigner les deux défendeurs devant la même juridiction qu'à raison d' « une alternative établissant entre les deux actions un lien nécessaire ».

1651 *bis*. Quel est au juste, pour la détermination de la compétence, le domicile d'une compagnie d'assurances maritimes ? En thèse, les personnes morales, sans que leur unité soit pour cela rompue, peuvent avoir, outre leur principal établissement, autant de succursales attributives de juridiction qu'il y a de lieux où leur activité se manifeste par l'existence d'un établissement traitant avec les tiers et s'obligeant envers eux (5). Cette règle est applicable aux sociétés commerciales d'assurances : il faut et il suffit que le juge établisse par des constatations suffisantes l'existence d'un domicile de fait attributif de juridiction (6).

---

(1) Paris, 5 août 1863. R. de M. 1864. 2. 48 ; trib. de co. de Rouen, 28 octobre 1881. Rec. du H. 1882. 2. 123. — (2) S. 68. 1. 404. — (3) « Car c'est le seul cas où l'on puisse craindre des jugements contradictoires » (Garsonnet, I, p. 728). Mais il n'est pas nécessaire que l'obligation des divers défendeurs résulte du même titre. — (4) C'est le *minimum* qu'exige la jurisprudence de la cour régulatrice (Req. 2 février 1809., D. v° Action, n. 146). — (5) Cf. civ. rej. 7 décembre 1886. D. 1887. 1. 101. — (6) V. Havre, 8 mars 1880 et Rouen, 17 juin 1880. Rec. du H. 1880. 2. 184. Comp. Lyon, 18 mars 1852 et, sur pourvoi, Req. 10 nov. 1852. S. 52. 1. 788. Mais, si l'agent chargé de remettre aux assurés les polices et les quittances n'est pas investi du man-

En outre, les agents principaux d'une compagnie peuvent, si, d'après les pouvoirs contenus dans la police, ils ont été chargés de traiter avec les assurés comme cette compagnie aurait pu le faire, être regardés comme capables d'ester en justice au nom de cette compagnie ; par suite, la citation donnée par un assuré à la compagnie en la personne et *au domicile* d'un de ces agents a pu être validée par interprétation de cette police. Ainsi l'a jugé et, selon nous, bien jugé la cour de cassation le 11 juin 1845 (1).

1652. Si, aux termes de l'art. 59 pr., les personnes qui ont figuré dans un contrat commercial doivent être assignées devant le juge du lieu de leur domicile, elles n'en restent pas moins soumises à la compétence spéciale de l'art. 420 pr. Or l'art. 420 § 3 attribue compétence au tribunal du lieu où doit s'effectuer le paiement non seulement dans une vente de marchandises, mais dans tout autre contrat commercial (2), et cette disposition qui, par sa généralité, embrasse les contrats relatifs à tout ce qui tient au commerce et à la spéculation, s'applique nécessairement à l'assurance maritime. Toutefois il y a lieu de remarquer que, dans la plupart des cas, cette attribution spéciale ne modifiera pas, en fait, la compétence, le paiement devant être fait généralement au domicile du débiteur (art. 1247 § 3 c. civ.). Il ne sera possible d'assigner devant une autre juridiction que si un autre lieu de paiement a été « désigné par la convention » (art. 1247 § 1). On sait que cette désignation n'est pas nécessairement expresse et que le juge peut la déduire de toutes les circonstances propres à manifester l'intention des contractants. Un commencement d'exécution sera, sans contredit, un des principaux éléments d'interprétation (3). Ainsi la commune intention pourrait très bien résulter de ce que, d'après une stipulation particulière, les experts, en cas de désaccord, devaient être pris là même où le désaccord se serait produit (4).

Par application du même article, le directeur congédié de la suc-

---

dat de traiter pour la société et de l'obliger envers les tiers, la compagnie ne pourrait pas être assignée devant le tribunal de l'arrondissement où il est établi (Req. 20 mars 1873, rapp. Goujet, D. 75, 1. 479).

(1) D. 45. 1. 362. — (2) Ce sont à peu près les expressions d'un arrêt de la chambre des requêtes du 21 février 1887. D. 87. 1. 119. — (3) Par exemple, le tribunal du lieu de paiement des primes serait compétent pour connaître de la validité d'offres de primes faites par l'assuré à la compagnie en vue d'éviter la résiliation de la police (Req. 10 mars 1873. D. 74. 1. 124) : c'est une application juridique de l'art. 1258 § 6 c. civ. Mais ce serait forcer le sens des mots que de considérer ce tribunal comme étant celui du lieu où la promesse a été faite et la marchandise livrée, les primes ne pouvant pas être assimilées à une marchandise vendue par l'assuré (Req. 20 mai 1873, précité). — (4) *Sic* Havre, 20 décembre 1880. Rec. du H. 80. 1. 241.

cursale d'une compagnie d'assurances (terrestres ou maritimes) qui devait recevoir le montant de ses commissions au siège de cette succursale peut assurément actionner la compagnie devant le tribunal dans le ressort duquel l'agence est située (1). Toutefois il en serait autrement, d'après la jurisprudence de la cour de cassation (2), si la qualité du demandeur était contestée ou s'il s'agissait seulement d'une demande en règlement et en paiement d'un compte sur les éléments duquel les assureurs et leur agent ne fussent pas d'accord.

L'article 420, qui débute d'ailleurs par les mots : « le demandeur pourra assigner, *à son choix*», se borne à poser le principe de la compétence commerciale, mais comporte les mêmes exceptions que la règle *actor sequitur forum rei*. La doctrine et la jurisprudence en concluent (3) raisonnablement que, s'il y a plusieurs défendeurs, le demandeur pourra les assigner à son choix soit au tribunal du lieu où la promesse a été faite et la marchandise livrée et à celui du lieu où le paiement devait être fait, soit à celui du domicile de l'un d'eux. Il faudra au moins, bien entendu, comme s'il s'agissait d'appliquer l'art. 59 § 2 (v. ci-dessus, n. 1651) que les deux demandes soient « intimement connexes » (4).

1653. Mais y a-t-il connexité possible dans notre matière ? L'intérêt de la question est palpable, car il arrive souvent, par

---

(1) Req. 23 avril 1888. S. 88. 1. 360. L'arrêt ajoute que le même tribunal était compétent, en vertu de l'art. 420, pour connaître de la demande en dommages-intérêts fondée sur l'inexécution du contrat. — (2) V. Req. 18 juin 1861. D. 61. 1. 424. D'après un autre arrêt, statuant sur une requête en règlement de juges (Req. 22 novembre 1886. S. 1887. 1. 118), lorsqu'une compagnie d'assurances, après avoir révoqué un de ses agents, a formé contre celui-ci une demande en restitution du matériel et des archives à lui confiées, l'agent ne saurait conclure, sous forme reconventionnelle, à ce que la compagnie lui paie, avec des dommages-intérêts pour sa révocation, le solde de son compte créditeur ; la demande en restitution du matériel, dans les termes où elle est intentée, ayant pour objet une mesure purement conservatoire sans rien préjuger quant aux droits de l'agent, n'est pas de nature à être neutralisée, même partiellement, par la demande en paiement de créance et de dommages-intérêts ; et si, d'ailleurs, par un jugement passé en force de chose jugée, les deux demandes ont été disjointes, le tribunal ayant accueilli la première avec exécution provisoire et ayant renvoyé à une audience ultérieure pour la seconde, la cour d'appel ne peut considérer la seconde comme ayant, par rapport à la première, un caractère défensif ou connexe de nature à justifier une dérogation aux règles de la compétence. — (3) Bioche, v° *Compét. commerc.*, n. 271 et s. ; Garsonnet, I, p. 136 ; Req. 29 août 1821, D. v° *Compét. commerc.*, n. 512, etc.—(4) La chambre des requêtes a grand soin d'établir cette connexité dans son arrêt du 29 août 1821.

exemple, que l'assuré, en citant le transporteur devant le juge du lieu de reste ou du lieu de destination de la marchandise, s'efforce d'attirer l'assureur devant la même juridiction. Beaucoup de légistes se figurent que chaque tribunal, étant libre d'apprécier à propos d'un procès les circonstances propres à établir la connexité, peut aussi décider souverainement s'il y a ou n'y a pas, dans chaque affaire, un lien nécessaire entre les deux actions. Mais il ne faut pas oublier que la cour de cassation garde le droit d'apprécier si des faits, souverainement constatés, la connexité a été juridiquement déduite. Or, d'après sa jurisprudence (civ. cass. 21 janvier 1863. D. 63. 1. 46), « l'action intentée contre le commissionnaire de transport à raison de pertes et avaries n'a ni directement ni indirectement pour cause le fait de l'assurance ; les deux actions, appartenant, l'une au destinataire, l'autre à l'assuré, si elles proviennent, en fait, d'un même sinistre qui est leur cause commune, dérivent, en droit, de deux obligations *sans connexité* entre elles ; toutes deux sont directes et principales et aucune des deux ne saurait être considérée comme l'accessoire et la dépendance de l'autre ». Mais, de ce que deux obligations sont directes et principales, il ne résulte pas nécessairement, en droit strict, qu'elles soient *sans connexité* entre elles. Par exemple, un tribunal pourrait juger en faveur du transporteur que l'accident est causé par une fortune de mer, un autre en faveur de l'assureur que l'accident est causé par la faute du transporteur. Or il y a précisément connexité quand deux demandes, soumises à des tribunaux également compétents, ont entre elles un rapport si étroit qu'on risque, en les jugeant séparément, de leur donner des solutions inconciliables ; c'est pour cela qu'on déroge, dans un cas particulier, à toutes les règles de la compétence. Nous ne sommes donc pas convaincu que les tribunaux de commerce et les cours d'appel, en attribuant si souvent aux réclamateurs de la marchandise avariée le droit d'assigner devant le tribunal du lieu de reste du navire (1) ou même du lieu de destination de la marchandise (bien que le lieu de débarquement ne soit pas le lieu de reste du navire) (2), les assureurs en même temps que le transporteur, violent toujours la loi.

Nous conseillons aux tribunaux de ne pas s'appuyer uniquement sur des raisons d'économie ou de célérité pour distraire, en pareil cas, les assureurs de leurs juges naturels. Ils devront énumérer les circonstances propres à établir effectivement la connexité. Par exemple, il n'y aura pas connexité si l'assureur se borne à soutenir

---

(1) Aix, 22 mai 1877. Rec. du H. 1879. 2. 22. — (2) Havre, 29 août 1882 et Rouen, 23 juillet 1883. Rec. du H. 1882. 1. 183, et 1883. 2. 256. Comp. Rouen, 7 décembre 1860 et 31 janvier 1862. Rec. du H. 1861. 2. 210 et 259.

que le risque, fût-il causé par une fortune maritime, n'était pas prévu par la police ou que l'action dirigée contre lui est atteinte par la prescription spéciale de l'art. 432 co. : cet assureur obtiendra facilement un renvoi devant le tribunal de son domicile en démontrant que les deux sentences à rendre par les deux juridictions différentes ne se contrarieront pas. Il y aura connexité si c'est le même débat qui doit s'agiter entre deux parties différentes (1) (et la cour de cassation elle-même n'a pas autrement statué le 29 juillet 1868). Ne posons pas d'avance une règle absolue.

1654. Y a-t-il lieu d'appliquer en cette matière la règle de procédure qui permet au garanti d'assigner le garant devant le tribunal où la demande originaire est pendante ? Par exemple le commissionnaire de transport (assuré), actionné par le destinataire à raison des avaries souffertes par les marchandises transportées, peut-il appeler son assureur devant le tribunal saisi de cette action ? le propriétaire d'un navire abordeur actionné par le propriétaire d'un navire abordé peut-il appeler son assureur devant le tribunal déjà saisi du procès qu'on lui fait ? La question est débattue. L'action dérivant du contrat d'assurance, a dit la cour de cassation (2), est une action principale et directe qui n'a ni les caractères ni les effets d'une demande en garantie, et reste soumise aux règles et conditions de compétence qui lui sont propres. M. Lyon-Caen (3) combat cette jurisprudence en rappelant que la garantie est l'obligation imposée à une personne d'en défendre une autre contre un danger qui la menace ou de l'en indemniser s'il est déjà réalisé : « N'est-ce pas là, poursuit-il, l'obligation de l'assureur ? Il est tenu d'une sorte d'obligation de garantie conventionnelle... Les motifs de la loi (art. 181 pr.) ont toute leur force à l'égard de l'action de l'assuré contre l'assureur. En lui appliquant l'article 181, on économise les frais d'une double instance, on hâte la solution du litige, on évite la contrariété de jugements qui se produirait si des deux tribunaux saisis séparément l'un condamnait l'assuré et l'autre repoussait l'action de celui-ci contre l'assureur : cette contrariété est possible ».

(1) On sait que, d'après la jurisprudence de la cour suprême, l'exception de connexité peut être invoquée sans que les demandes s'élèvent entre les mêmes parties. — (2) Civ. cass. 24 janvier 1865 (rapp. Laborie). D. 65. 1. 73. *Sic* civ. cass. 21 janvier 1863. D. 63. 1. 49 et Req. 3 janv. 1882. D. 83. 1. 120. *Junge* Bordeaux, 23 nov. 1885. Journ. des arrêts de la cour de Bordeaux. 1886. 1. 3 ; Havre, 25 nov. 1879 ; Rec. du H. 1880. 1. 30. Dans ce dernier procès, l'assuré sur facultés, actionné en restitution de sommes versées pour avaries par les agents du navire, avait appelé ses assureurs en garantie. — (3) *Rev. crit. de législ. et de jurisp.*, ann. 1882, p. 526.

A notre avis, la cour de cassation ne se méprend pas sur la portée de l'art. 181 pr. en refusant d'appliquer les principes de la garantie. La situation juridique de l'assureur ne ressemble pas à celle du vendeur, de l'échangiste, du bailleur, en un mot des gens qui, transmettant un droit réel ou de créance, doivent garantir à l'acquéreur l'avantage promis et payé, partant le préserver des troubles qui procèdent d'un défaut de droit dans leur propre personne.

Par conséquent l'exception dilatoire de garantie ne peut pas être opposée au demandeur principal, et l'assuré n'est pas obligé d'appeler l'assureur, s'il croit devoir le mettre en cause, dans la huitaine à compter du jour de la demande principale, conformément à l'art. 175 du code de procédure.

Il est évident que l'assuré ne pourrait pas se prévaloir des exceptions apportées par l'art. 59 § 2 et par l'art. 420 du code de procédure à la règle *Actor sequitur forum rei*, au cas de pluralité de défendeurs, pour attirer l'assureur devant le tribunal appelé à statuer sur l'action du demandeur originaire, puisque ce demandeur n'est pas assimilable à un co-défendeur.

Il ne reste donc à l'assuré qu'une seule ressource s'il veut faire juger en même temps par une seule et même juridiction son procès contre l'assureur, c'est de l'actionner non comme garant, mais comme obligé principalement et directement, en invoquant la connexité. La contrariété des décisions est possible, dira-t-il, puisque le propriétaire du navire assuré peut être déclaré responsable envers l'abordé par le juge d'abord saisi, le second tribunal pouvant juger ensuite, dans la détermination des rapports entre l'assureur et l'assuré, que toute la responsabilité pèse sur le demandeur originaire et que par conséquent le risque prévu par la police ne s'est pas réalisé (1). En thèse, à coup sûr, l'assuré défendeur est recevable, tout comme l'assuré demandeur, à se prévaloir de la connexité si telle est la corrélation des deux procès. Mais nous ne conseillons pas aux assurés défendeurs de suivre cette marche. On verrait probablement dans cette combinaison savante un moyen de tourner la loi, c'est-à-dire de traiter les assureurs en garants (2).

En thèse, dans toute affaire où l'assuré pourrait légitimement distraire les assureurs du tribunal de leur domicile en invoquant la connexité, ceux-ci pourraient demander au même tribunal de se dessaisir, s'ils y trouvaient un intérêt, par application de l'art. 171 pr.

(1) C'est pourquoi, dit M. Lyon-Caen (article précité), par cela même qu'une contrariété de jugements serait à craindre, la connexité semble établie. — (2) Cf. Havre, 25 nov. 1879 (précité).

La cour de Rouen a jugé le 4 mai 1880 (1) que les assureurs d'un navire assignés en délaissement à la suite d'un abordage ne pouvaient pas citer en garantie devant le tribunal saisi de l'action principale le capitaine auquel ils imputaient le sinistre, l'action dérivant du quasi-délit (2) n'étant pas accessoire (ni même connexe) à l'action née du contrat d'assurance et ce cas ne rentrant pas dans les prévisions de l'art. 181 pr.

1655. C'est le tribunal du lieu du déchargement qui statue judiciairement sur la répartition des avaries communes.

Mais on ne pouvait pas imposer aux assureurs une juridiction accidentelle attachée à des faits spéciaux et à la nécessité de certains rapports. C'est par voie d'instance directe et principale que l'assuré contribuable doit agir contre eux, et le tribunal de leur domicile est compétent pour connaître de cette action. Pour éviter des redites, nous renvoyons le lecteur à notre tome IV, n. 964 et 969 et à notre tome VII, n. 1614 et 1615, où la question est amplement traitée.

Citons toutefois un arrêt de la cour de Rouen du 19 juillet 1871 (3), rendu dans une espèce particulière. Des assureurs, assignés à la fois en règlement d'avaries (ou plutôt en déclaration de jugement commun à intervenir sur les avaries) et en validité de délaissement, avaient accepté le débat sur le premier chef, mais non sur le second. Ils furent maintenus en cause, mais parce que, s'étant soumis au tribunal du Havre pour le jugement d'une action connexe (4), ils en devaient subir jusqu'au bout la juridiction. Le principe général que nous avons exposé dans nos tomes IV et VII n'était pas compromis, et M. l'avocat-général Lemarcis annota lui-même l'arrêt dans le recueil de MM. Dalloz pour empêcher une confusion.

1656. Quelle que soit la nature de l'action dirigée contre l'assuré, l'assureur, quoiqu'on ne pût pas l'assigner contre son gré devant le tribunal saisi de cette action, aurait le droit d'intervenir. Il faut généraliser, dans cet ordre d'idées, ce que nous disions au n. 1614. Ce n'est pas seulement dans un règlement d'avaries communes et dans les contestations nées de ce règlement que l'intervention est recevable. Le fréteur est assigné par un chargeur à raison de dommages subis par la marchandise ; le propriétaire d'un navire est assigné par un tiers à la suite d'une collision. L'assureur, à coup sûr, peut se mêler à ces instances qui ne sont pas diri-

(1) Rec. du H. 1880. 2. 269. — (2) Que, dans l'espèce, les abordés, intéressés directs, refusaient d'ailleurs d'intenter. — (3) D. 1872. 2. 42. — (4 Même après avoir lu l'arrêt, on peut douter qu'il y eût une connexité véritable entre les deux actions.

gées contre lui : il n'est pas même besoin d'un intérêt né et actuel,
il suffit d'un intérêt simplement éventuel, et la seule crainte du
préjugé que pourrait faire naître le jugement de la demande principale légitime cette intervention ! Or les compagnies d'assurances
ont un intérêt palpable à surveiller la conduite de leurs assurés, à
conseiller leur inexpérience, à combler les lacunes de leurs défenses ou de leurs demandes, à déjouer au besoin leurs calculs.
Elles pourront former toutes les demandes, opposer toutes les exceptions de forme et faire valoir toutes les défenses au fond que
ceux-ci auraient eu le droit de présenter. Enfin, si les intervenants
concluent au fond (1), le jugement sera commun entre eux et les
parties.

Nous avons refusé aux assureurs la faculté de former tierce opposition et, par conséquent, d'intervenir pour la première fois en
appel dans les contestations nées des règlements d'avaries communes, auxquels ils sont, d'après une procuration implicite ou, si
l'on veut, d'après une fiction assez généralement admise depuis
plus d'un siècle (2), « représentés » par les assurés.

Mais si le législateur a organisé, dans l'intérêt du commerce,
une compétence et une procédure spéciales pour le règlement des
avaries communes, j'éprouverais un certain scrupule à généraliser
la solution que j'ai maintenue dans mon tome VII, n. 1614. En
dépit de la maxime chère à Casaregis (3), n'est-il pas excessif de
dépouiller dans les autres cas, sous prétexte de procuration implicite, les assureurs du droit de former tierce opposition ? Ceux-ci
pourront, à coup sûr, au cas de recours exercé par leur assuré,
décliner l'autorité de la chose jugée. Mais ils auront parfois un
grand intérêt à prendre la voie de la tierce opposition si l'assuré
s'est, par exemple, laissé condamner en fraude de leurs droits et,
en général, s'ils peuvent souffrir du préjudice que leur causerait
l'exécution du jugement, sans qu'aucune des parties en ait demandé directement l'exécution contre eux.

Dans tous les cas où cette voie serait ouverte aux assureurs,
ils pourraient intervenir pour la première fois en cause d'appel.

1657. M. J. V. Cauvet a écrit (II, n. 507) : « Par une exception qui tient aux droits réels attachés à leurs créances, l'*assureur*,
créancier d'une prime, et le prêteur à la grosse peuvent, en outre,
exercer des poursuites dans tous les endroits où ils trouvent la
chose qui leur est affectée. Aussi les dettes contractées par un capitaine pour son navire sont exigibles dans tous les ports où le

(1) Cf. civ. cass. 7 juillet 1841, D. v° Intervention, n. 124. — (2) Cette
thèse a été très vigoureusement combattue par J. V. Cauvet, II, n. 436. —
(3) *Nunquam sustineri poterit quod assecurator sit tertius respectu assecurati.*

navire aborde. *Par l'effet de l'action réelle*, ces dettes s'attachent au navire, tant qu'il n'a pas été vendu et que les dettes n'ont pas été purgées. L'action réelle, toutefois, ne peut s'exercer que dans les limites qu'y apporte l'art. 215... ». Nous ne saisissons pas très bien la pensée de l'éminent praticien.

L'assureur sur corps, créancier privilégié des primes, peut assurément faire saisir le navire. Mais ce droit n'est pas attaché spécialement aux créances privilégiées ni même aux créances relatives au navire (cf. notre t. I, n. 101). Il suffit que la créance soit liquide, exigible et constatée par un titre exécutoire (cf. art. 545 et 551 pr.). Cela posé, l'assureur sur corps, comme quiconque a le propriétaire du navire pour obligé, le navire une fois saisi, fera citer le capitaine devant le tribunal civil du lieu de la saisie (art. 23 1. 10 juillet 1885).

Quant à la saisie des marchandises par l'assureur sur facultés, nanti d'un simple droit de préférence pour le recouvrement des primes (v. ci-dessus, n. 1459), il sera statué par le tribunal du lieu de la saisie sur les incidents contentieux, conformément aux règles générales de la saisie-exécution.

1658. Il est hors de doute que l'assureur peut, usant d'une garantie commune aux créances commerciales, pratiquer une saisie conservatoire sur le navire (1) ou sur les facultés. Il n'a le droit de la pratiquer qu'en cas d'absolue nécessité, avec la permission du président du tribunal de commerce du lieu où se trouvent les meubles saisissables. L'ordonnance de ce magistrat, exécutoire par provision, peut être attaquée devant lui par la voie de l'opposition si elle a été rendue par défaut, devant la cour par la voie de l'appel si elle a été rendue contradictoirement. Le tribunal civil de l'arrondissement où la saisie a été faite est compétent si le défendeur en demande la main-levée ou la nullité ou si le demandeur veut la faire convertir en saisie-exécution. Celui-ci ne pourrait poursuivre la vente des meubles qu'après avoir obtenu cette conversion du tribunal civil ou en vertu d'un jugement du tribunal de commerce qui aurait statué au fond. Ces règles de procédure sont élémentaires.

Les assureurs, autorisés par la police à prendre « toutes mesures conservatoires » en cas de sinistre, peuvent-ils aller jusqu'à faire vendre les marchandises sans autorisation du juge compétent? Non, en principe. Si ces objets se trouvent en France, pour-

---

(1) Sur la saisie conservatoire du navire, v. les jugements du tribunal de commerce du Havre du 18 février 1878, du tribunal civil du Havre du 6 décembre 1879 et du 13 juin 1884 (Rec. du Havre, 1878. 1. 141 ; 1880. 2. 12 ; 1884. 2. 152).

quoi ne pas suivre la marche expéditive et simple qu'a tracée la loi? S'ils se trouvent à l'étranger, pourquoi ne pas recourir au consul chargé par l'ordonnance de 1833 tantôt de veiller à la conservation des droits des assureurs (art. 28), tantôt d'autoriser une vente de marchandises (art. 31), tantôt de faire vendre des effets périssables (art. 39) et formellement investi par l'art. 72 du même acte du droit de faire procéder, en cas d'avarie, à la vente des marchandises « qu'il y aurait lieu de garder en magasin », après avoir fait constater leur état par des experts assermentés? à défaut du consul, pourquoi ne pas recourir au juge du lieu? Cependant, quand les marchandises sont hors de France, nos tribunaux de commerce accordent volontiers une plus grande latitude aux assureurs (1). Il faudrait tout au moins, selon nous, que le juge, en légalisant les ventes accomplies sans intervention de la justice, expliquât par quel concours de circonstances ces actes de disposition ont pris un caractère purement conservatoire.

D'après la jurisprudence belge (2), quand l'assurance a été conclue en Belgique et concerne des marchandises expédiées de Belgique, les assureurs peuvent écarter par une fin de non-recevoir l'assuré qui n'aurait pas requis l'intervention du consul belge ou du juge local « pour la constatation de l'avarie et les mesures qu'elle peut comporter » (3).

1658 *bis*. On sait déjà que les déclarations préalables d'innavigabilité prononcées par le consul ou même par le tribunal de commerce du lieu du sinistre à la suite d'une expertise n'ont pas, à proprement parler, un caractère contentieux (v. ci-dessus, n. 1548 *bis*) et ne lient pas le tribunal devant lequel est poursuivie plus tard l'instance en validité du délaissement. A plus forte raison ne lui imposent-ils pas leurs moyens de constatation, et le juge du fond reste maître du choix des moyens légaux à prendre pour déterminer sa propre conviction. « La décision consulaire, alors même qu'elle a été suivie d'exécution, a dit le tribunal de commerce de Bordeaux le 3 juin 1878 (4), est purement administrative et ne saurait établir une fin de non-recevoir devant les tribunaux, qui ont à juger et non à enregistrer la validité du délaissement ; au surplus, cette ordonnance ne constitue pas une déci-

---

(1) V. le jugement du tribunal de commerce de la Seine du 10 août 1880, cité au n. 1475. Le jugement de Marseille du 9 juin 1884, cité au n. 1610, se réfère aux usages suivis dans les pays anglais. — (2) Anvers, 20 juillet 1872, et Bruxelles, 8 mars 1875. Rec. d'A. 72. 1. 160 ; 75. 1. 225. — (3) Ils se prévaudraient en vain de l'intervention d'un agent du Lloyd anglais ou de toute autre compagnie étrangère et il importerait peu que cet agent fût chancelier du consulat belge. — (4) *Mémorial de jurispr. comm. et mar.*, ann. 1878, p. 178.

sion tellement définitive en elle-même que le capitaine ne puisse postérieurement, et s'il conserve des doutes sur la valeur des expertises premières, provoquer une contre-expertise destinée à mettre sa responsabilité à couvert vis-à-vis des intérêts divers qu'il représente ».

Toutefois, ainsi que je l'ai dit plus haut (1), certains événements s'imposent au juge du fond et rétrécissent nécessairement son champ d'action. Que tirer d'une contre-expertise alors que le consul a, par exemple, ordonné l' « abatage en carène » et qu'il n'y a pas moyen de contrôler l'urgence de cette mesure (2)? Lorsque la déclaration d'innavigabilité a été suivie d'une vente, dit J. V. Cauvet (3), l'assuré, dépossédé de son navire à la suite de fortunes de mer, peut se prévaloir de ce fait pour le délaissement à faire à ses assureurs ou dans le règlement à faire avec eux. Il faudrait toutefois réserver, ainsi que nous l'avons fait plus haut (4), le cas où la vente n'aurait pas été motivée par l'impossibilité réelle d'acquitter le coût des réparations.

1658 *ter*. J'ai cité dans mon tome IV, p. 140, note 2, une importante circulaire du ministre de la marine, blâmant les consuls d'intervenir d'office dans n'importe quelle procédure d'avaries, et bornant catégoriquement cette intervention au cas où il s'agit de constater des avaries *communes*, des avaries « donnant lieu à contribution ».

Il est assez difficile de concilier les prescriptions de cette circulaire avec les stipulations internationales qui l'ont suivie. Dès le 19 décembre 1866, une convention consulaire entre la France et l'Autriche contenait cette clause (art. 13) : « Toutes les fois qu'il n'y aura pas de stipulations contraires entre les armateurs. chargeurs et *assureurs*, les avaries que les navires des deux pays auront souffertes en mer, soit qu'ils entrent dans les ports respectifs volontairement ou par relâche forcée, seront réglées par les consuls généraux, consuls, vice-consuls ou agents consulaires de leur nation, à moins que des sujets du pays dans lequel résideront lesdits agents ou ceux d'une tierce puissance ne soient intéressés dans ces avaries; dans ce cas et à défaut de compromis amiable entre toutes les parties intéressées, elles devront être réglées par l'autorité locale ». Cette phrase est littéralement reproduite dans les conventions consulaires du 27 juillet 1867 entre la France et le Portugal (art. 15), du 17 juin 1874 (art. 13) entre la France et la Russie. Les conventions du 2 mars 1878 entre la France et la Grèce (art. 23), du 7 août 1879 entre la France et la république du

---

(1) n. 1548 *bis*. — (2) Comp. Rouen, 19 janv. 1876 (*Journ. du dr. intern. privé*, IV, p. 234). — (3) II, n. 508. — (4) V. notre t. VII, p. 221, note 7.

Salvador (art. 23), du 23 juin 1887 entre la France et la république dominicaine (art. 23) contiennent une formule extensive : « Toutes les fois, y est-il dit, qu'entre les *propriétaires*, *armateurs* et *assureurs*, il n'aura pas été fait de conventions spéciales pour le règlement des avaries qu'auraient éprouvées en mer les navires *ou les marchandises*, ce règlement appartiendra aux consuls respectifs qui *en connaîtront exclusivement* si ces avaries n'intéressent que des individus de leur nation. Si d'autres habitants du pays où réside le consul s'y trouvent intéressés, celui-ci désignera dans tous les cas les experts qui devront connaître du règlement d'avaries. Ce règlement se fera à l'amiable sous la direction du consul si les intéressés y consentent et, dans le cas contraire, il sera fait par l'autorité locale compétente ».

Il n'est pas aisé de comprendre ce qu'ont voulu dire au juste les rédacteurs de ces conventions en donnant une compétence exclusive aux consuls toutes les fois que les *assureurs* n'auront pas dérogé, par un pacte contraire, à cette règle internationale. Il n'appartient pas, soit aux assureurs sur corps, soit aux assureurs sur facultés, d'attribuer compétence à une juridiction quelconque pour un règlement d'avaries communes, et cet accord des intéressés nécessaire pour changer la compétence, dont j'ai parlé dans mon tome IV, p. 136, peut être unanime sans que les assureurs y aient donné leur adhésion. D'autre part, on ne peut pas présumer que ces traités érigent le consul en juge du fond, contrairement aux principes généraux de la compétence consulaire, dans le cas où l'action d'avaries est intentée par l'assuré contre l'assureur.

Mais nous croyons qu'ils donnent compétence au consul pour désigner des experts à l'effet de constater les avaries, quelle que soit la nature de l'action. Cette désignation rentre dans le cercle des mesures conservatoires. Peut-être y a-t-il lieu de combiner, à ce point de vue, les conventions consulaires avec le décret du 23 septembre 1854, habilitant les vice-consuls et les agents consulaires, qui dit : « Lorsqu'un navire français relâchera, avec ou sans avaries, dans le port de leur résidence, les agents, vice-consuls de France, pourront comme les consuls et lorsque ces attributions leur auront été spécialement conférées par nous : 1° recevoir tous rapports de mer et protêts d'avaries : 2° nommer et commettre sur la requête des capitaines tous experts pour, sous la foi du serment, visiter les navires et constater leur état d'avaries (1) ».

---

(1) Il ne s'agit là que des navires français. La circonstance qu'un navire étranger aurait un port français pour port de reste ne le placerait pas sous le contrôle du consul français. V. à ce sujet une intéressante note dans le *Journ. du dr. intern. privé*, ann. 1889, p. 88.

1659. La juridiction disciplinaire, comme la juridiction criminelle (1), et la juridiction civile sont indépendantes l'une de l'autre, et chacune d'elle est souveraine dans son domaine.

Par conséquent, les punitions disciplinaires infligées à un capitaine n'ont pas l'effet de la chose jugée devant le tribunal appelé à statuer sur les causes ou les conséquences d'un sinistre et sur la validité du délaissement fait aux assureurs (2),pas plus qu'elles ne lieraient, dans un procès en indemnité, le juge civil sur le principe des dommages-intérêts.

1660. L'assureur, l'assuré peuvent avoir à choisir entre deux tribunaux également compétents. C'est pourquoi la cour de cassation a été plusieurs fois saisie dans des procès entre assureurs et assurés de demandes en règlement de juges, les tribunaux appartenant à des ressorts différents. Celle-ci, quand l'un et l'autre tribunal sont compétents, ne peut que se décider « en l'état des faits et en présence des circonstances particulières de la cause ».

Telle fut par exemple, l'affaire Hargrove et consorts. Les compagnies d'assurances maritimes françaises avaient demandé au tribunal du Havre la nullité de leur police souscrite au Havre, les mêmes risques ayant été couverts par deux polices antérieures souscrites à Paris, et les assurés avaient assigné toutes les compagnies devant le tribunal de la Seine en exécution des deux dernières polices, subsidiairement en remboursement des primes payées en vertu de la troisième. La cour renvoya les deux causes devant le tribunal du Havre « qui avait été saisi le premier de la contestation » (4 janvier 1875) (3).

En thèse les tribunaux ne doivent pas s'immiscer dans les opérations d'un tribunal déjà saisi. Quand, par exemple, la demande en validité d'un délaissement est déjà portée devant un tribunal, le tribunal même du port où se trouverait le navire doit s'abstenir de nommer les experts chargés d'en constater l'état. C'est ce qu'a décidé très raisonnablement la cour d'Aix (18 décembre 1883) (4).Au besoin le juge du fond, premier saisi,s'il se sent trop éloigné, peut user de la faculté que lui donne l'article 1035 du code de procédure.

On sait que la commission rogatoire pourrait être adressée même à l'un de nos consuls.

1661. En matière d'assurance maritime, les parties contrac-

(1) Comp. Garsonnet, III § 474. — (2) Havre 7 février 1882, Rec. du H. 82, 1, 58. C'est ce qu'avait déjà décidé le tribunal de commerce de Marseille le 7 novembre 1878, dans une affaire où le pouvoir disciplinaire avait infligé un blâme au capitaine, qui figurait lui-même au contrat en qualité d'assuré (Rec. de M. 1879, 1, 25).— (3) D. 75, 1, 61.—(4) Rec. du H. 84, 2, 75.

tantes substituent généralement à la compétence établie dans nos lois de procédure une compétence conventionnelle. Outre qu'elles évitent ainsi des contestations sur la compétence, elles peuvent avoir un intérêt à concentrer leurs procès sur un point du territoire.

Elles peuvent attribuer juridiction au juge du domicile élu pour l'exécution du contrat (1) et le font souvent.

L'élection de domicile attribue d'ailleurs juridiction en matière commerciale comme en matière civile. Un arrêt de Colmar, ayant posé en principe que l'élection de domicile pour le paiement d'un effet de commerce n'était pas attributive de juridiction, a été cassé le 17 avril 1811 (2).

Mais, du moins quand l'élection de domicile a été faite au profit du demandeur seul, celui-ci peut négliger cette attribution de juridiction. C'est ce que la chambre des requêtes avait jugé dès le 23 ventôse an X et ce qu'implique la rédaction de l'art. 111 c. civ. Mais la cour de Paris est allée plus loin le 16 mai 1884 (3) : « considérant, a-t-elle dit, que si, dans la police d'assurances qui fait loi entre les parties, celles-ci ont fait élection de domicile en leurs demeures respectives, il en résulte bien que toutes significations relatives à l'exécution du contrat devaient être faites à la compagnie dans son établissement principal et non dans ses succursales, mais que de cette double élection de domicile on ne saurait conclure que l'assuré ait renoncé au bénéfice de l'art. 420 pr., lequel attribue juridiction au tribunal de commerce du lieu désigné pour le paiement... » Il ne faudrait pas ériger cette thèse en règle doctrinale : quand l'élection de domicile a été faite en faveur des deux parties ou seulement du défendeur, il y a lieu de présumer que la convention ne laissait pas au demandeur un droit d'option. Si l'assureur, par exemple, a voulu n'être pas cité devant les tribunaux du lieu de ses agences, comment l'assuré demandeur effacerait-il cette clause de son autorité privée ?

C'est d'ailleurs l'accord des parties qui limite la portée de l'élection. Il a pu très bien être jugé, par interprétation d'un semblable accord, que la clause attributive de juridiction laissait en dehors de ses prévisions les mesures urgentes et d'un caratère purement conservatoire (4).

Comme en toute autre matière commerciale (5) l'indication du lieu de paiement est réputée attributive de juridiction. Celui des

(1) Trib. civ. de la Seine, 23 juillet 1888. *Le Droit* du 1er août 1888. — (2) D., vo Domicile élu, n. 44. — (3) *Gaz. des trib.* du 28 octobre 1884. — (4) Req. 12 février 1889 (*Gaz. des trib.* du 12 mars 1889). — (5) Comp. Req. 30 juillet 1888. *La France judiciaire*, 1888, 351.

intéressés qui accepte, même tacitement, un lieu de paiement, ne peut pas présenter un déclinatoire sous prétexte qu'il aurait rétracté son acceptation (1).

L'article 32 de la police française sur corps (édition de 1888) est ainsi conçu : « Si plus de moitié de la valeur agréée du navire est assurée sur un même lieu, l'assuré peut assigner devant le tribunal de ce lieu, déjà saisi d'un litige, les autres assureurs pour faire juger à leur égard le même litige. Hors le cas ci-dessus, les assureurs ne peuvent être assignés que devant le tribunal de commerce du lieu où le contrat a été souscrit, l'assuré y faisant élection de domicile, ou, au choix de l'assuré, si le contrat a été souscrit par un agent ou mandataire, devant le tribunal de commerce du siège de la compagnie ou du domicile de l'assureur. Il est dérogé aux dispositions du code de procédure civile qui seraient contraires à celles du présent article ».

« Les assureurs de Paris, a dit M. de Courcy (2), avaient pensé à n'attribuer compétence exclusive, par le moyen d'une élection de domicile, qu'au seul tribunal du lieu où le contrat est signé. Ils ont réfléchi que, dans certains cas, ceci pouvait être aussi un excès et un désordre. D'une part, en effet, quand le contrat a été signé par un agent, par un mandataire, les assurés doivent pouvoir assigner à leur choix la compagnie d'assurances, soit au lieu où le contrat a été signé, soit au siège même de la compagnie. Il n'y a aucune raison de principe ni de pratique pour que la compagnie décline la compétence du tribunal du lieu ou elle a son siège et son domicile principal ». D'ailleurs « l'argument de bon sens et de pratique commerciale est excellent. Sur un vapeur de Bordeaux de 600.000 francs, 550.000 sont assurés à Bordeaux, le solde de 50.000 est assuré à Paris. Un litige éclate et tous les assureurs sont d'avis de résister à la même demande. Il vaut mieux n'avoir qu'un seul procès. Il convient que les assureurs de Paris qui garantissent un solde de 50.000 fr. acceptent la juridiction du lieu où 550.000 fr. sont assurés et puissent être assignés à Bordeaux. C'est ce qu'exprime le nouvel article 32. Le tribunal du lieu où aura été assuré plus de moitié de la valeur agréée du navire pourra être saisi du litige à l'égard des assureurs domiciliés ailleurs. C'est une exception équitable et bienveillante à la loi du domicile. Si *plus de moitié* n'est assuré nulle part, point d'exception, la loi du domicile demeure entière. L'armateur ne doit s'en prendre qu'à lui-même d'avoir ainsi dispersé et disséminé ses assurances. Probablement son risque était mauvais et peu recherché, ou il poursuivait âprement l'économie de la prime la plus basse. Il est averti, il s'expose à sou-

____

(1) Même arrêt. — (2) Commentaire, 2ᵉ édit., p. 185 et s.

tenir autant de procès que d'assureurs. Il lui reste la ressource de la convention dérogatoire. Que l'armateur de Bordeaux obtienne de ses divers assureurs de Paris et du Havre la convention que ceux-ci acceptent la juridiction de Bordeaux, ce sera parfaitement licite (1) ».

Cette disposition est reproduite par la police française sur facultés (art. 21).

1662. Les règles de la procédure commerciale et de la preuve en matière commerciale sont naturellement applicables aux contestations nées du contrat d'assurance, toutes les fois qu'un texte spécial n'y a pas dérogé.

En ce qui touche la preuve du contrat lui-même, nous renvoyons le lecteur au tome VI, n. 1303 et s.

Quant au moyen de prouver la valeur des objets mis en risque, nous renvoyons au même tome, n. 1441 *bis* et suiv. et au tome VII, n. 1490.

Pour la justification du privilège accordé aux assureurs par l'art. 191 § 10, nous renvoyons le lecteur au t. I, n. 189.

Pour la preuve de la mise en risque, aux n. 1479 et s., pour la preuve du chargé, aux n. 1484 et s., pour la preuve de la fortune de mer, au n. 1488, pour la preuve de l'intérêt à la conservation des choses assurées, au n. 1489, pour les preuves à faire en matière de délaissement ou de règlement par avaries, aux sections II et III du chapitre VII.

Dans une instance en délaissement, le tribunal de commerce de Marseille avait ordonné la production d'une enquête administrative et la cour d'Aix avait condamné les assureurs au vu de ce document. Ceux-ci formèrent un pourvoi fondé sur la violation des articles 255 et s., 432 pr. et 1315 c. civ. en ce que l'arrêt avait attribué la valeur d'une preuve testimoniale à une enquête faite « en dehors des formes de procédure prescrites par la loi ». Le pourvoi fut rejeté parce que : 1° la preuve pouvant être faite en matière commerciale par témoins, par présomptions et par tous les moyens susceptibles de devenir les éléments réguliers d'un débat contradictoire, le tribunal de Marseille avait pu ordonner la production de l'enquête administrative « pour être discutée contradictoirement comme un document quelconque », sans la confondre d'ailleurs avec l'enquête judiciaire, présentant les garanties qui lui sont propres ; 2° la cour d'Aix n'avait fait état de cette enquête qu'en la comprenant dans

---

(1) « Mais si les assureurs de Paris et du Havre ont refusé d'accepter la juridiction de Bordeaux, il est intolérable et il est injuste qu'une subtitilité de chicane, au service d'une manœuvre peu loyale, les contraigne d'aller plaider à Bordeaux » (Comment., p. 190).

un ensemble de présomptions prises dans les divers éléments de la cause et souverainement appréciés par elle (1).

Malgré l'extrême simplicité de la procédure commerciale, les intéressés insèrent souvent dans les polices une clause qui les dispense « des délais et formalités judiciaires ». Certains plaideurs ont voulu donner à cette clause un sens extensif et soutenu qu'elle les dispensait de faire valoir dans le délai requis par l'art. 432 les obligations nées de leur contrat. Mais cette interprétation a été successivement condamnée par le tribunal de commerce de Marseille (17 novembre 1887) et par la cour de Paris (30 novembre 1887) (2).

1663. Alors que subsistait encore, en Angleterre, la distinction des tribunaux en cours de droit commun et cours d'équité, celles-ci n'avaient aucune juridiction directe dans les contestations élevées sur les polices d'assurance maritime (3). C'est la haute cour, dans laquelle ont été fondues les anciennes cours supérieures par le *supreme court of Judicature act, 1873, and 1875*, qui statue aujourd'hui sur les procès d'assurances maritimes, au lieu et place d'un tribunal spécial créé par Elisabeth et dont les attributions ont été peu à peu entamées par les *common law courts*. Quoique cette juridiction ne puisse être répudiée (*ousted*), dit Arnould (4), par une convention des intéressés, quand les parties se sont promis qu'aucune action ne serait intentée avant que des arbitres eussent déterminé s'il y avait perte prévue par le contrat (*loss under the policy*) et quel en était le montant, ce pacte est légal (5).

En principe, si la police anglaise est faite *sous sceau* (6), ceux-là seuls peuvent figurer dans l'instance entre lesquels, au vu de l'acte, le contrat est passé. Mais comme, en général, les polices, n'étant pas rédigées sous sceau, sont faites par des courtiers en leur nom propre pour le compte d'une personne dénommée (*a named principal*) ou de qui il appartiendra, la règle générale est que l'action fondée sur la police (*action on the policy*) peut être intentée soit au nom de ce *principal*, véritable bénéficiaire (7), soit au nom du courtier lui-même (8).

(1) Req. 2 avril 1879, D. 80, 1, 32. — (2) Rec. du H. 1888, 2, 130 et 5. « La dispense, dit le tribunal, ne peut pas se référer à autre chose qu'aux délais et formalités nécessaires à l'exécution même des polices et aux prescriptions de la loi en ces matières, mais ne s'applique pas à la prescription elle-même ».—(3) De Ghetoff *v.* London Ass. Co., 3 Br. P. C. 265. Cf. Arnould, II, p. 1084.— (4) ib. Cf. Kill *v.* Hollister, 1 Wils. 129, etc.— (5) Scott *v.* Avery, 8 Exch. 487, etc. V. au reste, quant à la portée de la clause compromissoire, notre t. VI, n. 1323. — (6) C'est-à-dire revêtue de la marque d'un sceau en signe du consentement solennel donné par les parties. — (7) Browning *v.* Provincial Ins. Co. of Canada, L. R. 5 P. C. 263 ; Wolff *v.* Horncastle, 1 B. and P. 316, 323.—(8) Usparicha *v.* Noble, 13, East 332 ; Sargent *v.* Morris, 3 B. and Ald. 277, 281, etc.

On sait que, devant les cours anglaises, la procédure écrite fixe d'une manière définitive les limites du procès. C'est pourquoi Arnould, dans la quatrième partie de son grand ouvrage, prend la peine d'énumérer avec de grands détails les principaux chefs (*principal heads*) que devra contenir la déclaration du demandeur (*statement of claim*) (1). Après quoi vient la description du *plea*, ou réponse écrite du défendeur, qui peut se placer, d'après le jurisconsulte anglais, à quatorze points de vue différents pour combattre la prétention de son adversaire (2).

A côté des actions *on policy*, le contrat d'assurance engendre d'autres actions *otherwise than on the policy* (3) : celle du courtier contre ses clients, de l'assureur en restitution des sommes indûment payées, de l'assuré en recouvrement des primes ristournées, les actions en dommages-intérêts contre les courtiers, etc. Arnould étudie sommairement la procédure écrite (*form of pleadings*) que comportent ces diverses instances et, comme nous ne pouvons le suivre dans ses développements, nous renvoyons le lecteur à la cinquième édition de son traité, p. 1106 et s. Quant à la théorie des preuves (*evidence*), contenue dans le dernier chapitre du tome II, nous insisterons d'autant moins que ce chapitre débute ainsi : « Les règles de la preuve (*rules of evidence*) applicables aux procès *on policies* ne diffèrent pas de celles qui ont prévalu dans les autres procès... » (4).

Aux Etats-Unis, on s'est demandé si les cours d'amirauté exerçaient en pareille matière une juridiction (*jurisdiction of policies*). Story, après un examen approfondi de la question, en 1815, les admettait à statuer sur les procès d'assurance maritime *concurrently*

---

(1) Il est impossible d'entrer dans tous ces détails. Nous renvoyons le lecteur à Arnould lui-même, II, p. 1090 et s. — (2) Ib., p. 1202 et s. — (3) Dont la source n'est pas dans la police. — (4) Toutefois il faut se reporter à ce chapitre si l'on veut apprécier la part laissée au jury dans le jugement des contestations sur les assurances maritimes. Par exemple, il appartient au jury de résoudre les questions de fait relatives à l'existence d'un usage commercial, au sens et à l'emploi de termes usités dans le commerce, à la détermination que l'usage assigne aux dénominations de ports et de lieux spécifiés dans la police. C'est encore à lui de se prononcer sur la matérialité d'une réticence (*concealment*) ou d'une déclaration (*representation*), sur l'état (*seaworthiness*) du navire, ou de dire, quand une question de déroutement est débattue, quelle est la direction usuelle ou normale du voyage assuré ; mais, cette solution donnée, par exemple, il appartient à la cour d'en déduire juridiquement, par interprétation de la police et par application de la loi, s'il y a eu ou non déroutement. Ceux qui voudraient approfondir la question pourront lire le chapitre XXV du traité de Phillips, intitulé *provinces of the court and of the jury*.

with courts of common law, parce qu'il s'agissait de contrats maritimes (1). Mais le contraire fut jugé par Johnson dans l'affaire
Ramsay *v.* Allegre (2), et cette dernière jurisprudence paraît avoir
prévalu. Les cours de droit commun sont généralement compétentes en cette matière (3). La compétence *ratione loci*, dit Phillips
(n. 1932), est habituellement déterminée par la résidence des parties ; non par celle d'un demandeur purement nominal, a-t-il été
jugé dans l'affaire Ruan *v.* Gardner (4), mais par celle de la partie
réellement intéressée. L'attribution de compétence *ratione loci* dans
les procès à intenter contre une compagnie incorporée (*an incorpo-
rated company*) est quelquefois faite par ses statuts ; mais cette attribution aux tribunaux d'un Etat particulier n'exclut pas toujours
la compétence des tribunaux d'un autre Etat (5). Quand deux personnes, ayant un intérêt distinct, spécifié distinctement, sont assurées par la même police, chacune d'elles peut intenter une action
séparée (*on the policy*) (6) : il en est autrement, bien entendu, si la
police est faite au nom de parties intéressées conjointement (*jointly
interested*) (7). Du reste les règles générales de procédure applicables aux contestations nées d'autres contrats s'appliquent aux procès d'assurances maritimes (8).

(1) Cf. Hale *v.* Washington Ins. Co., 2 Story's C. C. R. 176. — (2) 12
Wheat. 638. — (3) Phillips, n. 1933. — (4) Wash. C. C. R. 145. — (5) Cf.
Williams *v.* Fire Ins. Co., 29 Maine R. 465. — (6) Phillips, n. 1960. — (7)
The action must be in their names jointly. — (8) C'est ainsi que débute le
vingt-sixième chapitre du traité de Philipps, intitulé *Form of action* : *parties : right of action.* Une analyse, même incomplète, de ce chapitre nous
entraînerait beaucoup trop loin. Le chapitre XXVII, placé sous la rubrique
Declaration traite minutieusement de cet acte par lequel le demandeur fait
connaître la cause et l'objet de la créance litigieuse : v. notamment le n.
2011. Le risque prévu par la police doit être reproduit dans la *declaration*;
mais on se contente de termes équivalents. Quand les termes peuvent-ils
être regardés comme équivalents ? On n'imagine pas à quelles subtilités
descend, en cette matière, la procédure anglaise et anglo-américaine (V.
notamment n. 2022). A la déclaration *in assumpsit* (énonçant que le défendeur s'est engagé), celui-ci répond soit en niant les faits allégués, soit
en exposant d'autres faits qui les détruisent. Mais cette réponse (étudiée
dans le chapitre XXVIII sous la rubrique *pleadings*) est inopérante quand
elle contient la moindre inexactitude : par exemple il ne suffit pas d'énoncer
que le navire était impropre à prendre la mer si l'on n'ajoute pas qu'il
'était au début du risque, ni que le navire n'avait pas à bord un pilote
commissionné en Pensylvanie, s'il suffisait, eu égard au voyage, que le
pilote eût reçu sa licence du New-Jersey ou du Delaware. Le chapitre XXIX,
un des plus importants de l'ouvrage, subdivisé en dix-neuf sections (sous la
rubrique *Evidence*), expose avec de très grands détails une théorie générale
des preuves en matière d'assurance.

« Sera commercial, dit le nouveau code espagnol (art. 380), le contrat d'assurance, si l'assureur est commerçant et si le contrat est à prime fixe ou soit quand l'assuré paie une cotisation unique ou invariable, comme prix ou rétribution de l'assurance ». Mais cette règle juridique ne produit pas, quant à l'attribution de compétence, l'effet qu'elle aurait en France, puisqu'il n'y a plus en Espagne de tribunaux de commerce depuis 1868. La police de Barcelone (art. 21) organise une juridiction arbitrale en prévision du désaccord entre les assureurs et les assurés sur l'exécution de la police (1). On trouve une clause analogue dans la police de la Havane (art. 20) et dans celle du Malaga (art. 28).

Le code de Costa-Rica range parmi les contrats commerciaux non seulement les assurances maritimes, mais encore les assurances contre les risques des transports par terre. L'art. 1148 de ce code attribue compétence aux tribunaux de commerce pour connaître de toutes les contestations relatives aux obligations et opérations commerciales comprises dans ses prévisions, pourvu qu'elles rentrent dans la qualification des actes de commerce. Il y a lieu d'appliquer, quant à la preuve, l'art. 209 (2) du même code, toutes les fois qu'il n'y a pas été formellement dérogé (v. notamment ci-dessus, n. 1304). Il y a lieu d'appliquer les mêmes règles au Pérou (v. les art. 1234, 1250 et 203 du code péruvien) (3).

Le code mexicain de 1884, après avoir énoncé (art. 15) que les actes relatifs aux achats et ventes et aux échanges commerciaux, aux *assurances* et aux lettres de change, *au droit maritime (derecho maritimo)*..., sont commerciaux quand même ils sont faits par des non commerçants, s'exprime ainsi dans son article 682 (4) : « Le contrat d'assurance est commercial pourvu : 1º qu'un commerçant

---

(1) Las partes se someten al juicio de tres arbitros, nombrando ellas respectivamente los dos primeros y reunidos estos el tercero : cuando una de las partes deje de nombrar su perito o haya *discordia* en el nombramento del tercero, le nombrara el tribunal competente. — (2) Ainsi conçu : « Las obligaciones mercantiles se prueban : 1º por escritura publica ; 2º por certificacion o notas firmadas de los factores o dependientes autorizados que intervinieren en ellas ; 3º por contratos privados ; 4º por las facturas y minutas de la negociacion, aceptadas por la parte contra quien se producen ; 5º por la correspondencia ; 6º por los libros de comercio que esten arreglados a derecho ; 7º por la prueba testimonial. Las presunciones son tambien admisibles, calificandose segun las reglas del derecho comun el grado de prueba que les corresponda ». — (3) L'art. 1234 est ainsi conçu : « Administran justicia sobre las causas y negocios mercantiles : 1º la corte suprema ; 2º los tribunales de alzadas ; 3º el tribunal del consulado ; 4º las diputaciones territoriales de comercio ». *Junge* art. 1235 à 1238. — (4) Placé au titre VIII du livre II, lequel est intitulé *De los seguros mercantiles*.

ou une société commerciale, comptant l'industrie des assurances parmi les branches de son négoce, intervienne en qualité d'assureur ; 2° que l'objet du contrat soit d'indemniser l'assuré des risques auquels sont exposées des marchandises ou des négociations commerciales ». Il n'importe au point de vue de la compétence, tous les litiges nés des contrats commerciaux étant déférés aux juges civils, que le peuple mexicain élit conformément à la loi du 20 novembre 1882. Mais il importe quant à l'instruction des affaires, celles-ci devant être jugées, à raison de leur nature commerciale, conformément aux règles de la procédure légale ou de la procédure conventionnelle posées par le nouveau code de commerce (l. VI, titres I et II). Les appels ne seront recevables que si l'intérêt du litige excède deux mille *pesos* (art. 1502 § 5). Si la convention d'assurance (comme toute autre convention commerciale) doit être exécutée dans un lieu déterminé d'un pays étranger, on n'en peut exiger l'exécution sur le territoire de la république mexicaine (art. 727) (1). Les polices d'assurance maritime faites par acte public ou par le ministère des courtiers (2) emportent exécution parée ; si l'acte n'a été passé qu'entre les contractants et sous leurs signatures privées, il n'aura pas force exécutoire avant que l'authenticité de ces signatures ait fait l'objet d'une reconnaissance judiciaire (art. 1259 et 1231). La clause compromissoire est autorisée (art. 1260 *in fine*) (3).

Les codes de la république Argentine et de l'Uruguay réputent actes de commerce (art. 7 § 6) « les affrètements, *assurances*... et tout ce qui est relatif au commerce maritime ». Les contestations nées des contrats d'assurance maritime seront donc déférées aux juges appelés par les lois d'organisation judiciaire (4) à connaître des affaires commerciales.

(1) V. sur les contrats passés à l'étranger les art. 725 et 726, exactement analysés dans l'annuaire de la société de législation comparée, ann. 1885, p. 825. — (2) El mismo efecto produciran cuando, habiendose celebrado con intervencion de corredor, se compruebe con la poliza respectiva. — (3) V. encore, entre autres dispositions, les articles 683, 684, 699 du nouveau code. — (4) Il ne faut pas oublier que, dans la république Argentine, le vote des lois d'organisation judiciaire et de procédure appartient aux autorités locales des Etats confédérés. Mais, d'après la grande loi du 12 novembre 1886, applicable à la ville de Buenos-Aires (capitale fédérale et territoire national) et aux territoires nationaux, les tribunaux de première instance sont divisés en tribunaux civils et en tribunaux de commerce, connaissant des affaires qui excèdent la compétence des juges de paix ; ceux-ci connaissent des affaires civiles *et commerciales* dont l'intérêt dépasse cinquante et ne dépasse pas 2000 piastres (en dernier ressort de celles dont l'intérêt ne dépasse pas 100 piastres), les alcades de toutes les affaires dont l'intérêt ne dépasse pas 50 piastres (en dernier ressort, de celles dont l'intérêt est inférieur à douze piastres).

D'après le code de commerce chilien, les affrètements, prêts à la grosse, assurances et autres contrats concernant le commerce maritime sont rangés parmi les actes «commerciaux de la part des deux contractants ou de la part de l'un d'eux » (art. 3 § 16) (1). Donc, quant à la preuve, il y a lieu d'appliquer aux contestations issues des contrats d'assurance maritime les articles 127 à 129 du même code, toutes les fois qu'il n'y aura pas été dérogé (2). Quant à la compétence, il y a lieu, d'après le code d'organisation judiciaire de 1875, de déférer les mêmes contestations aux *jueces letrados* (juges hommes de loi) qui statuent en même temps sur les affaires civiles quand l'intérêt du litige excède 200 *pesos* et sur les affaires commerciales quel que soit l'intérêt engagé (3). Toutefois ces tribunaux ne jugent qu'en premier ressort si l'intérêt du litige excède 300 *pesos* (4). Les règles générales de la compétence *ratione personæ* ou *ratione loci* ont été tracées par le même code (art. 212 à 226), auquel nous renvoyons le lecteur. La police de Valparaiso défère à des arbitres commerçants (*arbitros comerciantes*) toutes les questions litigieuses entre assureurs et assurés (5).

Dans la république de Guatemala, les affaires qui se réfèrent immédiatement aux contrats d'assurance sont commerciales (art. 3 § 4 du code de commerce). D'après la *loi de procédure commerciale* (1877), le jugement des affaires commerciales appartient : dans la capitale de la république à un juge de commerce, dans les autres départements aux juges de première instance (art. 1) : les tribunaux de commerce (art. 8) ne peuvent connaître que des affaires ou causes commerciales (6). Le code de procédure civile révisé en 1882 divise les juridictions en ordinaires, extraordinaires et spéciales : au nombre des juridictions spéciales figurent *los juzgados de comercio* (7). Ces juges de commerce statuent sur les procès d'assurances maritimes. Il y a lieu d'appliquer, quant à la preuve, l'art. 172 du code de commerce, toutes les fois qu'un texte formel n'y déroge pas. Pour la détermination de la compétence *ratione personæ* ou *ratione loci*, on devra consulter le titre VII du livre I du

---

(1) Aux termes du même article, par. 9, les entreprises d'assurances terrestres ne sont rangées parmi les actes de commerce que quand elles sont à prime. — (2) Art. 128. La prueba de testigos es admisible en negocios mercantiles, cualquiera que sea la cantidad que importe la obligacion que se trate de probar, salvo los casos en que la lei exija escritura publica. Art. 129. Los juzgados de comercio podran, atendidas las circunstancias de la causa, admitir prueba testimonial aun cuando altere o adicione el contenido de las escrituras publicas. — (3) V. l'art. 37 de ce code. — (4) Art. 243 du même code. — (5) V. quant aux *jueces arbitros* les art. 172 à 191 du code d'organisation judiciaire. — (6) « Sont affaires commerciales celles que désigne comme telles l'art. 3 du code de commerce ». — (7) Art. 9 du code révisé.

code de procédure (révisé en 1882), intitulé *del fuero competente*, en le combinant avec les titres II et III de la *ley de enjuiciamento mercantil.*

Les contrats d'assurances sont commerciaux au même titre et de la même manière dans la république du Honduras (1). Ils sont donc jugés par des *jueces letrados*, investis en matière commerciale, par la loi d'organisation judiciaire du 15 novembre 1880, des mêmes attributions qu'au Chili (2) ; toutefois ceux-ci ne jugent en dernier ressort que si la valeur du litige n'excède pas 150 *pesos* (3). Nous renvoyons le lecteur au code de procédure civile du Honduras (1880) et notamment au titre XII du livre III, intitulé *de los juicios de comercio* (4).

Le code de commerce du Salvador répute commerciaux tous les droits et obligations dérivant des négociations, contrats et opérations compris dans ses propres dispositions (art. 1370). Les juges de commerce sont compétents pour connaître des contestations qui s'y rattachent et, par conséquent, des procès d'assurances maritimes (art. 1369). Les tribunaux civils de première instance exercent les fonctions de tribunaux de commerce, sauf dans les départements de San Salvador, de Santa Anna, de San Miguel, où doivent être nommés des juges spéciaux (art. 1362). La procédure sera donc réglée, quant à la forme des jugements, par le titre II du livre V du code de commerce, pour le surplus de la procédure par le code de procédure civile en tout ce qui n'y est pas dérogé par la loi commerciale (5).

Dans la république de Venezuela, les tribunaux de commerce connaissent de toutes les contestations relatives aux actes de commerce entre toutes personnes et, par conséquent, de tous les procès nés à l'occasion des contrats d'assurance maritime (art. 3 § 17 et 933 cod. venez.).

Le code néerlandais répute actes de commerce (art. 4 § 7)... « les contrats à la grosse et autres contrats relatifs au commerce maritime », par conséquent les contrats d'assurance maritime. Il n'importe quant à la compétence, puisqu'il n'y a pas de juridiction commerciale en Hollande ; mais il importe quant à l'instruction des affaires, puisque le code de procédure hollandais (art. 298 à 321) trace un certain nombre de règles spéciales à la procédure commerciale (6). Quant à la preuve des conventions entre assureurs et assurés, nous renvoyons au tome VI, n. 1304.

---

(1) V. le code du Honduras, art. 3, § 16 et 9. — (2) Art. 34 de cette loi. — (3) Art. 214 de la même loi. — (4) Ce titre contient un curieux chapitre sur la procédure en matière de règlement d'avaries communes. — (5) Quant à la preuve des contrats commerciaux en général, v. les art. 200 et s. du même code.— (6) Par conséquent, le juge peut, à la demande d'une des parties, faire

D'après le code portugais de 1889 (art. 425), les assurances (à l'exception des assurances mutuelles) sont des actes de commerce pour l'assureur, mais n'ont pas ce caractère pour les autres contractants, à moins qu'elles n'aient pour matière des choses formant l'objet d'un commerce. Les assurances maritimes seront donc presque toujours (mais non pas nécessairement à l'égard des assurés) des actes de commerce, et par conséquent les procès qu'elles susciteront seront jugés par les tribunaux de commerce. Le nouveau code portugais dit encore (art. 426) : *o contracto de seguro deve ser reduzido a escripto n'um instrumento, que constituira a apolice de seguro.* L'écriture est assurément requise *ad probationem,* mais non, ce semble, *ad solennitatem* (1). Quant aux voies de recours ouvertes contre les jugements des tribunaux de commerce, nous renvoyons au code de procédure de 1876 (2).

Le code de commerce égyptien (3) répute actes de commerce maritime (art. 3) « tout contrat d'assurances et tous autres contrats concernant le commerce de mer » : or, d'après le même code (art. 1), « les tribunaux de commerce connaissent des contestations relatives aux actes de commerce faits par toutes personnes » (4). Le code de procédure civile et commerciale énonce formellement (art. 35 § 3) que les compagnies d'assurances pourront être assignées au tribunal de leurs succursales. Comme en France, d'ailleurs, les défendeurs sont assignés, en matière de

plaider une affaire d'assurance maritime avant les autres affaires même sommaires (art. 300) : si l'affaire requiert célérité, le président du tribunal pourra permettre d'assigner même de jour à jour et d'heure à heure (art. 302) : il pourra autoriser une saisie conservatoire si la sincérité de la créance est sommairement démontrée et s'il y a crainte fondée que le débiteur ne divertisse ses biens mobiliers (art. 305) : l'affaire étant maritime, l'assignation de jour à jour ou d'heure à heure pourra avoir lieu sans ordonnance et le défaut pourra être jugé sur le champ (art. 312) : le demandeur pourra assigner à son choix devant le juge dans le ressort duquel le défendeur est domicilié ; devant celui du ressort où l'obligation est contractée ; devant celui du ressort où la marchandise est livrée ; devant celui du ressort dans lequel le paiement devrait être effectué (art. 314).

(1) « Et s'il advenait des contestations pour ces comptes et les formalités à remplir, lit-on dans la police de Lisbonne publiée par M. Lafond de Lurcy, la compagnie et l'assuré s'obligent dès à présent à faire juger le différend par des arbitres en se conformant aux dispositions du code portugais sur la matière ». — (2) V. l'analyse de ce code publiée par la Soc. de lég. comparée dans l'annuaire de 1877, p. 434 et s. — (3) Distinct, on le sait, du code de commerce maritime. — (4) Le code de procédure civile et commerciale répète (art. 33) : « Le tribunal de commerce connaîtra de toutes les affaires qui sont considérées comme commerciales d'après les règles établies au code de commerce ».

commerce, devant le tribunal de leur domicile ou devant celui dans le ressort duquel la promesse a été faite ou la marchandise livrée, ou encore devant celui dans le ressort duquel le paiement doit avoir lieu (1).

En Belgique, les tribunaux de commerce connaissent des contestations relatives aux actes réputés commerciaux par la loi (2), par conséquent des contestations relatives aux assurances maritimes (3). Ces contestations sont donc régies par l'art. 25 § 1 l. 15 déc. 1872, ainsi conçu : « Indépendamment des moyens de preuve admis par le droit civil, les engagements commerciaux pourront être constatés par la preuve testimoniale dans tous les cas où le tribunal croira devoir l'admettre, *sauf les exceptions établies pour des cas particuliers* » (cf. notamment ci-dessus, n. 1304). Il est bon de rappeler en outre que le taux du dernier ressort est fixé à 2500 fr. pour les jugements de ces tribunaux (4) ; que le tribunal de commerce du domicile du défendeur est seul compétent, en principe, d'après l'art. 39 de la loi du 25 mars 1876, sauf les exceptions prévues par la loi (5) ; que les sociétés sont assignées devant le juge du lieu où elles ont leur principal établissement (6) ; qu'en matière mobilière l'action peut être portée devant le juge du lieu dans lequel l'obligation est née ou dans lequel elle doit être ou a été exécutée (7) ; que, si un domicile a été élu pour l'exécution d'un acte, l'action peut être portée devant le juge de ce domicile (8) ; qu'en cas de connexité la cause doit être retenue par le juge saisi le premier (9) ; que les étrangers peuvent être assignés devant les tribunaux belges soit par un belge, soit par un étranger s'ils ont en Belgique un domicile ou une résidence ou s'ils y ont fait élection de domicile, si l'obligation qui sert de base à la de-

---

(1) Art. 35 § 7 du même code. Mais il est bon de savoir que, « quand le défendeur sera domicilié à l'étranger (art. 35 § 9) et qu'un tribunal égyptien ne sera pas compétent à raison d'un des motifs indiqués dans les précédents paragraphes, l'assignation pourra être donnée devant le tribunal de la résidence du demandeur ou, à défaut, devant le tribunal d'Alexandrie ». — (2) Art. 12 l. 25 mars 1876. — (3) On lit dans l'art. 3 du code de commerce (l. du 15 décembre 1872) : « la loi répute actes de commerce... toutes assurances et autres contrats concernant le commerce de mer ». — (4) Comme pour ceux des tribunaux civils. Même loi, art. 16. — (5) « S'il y a plusieurs défendeurs, la cause sera portée, au choix du demandeur, devant le juge du domicile de l'un d'eux : quand le domicile n'est pas connu, la résidence actuelle en tiendra lieu » (même article). — (6) Même loi, art. 41. Mais d'autres tribunaux peuvent se trouver compétents conjointement avec celui du domicile réel (Namur, le code de commerce belge revisé, III, n. 2291). — (7) Art. 42. Cf. pour la comparaison avec l'ancien article 420 du code de procédure, Namur, ib., n. 2293. — (8) Même loi, art. 43. — (9) Art. 50 § 2.

mande est née, a été ou doit être exécutée en Belgique, s'il s'agit de demandes en validité ou en mainlevée de saisies-arrêts formées dans le royaume ou de toutes autres mesures provisoires ou conservatoires ; si la demande est connexe à un procès déjà pendant devant un tribunal belge ; s'il s'agit d'une demande en garantie ou d'une demande reconventionnelle quand la demande originaire est pendante devant un tribunal belge ; dans le cas où il y a plusieurs défendeurs, dont l'un a en Belgique son domicile ou sa résidence (1). D'après un arrêt de la cour de Bruxelles du 28 juillet 1879 (2), la mise à la chaîne du navire est le premier acte de la procédure destinée à vivifier au profit des assureurs le privilège qui leur appartient sur le navire assuré (3).

L'entreprise d'assurance à prime est, selon le code allemand (art. 271 § 3), un acte de commerce (4). Par conséquent, il y a lieu d'appliquer au contrat d'assurance maritime à prime l'art. 277 (5), l'art. 317 (6) et l'art. 324 (7). La commercialité de l'acte n'est pas

(1) Art. 52. « Lorsque les différentes bases indiquées au présent chapitre sont insuffisantes pour déterminer la compétence des tribunaux belges à l'égard des étrangers, le demandeur pourra porter la cause devant le juge du lieu où il a lui-même son domicile ou sa résidence » (art. 53). « Dans les cas prévus à l'art. 52 ci-dessus, l'étranger pourra, si ce droit appartient au Belge dans le pays de cet étranger, décliner la juridiction des tribunaux belges ; mais, à défaut par lui de ce faire dans les premières conclusions, le juge retiendra la cause et y fera droit. Cette réciprocité sera constatée soit par les traités conclus entre les deux pays, soit par la production des lois ou actes propres à en établir l'existence. L'étranger défaillant sera présumé décliner la juridiction des tribunaux belges » (art. 54). Les articles 418 et 419 du code de procédure français sont en vigueur en Belgique. — (2) Rec. d'Anv. 1880. 1. 103. — (3) Et quand, à la suite de cette mesure, il intervient entre l'assureur et le propriétaire du navire une convention par laquelle ce dernier, en vue de récupérer la libre disposition de son navire, fournit aux assureurs une caution solidaire, cette convention a pour effet d'obliger personnellement ce propriétaire et la caution au paiement des sommes dues à l'assureur sur le navire saisi. — (4) Mais non, par conséquent, l'assurance mutuelle. Cette distinction n'existe pas dans le code de commerce hongrois (art. 258 § 4). — (5) Ainsi conçu : « l'acte qui n'est acte de commerce que du côté de l'un des deux contractants n'en est pas moins régi, relativement aux deux contractants, par les dispositions du livre IV, à moins qu'il ne résulte de ces dispositions elles-mêmes qu'elles ne sont applicables qu'à celui des deux contractants par rapport auquel l'acte est un acte de commerce ». — (6) Ainsi conçu : « La validité des contrats, en matière de commerce, n'est subordonnée ni à la rédaction d'un écrit ni à l'observation d'aucune autre formalité. Cette règle ne reçoit exception que dans les cas indiqués au présent code ». — (7) Ainsi conçu : « Une obligation commerciale doit être payée au lieu qui est déterminé par le contrat ou qui, d'après la nature de l'acte ou l'intention des parties, doit être considéré comme le lieu du paie-

attributive de juridiction à une juridiction distincte, puisqu'il n'existe pas en Allemagne de tribunaux de commerce indépendants des tribunaux civils, mais peut amener les parties, dans les Etats de l'Empire où le gouvernement particulier a institué au sein des tribunaux régionaux des *Kammern für Handelssachen*, devant une chambre commerciale composée d'un magistrat du tribunal civil et de deux juges commerçants (1). La chambre civile ayant plénitude de juridiction, les affaires commerciales ne sont portées devant cette chambre spéciale que sur la demande des parties et dans des cas déterminés, notamment « contre un commerçant, à raison d'opérations qui, de la part des deux parties, constituent des actes de commerce » et « à raison des droits et obligations réciproques des parties dans les contestations s'élevant en matière de droit maritime... » (2). Les chambres commerciales ne sont pas compétentes si la valeur du litige est inférieure à 300 marks (3). *La procédure est d'ailleurs la même devant les chambres civiles et les chambres commerciales.* Il y a donc lieu d'appliquer les art. 12 (4), 13 (5), 19 (6), 22 (7), 29 (8), 38 (9), 40 (10) du code de procédure civile.

ment. A défaut de ces indications, le débiteur devra payer au lieu où il avait, au moment de la conclusion du contrat, son établissement de commerce ou, à défaut d'établissement, son domicile ».

(1) Une loi sur les juges commerciaux a été votée le 14 novembre 1882 par la ville hanséatique de Brême, une décision sur les chambres commerciales a été prise le 16 juin 1882 par le sénat de Hambourg ; la Prusse possède une ordonnance générale (du 26 juillet 1879) sur la création des chambres commerciales et un grand nombre d'ordonnances créant ou organisant des chambres commerciales (à Posen, à Crefeld, à Bochum, à Siegen, à Stralsund, etc.) — (2) Art. 101 du code d'organisation judiciaire. — (3) Il n'est dérogé en rien aux dispositions qui règlent la compétence des tribunaux de bailliage (art. 23 et 70 du code d'organisation judiciaire) et les appels des jugements rendus en matière commerciale par les tribunaux de bailliage sont portés devant la chambre civile, non devant la chambre commerciale du tribunal régional.— (4) « Le tribunal auprès duquel une personne a son statut général de juridiction est compétent sur toutes les actions à intenter contre cette personne, tant qu'un statut spécial de juridiction n'est pas établi exclusivement pour une action ». — (5) « Le statut général de juridiction d'une personne est déterminé par son domicile ». — (6) « Le statut général de juridiction...des sociétés...est déterminé par le siège de leurs affaires...» —(7) « Lorsqu'une personne a, pour l'exploitation d'un commerce (ou d'une autre profession) un établissement où des affaires se concluent directement, toutes les actions qui ont trait aux opérations de cet établissement peuvent être intentées contre elle devant le tribunal du lieu où l'établissement se trouve ». — (8) « Le tribunal du lieu où une obligation contestée doit être exécutée est compétent sur les actions qui tendent à la constatation de l'existence ou de l'inexistence d'un contrat, à son exécution ou à sa résolution ou aux dommages-intérêts dus pour son inexécution totale ou partielle ». — (9) « Un tribunal de première instance incompétent en principe devient compétent par l'accord exprès ou tacite des parties ». — (10) « L'accord

Au Danemark, les contestations commerciales et par conséquent les procès d'assurances maritimes sont portés devant les tribunaux ordinaires, qui s'adjoignent à la demande des parties,
lorsqu'il y a lieu de reconnaître et d'appliquer des usages commerciaux, un nombre indéterminé de commerçants ayant voix
consultative. Toutes ces contestations doivent être précédées d'une
tentative de conciliation (1). Nous signalons au lecteur la loi danoise du 19 février 1861 relative à la création d'un tribunal commercial et maritime à Copenhague, et aux procès commerciaux et
maritimes hors de cette ville.

Un chapitre du code suédois de 1864 (art. 302 à 322) traite des
tribunaux et de la procédure maritimes. S'il s'agit d'un différend
entre l'assureur et l'assuré ou entre eux et des tiers relativement à
l'assurance et si ce différend n'est point de nature à pouvoir être
réglé par le dispacheur, la demande est portée devant la cour de
justice de la ville où réside le défendeur ou de la ville la plus voisine (2). Si l'une des parties conteste le règlement dressé par le
dispacheur en matière d'*assurances* ou d'avaries, elle rédige une
demande par écrit, faite en double, et la transmet avec le règlement attaqué et les pièces à l'appui, à la cour de justice de la ville
où ce règlement a été publié (3). Le défendeur comparaît au jour
indiqué et reçoit de la partie adverse une assignation pour répondre
à ses griefs (4). Le défendeur donne sa réponse et les documents
à l'appui (5). L'instruction est faite par écrit, si l'une des parties
ne requiert (par écrit) et n'obtient la procédure orale. Celle-ci entraîne la convocation d'un jury (6). Mais il n'y a lieu au jugement
par jurés que s'il faut, eu égard à la nature de la cause, entendre
les parties. Lorsque le règlement fourni par le dispacheur contient
des lacunes, de telle sorte que les jurés, après en avoir pris connaissance, ne soient pas à même de se prononcer immédiatement,
le jury peut renvoyer ce document à celui qui l'a dressé pour le
compléter : le règlement complété est renvoyé au tribunal qui,

des parties ne produit aucun effet juridique lorsqu'il n'a pas trait à un
rapport de droit déterminé et aux contestations auxquelles il donne naissance ».

(1) V. sur la compétence du tribunal d'Altona (en matière maritime) et de
la cour maritime de Copenhague Hoechster et Sacré, II, p. 1381. — (2) Le
tribunal statue sur les contestations relatives à sa propre compétence. —
(3) Et au plus tard le trentième jour avant midi à dater de sa publication. —
(4) Dans un délai (de quatorze jours au plus) fixé par le tribunal. — (5) V.
sur la procédure suivie au cas où l'une des parties fait défaut Hoechster et
Sacré II, p. 1383. — (6) De cinq membres, dont quatre désignés par les parties, et le cinquième, président, lequel doit être un jurisconsulte, par le tribunal.

après avoir reçu les observations des parties, le communique au jury avec les autres documents propres à l'éclairer (1). La décision du jury doit servir de base à tout arrangement entre les parties ; elle est sans appel. Si l'indemnité fixée par le jury dépasse les prétentions du demandeur, on s'en tient au chiffre de la demande ; si, au contraire, le jury a restreint les prétentions des plaignants, on s'en tient à son évaluation. Si l'on recourt à des arbitres (2), chacune des parties choisit un arbitre et les deux personnes désignées choisissent elles-mêmes un tiers arbitre : si l'une des parties s'abstient de faire le choix ou que l'arbitre choisi n'accepte pas le mandat, c'est au magistrat le plus proche ou au tribunal d'y pourvoir (3).

Le dernier chapitre du code maritime norwégien (art. 123 à 138) est intitulé « de la procédure légale ». Toutes causes concernant des questions traitées dans ce code et en outre *celles qui se rattachent aux conventions d'assurance maritime* sont jugées par le tribunal maritime (art. 124) (4). Celui-ci reçoit les rapports de mer et procède aux enquêtes maritimes, reçoit les témoignages à recueillir dans les procès de sa compétence, procède aux expertises, estimations et taxations (ib.) (5). Dans les villes commerciales et dans les places de chargement situées sur la côte, il sera institué un tribunal maritime permanent dont la juridiction devra s'étendre, dans les limites fixées par le roi, au district voisin, à mesure que les magistrats actuels changeront ou donneront leur consentement (art. 123) (6). Le tribunal maritime est composé du juge de première instance du lieu (7), président, et de deux jurés versés dans les affaires maritimes (8). Les tribunaux maritimes n'ont pas de

______

(1) V. sur l'intervention d'un tiers devant le jury Hoechster et Sacré II, p. 1385. — (2) Ainsi qu'il arrive souvent, en Suède, dans les procès d'assurances maritimes : v. Lafond de Lurcy, p. 375. — (3) « La décision prise par les arbitres, à la majorité, doit sortir son plein effet, à moins que le tribunal saisi de l'affaire ou le commandant royal n'en ordonnent autrement » (trad. d'Hoechster et Sacré, II, p. 1386). — (4) Conf. art. 315 du projet de loi maritime norwégienne (1888). — (5) Ib. — (6) Maintenu par l'art. 316 du projet. — (7) L'article 315 du projet ajoute : « ou, dans les endroits où le tribunal de première instance forme un collège, d'un des membres de celui-ci ». — (8) Sur la nomination des jurés permanents par le préfet et sur le droit de présentation qu'exercent le magistrat et les conseillers de la ville et le président du tribunal maritime, v. l'article 123 du code de 1860 et l'art. 316 § 2 du projet de 1888. Les jurés permanents sont nommés pour quatre ans. Le projet de 1888 explique clairement que, parmi eux, le juge président choisit deux hommes pour chaque affaire qui se présente (la nomination se fait à tour de rôle quand il n'y a pas de raison spéciale pour s'en départir). D'après les art. 123 du code et 317 du projet,

session à époques fixes, mais se réunissent toutes les fois qu'il se présente une affaire ou un acte judiciaire dont ils doivent connaître (art. 125) (1). Le demandeur doit s'adresser au président du tribunal en présentant « une déclaration écrite (2) » par laquelle il demande la réunion du tribunal et dans laquelle l'objet et le but de l'action se trouvent brièvement exposés avec indication des personnes à citer, ou bien il expose l'affaire de vive voix au président (ib.) (3). Après quoi celui-ci convoque le tribunal (4).Quant aux délais de citation (des parties et des témoins), aux tentatives de conciliation, à l'instruction ultérieure de l'affaire, à la prononciation et à l'exécution du jugement, il sera procédé comme devant les tribunaux institués en faveur de étrangers. Si une des parties ne se fait pas représenter par un *sagforer* (avocat et avoué), le tribunal doit l'assister pour fournir les renseignements nécessaires et pour faire insérer au plumitif sa procédure et ses demandes (art. 130) (5). Les rapports de mer, les expertises, estimations et évaluation des navires et des marchandises et les autres actes que le tribunal juge de nature à ne pouvoir souffrir de retard peuvent être faits sans que le propriétaire, l'*assureur* ou les autres intéressés en soient avertis ; toutefois l'assignation ne doit pas être omise s'il est à la connaissance du requérant ou du tribunal que les intéressés ou leurs commissionnaires demeurent sur les lieux ou assez près pour que l'avis puisse leur être facilement donné. En pareil cas le tribunal doit toujours veiller à ce que les intérêts des absents ne soient pas lésés (art.126)(6).L'article 127 (reproduit par l'art.321 du projet) contient une série de dispositions sur l'audition des témoins,les attributions des interprètes (7).D'après l'art. 128,la

« dans les districts judiciaires où il n'y a pas de tribunaux maritimes permanents, des personnes versées dans les affaires maritimes seront nommées pour chaque cas, s'il survient une affaire ou cause judiciaire ressortissant à un tribunal maritime : la nomination se fait d'après les règles établies pour le choix des experts ».

(1) *Sic* art. 318 du projet. — (2) L'art. 318 du projet dit : « l'assignation ou bien une requête ». — (3) Même art. 318. — (4) V. sur le mode et les frais de cette convocation l'art. 125 du code et l'art. 318 du projet. — (5) *Sic* art. 319 du projet. Cet article ajoute : « Si l'objet de l'affaire (pour les créances, le capital) ne dépasse pas 120 couronnes, les dispositions du § 14 de la loi du 8 mai 1869 concernant la procédure à suivre pour le recouvrement des petites créances seront applicables ». — (6) Art. 320 du projet. — (7) L'art. 323 du projet expose les règles qui doivent être suivies soit au fond, soit en la forme dans les interrogatoires maritimes auxquels il est procédé à la suite d'un sinistre. Le consul (art. 324) est soumis aux mêmes règles et doit en outre se faire assister, autant que possible, par deux capitaines ou par d'autres hommes versés dans les affaires maritimes et de préférence de nationalité norvégienne, suédoise ou danoise. L'art. 327 du même

partie qui croit qu'une estimation faite par le tribunal maritime lui cause un grief peut provoquer une estimation supérieure dirigée par le président du tribunal maritime et faite par quatre hommes (1) versés dans les affaires maritimes lesquels seront nommés pour chaque cas conformément aux règles suivies pour le choix des experts et, s'il est possible, pris sur la liste des jurés permanents. Enfin celui qui croit qu'un jugement du tribunal maritime lui fait grief peut appeler directement à la cour suprême si l'affaire est susceptible d'appel : l'appel se fait sans égard aux sessions de la cour suprême, et l'instruction a lieu, par priorité, à l'expiration du délai (art. 131) (2).

Le chapitre final du code maritime finlandais est également intitulé « Des tribunaux compétents et de la procédure dans les causes maritimes ». En général, les tribunaux municipaux dans les villes et les tribunaux d'arrondissement dans les campagnes statuent en première instance sur les causes à juger d'après ce code; toutefois les causes d'assurances (ou d'avaries) sont indistinctement du ressort des tribunaux des villes (art. 234 § 1). Lorsque ceux-ci connaissent des causes maritimes, il y aura, outre le nombre ordinaire de magistrats, deux experts chargés de donner aux juges les renseignements requis (art. 235 § 1) (3). Les procès d'assurances (4) sont portés, sauf les réserves énoncées en l'art. 234, devant le tribunal de l'endroit du pays où se trouve le navire ou devant celui du domicile du défendeur (5) ou bien encore devant le tribunal municipal de la ville la plus voisine de ces endroits (art. 236 § 1). « Dans les procès civils auxquels s'applique la présente loi, les parties ne peuvent demander et répondre que par un écrit de

projet soustrait aux dispositions, en vigueur pour les ventes publiques forcées en général, celles qui sont faites en vertu d'une disposition du code maritime (sauf les ventes d'une part de navire, faites conformément à l'art. 21 du projet).

(1) Le projet (art. 328) dit : « par cinq hommes ». — (2) Délai de trois mois au plus pour le Finmark, de deux mois au plus pour le reste du royaume. C'est ce que répète l'art. 329 du projet.

Les différences de rédaction, quant au chapitre relatif à la procédure, entre le projet norwégien et le projet suédois, l'élimination complète de ce chapitre dans le projet danois retardent, à l'heure où nous écrivons ces lignes, l'unification de la loi maritime dans les états scandinaves.

(3) V. la suite de cet article pour le mode de nomination des experts. — (4) Comme les autres procès fondés sur les prescriptions du code maritime. — (5) « Est considéré comme lieu de domicile de l'armateur, d'après un projet de loi modifiant divers articles du code maritime (Helsingfors, 1888), le port d'attache du navire ; pourra cependant être considéré comme tel le lieu où est domicilié l'armateur-gérant ou, à son défaut, l'un quelconque des armateurs-gérants ou, s'il n'y en a pas, un autre propriétaire quelconque ».

l'une et de l'autre part. Après quoi, si les parties n'ont pas demandé un jugement définitif sur les faits déjà produits, le tribunal aura à fixer un court délai dans lequel elles devront déclarer si elles désirent une instruction orale ou l'audition de témoins, et à assigner un terme peu éloigné pour y procéder » (art. 239).« Dans les délais déterminés par le code civil, les parties sont autorisées à interjeter appel devant la haute cour de justice des jugements rendus par les tribunaux des villes (ou des campagnes) en matière de droit maritime » (art. 240) (1). « Si l'on n'est pas satisfait de la répartition faite par le dispacheur en matière d'avaries ou d'*assurances*, on pourra porter ses réclamations devant le tribunal du lieu où le dispacheur a rendu son compte ; on se pourvoira à cet effet d'un acte de citation contre la partie adverse, au plus tard le trentième jour après que le compte a été remis aux parties (2). Passé ce terme, l'action sera prescrite » (art. 242) (3).

D'après le code de commerce russe (éd. de 1857), appartiennent à la classe des obligations commerciales « les affaires d'*assurances maritimes*, d'avaries, de prêts à la grosse et de naufrages » (art. 1302 § 5). Par conséquent les contestations qui s'y rapportent sont jugées par les tribunaux de commerce selon les règles ordinaires de leur compétence (4). On ne leur soumet donc que celles dont

---

(1) L'art. 241 règle la procédure à suivre sur les demandes d'exécution pour une dette privilégiée sur le navire, le fret ou la cargaison. Cet article est remanié dans le projet de loi qui modifie certaines dispositions du code (1888). — (2) Cf. art. 152 du même code. — (3) L'art. 343 est ainsi conçu : « Si les parties veulent remettre à des arbitres la décision des différends survenus entre elles, elles choisiront à cet effet, en nombre égal pour chacune, un ou plusieurs hommes irrécusables et d'une conduite irréprochable. Ceux-ci désigneront alors en commun un homme bien qualifié qui, de concert avec eux, décidera la question ; appel ne pourra pas être interjeté de cette décision, à moins qu'avant le choix des arbitres les parties ne se soient réservé de porter l'affaire devant le tribunal ». — (4) L'art. 2 § 2 de la loi russe du 20 novembre 1864 sur l'organisation judiciaire énonce que « la juridiction des tribunaux de commerce est déterminée par des règlements spéciaux ». Ces tribunaux sont établis dans les villes les plus commerçantes de l'Empire, telles que Pétersbourg, Moscou, Arkhangel, Odessa, Varsovie, Taganrog, Kertch, Kichenew. A Pétersbourg et à Moscou, les présidents et leurs adjoints sont nommés et révoqués par ordre suprême, sur la proposition du ministre de la justice, qui présente pour chacune de ces fonctions deux candidats élus par une assemblée composée de délégués de commerçants des deux premières ghildes et des étrangers patentés ; les autres membres sont élus parmi les commerçants de ces deux ghildes. Dans les autres villes, les présidents et leurs adjoints sont nommés par ordre suprême sur la proposition du même ministre sans que les commerçants de la localité aient été appelés à fournir des candidats, à moins que ce privilège n'existe au profit

l'intérêt dépasse 150 roubles (cf. art. 1303). Ils statuent en dernier ressort sur celles dont l'intérêt ne dépasse pas à Pétersbourg et à Moscou 3000, dans les autres villes 1500 roubles : en outre toutes les affaires soumises à leur compétence, sans limitation de valeur, peuvent être décidées par eux en dernier ressort lorsque les parties sont d'accord pour ne pas porter l'affaire en appel et ont averti le tribunal de cette détermination. Nous rappelons au lecteur que le livre IV du code de commerce *(Torgovy oustav)* est divisé en trois parties ; qu'il est traité dans la première de l'organisation générale des tribunaux de commerce (art. 1267 à 1413), dans la seconde de l'organisation spéciale des mêmes tribunaux à Odessa, Taganrog, Kertch, Archangel, Tiflis et sur le territoire des cosaques du Don (art. 1414 à 1524), que la troisième est intitulée « règlement de procédure devant les tribunaux de commerce » (1) et débute par d'utiles dispositions sur la compétence (2). Dans les procès d'assurances maritimes comme dans les autres contestations commerciales, le tribunal du domicile, même momentané, du défendeur, est celui devant lequel la cause doit être portée, à moins que les autres parties ne se soient entendues pour choisir un autre tribunal (art. 1525 et 1526). Si le procès naît à l'occasion d'objets mobiliers tels que marchandises ou navires, c'est devant le tribunal de leur situation que la cause doit être portée (art. 1527). S'il y a plusieurs défendeurs, le tribunal de l'un d'eux peut être saisi, au choix du demandeur (art. 1528). S'il s'agit d'une société commerciale, son domicile est celui de la raison sociale (art. 1529). Tous ceux qui sont à bord d'un navire ont pour domicile le port où ce navire séjourne (art. 1530).

Le code italien répute actes de commerce (art. 3 § 19) les assurances, même mutuelles, contre les risques de la navigation. Il appartenait jadis à la juridiction commerciale (art. 869 du code de commerce) de connaître de toutes les contestations relatives aux actes de commerce entre toutes personnes et par conséquent des procès d'assurances maritimes. Mais les tribunaux de commerce

---

de la ville, ce qui a lieu en effet pour la plupart des villes possédant un tribunal de commerce (v. les art. 1272 à 1276 du code de commerce, éd. de 1857). A Odessa, Taganrog, Kertch, Kichenew, les simples membres sont élus par des assemblées de commerçants et confirmés par l'Empereur.

(1) Le cinquième chapitre de la première partie a pour titre : *Ordre de la procédure devant les tribunaux de commerce,* et se divise en deux sections (Sect. I. *De la procédure verbale.* art. 1336 à 1395 : section II. *De la procédure écrite,* art. 1396 à 1413). Malgré la similitude des titres, ces diverses parties du livre IV ne font pas double emploi. — (2) Il est traité des preuves en matière commerciale dans les chapitres VI et suiv. de cette troisième partie.

ont été supprimés en Italie par la loi du 25 janvier 1888 qui laisse seulement subsister la procédure spéciale aux affaires commerciales. Par conséquent le délai de comparution est réglé par les dispositions de l'art. 147 pr. (1) et peut être abrégé conformément à l'art. 154 pr. (2); on observera les règles de la procédure sommaire, sous réserve de la faculté accordée dans l'art. 413 pr. (3) (art. 876 du code de commerce) ; le terme pour la péremption d'instance fixé dans l'art. 338 § 1 (4) et dans les art. 447 et 464 pr. (5) est réduit de moitié (art. 877) et le dépôt judiciaire de sommes d'argent peut être fait, si les intéressés y consentent, auprès d'un établissement *(istituto)* quelconque de crédit et même dans une banque privée (art. 878).

On sait d'ailleurs que, d'après l'art. 868 du code de commerce italien, « l'exercice des actions commerciales est réglé par le code de procédure civile, salve disposizioni contenute nel presente codice ».

Le nouveau code roumain répute actes de commerce « les assurances, même mutuelles, contre les risques de la navigation » (art. 3 § 18). Il appartient à la juridiction commerciale de connaître de toutes les contestations relatives à des actes de commerce entre toutes personnes (art. 882 § 1). L'exercice des actions commerciales (art. 881) est d'ailleurs réglé par le code de procédure civile, sauf les dispositions du présent code » (l. IV, tit. I).

---

(1) C'est-à-dire est, selon les cas, de deux, de trois, de quatre, de six, de dix, de vingt, de vingt-cinq jours, comme si la citation était donnée devant le préteur. C'est ce qu'expliquait déjà l'art. 148 *in fine* du même code : « Quando si tratti di... controversie marittime, la citazione puo farsi in via sommaria, e in questo caso il termine per comparire è quello stabilito nell' articolo precedente » (147). — (2) Qui permet au président du tribunal ou de la cour, si le cas requiert célérité, d'abréger les délais établis par les art. 147, 148 et 150. — (3) Le lecteur devra se référer au chapitre III (intitulé *Del procedimento formale davanti i tribunali di commercio*) et au chapitre IV (intitulé *Del procedimento sommario davanti i tribunali di commercio*) du titre IV, l. I du code de procédure. Le nouveau code de commerce italien élargit la sphère de la procédure sommaire restreinte par ce dernier chapitre (art. 411) aux causes indiquées dans l'art. 389 pr. (*le domande per provvedimenti conservatorii o interinali ; le cause in appello dalle sentenze dei pretori ; le altre cause, per le quali sia ordinata dalla legge o autorizzata dal presidente la citazione a udienza fissa*). L'art. 413 permet au tribunal de commerce, quand l'instance a été commencée selon les formes et délais de la procédure sommaire, de la continuer d'après les règles de la procédure ordinaire, quand la nature ou les conditions particulières de la cause comportent cette conversion. — (4) C'est-à-dire le terme de trois ans. — (5) Le délai de la péremption est fixé : devant le préteur, à un an (art. 447) ; devant les juges conciliateurs à six mois (art. 464).

A Malte, tous les contrats d'assurance sont réputés actes de commerce (1) et, par conséquent, la cour de commerce *(corte di commercio)* (2) est compétente pour connaître des contestations qu'ils soulèvent.

(1) Ord. de 1857 n. XIII, art 3. — (2) ib. art. 317.

CHAPITRE X.

DROIT FISCAL.

SECTION I.

DROITS D'ENREGISTREMENT.

1664. L'impôt sur les assurances, a dit M. Reboul, véritable impôt sur la prévoyance, est immoral et antiéconomique ; au fond, c'est comme si l'on mettait un impôt sur les maladies. L'assurance n'est pas une denrée de fantaisie ou de luxe, mais un remède qui agit à la manière des dérivatifs : elle concentre sur une partie de la propriété, c'est-à-dire sur la prime les chances de perte qui planaient sur le tout. Il n'est pas plus raisonnable de l'imposer que d'imposer la vaccine.

Il y a, nous le reconnaissons, un véritable inconvénient à augmenter le poids des sinistres. C'est pourquoi, sans doute, on a longtemps hésité, dans notre pays, avant de surcharger assez lourdement les primes et d'assujettir à des perceptions effectivement obligatoires les contrats d'assurance soit maritimes, soit contre l'incendie. Mais outre qu'il fallut, après les désastres de la guerre franco-allemande, chercher partout la matière imposable, nous devons avouer que les assureurs et les assurés ont, comme les autres contractants, besoin de l'autorité publique pour protéger l'exécution de leurs engagements. Nous n'allons donc pas jusqu'à contester le principe même de la taxe. M. de Parieu, plus circonspect, a, dans son traité des impôts (III, p. 298), simplement invité le législateur à taxer le contrat d'assurance avec modération. C'est surtout au contrat d'assurance maritime qu'il faut appliquer ce sage conseil. En effet, l'assurance a pénétré dans les habitudes quotidiennes du commerce maritime et lui est devenue indispensable : en la taxant trop lourdement, on risque de le frapper lui-même. Ensuite il ne faut pas oublier qu'on favoriserait le trafic des nations étrangères aux dépens du nôtre en mettant, par cette voie détournée, une charge excessive sur les armateurs et sur les chargeurs français.

1665. L'article 69 § 2 n° 2 de la loi du 22 frimaire an VII fut ainsi rédigé : « Les actes et mutations compris sous cet article seront enregistrés, et les droits payés suivant les quotités ci-après, savoir : 50 centimes par 100 francs, les actes et contrats d'assurance. Le droit est dû sur la valeur de la prime. En temps de guerre, il n'y a lieu qu'au demi-droit ».

On avait soutenu (1) que cette formule n'embrassait pas les assurances terrestres ; autrement, disait-on, la loi n'eût pas distingué, quant aux tarifs, selon que l'assurance était contractée en temps de paix ou en temps de guerre : une pareille disposition ne pouvait s'adapter qu'aux assurances maritimes. La doctrine et la pratique se prononcèrent contre cette interprétation restrictive (2). Bornons-nous à dire avec M. G. Demante (3) que le législateur de l'an VII avait eu principalement en vue l'assurance maritime, à peu près seule usitée à cette époque.

En tout cas, le montant du droit avait été fixé certainement, pour les assurances maritimes, à 50 c. p. 100 en temps de paix, à 25 c. en temps de guerre. Il fut porté à 1 fr. p. 100 et 50 c. p. 100 par la loi du 28 avril 1816, art. 51 n. 2.

Cette taxe proportionnelle devenait exigible soit dans le cas où la police était rédigée par acte public, soit lorsqu'il était fait usage de la police sous seing privé dans un acte public ou en justice.

Mais devait-on, quant à l'application de la loi fiscale, regarder comme faite par acte public la police rédigée par un courtier ? L'administration de l'enregistrement avait déclaré, dans une instruction du 28 vendémiaire an XII, que les courtiers devaient faire enregistrer dans le délai de dix jours les actes auxquels ils procédaient comme officiers publics et classé formellement au nombre de ces actes les polices d'assurances. Cependant la question fut résolue négativement par un avis du conseil d'Etat du 26 avril 1821 approuvé le 10 avril 1822, sous prétexte que les polices rédigées par les courtiers ne sont pas des actes publics emportant exécution parée.

La loi du 16 juin 1824 modifia le système des lois de l'an VII et de 1816, quant aux assurances maritimes, en vue de favoriser le commerce de mer. Elle décida (art. 5) que les polices d'assurances maritimes seraient enregistrées au droit fixe de 1 franc, à moins

(1) Joliet, Répert. de l'enregistr., n. 202. — (2) Cf. déc. min. fin. 9 mai 1821, D. v° Ass. terr., n. 154. — (3) II, n. 529.

qu'il n'en fût fait usage en justice (1). Ainsi ces polices échappaient au droit proportionnel même lorsqu'elles étaient rédigées par acte notarié (2) ou qu'on en faisait usage dans un acte public (3). Il y avait donc, à ce point de vue, un intérêt palpable à établir que le contrat ne rentrait pas dans la catégorie des assurances terrestres.

La loi du 23 août 1871 a, nous l'allons voir, changé tout cela.

1665 bis. Mais les assurances fluviales sont encore soumises aux règles de l'an VII modifiées en 1816. L'exposé des motifs de la loi d'août 1871 énonce formellement « que certaines assurances devaient rester placées sous le régime fiscal actuel. Telles sont... les assurances... pour les objets transportés sur les fleuves et canaux » (4). Nous verrons plus loin qu'une décision ministérielle a déclaré les dispositions de la loi du 5 juin 1850 sur le timbre, concernant les assurances maritimes, applicables aux assurances fluviales. Mais il n'en est pas de même en matière d'enregistrement (5).

1666. La loi du 23 août 1871 s'exprime en ces termes : « Tout contrat d'assurance maritime (ou contre l'incendie), ainsi que toute convention postérieure contenant prolongation de l'assurance, augmentation dans la prime ou le capital assuré, désignation d'une somme en risque ou d'une prime à payer, est soumis à une taxe obligatoire, moyennant paiement de laquelle la formalité de l'enregistrement sera donnée gratis toutes les fois qu'elle sera requise. La taxe est fixée ainsi qu'il suit, savoir : 1º pour les assurances maritimes et par chaque contrat, à raison de cinquante centimes par cent francs, décimes compris, du montant des primes et accessoires de la prime. La perception suivra les sommes de

---

(1) Cette loi suppose, ainsi que le remarque M. Demante (*loc. cit.*), que les autres assurances étaient comprises dans les dispositions des lois antérieures. Cf. Instr. du 23 juin 1824, n. 1136-5º. — (2) *Sic* E. Naquet, II, n. 680. — (3) *Jugé* par le tribunal de Marseille le 1ᵉʳ août 1844 que la police d'assurance maritime rédigée par un notaire sous forme de sous-seing privé était sujette au timbre, mais non à l'enregistrement dans un délai déterminé, non plus qu'à l'inscription au répertoire du notaire. V. Solut. du 12 novembre 1844. Cf. Instr. du 26 mai 1845, n. 1798 § 8. — (4) On lit sans doute dans le même exposé que le contrat d'assurance « n'a été soumis jusqu'ici à aucune taxe obligatoire si ce n'est celle du timbre,... les lois sur l'enregistrement ne faisant mention expresse que des assurances maritimes ». Le rapport de la commission législative dit encore : « La loi de frimaire an VII parle des assurances en général, mais la disposition qu'elle leur consacre ne concerne que les assurances maritimes ». Mais on peut s'étonner avec M. G. Demante (*loc. cit.*) « de l'intrépidité d'une telle affirmation ». V. sur ce point Championnière et Rigaud, n. 1387. — (5) C'est ce qu'explique clairement l'instruction du 2 décembre 1871 (n. 2425 § 1).

vingt francs en vingt francs, sans fraction, et la moindre taxe perçue pour chaque contrat sera de vingt-cinq centimes, décimes compris... La taxe sera perçue d'après les mêmes bases sur les contrats en cours, mais seulement pour le temps restant à courir et sauf recours par les assureurs contre les assurés. Les contrats de réassurance ne sont pas assujettis à la taxe, à moins que l'assurance primitive, souscrite à l'étranger, n'ait pas été soumise au droit » (art. 6). « La taxe fixée par l'article précédent sera perçue, pour le compte du trésor, par les compagnies, sociétés et tous autres assureurs, courtiers ou notaires qui auraient rédigé les contrats. Les répertoires et livres dont la tenue est prescrite par les art. 35, 44, 45 et 47 de la loi du 5 juin 1850 feront mention expresse, pour chaque contrat, du montant des primes ou cotisations exigibles, ainsi que de la taxe payée par les assurés en exécution de l'art. 6 de la présente loi. Chaque contravention à cette disposition sera passible d'une amende de dix francs. Ces dispositions, celles de l'art. 6 et celles des lois des 5 juin 1850 et 2 juillet 1862 sont applicables aux sociétés et assureurs étrangers qui auraient un établissement ou une succursale en France » (art. 7). « Un règlement d'administration publique déterminera le mode de perception et les époques de paiement de la taxe établie par l'art. 6 ci-dessus, ainsi que toutes les mesures nécessaires pour assurer l'exécution des art. 6 et 7 de la présente loi. Chaque contravention aux dispositions de ce règlement sera passible d'une amende de cinquante francs » (art. 10).

L'impôt actuel ne constitue plus un droit d'acte. Donc le législateur n'a pas entendu désigner par les mots « chaque contrat » le nombre des écrits qui peuvent constater la convention. Peu importe le nombre des écrits si la convention est unique, peu importe l'unité d'acte s'il y a plusieurs conventions. Le fisc doit percevoir une taxe afférente à chacune des conventions distinctes insérées dans le même acte (1).

La disposition de l'article 6 qui soumet tout contrat à une taxe obligatoire sera donc applicable, quelle que soit la forme de l'acte par lequel ce contrat est constaté (2).

1667. Le droit est calculé sur le montant des primes et accessoires de la prime.

Fallait-il l'asseoir sur le capital assuré ? Imposer la prime, a-t-on dit dans les travaux préparatoires, c'est prendre les charges de l'assuré pour assiette de l'impôt, et lever un droit d'autant plus

(1) Cf. Naquet, II, n. 686. — (2) Ainsi jugé par la cour de cassation, chambre civile, le 11 février 1880. Dans l'espèce, il s'agissait de contrats d'assurance contre l'incendie, passés en la forme administrative.

grand que les charges du contrat sont plus lourdes : c'est l'impôt progressif à l'envers (1). On n'a pas répondu grand'chose en alléguant que la prime est « l'objet du contrat » (2). Mais il n'eût été ni juste ni logique d'établir sur le capital, en matière maritime, l'assiette de cet impôt. La quotité de la taxe eût été la même, a remarqué M. Naquet (3), pour un voyage de courte durée et pour un voyage au long cours. Ce jurisconsulte suppose qu'on veut assurer deux navires de même valeur contre les risques de mer pendant une année. L'un d'eux fait un voyage d'un an, l'autre douze voyages d'un mois. C'est le même capital qui se trouve assuré dans un cas comme dans l'autre. En liquidant l'impôt d'après ce capital, on percevrait le même droit pour chaque voyage d'un mois que pour le voyage d'un an : il faudra donc, pour assurer le premier navire pendant toute l'année, payer douze fois plus que pour assurer le second. Il n'en sera pas du tout de même si la taxe est calculée sur la prime, car celle-ci croît ou décroît selon la durée du voyage (4).

Cependant le projet du gouvernement ajoutait : « ... sans que la taxe due pour chaque acte pût dépasser 20 centimes par mille francs ou fraction de mille francs du capital assuré ». Sur ce point, nous apprend le rapporteur de la commission législative, « quelques intéressés ont adressé des observations. Ils ont demandé..., pour la simplification des écritures, que la taxe ne fût pas calculée alternativement sur la prime et sur le capital. Ils préfèrent qu'elle soit fixée, dans tous les cas, sur le montant des primes. » Le gouvernement n'a pas contredit et la rédaction actuelle de l'art. 6 a été adoptée, sans discussion, dans la partie qui concerne les assurances maritimes, suivant le projet de la commission (5).

1668. Il faut, pour le calcul des droits, joindre à la prime elle-même les « accessoires » de la prime. Quels sont ces acces-

(1) Expression de M. Villain (*Officiel* du 12 août 1871, p. 2633, col. 3). — (2) Expression de M. Pouyer-Quertier (*Off.* du 18 août 1871, p. 2748, col. 2.) — (3) II, n. 687. — (4) Nous devons signaler au lecteur soucieux d'approfondir cette question plus économique que juridique la discussion du 19 mars 1889 à la chambre des députés, saisie d'une proposition qui tendait à remplacer l'impôt sur la prime d'assurances *contre l'incendie* par un impôt sur le capital assuré. « Les contrats d'assurance, a dit M. Amagat au nom de la commission du budget, ne sont pas fondés, comme on le croit, sur la valeur des objets assurés, mais sur les dangers. En réalité, ce qui fait la substance des contrats, ce n'est pas le capital assuré, c'est le risque. Par conséquent, la prime doit être proportionnelle au risque et l'impôt proportionnel à la prime ». La chambre adhéra manifestement à ce raisonnement en rejetant la proposition par 330 voix contre 214. — (5) Séance du 11 août 1871 (*Officiel* du 12 août, p. 2636, col. 1).

soires ? Il s'agit d'obligations accessoires que l'assuré contracte envers l'assureur et qui forment, sous un nom quelconque, un véritable complément de la prime. Toutes les fois que la somme déboursée par l'assuré constitue une « bonification » au profit de l'assureur, elle doit être envisagée comme un accessoire de la prime (1). Telles sont, par exemple, les « bonifications » que certaines compagnies se procurent en exigeant des assurés le remboursement de sommes supérieures au chiffre des *droits* payés au trésor : « Les *frais* qui résultent pour les compagnies d'assurance (2), a dit la cour de cassation le 29 décembre 1875 (3), de la perception des taxes (de timbre et d'enregistrement) s'ajoutent de plein droit aux dépenses que nécessite l'administration des affaires sociales et, en l'absence de toute disposition spéciale de la loi en autorisant la répétition contre les débiteurs de l'impôt, ils doivent être supportés par la société : sans doute les compagnies peuvent valablement stipuler dans leurs polices que les assurés leur paieront une somme déterminée pour remboursement des frais dont il s'agit et cette stipulation librement acceptée fait la loi des parties; mais, ayant pour effet de faire supporter par les assurés une dépense personnelle à la compagnie, elle constitue, en réalité, un supplément de prime ». Le tribunal de Rouen a jugé le 30 juillet 1885, et, selon nous, bien jugé, que les sommes payées par les assurés aux assureurs, à titre d' « honoraires de révision », constituent des accessoires de la prime et sont, par suite, soumis à la taxe. Il n'en serait autrement, ainsi que l'ont judicieusement remarqué les rédacteurs du *Répertoire périodique* (4), que si les honoraires de révision avaient été directement alloués aux agents réviseurs par les assurés à titre de rémunération.

Il faut, mais il suffit, que ces « accessoires » forment effectivement un des éléments de l'obligation de l'assuré. Telles seraient, par exemple, ainsi que l'a jugé le tribunal de Rouen le 24 mai 1876 (5), les contributions au fond de prévoyance que les assurés doivent fournir, encore qu'elles dussent être imputées sur leur part dans le fonds de réserve (6). Toutefois la régie ne classe pas parmi les accessoires de la prime « les sommes fixes payées au moment de la rédaction des contrats pour coût de police » (7).

Le décret du 25 novembre 1871, rendu en exécution de la loi

---

(1) V. le répertoire périodique de l'enregistrement, n. 6612 (ann. 1886). — (2) Il s'agissait, dans l'espèce, d'une compagnie d'assurances contre l'incendie. — (3) D. 76. 1. 110. — (4) n. 6612. — (5) Répert. périod., 4404-5. — (6) Il n'importe au fisc, en effet, que telle ou telle partie de leur patrimoine soit affectée à l'exécution de cette obligation. — (7) Instruction du 2 décembre 1871 (n. 2425 § 2).

du 23 août, s'exprime comme il suit dans son article 5 (le premier du titre II, placé sous la rubrique spéciale « des assurances contre l'incendie ») : « Sont déduites pour le calcul de la taxe (outre 1° les primes, cotisations ou contributions relatives à des immeubles ou objets mobiliers situés à l'étranger ; 2° celles perçues pour réassurances, à moins que l'assurance primitive souscrite à l'étranger n'ait pas été soumise à la taxe) 3° les primes, cotisations ou contributions que les sociétés, compagnies et assureurs justifieraient n'avoir pas recouvrées par suite de la résiliation ou de l'annulation des contrats ». Cette déduction est-elle applicable aux assurances maritimes ? La question peut sembler délicate. Deux mécanismes différents de perception furent organisés par le décret du 25 novembre : l'un, spécial aux assurances maritimes (titre I) ; l'autre, spécial aux assurances contre l'incendie (titre II) : les rédacteurs du décret, en étendant aux premières le bénéfice de la déduction que l'article 5 § 3 accorde aux secondes, ne se fussent-ils pas heurtés à l'article 60 de la loi de frimaire d'après lequel l'assureur ne peut pas obtenir la restitution partielle de la taxe constatée définitivement au profit du trésor ? On répondra peut-être que, si la déduction ne doit pas être opérée dans les cas où il faudrait pour l'opérer contrevenir à l'article 60 de la loi du 22 frimaire an VII, elle doit l'être, au contraire, dès que les principes généraux du droit fiscal sont respectés. Voici, par exemple, dira-t-on, dans l'hypothèse ordinaire, c'est-à-dire dans l'hypothèse où les taxes sont liquidées et versées trimestriellement, une convention conclue et annulée pendant le même trimestre : nul ne pourrait prétendre que l'assureur obtiendra, malgré le législateur de l'an VII, la restitution partielle d'une taxe constatée au profit du trésor par le résultat d'une liquidation définitive. Dès lors, est-ce que la déduction n'est pas fondée sur la nature des choses, puisque l'obligation même de l'assuré s'évanouit avant que la taxe ait été exigible et, par conséquent, la matière imposable fait défaut (1) ? Pour résoudre cette question négativement, ne faudrait-il pas supposer que l'auteur du décret a ouvert une brèche dans la loi et favorisé abusivement une catégorie d'assureurs en sacrifiant l'autre ? Quelque plausible que soit ce raisonnement, nous doutons fort qu'on puisse adapter aux assurances maritimes l'article 5 § 3

(1) Conf. en ce qui touche les contrats d'assurance contre l'incendie les solutions des 19 mars 1886, 6 mai et 6 août 1887 (*Rép. périod. de l'enreg.*, n. 6921. ann. 1887). Pour les assurances contre l'incendie, par application de l'art. 7 du décret, qui n'est lui-même que la mise à exécution des mots « et annuellement » de l'art. 6 de la loi, il suffit, pour opérer légalement la déduction, que l'annulation ait été opérée dans le courant de l'année. Cf. trib. civ. Seine, 19 août 1876, *Journal de l'enregistrement*, n. 20165.

du décret du 25 novembre. D'abord rien n'est plus contraire à la lettre du décret et, pour supposer que telle ait été l'intention cachée de son auteur, il faut lui prêter, en vérité, trop d'étourderie : que ne classait-il le troisième alinéa de l'article 5 parmi les dispositions communes aux deux sortes d'assurances ? Quand même les assurances contre l'incendie auraient été l'objet d'une faveur injustifiable, il faudrait se résigner à ce traitement inégal, l'auteur du décret ayant réglé le mode de paiement et les époques de perception en vertu d'une délégation législative. Or la loi du 23 août, tandis qu'elle soumettait les assurances contre l'incendie à une taxe annuelle, avait taxé les assurances maritimes « par chaque contrat » et frayé, par conséquent, la voie à l'auteur du décret qui enjoignit de percevoir la taxe « au moment de la signature des polices ». En outre ces polices doivent être, dans les trois jours de leur date, portées sur le répertoire des assureurs (loi du 5 juin 1850, art. 44). Le fisc a dès lors un droit acquis. Quand le lien de droit serait plus tard brisé, rien ne peut faire qu'il n'ait pas uni les contractants non-seulement dans leurs rapports réciproques, mais encore dans leurs rapports avec le trésor, et nous ne comprenons pas comment le comptable pourrait s'abstenir de le porter dans son versement trimestriel. C'est pourquoi le décret n'a pas prévu, comme dans la matière des assurances contre l'incendie (art. 7), qu'il pût résulter d'une liquidation générale une diminution des droits à toucher par le trésor.

Il est hors de doute que la perception ne doit pas se restreindre, en thèse, aux primes recouvrées (1). Il serait absurde de déduire les primes payées par les assurés et détournées au préjudice de l'assureur par des agents infidèles (2) : le fisc ne saurait patir de cette infidélité. Il ne faut pas non plus déduire la remise allouée par une compagnie à ses agents receveurs sur le montant des mandats qu'ils recouvrent : il ne peut pas dépendre de l'assureur de rétrécir, par des conventions privées, la base légale de l'impôt (3). Par le même motif, la « bonification » faite par la compagnie aux assurés qui viennent se libérer directement au siège social échappe à la déduction (4).

1669. Quelle est au juste la quotité du droit? La taxe établie par la loi du 23 août 1871 à raison de 50 cent. par 100 fr., *décimes compris*, du montant des primes et accessoires de la prime, a été portée à 52 cent. par l'article 2 de la loi du 30 décembre 1873, ainsi conçu : « Il est ajouté aux impôts et produits de toute na-

(1) Même jugement. — (2) Jugement du tribunal de la Seine du 20 février 1875, *Journal de l'enreg.*, n. 19739. — (3) Tribunal de Rouen, 9 mars 1876, ib., n. 20039. — (4) Même jugement.

ture... 4 pour 100 du droit total actuel sur les taxes dont la quotité fixée par la loi comprend à la fois le principal et les décimes (1) ».

1670. Si le législateur de 1871 ne s'était pas formellement expliqué, le contrat de réassurance, entièrement distinct de la convention primitive, aurait été soumis à un droit particulier (2). Mais comme, malgré la multiplicité des contrats, il n'y avait au demeurant qu'un capital assuré (3), l'Assemblée nationale affranchit la réassurance de la taxe proportionnelle, à moins que la convention primitive, souscrite à l'étranger, n'eût pas été soumise au droit. L'assurance souscrite à l'étranger n'étant pas, en principe, soumise au droit, la raison même de l'immunité disparaît.

1671. Comment la taxe est-elle perçue ?

L'article 1 du décret du 25 novembre 1871 est ainsi conçu : « La perception de la taxe établie sur les assurances maritimes est faite pour le compte du trésor et au moment de la signature des polices, savoir : par les courtiers ou notaires qui auront rédigé les contrats ; par les compagnies, sociétés ou tous autres assureurs, pour les contrats souscrits sans intervention de courtiers ou de notaires. Si, dans ce dernier cas, le contrat est souscrit par plusieurs sociétés, compagnies ou assureurs, le montant intégral de la taxe est perçu par le premier signataire désigné sous le nom d'*apériteur* de la police. Néanmoins toutes les parties restent tenues solidairement du paiement des droits qui n'auraient pas été versés au trésor aux époques ci-après. »

La première phrase de l'article se borne, ou peu s'en faut, à la reproduction du texte législatif (cf. art. 7). A l'Assemblée nationale, M. Ganivet avait critiqué la rédaction de l'art. 7 § 1 : « Je comprends très bien, disait-il, que l'on oblige les compagnies d'assurances et en général les assureurs, qui sont parties au contrat, d'opérer la recette pour le compte du trésor ; mais les notaires et les courtiers, qui ne font que recevoir et constater les conventions des parties, comment les obliger à faire la perception du droit » ? Le même député remarquait en outre que, « l'impôt étant annuel », on contraignait le notaire-rédacteur à venir, chaque année, réclamer la taxe de son client pour la verser au trésor : disposition vraiment exorbitante ! M. Benoît d'Azy répondit que la disposition concernait exclusivement les assurances maritimes. M. Ga-

---

(1) Cf. instruct. du 31 décembre 1873 (n. 2475). — (2) Cf. G. Demante, *loc. cit.* — (3) On lit dans le rapport de la commission législative : « Bien que, par le contrat de *réassurance*, la compagnie cède une fraction de son assurance à une ou plusieurs autres compagnies, ou que celles-ci fassent la cession, à leur tour, d'une partie des risques réassurés, il n'y a jamais qu'un seul capital assuré, qu'une seule prime (?). Un seul impôt doit donc être perçu ».

nivet ayant répliqué que l'article 7 se référait à l'ensemble de l'article 6, le rapporteur répéta que l'obligation imposée aux notaires et aux courtiers concernait seulement les assurances maritimes. Donc, quant à celles-ci, les intentions du législateur n'ont rien d'équivoque. Mais, même en ce qui concerne cette espèce de conventions, il reste assez extraordinaire que les notaires et les courtiers soient érigés en percepteurs de l'impôt. Aussi M. Naquet a-t-il cru pouvoir dire (1) : « Les courtiers et notaires ne sont pas astreints à payer les taxes annuelles, les compagnies en ont seules la charge ; ils doivent seulement acquitter les droits dus pour le contrat qu'ils dressent. Cette double solution ressort de la discussion qui a eu lieu à propos de l'art. 7 de la loi de 1871 ». Mais il est impossible de ne pas remarquer que la loi même du 23 août 1871 a, dans cet article 7, chargé les courtiers et notaires-rédacteurs de percevoir la taxe « pour le compte du trésor ». En outre l'auteur du décret de novembre, investi des pouvoirs les plus étendus par l'article 10 de la loi, les contraint à percevoir cette taxe au moment de la signature des polices. Si le trésor leur tient ce langage : « légalement chargés de percevoir l'impôt pour mon compte, vous en êtes devenus comptables comme n'importe quels autres percepteurs et, si vous n'en avez pas exigé le paiement à l'instant même où la police était signée, cette infraction à un devoir précis ne vous décharge pas de votre responsabilité », que répliqueront-ils ? Il est évident d'ailleurs que le comptable retardataire garderait un recours contre le véritable débiteur de l'impôt.

Mentionnons, incidemment, en ce qui concerne les notaires, les prescriptions suivantes de l'instruction du 2 décembre 1871 : « Les dispositions de la loi et du décret relatives aux polices maritimes rédigées par les notaires concernent uniquement les polices qui, dressées par ces officiers ministériels dans la forme des sous seings privés, sont dispensées de l'enregistrement dans un délai déterminé et assujetties seulement à l'inscription sur le livre prescrit par l'art. 47 de la loi du 5 juin 1850. Les polices qui seraient dressées par les notaires en observant les formes authentiques établies par la loi du 25 ventôse an XI devraient être inscrites à leur date sur le répertoire des actes publics (loi du 22 frimaire an VII, art. 49) et enregistrées dans les délais fixés pour les actes notariés, moyennant le paiement immédiat du droit de 50 centimes pour cent (2), décimes compris, la police ne devant, dans ce cas, être inscrite ni par le notaire-rédacteur ni par la société ou assureur sur les répertoires spéciaux pris pour base des versements trimestriels ».

(1) II, p. 140, note 1. — (2) 52 cent. depuis la loi du 30 déc. 1873.

Si les contrats ont été souscrits sans l'intervention de courtiers ou de notaires, la perception est faite pour le compte du trésor par les compagnies, sociétés et assureurs. Le directeur de la compagnie, remarque à ce propos M. Naquet, n'est pas « personnellement » responsable. C'est de toute évidence. La responsabilité pèse sur la compagnie elle-même et non sur un de ses agents. La compagnie garderait, bien entendu, son recours contre l'agent maladroit qui, par sa négligence, l'aurait définitivement grevée d'une dette mise à la charge définitive de l'assuré.

L'assureur n'est, en effet, qu'un percepteur. Le véritable débiteur de l'Etat, c'est l'assuré, soit d'après les principes généraux du droit fiscal (art. 31 l. 22 frimaire an VII) (1), soit d'après la loi même de 1871 qui, dans l'avant-dernier alinéa de son article 6, consacre expressément le recours des assureurs contre les assurés (2).

Qu'a donc voulu dire le décret, dans l'alinéa final de son article 1, par ces mots : « Néanmoins toutes les parties restent tenues solidairement du paiement des droits qui n'auraient pas été versés au trésor aux époques ci-après » ? Cela signifie d'abord que si, le contrat ayant été souscrit par plusieurs assureurs, le premier signataire n'a pas perçu le montant intégral de la taxe, le trésor pourra s'adresser à n'importe quel autre assureur subséquent. Cela signifie-t-il encore que si, le premier signataire ayant perçu le montant intégral de la taxe, ce montant n'est pas intégralement versé, soit par son fait, soit à raison d'une circonstance extrinsèque, dans les caisses publiques à l'époque fixée, le trésor peut s'adresser aux assureurs subséquents ? Nous le croyons : c'est précisément en vue de telles éventualités et pour assurer au fisc le recouvrement de toute sa créance que le législateur a transformé tous ces assureurs en comptables solidaires. Cela signifie-t-il que, si l'assureur unique ou tous les assureurs ont négligé de percevoir la taxe, le trésor peut actionner directement l'assuré ? Il n'est pas bien certain que, par ces mots « toutes les parties », le législateur ait à la fois embrassé les assureurs et l'assuré, mais il n'avait pas besoin de s'expliquer à cet égard, car il est évident que l'abstention des comptables n'éteint pas la dette du contribuable. Cela signifie-t-il enfin que, si l'assuré s'est acquitté conformément à la loi sans qu'un des assureurs ait remis au trésor le montant intégral de la taxe, l'Etat pourra contraindre par quelque autre voie

---

(1) « Sa situation est analogue à celle de l'emprunteur dans le contrat de prêt, de l'acheteur dans le contrat de vente, du preneur dans le contrat de louage » (G. Demante, II, n. 529). — (2) Cf. civ. cass. 29 décembre 1875 (précité).

ce débiteur à payer une seconde fois ? Cela serait absurde : un contribuable est quitte quand il a versé le montant de sa dette entre les mains de l'intermédiaire exclusivement chargé du recouvrement par le législateur lui-même.

1672. La loi du 23 août 1871, appliquant à la nouvelle taxe le procédé de recouvrement établi vingt-un ans plus tôt pour l'impôt du timbre, a ordonné (art. 7) que les répertoires et livres dont la tenue est prescrite par les art. 35, 44, 45 et 47 de la loi du 5 juin 1850 feront mention, pour chaque contrat, du montant des primes ou cotisations exigibles, ainsi que de la taxe payée par les assurés. « Nous profitons, pour assurer le recouvrement de la taxe obligatoire, lit-on dans l'exposé des motifs, de cette organisation préexistante, en la complétant par certaines dispositions spéciales qui seront déterminées par un règlement d'administration publique ».

Donc 1° la perception est faite au moment de la signature des polices conformément à l'art. 1 du décret de novembre 1871; 2° les assurances sont portées sur les livres ou registres que les courtiers ou notaires doivent tenir en exécution de l'art. 84 du code de commerce et de l'art. 47 de la loi du 5 juin 1850, ainsi que sur le répertoire tenu par les compagnies, sociétés ou assureurs conformément aux articles 44 et 45 de la même loi ; 3° les courtiers (1) et les notaires (2) les consignent jour par jour sur leurs livres, les compagnies dans les trois jours de leur date sur leurs répertoires (3) ; 4° mention expresse doit être faite par les uns et par les autres des primes *exigibles* et de la taxe *payée* (4). Nous appelons l'attention du lecteur sur ces deux dernières expressions. Le législateur ne subordonne pas le paiement immédiat de la taxe au paiement immédiat de la prime, quoique l'impôt soit assis sur la prime. Autrement, comme il s'en faut que la prime soit toujours payée comptant, le paiement de l'impôt eût été retardé jusqu'à une époque indéterminée et son recouvrement eût été quelquefois difficile. L'impôt est payable sur le champ alors même que la prime est encore due et, quoique l'assureur puisse assurément en faire l'avance, le législateur lui trace la marche à suivre en supposant expressément qu'il l'a tout de suite perçu de l'assuré (art. 7 § 2).

Doivent être répertoriées pour mémoire seulement :

1° Les polices communes, sur le répertoire des assureurs autres que l'*apériteur*. « La taxe afférente aux polices concernant plusieurs

---

(1) Cf. art. 84 co. et instruct. du 18 juin 1850 (n. 1854). — (2) Cf. art. 47 l. 5 juin 1850. *Junge* instr. du 2 décembre 1871. — (3) Cf. art. 44 l. 5 juin 1850. — (4) Art. 7 l. 23 août 1871.

assureurs, dit l'article 4 § 2 du décret du 25 novembre, est inscrite pour son montant intégral sur le répertoire du premier signataire ou apériteur, avec indication du nom des autres assureurs qui ont souscrit la police commune : cette police figure, en outre, au répertoire de chacun de ces assureurs, mais seulement pour mémoire ;

2° Les polices de réassurance lorsqu'elles sont exemptes de la taxe (1) ; mais le réassureur doit mentionner dans l'inscription « la date et le numéro de la police primitive, ainsi que les noms du navire et de l'assureur primitif : ces indications sont inscrites sur le répertoire tenu par le réassureur : l'assureur primitif inscrit également en marge de son répertoire la date et le numéro de la police de réassurance et le nom du réassureur » (art. 2 § 4 du décret) ;

3° Les polices provisoires et les polices flottantes (2) : elles « ne donnent pas lieu au paiement immédiat de la taxe ; mais cette taxe est perçue au moment de la signature de la police définitive connue sous le nom de *police d'aliment, avenant, application* ou sous toute autre dénomination que ce soit. A cet effet, les polices, avenants ou applications contiennent la mention expresse de la date, du numéro de la police provisoire ou flottante, ainsi que du nom de l'assuré et du navire » (art. 2 § 1 et 2 du décret) : pareille mention est inscrite sur le livre ou registre des courtiers ou des notaires ainsi que sur le répertoire des compagnies, sociétés ou assureurs (art. 2 § 3). Les polices provisoires et les polices flottantes sont inscrites au répertoire à l'encre rouge (art. 4 § 4).

1673. La taxe, une fois recouvrée contre les assurés, doit êtré remise au fisc dans la forme et dans les délais prescrits par l'art. 3 du décret du 25 novembre : « Le versement du montant des taxes perçues par les courtiers, notaires, sociétés, compagnies et tous

---

(1) « Les polices de réassurance, dit l'art. 4 § 3 du décret, lorsqu'elles sont exemptes de la taxe, sont également inscrites pour mémoire, avec les annotations marginales prescrites par le dernier alinéa de l'art. 2 ». — (2) La régie elle-même a dans son instruction du 2 décembre 1871, défini comme il suit la police flottante : « On entend par police flottante celle par laquelle l'assureur s'engage à couvrir, jusqu'à concurrence d'un maximum déterminé, tous les risques des marchandises que l'assuré pourra confier, pendant un certain délai (ordinairement un an), à tout navire partant de ports désignés pour se rendre à d'autres ports également désignés. C'est un contrat préparatoire qui devient certain et déterminé au fur et à mesure que l'assuré donne avis à l'assureur du chargement des navires. Chaque risque déclaré par l'assureur donne lieu à la rédaction d'un contrat particulier qui *alimente* le contrat général et porte le nom d'*avenant*, police d'*aliment* ou *application* ».

autres assureurs a lieu dans les dix premiers jours qui suivent l'expiration de chaque trimestre et au moment du dépôt des livres et répertoires assujettis au visa trimestriel du receveur de l'enregistrement. Il est déposé à l'appui du versement un relevé, article par article, de toutes les polices inscrites pendant le trimestre précédent soit au livre des courtiers ou notaires, soit au répertoire des compagnies, sociétés ou assureurs. Ce relevé est totalisé, arrêté et certifié. Il comprend dans des colonnes distinctes : le numéro d'ordre du livre ou du répertoire ; le numéro de la police ; la date de la police ; le nom de l'assuré ; le nom du navire ; le montant des capitaux assurés ; le montant de la prime ; le montant de la taxe perçue. Les polices provisoires, les polices flottantes, les polices de réassurance non assujetties à la taxe sont portées au relevé, mais pour mémoire seulement ».

D'après l'article 6 du décret, c'est au bureau de l'enregistrement du siège des sociétés ou du domicile des courtiers, notaires ou assureurs que doit avoir lieu le paiement de la taxe perçue sur les assurances contre l'incendie. L'instruction du 2 décembre 1871 étend cette prescription règlementaire à la taxe des assurances maritimes. Dans les localités où il existe plusieurs bureaux d'enregistrement, poursuit-elle, le versement sera reçu par le receveur du bureau déjà chargé de la recette des droits de timbre sur les polices ; toutefois, dans les chefs-lieux de département où il existe un bureau spécial du timbre extraordinaire, la recette sera effectuée par le receveur des actes judiciaires. La recette sera portée au registre des actes sous signatures privées. Des consignations, destinées à surveiller le recouvrement de la taxe aux époques indiquées par le décret, doivent être faites soit sur un sommier particulier, soit sur les derniers feuillets du sommier des droits certains, pour chaque société ou assureur ayant fait les déclarations prescrites par les art. 34 et 43 de la loi du 5 juin 1850, et pour chaque courtier ou notaire pourvu du livre ou registre désigné dans l'art. 47 de la même loi et dans l'art. 84 du code de commerce. Les paiements de taxes successivement opérés seront mentionnés en marge de ces consignations, avec les détails nécessaires.

Les états ou relevés déposés périodiquement par les sociétés, assureurs, etc. à l'appui de leurs versements trimestriels ou pour établir la liquidation annuelle des opérations peuvent être rédigés sur papier non timbré (1).

L'article 10 § 1 du décret du 25 novembre 1871 est ainsi conçu :

______

(1) « Ils seront conservés et enliassés par le receveur pour être communiqués aux employés supérieurs, spécialement chargés d'en vérifier l'exactitude » (même instruction).

« Les compagnies, sociétés et assureurs étrangers qui feraient en France des opérations d'assurances, soit maritimes, soit contre l'incendie, sont soumis aux dispositions du présent règlement. De plus, ils doivent, avant toute opération ou déclaration, faire agréer par l'administration de l'enregistrement un représentant français personnellement responsable des droits et amendes ».

1674. Après avoir réglé le mode de perception, le législateur a pris certaines précautions pour empêcher que l'impôt n'échappât au trésor. A cet effet, pour donner toute l'efficacité possible aux vérifications des préposés, il leur a conféré le droit de communication. La *communication* est, on le sait, la représentation sans déplacement, dans les cas prévus par le loi, des actes, pièces, registres et autres documents existant dans les dépôts publics ou dans les bureaux des agents de l'Etat, des établissements publics et de certaines administrations particulières, et aux sièges des sociétés et compagnies (1). La loi du 23 août 1871 avait donné le droit de communication aux agents de l'enregistrement afin qu'ils pussent « s'assurer de l'exécution des lois sur le timbre ». Cela, dit M. Demasure (2), excluait certainement les communications relatives à l'exécution des lois sur l'enregistrement (3). Le gouvernement pensa qu'il fallait combler cette lacune et la loi du 21 juin 1875 (art. 7) fut ainsi rédigée : « Les sociétés, compagnies d'assurances, assureurs contre l'incendie ou sur la vie, et tous autres assujettis aux vérifications de l'administration sont tenus de communiquer aux agents de l'enregistrement tant au siège social que dans les succursales et agences les polices et autres documents énumérés dans l'art. 22 de la loi du 23 août 1871 afin que ces agents s'assurent de l'exécution *des lois* sur l'enregistrement et sur le timbre. Tout refus de communication sera constaté par procès-verbal et puni de l'amende spécifiée à l'art. 22 de la loi du 23 août 1871 (100 fr. à 1000 fr.) ».

D'après la *lettre* du nouvel article, les préposés avaient le droit : 1° de se faire représenter les livres, registres, titres, pièces de recette, de dépense et de comptabilité ; 2° de se les faire représenter pour s'assurer de l'exécution de n'importe quelles lois sur l'enregistrement. On réclama presqu'aussitôt. L'exposé des motifs, disait-on, n'annonçait pas à l'Assemblée qu'on sollicitât, à cette époque, la création d'une sorte d'exercice général des sociétés par l'administration de l'enregistrement : au contraire, il présentait à deux reprises l'article 13 du projet (7 de la loi) comme le corollaire et

(1) Dictionn. des droits d'enreg., v° Communication. — (2) Traité du régime fiscal des sociétés, n° 266. — (3) Ainsi jugé par le tribunal de la Seine le 13 décembre 1873, *Journ. de l'enreg.*, n. 19360.

le complément de deux dispositions nouvelles relatives l'une à l'évaluation des objets mobiliers transmis par succession au moyen des polices d'assurances, l'autre à la perception du droit de mutation en matière d'assurance sur la vie. Cette raison n'était pas mauvaise ; mais un raisonnement, si bon qu'il soit, ne prévaut pas contre la lettre d'une loi fiscale. La cour de cassation décida donc successivement que le droit de communication avait pour but l'exécution de toutes les lois sur l'enregistrement et le timbre anciennes et nouvelles ; qu'il peut être exercé à l'égard de tous les livres des sociétés, timbrés ou non, appartenant ou non à l'exercice courant, et non pas seulement des registres à souche et des registres de transfert (1) ; qu'il s'étend même aux écritures accessoires, telles que registres des dépôts de titres, livres des bons à échéances et comptes courants de chèques (2). Une proposition de loi fut déposée en 1880 par MM. Godin et Léon Renault en vue de restreindre la portée du droit de communication ; mais aucune suite ne fut donnée à ce projet (3).

Le droit de communication embrasse-t-il les lettres missives? Celles-ci ne sont pas comprises dans l'énumération de l'article 22 de la loi du 23 août 1871 ; or ce texte de droit fiscal est de ceux qui ne peuvent être étendus par vôie d'interprétation. Donc les agents du fisc ne peuvent exiger la représentation des lettres missives à moins qu'elles ne puissent être regardées comme des titres ou comme des pièces de comptabilité. Nul n'a le droit de dire à l'assureur : représentez indistinctement toutes vos lettres afin que je fasse mon triage. Mais alors, dira-t-on peut-être, comment les agents parviendront-ils à discerner dans la correspondance, ce qui forme titre ou pièce comptable ? Il faudra, de toute nécessité, qu'un indice quelconque les ait mis sur la voie et leur ait permis de préciser l'objet de la vérification (4).

---

(1) Req. 8 nov. 1876 et 23 avril 1877. D. 77, 1, 167 et 1, 294. — (2) Req. 7 janvier 1878, *Journal de l'enreg.*, n. 20626. *Jugé* par un second arrêt de la chambre des requêtes du 23 avril 1877. (D. 77, 1, 294-296) que le droit de communication peut être exercé chez l'agent préposé par une société d'assurances à l'effet de recevoir les propositions qui lui seraient faites par des particuliers, lors même que cet agent n'aurait pas le pouvoir de conclure des assurances (comp. instruct. du 18 juin 1877, n. 2575 § 4). — (3) V. le texte de la proposition dans l'ouvrage précité de M. Demasure, n. 267. — (4) M. Demasure (n. 172) adapte ingénieusement à cette matière la réponse faite par le rapporteur Mathieu-Bodet dans la discussion de la loi du 30 mars 1872 (*Officiel* du 13 mars) : « On me dit : comment le saura-t-on ? C'est bien simple. J'ai dit qu'on ne prend pas communication de toutes les lettres, mais on prend communication des registres de comptabilité. Or on demandera, au vu des livres, la représentation des pièces qui sont relatives à des réceptions

Le tribunal de la Seine a jugé sans doute, le 8 décembre 1876 (1), que les assujettis ne sauraient être admis à débattre d'avance les motifs de la réquisition et le but de la communication, les tribunaux gardant d'ailleurs le droit d'apprécier ultérieurement si la régie a excédé son droit. Aux yeux de M. Demasure (2), cette réserve est illusoire et, si l'assujetti doit s'exécuter tout d'abord sous peine d'amende, encore doit-on lui indiquer la loi dont l'application est requise et le genre de documents qu'on lui réclame (3). Nous croyons, en effet, que, si la régie adresse aux assujettis des communications vagues, se bornant, par exemple, à leur réclamer tous les documents dont ils sont détenteurs, ceux-ci ne sont pas tenus d'obéir. Mais pour peu que la régie précise, c'est-à-dire à condition qu'elle veuille bien viser l'article 22 de la loi du 23 août 1871 et réclamer les documents énumérés par cette disposition législative, les assujettis me paraissent obligés de s'exécuter. Le régime est très dur et c'est pourquoi deux députés entendaient, en 1880, ne laisser vérifier par ce moyen de contrôle que l'exécution de prescriptions législatives limitativement déterminées. Mais cette proposition de loi n'a pas été convertie en loi. Chargée de vérifier l'exécution de n'importe quelle loi d'enregistrement, la régie n'est pas tenue de signaler d'avance la loi même dont les injonctions lui paraissent avoir été soit méconnues, soit éludées. Bien plus, quand elle l'aurait fait, si ses vérifications l'amènent à constater que les assujettis ont éludé quelque autre loi dont elle n'a pas dit un mot, il est impossible de soutenir que la constatation est nulle. Dès qu'elle est opposable aux assujettis, ceux-ci n'ont plus d'intérêt à ce qu'on leur signale tout d'abord l'objet précis des investigations.

L'assujetti, saisi par une réquisition régulière, doit-il mettre lui-même à la disposition du préposé les pièces indiquées, ainsi que l'ont jugé le tribunal de Rouen le 8 juillet 1880 (4) et le tribunal de la Seine le 22 février 1884 (5)? M. Demasure enseigne (6) qu'il peut « renvoyer les préposés à chercher ces pièces au milieu d'archives contenant un certain nombre d'autres documents ». Mais cette opinion nous paraît contraire à la définition même du droit

ou à des quittances constatées par ces livres et donnant lieu au droit de timbre. Ce sont là des correspondances dont l'administration est autorisée à demander communication ».

(1) Contrôleur de l'enregistrement n. 15717. — (2) Traité du régime fiscal des sociétés, n. 270. — (3) A l'appui de cette thèse M. Demasure tire argument de deux arrêts de la cour de cassation (civ. rej. 29 décembre 1879 et req. 2 juillet 1883. V. le *contrôleur de l'enregist.*, n. 16242 et 16808). Mais ces arrêts ne tranchent pas la question. — (4) Journal de l'enregistrement, n. 21450. — (5) Gazette des tribunaux du 14 mars 1884. — (6) n. 271.

de communication (1) qui est une « *représentation*, sans déplacement », des pièces communicables. D'ailleurs, quand les assujettis tiendraient ce langage aux agents : « je ne suis pas tenu de vous faciliter cette besogne : allez, cherchez, fouillez, ouvrez les tiroirs et forcez les serrures », qu'y gagneraient-ils ? Nous assimilerions avec la jurisprudence un tel langage au refus de communication qui entraîne l'application de l'amende (de 100 à 1000 fr.) édictée par la loi d'août 1871, art. 22.

Toutefois il est évident que, si la régie réclame des pièces inexistantes, l'assujetti peut répondre : « Je ne saurais vous communiquer des pièces qui n'existent pas ». Que si la régie n'est pas convaincue, il ne lui reste évidemment qu'à l'inviter à prendre l'initiative des recherches. Le préposé, s'il croit que cette réponse déguise un refus de communication, dressera procès-verbal, et les tribunaux prononceront (2).

D'après deux instructions de la régie (25 août 1871 et 23 juin 1875), les communications autorisées par les lois du 23 août 1871, art. 22 et du 21 juin 1875, art. 7 « ne s'appliquent pas aux notaires et autres officiers publics et ministériels ».

1675. Lorsque la taxe a été payée, l'enregistrement ultérieur du contrat d'assurance est opéré gratuitement. Toute convention postérieure contenant « prolongation de l'assurance, augmentation dans la prime ou le capital assuré, *désignation d'une somme en risque ou d'une prime à payer* » est, de même, enregistrée gratis. C'est incontestable (art. 6, 1. 23 août 1871) : la formalité de l'enregistrement est donnée gratis à tous les actes à l'occasion desquels le fisc a déjà perçu la taxe proportionnelle obligatoire. Mais le législateur de 1871 emploie une formule très large : tous ces actes sont, dit-il, soumis à une taxe obligatoire « moyennant le paiement de laquelle la formalité de l'enregistrement sera donnée gratis toutes les fois qu'elle sera requise ». Quelle est, au juste, la portée des mots « toutes les fois qu'elle sera requise » ? Il est indubitable que les *copies* des actes ci-dessus énumérés sont exemptes de tout droit d'enregistrement (3). Mais que décider pour les avenants non visés dans l'article 6, notamment pour les avenants de réduc-

---

(1) Acceptée par M. Demasure lui-même (n. 264). — (2) Un tribunal ayant, dans de semblables circonstances, déduit l'existence d'une pièce (le procès-verbal d'estimation des biens assurés) de son importance et de l'intérêt qu'avait l'assureur à la conserver, la cour de cassation pensa que « le jugement avait ainsi justifié, au moyen des faits et actes parvenus à la connaissance de la régie, l'existence de cette pièce au moment où la communication en avait été requise » (civ. rej. 29 décembre 1879). — (3) Solution de l'administr. de l'enregistr. du 22 mai 1874. D. 1875, 5, 182.

tion ? La régie avait d'abord pensé que l'acquittement de la taxe proportionnelle protégeait tous les avenants indistinctement (1). Mais elle changea d'avis et soutint la thèse opposée devant le tribunal d'Auxerre, qui lui donna tort le 25 juillet 1876 (2). Il est vrai que la cour de cassation lui donna raison (4 février 1879) (3). Tout en reconnaissant que la question prête à la controverse, nous croyons que la cour s'est trompée. C'est ce que nous tâcherons d'établir en traitant de l'impôt sur le timbre des polices. Quoi qu'il en soit, l'administration de l'enregistrement s'est officiellement approprié la doctrine du tribunal suprême (4) et soumet aujourd'hui les avenants de réduction au droit fixe d'un franc, par application de l'art. 23 de la loi du 22 frimaire an VII, quand il en est fait usage soit dans un acte public, soit en justice.

1676. La loi du 23 août 1871 n'a pas organisé la perception de la taxe sur les assurances mutuelles maritimes, probablement parce que ce mode de l'assurance maritime n'est pas usité dans notre pays. D'ailleurs rien de plus logique, puisque l'impôt est assis sur la prime : or les cotisations ne sont pas des primes, car, au lieu d'être fixes comme celles-ci, elles augmentent avec le nombre et l'importance des sinistres, ce qui fait que l'impôt eût suivi les proportions des sinistres et se serait élevé en même temps qu'eux (5).

Le contrat d'assurance mutuelle rentre-t-il dans la définition usuelle du mot *société* ? On devrait, s'il en était ainsi, le soumettre à la perception du droit gradué. Le ministre des finances avait décidé le 21 décembre 1821 (6) qu'une telle assurance constituait virtuellement un contrat de société. Mais l'administration de l'enregistrement les considéra plus tard (*solution* du 24 mai 1874) (7) comme des actes innommés, passibles du droit fixe de trois francs (8). Ce droit est encouru et sur l'acte constitutif de la mutualité et sur chacune des adhésions ultérieures. « Cela va sans difficulté, remarque M. G. Demante (9), pour les catégories d'assurances (mutuelles) laissées en dehors de la loi du 23 août 1871 », par conséquent pour les assurances mutuelles maritimes.

1677. Les dispositions des articles 6 et 7 de la loi du 23 août 1871 sont applicables, ainsi qu'il est énoncé dans l'alinéa final de l'article 7, aux sociétés et assureurs étrangers qui auraient un établissement ou une succursale en France. L'article 10 du décret du 25 novembre dit à ce sujet : « Les compagnies, sociétés et assu-

(1) Solut. du 9 octobre 1872, Garnier, Rép., n. 2335. — (2) Rép. pér., n. 4541. *Sic* Demasure, n. 297. — (3) *Sic* Naquet, II, n. 683. — (4) Instruction du 23 avril 1879, n. 2619 § 7. — (5) Naquet, II, n. 690. — (6) Rép. gén. de l'enreg., n. 15436. — (7) Ib. — (8) V. dans ce sens Naquet, I, n. 447. — (9) II, n. 529.

reurs étrangers qui feraient en France des opérations d'assurances soit maritimes (soit contre l'incendie) sont soumis aux dispositions du présent règlement. De plus, ils doivent, avant toute opération ou déclaration, faire agréer par l'administration de l'enregistrement un représentant français personnellement responsable des droits et amendes ». Ces assureurs sont incontestablement soumis aux déclarations à faire en vertu des art. 35, 44, 45, 47 de la loi du 5 juin 1850, ainsi qu'à la tenue des répertoires (v. le texte précité de l'art. 7). Tout ce mécanisme nous paraît sage. Procéder autrement, c'eût été favoriser les compagnies étrangères aux dépens des françaises. C'est d'ailleurs sur les contrats que l'impôt est établi ; par conséquent, il devait être perçu abstraction faite de la nationalité des contractants, et les procédés de recouvrement ne pouvaient pas différer.

Mais il pourrait être évidemment dérogé à l'article 10 du décret du 25 novembre 1871 par une convention internationale (1).

1678. On lit encore dans la loi du 23 août 1871 : « Les contrats d'assurances passés à l'étranger pour des immeubles situés en France ou pour des objets ou valeurs appartenant à des Français doivent être enregistrés avant toute publicité ou usage en France, à peine d'un droit en sus qui ne peut être inférieur à cinquante francs. Le droit est fixé ainsi qu'il suit : ... pour les assurances maritimes, au taux fixé par l'art. 6 ci-dessus » (art. 8).

Pour des immeubles situés en France... Ce membre de phrase n'a trait qu'aux assurances contre l'incendie.

Quant aux assurances maritimes contractées à l'étranger, on peut supposer qu'elles l'ont été : 1º par des compagnies étrangères pour des objets ou valeurs appartenant à des Français; 2º par des compagnies étrangères pour des objets ou valeurs appartenant à des étrangers ; 3º par des compagnies françaises pour des objets ou valeurs appartenant à des Français ; 4º par des com-

(1) Tel serait, d'après M. T. Barclay (v. le *Journ. du dr. intern. privé*, ann. 1888, p. 224), le traité franco-anglais du 30 avril 1862. Ce traité ayant reconnu aux sociétés anglaises la faculté d'exercer *tous leurs droits* en France *sans autre condition que de se conformer* aux lois de l'Etat français, une loi française d'ordre intérieur qui lui est postérieure en date n'a pu les contraindre à faire agréer par le ministre des finances un représentant français avant toute opération en France. Ce serait là une diminution unilatérale de la capacité conférée par le traité. La capacité des sociétés britanniques est-elle effectivement diminuée parce que le législateur français règle à leur égard le mode d'exécution des lois françaises auxquelles elles sont soumises ? Nous en doutons. Il ne nous paraît pas, d'ailleurs, démontré que le traité parle exclusivement des lois antérieures au 30 avril 1862, ce que M. Barclay paraît regarder comme indiscutable.

pagnies françaises pour des objets ou valeurs appartenant à des étrangers.

Première hypothèse. L'assureur, étant étranger et opérant à l'étranger, échappait à l'action de nos lois fiscales ; il n'y avait pas moyen d'agir contre l'assuré aussi longtemps que l'assurance demeurait occulte. Il était donc impossible de soumettre ces contrats à la taxe obligatoire qui se perçoit « au moment de la signature des polices » : il dut suffire et il suffit au législateur de 1871 d'en exiger l'enregistrement « avant toute publicité ou usage en France ». Toutefois, comme on s'était borné en l'an VII (art. 23 de la loi du 22 frimaire) à défendre qu'il fût fait usage « soit par acte public, soit en justice ou devant toute autre autorité constituée » des actes passés en pays étranger s'ils n'avaient été préalablement enregistrés, la jurisprudence décida promptement que le mot usage avait été pris par la loi nouvelle « dans un sens plus général, dans le sens d'un usage quelconque ». Il suffirait, par exemple, que la convention passée à l'étranger fût énoncée dans une police souscrite en France (1).

Deuxième hypothèse. Il suffisait de laisser sous l'empire de la loi du 22 frimaire an VII (art. 23) cette classe de conventions qui, le plus souvent, échappent à la juridiction française et n'impliquent pas la protection de la souveraineté française (2).

Troisième et quatrième hypothèses. Jusqu'en 1880, l'administration de l'enregistrement avait appliqué l'article 8 de la loi de 1871 à la lettre, sans imaginer qu'il y eût lieu de distinguer entre les compagnies françaises et les compagnies étrangères. Dans cette première période, tout le monde s'était figuré qu'il suffisait d'exiger l'enregistrement des contrats passés à l'étranger par les compagnies françaises « avant toute publicité ou usage en France » s'il s'agissait d'objets ou valeurs appartenant à des Français, avant tout usage par acte public, en justice ou devant une autorité constituée s'il s'agissait d'objets ou valeurs appartenant à des étrangers. Tout à coup la régie s'avisa de lire l'article 8 de la loi du 23 août comme si ses rédacteurs y avaient parlé non pas « des contrats passés à l'étranger », purement et simplement, mais seulement des contrats passés à l'étranger par des assureurs étrangers. Dans ce système, les contrats d'assurances maritimes passés à l'étranger par des Français se trouvaient soumis avant tout usage en

(1) Tribunal de la Seine, 8 mai 1875, *Journal de l'Enreg.*, n. 19767 ; Req. 19 janvier 1876. S. 76. 1. 181. — (2) Cf. Albert Pellerin, *De la compétence de l'administration de l'enregistrement relativement aux opérations, polices et pièces des agences des compagnies d'assurances maritimes françaises établies à l'étranger*, p. 10.

France à la taxe obligatoire créée par l'article 6 de la loi de 1871. Cette prétention fut accueillie par le tribunal de la Seine le 4 juin 1880. La compagnie française *la Réunion* ayant déféré ce jugement à la cour suprême, j'en demandai la cassation avec toute l'énergie possible.

En effet :

1° Tout ce qui est douteux s'interprète contre le fisc ;

2° Les lois fiscales doivent être appliquées littéralement et il n'appartient pas au juge de créer des impôts ou des variétés d'impôt par voie d'interprétation (1) ;

3° En thèse, les actes passés à l'étranger, n'étant soumis à l'enregistrement que le jour où il en est fait usage en France, n'existent légalement pour le fisc qu'à compter de ce jour (2) ;

4° Ce principe s'applique aux taxes établies par la loi du 23 août 1871 (3) ;

5° Il est absurde de soutenir que le navire assuré à l'étranger est assimilable aux biens situés en France ou même, pour employer une formule plus diplomatique, qu'il n'y a pas d'extranéité réelle en matière d'assurances maritimes sous prétexte que le navire assuré à l'étranger peut toujours venir dans un port français ;

6° Il est également absurde de soutenir que l'article 8 de la loi du 23 août 1871 n'a pas trait aux assurances maritimes, puisqu'il traite expressément et parallèlement des assurances maritimes et des assurances contre l'incendie ;

7° Cela posé, on ne saurait distinguer où la loi ne distingue pas et corriger l'article 8 par l'addition arbitraire d'une phrase qui en restreint l'application aux contrats passés à l'étranger par des assureurs étrangers ;

8° On le saurait d'autant moins que, d'après un passage formel de l'exposé des motifs (4), l'article 8 s'applique aux opérations faites à l'étranger « *par des compagnies françaises* » ;

9° Il est faux que le rapport de M. Mathieu Bodet contredise, en ce point, l'exposé des motifs (5) ;

(1) C'est pourquoi le fisc n'a rien démontré s'il se borne à prouver qu'il lui sera plus difficile de déjouer la fraude, et nous ne le suivrons pas sur ce terrain.—(2) V. art. 23 de la loi du 22 frimaire an VII ; cour de cassat., ch. réunies, arrêt du 11 novembre 1844 (D., v° Enregistrement, n. 3244) : « la loi d'impôt, est-il dit dans cet arrêt, n'a d'empire que sur le territoire du royaume »; civ. cass. 31 janvier 1876 (v. le *Contrôleur de l'enreg.*, n. 15558). — (3) Ainsi jugé par la cour de cassation, chambre civile, le 28 janvier 1880, au rapport de M. Pont et sur mes conclusions (*Contrôleur de l'enreg.*, n. 16212). — (4) V. *l'Officiel* du 29 juin 1871. — (5) Le rapporteur a dit : « Les contrats d'assurance passés à l'étranger pour des immeubles ou objets mobiliers si-

10° Le législateur, en employant dans l'article 6 les mots « tout contrat », a posé sans nul doute une règle. Mais la règle n'est pas illimitée, puisque les contrats passés à l'étranger par des assureurs étrangers échappent à la taxe obligatoire. Or il est indéniable que l'article 8 place une exception à côté de la règle et que, pour restreindre la portée de l'exception conçue en termes généraux, il faut changer arbitrairement le texte de la loi. Cependant la loi du 13 brumaire an VII offrait un exemple décisif : elle soumettait également au timbre, dans son article 12, « tous actes et écritures », ce qui ne l'empêchait pas d'ajouter (art. 13) : « Tout acte fait et passé en pays étranger sera soumis au timbre avant qu'il puisse en être fait aucun usage en France... ». Or on n'a jamais soutenu que l'exception écrite dans l'art. 13 s'appliquât seulement aux actes passés à l'étranger par des étrangers.

11° Il n'y a pas lieu d'appliquer par analogie, dans l'espèce, les art. 33 et 42 de la loi du 5 juin 1850. D'abord il ne faut pas, pour décider quelle est la matière imposable, chercher quel est, en la forme (1), le mécanisme de la perception, et déterminer le fond du droit par la procédure. Ensuite la régie elle-même n'a pas prétendu imposer l'usage de son timbre dans les contrats passés à l'étranger : elle n'a voulu les en frapper que lorsqu'il en est fait usage en France (l. 13 brumaire an VII, art. 7) (2).

tués en France, pour lesquels la taxe ne pourrait pas être perçue annuellement, conformément aux articles 6 et 7 de la présente loi, devront être enregistrés avant qu'on ne puisse en faire un usage quelconque. » La commission législative n'a pas dit : « Ceux des contrats passés à l'étranger pour lesquels, etc. », mais s'est bornée à expliquer, sans faire aucune distinction ni réserve, que pour les contrats passés à l'étranger, la taxe ne pourrait pas être perçue annuellement. D'ailleurs, on ne pourrait pas corriger à l'aide des travaux préparatoires, en matière fiscale, un texte formel et précis (comp. dissert. préc. de M. A. Pellerin, p. 16).

(1) L'exposé des motifs a dit : « Le *mode* adopté *pour le recouvrement* de la taxe sur les assurances est des plus simples. La loi du 5 juin 1850, etc. » « Le recouvrement du droit annuel, ajoute le rapporteur de la loi du 23 août 1871, se fera *dans la forme* suivie pour la perception du droit de timbre, etc. »

— (2) Dans l'espèce sur laquelle a statué l'arrêt de la cour de cassation du 23 janvier 1854, souvent cité dans ce débat juridique, il s'agissait non de l'application littérale de l'art. 42 ou même de l'art. 33 de la loi du 5 juin 1850 aux contrats d'assurance passés hors de France, mais seulement de l'application de l'art. 37, absolument étranger à la matière des assurances maritimes, et des bases du droit d'abonnement dû par les compagnies d'assurance contre l'incendie. La cour a jugé sans doute que ce dernier droit devait être calculé, même en tenant compte des contrats souscrits à l'étranger. Mais si certaines considérations avaient paru suffire pour soumettre des contrats souscrits à l'étranger (autres que ceux d'assurance maritime) au régime

Ces motifs parurent insuffisants à la cour de cassation qui rejeta le pourvoi (arrêt du 5 février 1884). La « généralité d'application de l'impôt » parut à ce haut tribunal ressortir nettement de la combinaison des art. 7 et 8 : « il résulte du rapprochement de ces textes, dit l'arrêt, que tous les contrats d'assurances maritimes passés par des assureurs français, en France et hors de France, doivent être mentionnés sur les répertoires susénoncés en vue précisément de leur assujettissement à la taxe et que, par suite, dans l'article 8, les mots *contrats passés à l'étranger* ne s'appliquent qu'aux polices souscrites à l'étranger par des assureurs étrangers n'ayant pas un établissement ou une succursale en France ». Ce raisonnement, qui reposait sur une erreur matérielle, détermina le tribunal de la Seine à modifier sa jurisprudence : quand la question lui fut soumise une seconde fois (le 13 avril 1888) (1), il se prononça contre la régie, après avoir entendu un remarquable rapport de M. de Boislisle, par un jugement très fortement motivé. « Pour les assurances terrestres, dit-il, qui, dans la pratique, sont généralement souscrites par les compagnies elles-mêmes, sur la proposition d'agents servant d'intermédiaires officieux entre l'assureur et l'assuré, l'art. 36 (de la loi du 5 juin 1850) oblige les sociétés, compagnies et assureurs à avoir, au siège de leur établissement, un répertoire unique et central où sont portées, dans les six mois de leur date, toutes les assurances faites soit directement, soit indirectement, soit par leurs agents ; c'est également au siège de leur établissement que la représentation des polices peut être exigée par les préposés de la régie. Il en est autrement des assurances maritimes, pour lesquelles les usages du commerce n'exigent pas la signature sociale ; aux termes de l'art. 44 (l. 5 juin 1850), les répertoires qui concernent ces assurances sont tenus

de l'art. 37 et à l'impôt du timbre qui frappe « tous les papiers destinés aux actes civils et judiciaires et aux écritures pouvant être produites en justice et y faire foi » (l. 13 brum. an VII, art. 1), alors même que ces papiers ou écritures demeurent occultes, tout autre est la taxe établie non plus sur le papier, mais sur le contrat lui-même, lequel n'est imposable que lorsqu'il apparaît publiquement et officiellement en France (Cf. A. Pellerin, dissertat. précitée, p. 14). En outre il importe de remarquer que, depuis la promulgation de la loi du 30 décembre 1876, « le droit de timbre établi par les art. 33 et 37 de la loi du 5 juin 1850 cesse d'être perçu sur les contrats d'assurance passés en pays étranger et ayant exclusivement pour objet des immeubles, des meubles ou des valeurs situés à l'étranger. » Avons-nous besoin d'ajouter qu'on n'a jamais proposé d'intercaler dans l'article unique de la loi de 1876, pour mieux l'interpréter, les mots « par des compagnies étrangères » ?

(1) *Gazette des trib.* des 23-24 avril 1888.

non pas au siège de l'établissement, comme pour les assureurs
terrestres, mais au siège de chacune des agences, dont la création
doit, pour ce motif, faire l'objet d'une déclaration spéciale aux
termes de l'art. 43 ; les polices doivent y être portées dans les trois
jours de leur date ; enfin la représentation n'en peut être exigée
qu'au siège de ces agences. Ces différences ont encore été accen-
tuées par les dispositions du décret du 25 novembre 1871 qui ont
adapté cette organisation à la perception de la taxe d'enregistrement : en ce qui concerne les assurances contre l'incendie, ces dispositions impliquent dans leur ensemble la centralisation des contrats dans les écritures tenues au siège de l'entreprise et la liquidation annuelle de l'impôt sur l'ensemble de ses opérations, abstraction faite du lieu où chaque police a été réalisée et de la
personne qui l'a réalisée ; au contraire, pour les assurances maritimes, le décret exige que la perception de la taxe soit faite au
moment de la signature de la police par celui-là même qui l'a
signée, agent, courtier ou notaire ; il impose la mention au répertoire et le versement au trésor dans des délais tels que l'exécution
de ses prescriptions serait matériellement impossible à une compagnie d'assurances pour les contrats souscrits par des agents
éloignés ». Il est impossible de démontrer plus péremptoirement
l'erreur commise par la cour régulatrice (1).

Mais je vais plus loin. Il suffit, dit-on, que les contrats doivent
être portés sur les répertoires dont la tenue est prescrite par la loi
de 1850, et par là même la taxe est due. Etrange méprise ! On inscrit sur les répertoires soit les contrats passés en France pour des
immeubles et objets mobiliers situés à l'étranger, soit les réassurances alors même que l'assurance primitive, n'ayant pas été souscrite hors de France, a été soumise au droit, et cependant la taxe
n'est due ni dans l'un ni dans l'autre cas (art. 9 et 6 de la loi du
23 août, art. 2 et 5 du décret du 25 novembre 1871). J'en conclus
qu'il n'y a pas de corrélation *nécessaire* entre l'inscription au répertoire et l'obligation d'acquitter la taxe.

(1) Nous avons sous les yeux cinq polices originales délivrées par l'agence
de la Foncière installée à Bombay (c'est la Cie la *Foncière* qui a gagné son
procès le 13 avril 1888). Ces polices sont relatives à des affaires mentionnées
sur un bordereau de paiements effectués par les banquiers Baring Brothers
and C^o, de Londres. Ces contrats passés à Bombay ont reçu leur exécution
à Londres sans avoir aucun lien avec la France et ont d'ailleurs acquitté les
droits de timbre tant à Bombay qu'à Londres. Sur quel texte et sur quel
motif juridique la Foncière pourrait-elle s'appuyer pour exiger, au nom du
trésor français, de l'assuré qui a passé dans de telles conditions son contrat
à Bombay une taxe due aux termes d'une loi française ? Or il ne faut pas
oublier que cet assuré est le débiteur de la taxe.

Je persiste sans hésitation dans l'opinion que j'exprimai devant la cour de cassation en février 1884.

1679. L'article 69 § 2 n. 1 de la loi du 22 frimaire an VII est ainsi conçu : « les actes et mutations compris sous cet article seront enregistrés et les droits payés suivant les quotités ci-après, savoir : § 2,50 centimes par 100 francs. 1º Les abandonnements pour fait d'assurance ou grosse aventure. *Le droit est perçu sur la valeur des objets abandonnés. En temps de guerre, il n'est dû qu'un demi-droit* ». Les tarifs ont été modifiés comme il suit par la loi du 28 avril 1816 (art. 51 § 1) : « Seront sujets au droit de un franc par 100 francs : 1º les abandonnements pour fait d'assurance ou grosse aventure : Le droit sera perçu sur la valeur des objets abandonnés ; en temps de guerre, il ne sera dû qu'un demi-droit ».

Quoique le délaissement opère un transport de propriété, l'impôt des mutations n'est pas exigible. C'est avec raison que le législateur l'a réduit à 62 centimes et demi (avec les décimes) en temps de guerre, à 1 fr. 25 centimes (avec les décimes) en temps de paix. Tout commandait d'opérer une réduction semblable au lendemain d'un sinistre qui pèse déjà si lourdement sur les assureurs.

Le droit proportionnel n'est exigible que sur l'acte portant acceptation ou sur le jugement qui en tient lieu (1). Rien de plus conforme aux principes ci-dessus exposés, puisque le délaissement est un contrat bilatéral (v. notre tome VI, n. 1522).

Le droit est perçu « sur la valeur des objets abandonnés ». Donc il ne faut pas le calculer sur celle des objets assurés. La régie avait soutenu l'opinion contraire (2) sous prétexte que, d'après les articles 372 et 385 co., l'expression « objets assurés » était équivalente à l'expression « objets abandonnés », le délaissement ne pouvant être partiel et devant s'étendre aux effets qui font l'objet de l'assurance. Mais elle revint sur cette interprétation erronée (3). Outre que les lois fiscales doivent s'appliquer à la lettre, aussi bien contre le trésor que pour lui, le délaissement ne comprend pas, en fait, ceux des objets assurés qui ont été perdus : il était inique et déraisonnable d'élargir ainsi la base de l'impôt.

Les textes semblent commander de ne prendre en considération que l'époque de l'abandonnement pour déterminer l'application du plein tarif ou du tarif réduit, de façon à percevoir 1 fr. 0/0 quand on est en temps de paix à cette époque, 0 fr. 50 c. 0/0 quand on est en temps de guerre. Mais le législateur, en distinguant les deux

---

(1) Instruct. de l'administr. de l'enreg. du 20 janvier 1819, n. 876. — (2) Même instruction. — (3) Décision minist. du 29 décembre 1832 et instruction du 23 mars 1833 (n. 1422).

situations, a voulu tenir compte des risques exceptionnels que courent les assureurs en temps de guerre, ces risques n'ayant d'importance que par rapport à cette perte et non par rapport au fait matériel de l'abandonnement. L'article 69 § 2 a supposé l'abandonnement fait dans la période même où la perte avait été subie ; mais, en définitive, il faut considérer seulement le moment de la perte, de telle sorte que, si celle-ci a été éprouvée en temps de guerre et l'abandonnement fait en temps de paix, on liquide les droits à 50 c. 0/0, et *vice versa* (1).

Le fisc, percevant un droit de mutation à titre onéreux contre l'assureur au profit duquel la mutation s'opère, n'a pas à recouvrer le droit proportionnel d'indemnité contre l'assuré. Au contraire, ce droit proportionnel (de 50 c. pour 100 fr., 62 c. 1/2 avec les décimes) est dû par l'assuré, toutes les fois qu'aucun transport de propriété n'est fait à l'assureur, à la suite du sinistre.

SECTION II.

DROITS DE TIMBRE.

1680. M. Demasure a dit (2) : « Avant la loi du 5 juin 1850, les polices d'assurances étaient rédigées sur papier non timbré. La loi du 5 juin 1850 a fait cesser cette état de choses qui était, d'*après la Régie*, contraire aux lois des 9 vendémiaire an VI, 6 prairial an VII et 13 brumaire an VII ». Mais la prétention de la Régie était fondée. En effet l'article 56 de la loi du 9 vendémiaire an VI est ainsi conçu : « Les... chartes-parties et polices d'assurances... seront assujeties au timbre fixe ou de dimension » (3). On lit, en outre, dans la loi du 6 prairial an VII (art. 5) : « Les lettres de voiture, connaissements, chartes-parties et polices d'assurances seront inscrits à l'avenir sur du papier au timbre d'un franc ». C'est en vertu de cette dernière prescription que les redevables furent obligés d'employer pour la rédaction des polices le *grand papier* dont le prix était alors de 1 fr. et est aujourd'hui de 2 fr. 40 (4). Mais le décret du 3 janvier 1809 statua dans les termes suivants :

---

(1) Délibér. enreg. 5 avril 1823 (*Journ. de l'enreg.*, n. 7424) ; Dict. de l'enregist., v° Abandonn. pour fait d'ass., n. 5. — (2) Traité du rég. fis. des sociétés, n. 276. — (3) Le lecteur sait que le timbre *de dimension* est imposé et tarifé en raison de la dimension du papier dont il est fait usage (v. art. 8,1, 13 brumaire an VII). — (4) Circ. Rég. 18 prairial an VII (n. 1580).

« Les lettres de voiture, connaissements, chartes-parties et polices d'assurance continueront d'être assujettis au timbre de dimension. Les parties, pour rédiger ces actes, pourront se servir de telle dimension de papier timbré qu'elles jugeront convenable, sans être tenues d'employer exclusivement à cet usage du papier frappé du timbre de un franc ». Mais la loi fiscale ne fut pas exécutée. Les polices étaient presque toujours rédigées sur papier non timbré, et le gouvernement, pour « favoriser le développement des assurances », fermait les yeux sur cet abus (1). La loi du 5 juin 1850 mit un terme à cet état de choses.

1681. Le titre III de la loi des 5-14 juin 1850, sur le timbre, est intitulé « des polices d'assurances » et se divise en deux sections. *Section I. Des polices d'assurances autres que les assurances maritimes. Section II. Des polices d'assurances maritimes.* Nous allons commenter les sept articles qui composent la deuxième section.

L'article 42 de la loi du 5 juin 1850 est ainsi conçu : « A compter du 1ᵉʳ octobre 1850, tout contrat d'assurance maritime, ainsi que toute convention postérieure contenant prolongation de l'assurance, augmentation dans la prime ou dans le capital assuré ou bien (en cas de police flottante) portant désignation d'une somme en risque ou d'une prime à payer, sera rédigé sur papier d'un timbre de dimension, sous peine de 50 fr. d'amende contre chacun des assureurs et assurés. Les conventions postérieures énoncées dans le paragraphe précédent pourront être inscrites à la suite de la police, à la charge pour chacune d'un visa pour timbre au même droit que celui de la police. Le visa devra être apposé dans les deux jours de la date des nouvelles conventions ».

De ce que les avenants contenant prolongation de l'assurance, augmentation dans la prime ou dans le capital assuré ou bien (en cas de police flottante) portant désignation d'une somme en risque ou d'une prime à payer étaient exclusivement visés par la loi nouvelle, pouvait-on conclure que les autres avenants pussent être rédigés sur papier non timbré ? Oui, à ne consulter que les travaux préparatoires. On lit, en effet, dans le rapport de M. E. Leroux : « En assujettissant au timbre tout acte d'assurance, la commission a pensé, comme le demandaient les compagnies, qu'elle *ne* devrait astreindre à la même formalité *que* la convention postérieure qui contiendrait prolongation de l'assurance, augmentation dans la prime ou dans le capital assuré. Tous les autres actes, connus sous le nom d'avenants... seront affranchis du droit de timbre ». La régie admit cette interprétation pendant vingt-trois ans. Mais elle changea brusquement d'avis le 2 août 1873 (2), l'article 12 de la

(1) Rapport de M. E. Leroux sur la loi du 5 juin 1850. D. 50, 4, 120. —
(2) D. 75, 5, 435.

loi du 13 brumaire an VII, qui assujettit à l'impôt du timbre tous lee actes pouvant faire titre, lui paraissant dominer toute la matière. Rien n'était moins péremptoire. D'abord la question du timbre des assurance avait été réglée par des textes spéciaux, avant comme après la loi de brumaire (v. le numéro précédent). Ensuite, le texte de la loi de 1850 (art. 33 et 42) étant en harmonie parfaite avec les déclarations faites officiellement dans les travaux préparatoires, la loi devait être expliquée nécessairement par ces déclarations. Enfin, s'il avait subsisté quelque doute sur le sens de la loi, celle-ci devait être interprétée contre le fisc.

Toutefois la jurisprudence ne crut pas qu'il y eût lieu de combiner les travaux préparatoires avec les textes. « La loi du 5 juin 1850, dit la cour de cassation le 2 janvier 1878 (1), en garantissant par des mesures spéciales de contrôle et par une pénalité plus sévère le recouvrement du timbre sur les polices et sur certaines conventions postérieures, n'a pas affranchi de l'impôt les actes relatifs aux assurances, autres que ceux dénommés dans ses dispositions ; ces actes restent soumis aux dispositions générales de la loi fiscale qui assujettissent au timbre de dimension tous les actes et écritures devant ou pouvant faire titre ou être produits pour obligation, décharge, justification, demande ou défense, lorsqu'ils n'ont pas été nommément exemptés par la loi. »

Au sénat, dans la séance du 27 décembre 1884, M. Bozérian re-

---

(1) D. 78. 1. 103. Il s'agissait, dans l'espèce, d'un état estimatif d'objets mobiliers dressé contradictoirement entre la compagnie (d'assurances contre l'incendie) et le futur assuré, revêtu de leurs signatures et destiné à être joint à la proposition d'assurance qui devait être soumise à la compagnie. *Junge* civ. rej. 29 décembre 1879 (*Journ. de l'enreg.*, n. 21245) : « Toutefois, lit-on dans ce recueil (ib.), en matière d'états estimatifs, la décision de la cour n'a pas une grande importance, car il suffira, pour éviter le paiement du droit dont ils sont passibles, de les supprimer en mettant dans les polices les indications qu'ils fournissent ». Il faut rapprocher de ces arrêts celui qu'a rendu la chambre des requêtes le 2 janvier 1883 (D. 84. 1. 243). Une proposition d'assurance avait été faite à une compagnie (d'assurances sur la vie), signée du proposant et contenait des déclarations détaillées, qui devaient servir de base, de justification et de complément à la police : on y lisait que « si ces déclarations n'étaient pas entièrement conformes à la vérité, la police serait nulle et de nul effet ». Ces propositions, dit l'arrêt, peuvent être invoquées par la compagnie à l'appui d'une demande en nullité des polices elles-mêmes; elles offrent ainsi tous les caractères d'actes susceptibles de faire titre entre les parties. En outre et d'ailleurs le droit de timbre est un impôt de consommation qui doit être acquitté par l'emploi du papier timbré au moment de la rédaction de tout acte devant ou pouvant faire titre; le droit est acquis au trésor par la seule existence de cet acte, abstraction faite de son utilité juridique et de sa validité.

procha vivement à l'administration de l'enregistrement d'avoir « élevé et fait triompher une prétention qui était absolument contraire aux déclarations solennelles faites en 1850 par le rapporteur (1) ».

On sait que la loi du 29 décembre 1884 a modifié le régime établi par les articles 33 et 37 de la loi du 5 juin 1850. Elle rend obligatoire (art. 8) pour « les sociétés, compagnies d'assurances et tous autres assureurs contre l'incendie et sur la vie » le paiement par annuités du droit de timbre « sur les contrats d'assurance, ainsi que sur tous les actes ayant exclusivement pour objet la formation, la modification ou la résiliation amiable de ces contrats ». M. le directeur général Boulanger, commissaire du gouvernement, tint au sénat le langage suivant : « Cette formule (tous les actes ayant exclusivement pour objet la formation, la modification ou la résiliation) s'applique-t-elle aux avenants divers qui sont réalisés entre les assureurs et les assurés ? M. Bozérian fait remarquer que, si cette nomenclature ne comprenait pas ces actes, l'abonnement ne remplirait pas le but que l'on veut atteindre puisque, indépendamment de la taxe annuelle, il y aurait encore une taxe de timbre sur les mêmes actes. M. Bozérian a raison : nous ne serions pas devant vous avec ce projet nouveau, si les compagnies avaient à payer à la fois et le droit d'abonnement et le droit de timbre... Aujourd'hui nous avons voulu généraliser... L'exemption est générale. Elle comprend, sans le moindre doute, tous les avenants de changement de domicile, de diminution et d'augmentation ».

Mais la loi du 29 décembre 1884 ne s'applique pas aux assurances maritimes (2).

Or, d'après les déclarations faites à la haute assemblée par le directeur général, la régie maintient énergiquement le sens qu'elle a, par sa solution d'août 1873, attribué aux articles 33, 37, 42 de la loi du 5 juin 1850.

Par conséquent, en fait et dans la pratique, malgré les observations de M. Bozérian, ces mots de l'article 42 « ainsi que toute convention postérieure, etc. » seront entendus et appliqués, *en ce*

____

(1) M. le directeur général de l'enregistrement ayant fait un signe de dénégation, le sénateur Bozérian poursuivit en ces termes : « M. le commissaire du gouvernement fait un signe de dénégation : il a sans doute sous les yeux, comme je l'ai sous les miens, le texte de ces déclarations ; s'il veut bien s'y reporter, il verra que je ne me trompe en aucune façon ». — (2) « La désignation faite par l'art. 8 § 1 exclut les compagnies d'assurances contre les risques maritimes et contre les risques de la navigation sur les fleuves, rivières et canaux » (Instruct. du 8 mars 1885).

qui concerne les assurances maritimes, comme avant la promulgation de la loi du 29 décembre 1884.

1681 *bis*. Il est incontestable que les expéditions ou même les simples extraits des polices (d'assurances maritimes) doivent être délivrés par les courtiers et par les notaires sur un papier timbré conformément à l'article 42 (cf. art. 48 l. 5 juin 1850).

Les copies ou *duplicata* de ces polices délivrés postérieurement à la formation du contrat et signés par un agent de la compagnie, doivent-ils être écrits sur du papier frappé d'un timbre de dimension ? La jurisprudence, son point de départ étant donné, ne pourrait que résoudre affirmativement cette question (cf. Req. 8 novembre 1876) (1). Ces écritures ne sont-elles pas au nombre de celles qui peuvent être produites pour obligation, décharge, justification, demande ou défense ?

1681 *ter*. Quelque parti qu'on prît sur l'interprétation des mots « ainsi que toute convention postérieure contenant prolongation, etc. », il fallait reconnaître que les réassurances constituent de véritables contrats d'assurance, ayant pour élément essentiel un risque existant, déterminé par une convention d'assurance antérieure, mais assumé totalement ou partiellement par un nouvel assureur à la décharge de l'assureur primitif. Les réassurances sont donc sujettes au timbre de dimension. C'est ce qui fut jugé par le tribunal de la Seine le 3 août 1852 et, sur pourvoi, par la cour de cassation, chambre civile, le 1er août 1854 (2).

La loi du 23 août 1871 énonce que les contrats de réassurance ne sont pas soumis à la taxe proportionnelle obligatoire (3). Mais elle ne les soustrait pas à l'impôt du timbre. C'est pourquoi le tribunal de la Seine a, le 12 juin 1875 (4), maintenu son ancienne jurisprudence.

Les agents des compagnies étrangères en France sont, poursuit le même jugement, tenus de représenter les polices de réassurance (souscrites en France) sans pouvoir prétendre que ces documents, envoyés immédiatement au siège social, ne sont plus entre leurs mains. C'est de toute évidence.

Il nous paraît indubitable que le droit doit être pris sur chaque réassurance et non pas seulement sur les traités généraux par lesquels les compagnies s'engagent d'avance, les unes envers les autres, à faire ces sortes d'opérations (5).

(1) Journ. de l'enreg., n. 20229. Dans l'espèce, T... soutenait que les copies (des polices d'assurances contre l'incendie) qu'il avait délivrées par duplicata étaient des doubles originaux des contrats et, comme tels, couverts par l'immunité d'abonnement de la loi de 1850 (cf. art. 38 et 40).— (2) D.54. 1.65.— (3) « A moins que l'assurance primitive, souscrite à l'étranger, etc. ». — (4) Journ. de l'enreg., n. 19804. — (5) Arrêt précité du 23 janvier 1854.

1681 *quater*. Il ne faut pas confondre le timbre des quittances de primes avec le timbre des polices. « Les quittances, distinctes des polices, délivrées aux assurés par les sociétés ou assureurs, lit-on dans l'instruction du 2 décembre 1871, sont, lorsque la somme quittancée excède 10 francs ou qu'il s'agit d'un à-compte ou d'une quittance finale sur plus forte somme, passibles du droit de timbre de 10 centimes établi par l'art. 18 de la loi du 23 août 1871 ».

La loi même du 29 décembre 1884 n'affranchit pas de cet impôt les quittances de primes (des contrats d'assurance contre l'incendie), ainsi que l'a fait observer au sénat le directeur général de l'enregistrement.

1682. Les polices rédigées en France, quand elles le seraient par des étrangers et qu'il s'agirait d'assurance sur le corps de navires étrangers, sont assujetties au timbre de dimension. Il ne faut pas oublier que cet impôt de consommation doit être acquitté par l'emploi même du papier timbré au moment de la rédaction de tout acte devant ou pouvant faire titre, et que le droit est acquis au trésor par la seule existence de cet acte, abstraction faite de son utilité juridique et de sa validité (1).

Mais il n'en saurait être de même des contrats passés à l'étranger. Outre que « la loi de l'impôt français n'a d'empire que sur le territoire français (2) », une prétention contraire de la régie ne saurait prévaloir contre la nature des choses : le moyen d'astreindre des gens qui contractent hors de France à se servir des timbres français ! C'est pourquoi la loi du 13 brumaire an VII a, dans son article 13, posé fort sagement cette règle générale : « Tout acte fait ou passé en pays étranger (ou dans les îles et colonies françaises où le timbre n'aurait pas encore été établi) sera soumis au timbre avant qu'il puisse en être fait aucun usage en France soit dans un acte public, soit dans une déclaration quelconque, soit devant une autorité judiciaire ou administrative ».

Cette règle n'a jamais cessé d'être applicable aux assurances, maritimes ou autres, souscrites en pays étranger par des compagnies dont le siège est à l'étranger.

Mais elle a pu cesser de l'être, quant aux assurances *autres que les assurances maritimes*, souscrites à l'étranger par les assureurs établis en France, grâce à l'institution du répertoire central imposé à ces sortes d'assureurs par la loi du 5 juin 1850 (art. 35), la régie trouvant dans ce document soumis à son contrôle l'énonciation de tous les contrats, sans distinction du lieu où ils ont été pas-

(1) Req. 2 janvier 1883 (précité). — (2) C. de cass., ch. réun., 11 nov. 1844.

sés. La cour de cassation admit donc sans difficulté le 23 janvier 1854, conformément à la décision du ministre des finances du 29 août 1851 (1), que la section I du titre III de la loi du 5 juin 1850 embrassait même les assurances souscrites à l'étranger par des compagnies dont le siège est en France. Cette solution se combinait aisément avec le système d'abonnement organisé par l'article 37 de la même loi. Cependant elle fut assez promptement abandonnée. Le gouvernement comprit qu'il plaçait dans un état d'infériorité regrettable les compagnies françaises opérant encore dans nos anciennes provinces (l'Alsace-Lorraine), puisqu'elles étaient forcées de payer au trésor français une taxe dont les assureurs étrangers étaient exempts. D'après la loi du 30 décembre 1876, « le droit de timbre établi par les art. 33 et 37 l. 5 juin 1850 cessera d'être perçu sur les contrats d'assurance passés en pays étranger et ayant exclusivement pour objet des immeubles, des meubles ou des valeurs situés à l'étranger. Mais ces contrats doivent être soumis au timbre moyennant le paiement du droit au comptant, avant qu'il puisse en être fait aucun usage en France, soit dans un acte public, soit dans une déclaration quelconque, soit devant une autorité judiciaire ou administrative, à peine d'une amende de 50 francs. Les mêmes dispositions sont applicables aux contrats de réassurance passés en France par actes sous signatures privées applicables à des polices souscrites à l'étranger et ayant également pour objet exclusif des immeubles, des meubles ou des valeurs situés à l'étranger ».

Cette loi ne s'applique pas aux assurances maritimes (v. instr. adm. enreg. du 2 janvier 1877) (2).

En faut-il conclure que les contrats d'assurances maritimes passés à l'étranger par des assureurs établis en France soient soumis au timbre « avant qu'il puisse en être fait aucun usage en France soit dans un acte public, soit dans une déclaration quelconque, soit devant une autorité judiciaire ou administrative » ? Nous ne le pensons pas. D'une part, aucune loi n'autorise à convertir le paiement immédiat des droits de timbre des polices d'assurances maritimes en un abonnement (3). D'autre part, l'institution du répertoire central fait ici défaut : ainsi que nous l'avons expliqué plus haut, les répertoires qui concernent ces assurances sont tenus au siège de chacune des agences et la représentation n'en peut être exigée qu'au siège de ces agences. Donc la régie, ne pouvant pas étendre ses recherches ni exercer ses vérifications au siège des agences étrangères, n'y peut pas recouvrer les droits de timbre (4),

---

(1) D. 52. 3. 6. — (2) D. 1877. 3. 80. — (3) Conf. instr. adm. enreg. du 18 juin 1850. D. 51. 3. 13. — (4) Cf. arrêt précité des chambres réunies de la cour de cassation, du 11 novembre 1844.

alors même qu'on lui a fait agréer (art. 10 décr. 25 nov. 1871) un représentant français personnellement responsable des droits et amendes. C'est le cas d'appliquer le droit commun, écrit dans l'art. 13 de la loi du 13 brumaire an VII, auquel aucun texte n'a formellement dérogé.

1683. L'article 42 de la loi du 5 juin 1850 édicte, au cas de contravention, une amende de 50 fr. « contre chacun des assureurs et assurés ». L'article 33 se bornait à prononcer la même amende « contre l'assureur sans aucun recours contre l'assuré ». C'est que les rédacteurs de ce dernier article, ayant surtout en vue des assurances contre l'incendie, avaient exonéré cette catégorie d'assurés (et par surcroît d'autres catégories) à raison de leur ignorance présumée. Au contraire, lit-on dans le rapport de M. E. Leroux, ceux qui font les assurances maritimes sont en général des hommes lettrés, connaissant les lois. Il n'y a donc aucun danger à les rendre passibles de l'amende : il y aurait, au contraire, un danger à les en affranchir, car, les droits de timbre devant être à leur charge, ils auraient pu se laisser entraîner par leur intérêt personnel et devenir les agents les plus actifs de la fraude.

On sait en outre que, d'après la jurisprudence de la cour suprême (1), les amendes en matière de timbre ont le caractère de réparations civiles. Le tribunal de Rouen a donc pu juger le 18 août 1875 (2) que le recouvrement des amendes encourues par les *employés* d'une compagnie d'assurances (3) peut être poursuivi contre le directeur de la compagnie.

Nous avons parlé plus haut (n. 1673) du représentant français personnellement responsable des droits et amendes, que les assureurs étrangers doivent faire agréer par la régie.

L'amende de 50 fr. est applicable au cas où le visa pour timbre prescrit pour les conventions postérieures inscrites à la suite de la police n'est pas apposé dans les deux jours de la date des nouvelles conventions (4).

1684. L'article 43 de la loi du 5 juin 1850 est ainsi conçu : « Les compagnies d'assurances maritimes seront tenues de faire, au bureau d'enregistrement du siège de leur établissement et à celui du siège de chaque agence, une déclaration constatant la nature des opérations et les noms du directeur et de l'agent de la compagnie. Cette déclaration sera faite, pour les compagnies actuellement existantes, avant le 1er octobre 1850, et pour les autres avant de commencer leurs opérations. Toute contravention aux dispositions de cet article sera passible d'une amende de 1.000 fr. »

(1) Civ. rej. 12 août 1856, D. 56, 1, 362. — (2) D. 77, 1, 441. — (3) Il s'agissait, dans l'espèce, d'infraction à la loi sur le timbre des quittances.— (4) Instr. précitée du 8 juin 1850.

Il était d'autant plus urgent de porter à la connaissance de la régie la création de chaque agence que la représentation des répertoires ne peut être exigée, en général, qu'au siège de chaque agence. Il ne pouvait suffire, à aucun point de vue, de faire la déclaration au lieu du principal établissement.

Il est hors de doute que la convention d'assurance peut être formée accessoirement à un autre contrat. Ainsi un entrepreneur de transports maritimes qui prend à sa charge les pertes totales ou partielles résultant des cas fortuits ou de force majeure moyennant une prime comprise dans le prix du transport est un véritable assureur. Par suite, lorsque, pour faire face aux sinistres ainsi assurés, divers entrepreneurs de transports créent entre eux une bourse commune, ils sont réputés former une société d'assurances maritimes assujettie aux déclarations prescrites par notre article, sous peine de l'amende de 1.000 fr. (1).

1685. La loi du 5 juin 1850 poursuit en ces termes (art. 44): « Les compagnies d'assurances maritimes seront tenues d'avoir, dans chaque agence, un répertoire non sujet au timbre, mais coté, parafé et visé, soit par un des juges du tribunal de commerce, soit par le juge de paix, sur lequel seront, dans les trois jours de leur date, portées, par ordre de numéros, les assurances qui auront été faites dans la dite agence, sans intermédiaire de courtier ou de notaire, ainsi que les conventions qui prolongeront l'assurance, augmenteront la prime ou le capital assuré, ou bien (en cas de police flottante) qui porteront la désignation d'une somme en risque ou d'une prime à payer. A l'égard des compagnies actuellement existantes, le répertoire ne sera obligatoire que pour les opérations qui seront faites à compter du 1er octobre 1850. Ce répertoire sera soumis au visa des préposés de l'enregistrement, selon le mode indiqué par loi du 22 frimaire an VII, et, toutes les fois qu'ils le requerront, la représentation pourra être exigée au moment du visa ».

Selon le mode indiqué par la loi du 22 frimaire an VII... Par conséquent, conformément à l'article 51 de cette loi, les compagnies d'assurances maritimes « présenteront, tous les trois mois, leurs répertoires aux receveurs de l'enregistrement de leur résidence, qui les viseront, et qui énonceront dans leur *visa* le nombre des actes inscrits. Cette présentation aura lieu, chaque année, dans la première décade de chacun des mois de nivôse, germinal, messidor et vendémiaire (*lisons* dans les dix premiers jours des mois de janvier, avril, juillet et octobre) à peine d'une amende de dix francs par chaque décade de retard ». En outre, conformément à l'art. 52,

(1) Civ. rej. 12 août 1856 (précité). Instr. adm. enreg. 19 mai 1857.

elles « seront tenues de communiquer leurs répertoires, à toute réquisition, aux préposés de l'enregistrement qui se présenteront chez elles pour les vérifier ». Ce droit de représentation ou de « communication » a été, on le sait, étendu par les lois du 23 août 1871 (art. 22) et du 21 juin 1865 (art. 7). Nous renvoyons le lecteur à nos développements antérieurs sur le droit de communication (v. ci-dessus n. 1674).

L'article 45 ajoute : « Quiconque voudra faire des assurances maritimes autrement que par l'entremise des notaires ou courtiers sera tenu de se conformer à l'art. 43 et au premier paragraphe de l'art. 44. Le répertoire des assureurs particuliers ne donnera lieu qu'au visa prescrit par l'art. 51 de la loi du 22 frimaire an VII. La représentation des polices pourra être exigée lors du visa ». La loi de 1850 n'a pas voulu astreindre ces assureurs particuliers aux mêmes obligations que les compagnies ; elle n'exige rien d'eux s'ils font leurs assurances par l'entremise des notaires et courtiers ; s'ils les font directement ou par des agents, ils doivent se conformer à l'art. 43 et à l'art. 44 § 1, c'est-à-dire faire la déclaration préalable sous peine d'une amende de 1000 fr. et tenir un répertoire de leurs actes coté, visé, paraphé sur lequel les assurances seront portées par ordre de numéros dans les trois jours de leur date (1). D'après le rapport de M. Leroux, le législateur de 1850 autorisait ces assureurs particuliers à ne faire viser leur répertoire qu'au bureau de l'enregistrement, c'est-à-dire à fermer, s'ils le jugeaient utile, leur domicile aux employés de l'enregistrement. Mais l'article 22 de la loi du 23 août 1871, qui met sur le même plan, quant au droit de communication, les compagnies d'une part, les assureurs et tous autres assujettis de l'autre, paraît avoir, à ce point de vue, modifié le deuxième alinéa de l'article 45.

« Chaque contravention à l'article 44 et au deuxième paragraphe de l'art. 45 sera passible d'une amende de 10 fr. » (art. 46). Mais il faut, depuis la promulgation de la loi du 23 août 1871, classer à part toutes les infractions qui consistent en un refus de communication : celles-ci sont désormais punies non pas seulement d'une amende de 10 fr., mais d'une amende de 100 à 1000 fr.

1686. La section II du titre III de la loi du 5 juin 1850 contient encore les dispositions suivantes. « Le livre que les courtiers doivent tenir, conformément à l'art. 84 co., sera assujetti au timbre de dimension. Les notaires seront tenus, comme les courtiers, d'avoir un registre spécial et timbré sur lequel ils transcriront les po-

____

(1) Cf. le rapport de M. E. Leroux et l'instruct. de l'adm. de l'enreg. du 18 juin 1850.

lices des assurances faites par leur ministère. Le livre des courtiers et le registre des notaires seront soumis au visa des préposés
de l'enregistrement toutes les fois que ceux-ci le requerront. Toute
contravention aux dispositions de cet article emportera une amende
de 50 fr. » (art. 47). « Tout courtier ou notaire qui sera convaincu
d'avoir rédigé une police d'assurance ou d'en avoir délivré une expédition ou un extrait sur papier non timbré conformément à l'art.
42 encourra une amende de 500 fr. et, en cas de récidive, une
amende de 1000 fr., outre les peines disciplinaires prononcées par
les lois spéciales » (art. 48).

Les courtiers, on le sait, sont tenus de consigner jour par jour,
sur le livre qu'ils tiennent en exécution de l'art. 84 co., toutes les
conditions des conventions d'assurances faites par leur ministère.
Envisagé comme livre de commerce, ce document était exempté du
timbre par la loi du 20 juillet 1837, art. 4. Comme il sert de minute
à toutes les opérations faites par le ministère des courtiers et, par
conséquent, aux contrats d'assurances maritimes, les assurances
faites par cette entremise n'auraient supporté, le plus souvent, le
droit de timbre que sur le double de la police remise à l'assuré,
l'assureur se réservant de recourir au livre du courtier s'il avait
besoin de produire le contrat en justice. C'est pour rétablir l'égalité entre tous les contractants, lit-on dans le rapport de M. E. Leroux, que la loi a assujetti le livre des courtiers au timbre de dimension.

Les notaires qui dressent des polices dans la forme sous seings
privés (1) sont également tenus de les transcrire sur un registre
spécial et timbré. Mais, s'ils ne reçoivent pas de polices ou s'ils
n'en reçoivent que dans les formes authentiques établies par la loi
du 25 ventôse an XI (2), ils ne sont pas obligés d'avoir ce registre (3).

D'après une solution de l'administration de l'enregistrement du
19 septembre 1850, les polices d'assurances maritimes peuvent
être rédigées par les notaires ou par les courtiers sur papier timbré à l'extraordinaire. Le registre spécial que les notaires et les
courtiers doivent tenir pour la transcription des polices d'assurances maritimes faites par leur ministère peut être également timbré
à l'extraordinaire (4).

Il faut encore combiner l'art. 47 § 4 avec l'art. 22 de la loi du 23

(1) Comp. instruct. du 2 décembre 1871 (v. ci-dessus n. 1671). — (2) ib. —
(3) De même que, selon l'instruction du 26 septembre 1829, les notaires qui ne
font pas de protêts ne sont pas astreints à tenir le registre particulier prescrit
pour les protêts. — (4) V., pour le timbrage à l'extraordinaire, le code
annoté de l'enregistrement et du timbre, de Dalloz, n. 12540 et s.

août 1871 d'après lequel les infractions consistant en un refus de communication sont aujourd'hui punies d'une amende de 100 à 1000 fr.

La régie, expliquant l'article 48 dans son instruction du 18 juin 1850, reconnaît aux courtiers et aux notaires la faculté d'inscrire à la suite de la police et des expéditions ou extraits qu'ils en délivrent les conventions postérieures contenant prolongation de l'assurance, augmentation dans la prime ou dans le capital assuré ou bien, en cas de police flottante, portant désignation d'une somme en risque ou d'une prime à payer. Mais, s'ils usent de cette faculté, ils sont tenus de présenter les conventions écrites à la suite de la police (et, par conséquent, selon nous, les expéditions de conventions écrites à la suite des expéditions de la police) (1) au visa pour timbre dans le délai réglementaire (cf. ci-dessus art. 42) sous peine d'une amende de 500 et de 1000 fr. en cas de récidive.

1686 bis. La compagnie d'assurances maritimes l'*Union bordelaise* avait inséré dans ses statuts une disposition additionnelle ainsi conçue : « Les actionnaires jouiront d'une remise de 5 0/0 sur le montant des primes des assurances qui seront souscrites en leurs noms : il est bien entendu que les actionnaires seuls jouiront de ce privilège ». La même compagnie avait usé de la faculté accordée par l'art. 22 de la loi du 5 juin 1850, c'est-à-dire avait contracté avec l'Etat un abonnement qui substituait à la taxe unique de 1 fr. par 100 fr. une annuité de 300 fr. en principal à raison de 5 centimes par 100 fr. du capital nominal de chaque action émise. Or l'article 24 de la même loi affranchit du droit les sociétés « qui, postérieurement à leur abonnement, n'auront, dans les deux dernières années, payé ni dividendes ni intérêts, tant qu'il n'y aura pas de répartition de dividendes ou de paiement d'intérêts ». L'*Union* soutint qu'elle se trouvait précisément dans ce cas ; mais le ribunal civil de Bordeaux lui donna tort (11 mai 1887). « L'article 24, dit le jugement, est inapplicable dès qu'il y a eu, ne fût-ce qu'à une certaine catégorie d'actionnaires et sous une forme quelconque, distribution d'intérêts ou paiement de dividendes : or l'*Union* a reconnu elle-même que les remises de 5 0/0, faites aux actionnaires assurés sur les primes par eux dues, s'élevaient au 31 décembre 1882 à la somme de 68.257 fr. 35 c., chiffre plus élevé que celui des pertes, d'où il suit que, si ces remises n'avaient pas été faites, la société aurait eu des bénéfices à distribuer ». Ce jugement fut cassé sur mes conclusions, le 13 mai 1889, et devait l'être.

En effet, la réduction sur le montant des primes est acquise aux actionnaires qui se font assurer par la compagnie du moment où

(1) Comp. ci-dessus, n. 1681 *bis*.

ils s'assurent : on n'attend pas le moins du monde l'expiration de l'exercice financier ou de l'année commerciale ! Il est donc facile de discerner s'il y a là une dissimulation de bénéfices ou tout uniment une réduction des primes. D'abord l'assureur n'est pas tenu d'avoir des tarifs uniformes et peut stipuler les primes, à des taux différents, de tels ou tels ; ensuite la réduction, étant préalable non seulement au résultat des opérations sociales, mais encore à ces opérations mêmes, est exigible par cette catégorie d'assurés quand même l'année financière devra se liquider par une perte. Le tribunal de Bordeaux avait commencé par supposer, *quod erat demonstrandum*, que le chiffre des affaires eût été le même si les actionnaires n'avaient pas été excités par l'appât d'une réduction à se faire assurer par leur propre compagnie. On sait pourtant que bien des armateurs sont effrayés par l'élévation du taux des primes et se décident en conséquence à rester leurs propres assureurs, au moins pour partie : le jugement avait donc raisonné sur un bénéfice possible, mais absolument incertain, puisqu'il n'y avait pas moyen de savoir si l'année commerciale eût donné plus ou moins de pertes dans le cas où la réduction n'aurait pas été accordée aux actionnaires-assurés.

Le même jugement condamnait encore l'*Union bordelaise* à payer la taxe de 3 0/0 établie par la loi du 29 juin 1872 sur les intérêts, revenus et tous autres produits des actions des sociétés et fut cassé, à ce second point de vue, par des motifs analogues. L'impôt, disait à ce propos la régie, atteint l'*avantage quelconque* que l'actionnaire retire de sa qualité d'actionnaire. Cette formule est trop large. De ce que, comme actionnaire, un membre de la société peut conclure une convention aléatoire et à titre onéreux dans des conditions moins onéreuses pour lui, quand bien même son action ne produirait rien ou ne rapporterait que des pertes, il ne faut pas conclure qu'il y a un revenu d'action ou produit imposable (1).

1687. Nous ne saurions, sans élargir indéfiniment un cadre déjà trop large, nous lancer dans des études de droit fiscal comparé.

Toutefois il est utile de signaler au lecteur français la loi an-

(1) Le jugement faisait observer que certains actionnaires avaient reçu 12, 15 et même 20 0/0 du capital versé. En effet, le titulaire d'une seule action avait pu passer de nombreux contrats d'assurance avec la compagnie, tandis qu'un titulaire de 100 actions n'en passait pas ou n'en passait qu'un seul. Il n'y avait donc pas de relation entre le chiffre des économies réalisables et les droits qui compétaient aux actionnaires à raison de leurs actions. C'était une raison de plus pour qu'il n'y eût pas là de revenu d'actions, ni de matière imposable.

glaise du 31 mai 1867 dont l'article 9 débute ainsi : « Aucune police ne pourra être produite en justice ni faire preuve devant les tribunaux ni être reçue par un tribunal comme bonne et valable, *in law or in equity*, si elle n'a pas été dûment timbrée ». Aucune police ne peut plus être timbrée après qu'elle a été signée ou souscrite (1). Le taux des droits est réglé par la *schedule* B, annexée à l'*act* (2).

En Belgique, la loi du 26 août 1883 relative au timbre des polices, imposait aux assurances un surcroît de charges considérable. « Cet impôt, disait le ministre des finances le 24 mars 1887, pèse sur les assurés et les atteint inégalement, car il est proportionnel aux primes, c'est-à-dire aux risques et non pas aux valeurs assurées ». Un projet de loi nouveau, qui replace les polices d'assurances maritimes sous la règle générale en ce qui concerne les droits de timbre et d'enregistrement, fut soumis dans la même séance à la chambre des représentants. Il fut converti en loi le 11 juin 1887. L'article 1 de la loi nouvelle est ainsi conçu : « La loi du 26 août 1883, sur le timbre des polices d'assurance, est abrogée. Celles-ci sont replacées sous le régime du droit commun en matière de droits de timbre de dimension ou d'enregistrement. Toutefois sont exemptées de ces impôts les polices d'assurances contre les risques agricoles ».

(1) Sauf pour certaines assurances mutuelles et pour les polices passées à l'étranger. — (2) L'article 16 de la même loi doit être cité : « It shall not be lawful for any broker, agent, or other person negotiating or transacting or making any sea insurance to charge his employer any sum of money for brokerage or agency or for his pains or labour in negotiating, transacting or making such insurance, or writing the same or for any monies expended or paid by way of premium or consideration in the nature of a premium for such insurance, unless the same shall be written on vellum, parchment or paper, duly stamped ; and all and every sum and sum whatever paid by such employer on any such account to any broker, agent, or other person negotiating or transacting or making any insurance contrary to this act shall be deemed to be paid without consideration, and shall remain the property of such employer, his executors, administrators or assigns ». V. le texte entier de la loi dans l'ouvrage d'Arnould, II, p. 1140.

APPENDICE

AU TRAITÉ DES ASSURANCES MARITIMES

ET AU TRAITÉ DES GENS DE MER.

**LA LOI ALLEMANDE DU 13 JUILLET 1887 ET LE PROJET DE LOI FRANÇAIS
DU 15 OCTOBRE 1888.**

Nᵒˢ

1687 *bis*. Analyse sommaire de la loi allemande du 13 juillet 1887.
1687 *tér*. Examen critique de cette loi.
1687 *quater*. Proposition de loi soumise à la chambre des députés le 15 octobre 1888. Analyse et critique.

1687 *bis*. Ce traité des assurances maritimes serait incomplet si nous ne signalions au lecteur la loi de l'empire allemand, du 13 juillet 1887, sur l'assurance contre les accidents des gens de mer et des autres personnes qui sont occupées dans l'industrie de la navigation maritime.

Cette loi, qui ne contient pas moins de 124 articles, rompt avec toutes les traditions. Elle doit être regardée comme la plus grande innovation des temps modernes dans la sphère du droit maritime. Comme elle peut faire son chemin dans le monde et devenir un modèle pour d'autres nations, il importe d'en faire connaître sommairement les dispositions principales.

Les armateurs sont, bon gré mal gré, constitués en associations professionnelles, qui forment autant de compagnies d'assurances mutuelles (1).

---

(1) Art. 16 §§ 1 et 2. L'assurance s'effectue sous forme d'assurance mutuelle entre les entrepreneurs des différentes industries tombant sous le coup de l'article 1ᵉʳ, lesquels sont réunis dans ce but en association profession-

Sont assurées contre les suites des accidents qui se produisent à l'occasion de l'exercice de leur profession, y compris les accidents survenus par l'effet d'événements fortuits naturels (*in Folge von Elementarereignissen*) (1) : 1° les personnes occupées dans la marine allemande comme patrons, gens d'équipage, machinistes, surveillants ou personnes attachées aux navires en d'autres qualités (gens de mer) (2), les patrons toutefois en tant seulement qu'ils touchent un salaire ou un traitement ; 2° les personnes qui, dans le pays, sont occupées au service des docks flottants et autres établissements semblables, celles qui sont occupées aux services du pilotage, du sauvetage des personnes et du matériel en cas de naufrage, de la surveillance, de l'éclairage ou de l'entretien des eaux fréquentées par le commerce maritime. Toutefois les gens de mer ne sont pas soumis aux prescriptions de la loi quand ils font partie du personnel de bateaux de pêche ou quand ils appartiennent à l'équipage de navires qui ne jaugent pas plus de cinquante mètres cubes et qui ne sont organisés ni pour recevoir les accessoires nécessaires pour les voyages au long cours ni pour être mus par la vapeur ou par toute autre force mécanique (3). Restent encore en dehors de l'assurance les accidents qui atteignent l'assuré soit en temps de congé, soit à un moment où il a quitté son bord contrairement à son devoir (4).

Il est utile de remarquer que l'assurance s'applique non seulement aux simples matelots, assimilables aux ouvriers, mais encore aux officiers de la marine marchande. A ce point de vue, la nouvelle loi exagère le principe des précédentes réformes économiques votées par le Reichstag.

Toutefois la portée de cette dernière innovation est réduite par l'article 5 § 1, ainsi conçu : « L'assurance a lieu pour les salaires annuels qui s'élèvent jusqu'à deux mille marks inclusivement (5) ».

nelle. Par entrepreneur, on entend celui pour le compte duquel l'industrie est exercée ; en ce qui concerne la navigation maritime, l'entrepreneur, c'est l'armateur. Art. 17. Pour chaque navire, l'armateur doit constituer un représentant au port d'attache, quand il n'a pas son domicile en ce lieu... Le représentant est autorisé et obligé en matière judiciaire et extrajudiciaire à représenter l'armateur vis-à-vis de l'association professionnelle dans tous les droits que l'armateur tient de sa qualité de membre de cette association...

(1) Il résulte des travaux préparatoires, comme du texte de l'art. 10, que les fièvres et autres maladies ne sont pas assimilées aux accidents. — (2) Le gouvernement a déclaré, au cours des délibérations, entendre, par *gens de mer*, tous ceux qui font partie de l'équipage d'un navire, qu'ils soient ou non salariés comme marins. — (3) Art. 1. V. pour les autres exceptions à la règle le troisième alinéa du même article (*Ann. de législ. étrang.*, t. XVII, p. 239). — (4) Art. 3 § 3. — (5) L'art. 5 § 2 ajoute : « L'assurance *peut* être

L'assurance a pour objet la réparation du dommage causé par les blessures et par la mort, toute réclamation étant d'ailleurs écartée quand la victime a volontairement provoqué l'accident (1).

En cas de blessure, la réparation du dommage comprend : 1° les dépenses pour le traitement dès qu'a pris fin l'obligation imposée à l'armateur à cet égard (2) ou, dans les hypothèses où cette obligation n'existe pas, les dépenses faites pour le traitement depuis le commencement de la quatorzième semaine après l'accident ; 2° une pension qui doit être, à partir de la même époque, payée à la victime tant que dure l'incapacité de travail. La pension a pour montant : *a*. En cas de complète incapacité de travail et pendant toute la durée de cette incapacité, 66 2/3 0/0 du salaire annuel ; toute fraction au-dessus de 1200 marks entre en compte seulement pour un tiers ; *b*. En cas d'incapacité partielle de travail et tant qu'elle dure, une fraction de la pension déterminée sous la lettre *a* et proportionnée à la capacité de travail subsistant chez la victime (3). En cas de mort, la réparation du dommage comprend en outre les éléments suivants : 1° lorsque l'armateur n'est pas obligé (4) de supporter les frais funéraires, et lorsque l'inhumation a lieu dans le pays, comme estimation des frais d'enterrement, pour les gens de mer, deux tiers du salaire moyen mensuel (calculé conformément à l'art. 6) et pour les autres personnes assurées en vertu de l'article 1, la quinzième partie du salaire moyen annuel (calculé conformément à l'art. 7) ; l'estimation ne peut toutefois être inférieure à 30 marks ; 2° une pension qui doit être allouée du jour du décès à ceux que le mort laisse après lui. Cette pension monte : *a*. Pour la veuve du défunt, à 20 0/0 du salaire annuel jusqu'à sa mort ou jusqu'à ce qu'elle se remarie ; pour chaque enfant orphelin de père, à 15 0/0 du salaire annuel jusqu'à sa quinzième année accomplie ; et, si l'enfant est ou devient orphelin de mère, à 20 0/0 du même salaire, les pensions de la veuve

étendue par les statuts (art. 20) à des salaires annuels d'une plus grande importance ».

(1) Art. 8. — (2) Il n'est pas inutile de rappeler que, d'après l'art. 48 de la loi du 27 déc. 1872 sur les gens de mer, l'armateur commence par supporter les frais de traitement pendant trois ou six mois, selon les cas, quand un homme de l'équipage, après être entré au service, tombe malade ou est blessé. — (3) Art. 9. Au lieu de ces secours pécuniaires, des soins et médicaments peuvent être gratuitement assurés au blessé dans un hôpital, aux conditions déterminées par les derniers alinéas de cet article. V., quant aux personnes qui se seraient fait assurer contre les maladies en vertu de la loi sur l'assurance contre les maladies, le texte de l'art. 10 dans l'annuaire de législ. étrangère, t. XVII, p. 244. — (4) En vertu des art. 524 du code de commerce et 51 de la loi sur les gens de mer.

et des enfants ne devant pas dépasser ensemble 60 0/0 du salaire annuel ; *b*. Pour les ascendants du mort, quand celui-ci était leur seul soutien, à 20 0/0 du salaire annuel jusqu'à leur mort ou jusqu'au moment où ils cessent d'être dans le besoin (1).

On se tromperait fort en croyant que ce salaire annuel, sur lequel l'indemnité doit être calculée, est le salaire effectif de chaque indemnitaire. Ce serait trop équitable, et tout autre est l'esprit de la loi ! Une somme égale à neuf fois celle qui est arrêtée par le chancelier de l'Empire comme moyenne des salaires ou traitements mensuels accordés dans les engagements est regardée, d'après l'art. 6, comme le salaire annuel des gens appartenant aux équipages ; on y ajoute, comme valeur représentative des frais d'entretien sur le navire, les deux cinquièmes du salaire moyen (2). *Le salaire moyen est fixé uniformément pour toutes les places maritimes allemandes par le chancelier de l'Empire. Pour l'établissement de cette moyenne, on doit prendre comme base les salaires accordés aux matelots sur les navires allemands pendant les trois années précédentes* (3). La moyenne des salaires est établie séparément pour les simples matelots, les timoniers, les machinistes, les autres officiers de marine et les capitaines (4). On alloue aux personnes faisant partie de l'équipage, pour lesquelles aucune moyenne spéciale n'aurait été établie, les trois quarts de la moyenne fixée pour les simples matelots. D'après l'article 7, « est considéré comme salaire annuel des autres personnes assurées d'après les dispositions de l'art. 1 le salaire que les ouvriers de même genre gagnent en moyenne dans l'année. *Cette moyenne est établie par l'autorité administrative supérieure du lieu où s'exerce l'industrie.* Si elle n'atteint pas une somme égale à 300 fois le chiffre fixé pour ce pays par cette autorité comme valeur du salaire journalier d'un ouvrier ordinaire à la journée (5), le salaire annuel se calcule d'après le dernier chiffre ».

(1) Art. 13. Le législateur ajoute : « Quand les ayants droit désignés sous la lettre *b* viennent en concours avec les ayants droit désignés sous la lettre *a*, les premiers n'ont de droit à une pension qu'autant que les derniers ne peuvent pas réclamer le chiffre *maximum* de la pension. Les personnes qu'un étranger laisse après lui n'ont droit à une pension qu'au cas où, au moment de l'accident, ils habitent le sol national (*im Inlande*). — (2) Pour les catégories de personnes de l'équipage qui, outre leur traitement, reçoivent habituellement une rémunération supplémentaire, la valeur moyenne de ces suppléments entre en ligne de compte pour le calcul du salaire annuel (art. 6). — (3) Abstraction faite des années de mobilisation militaire. La revision des calculs établissant la moyenne doit avoir lieu au moins tous les cinq ans (même article). — (4) D'autres catégories peuvent encore être faites soit d'après les navires, soit d'après les personnes (même article). — (5) Cf. art. 8 de la loi du 15 juin 1883 sur l'assurance contre les maladies.

Cela posé, les fonds nécessaires pour solder les indemnités dues par l'association et les frais d'administration sont fournis par des cotisations annuellement imposées aux membres de l'association (1). Si les statuts n'en décident pas autrement, les cotisations exigibles se répartissent, en ce qui concerne les industries maritimes, proportionnellement au tonnage des navires. Les statuts peuvent établir qu'on formera des catégories de risques (2) pour les industries dépendant de l'association, d'après l'importance des dangers d'accidents inhérents à ces industries, et qu'on déterminera le chiffre des cotisations en conséquence (tarif des risques).

Le lecteur consultera sans doute avec intérêt les articles 57 à 66, placés sous la rubrique *Déclaration et enquête sur les accidents*, les articles 67 à 69 placés sous la rubrique *Fixation des indemnités*. Mais nous sortirions de notre cadre en entrant dans l'analyse détaillée de cette procédure administrative.

Mentionnons toutefois, pour finir, l'art. 75 qui restreint avec un soin jaloux les droits des étrangers (3) et l'art. 76, qui déclare insaisissables les créances d'indemnités (4).

1687 *ter*. Cette loi doit être jugée sévèrement, soit qu'on l'étudie au point de vue politique ou économique, soit qu'on se place exclusivement sur le terrain des intérêts maritimes.

Elle porte, dans presque toutes ses dispositions, comme ses aînées, l'empreinte de l'homme qui l'a conçue et pétrie. C'est une loi socialiste, et l'objection n'est pas pour déplaire à M. de Bismark qui croit pouvoir anéantir le socialisme révolutionnaire en organisant le socialisme d'état. La liberté du travail, c'est l'ennemie, et le chancelier se félicite sans doute encore, comme dans la discussion de la loi sur les maladies, d'avoir sapé « ce principe fondamental de l'état économique moderne ». Il y a peut-être dans ce langage et dans cette conduite un moyen éphémère d'influence électorale ; mais le résultat final trompera sans doute l'attente de cet homme politique. On ne détruit pas le socialisme en l'accapa-

(1) V. le développement de cette idée dans les art. 18 et 79. — (2) V., pour les évaluations et les catégories de risques, les art. 34 à 38 (Ann. de législ. étr., ib., p. 256). — (3) « L'association peut suspendre le paiement de la pension tant que l'intéressé n'habite pas le territoire de l'Empire. Si l'ayant droit est un étranger, l'association peut se libérer de ce qu'elle doit comme indemnité en payant une somme triple de la pension annuelle ». — (4) « Les créances qui, en vertu de la présente loi, appartiennent aux ayants droit à une indemnité, ne peuvent être légalement engagées à des tiers ou saisies pour le paiement d'autres créances que celles de la femme et des enfants légitimes indiquées dans l'art. 749 § 4 c. proc. (créances alimentaires) et celle de l'Union pour l'assistance des pauvres qui a fait l'avance de l'indemnité ».

rant et de récentes grèves prouvent d'ailleurs que le socialisme n'est pas accaparé. Les esprits s'habituent à ces procédés dictatoriaux et le poison s'infiltre dans les veines de toute la nation.

Comment? Je ne pourrai plus être *entrepreneur d'industrie*, pour parler le langage du législateur, sans être pris dans cet engrenage ! Par cela seul que je suis armateur, j'entre, même à mon corps défendant, dans une société d'assurances mutuelles ! Singulière tyrannie ! Qui ne sait cependant que le commerce maritime vit, plus que tout autre, de grand air et de liberté ?

Qui ne voit tout d'abord que ces entrepreneurs d'industrie, grevés de charges nouvelles, seront tentés d'amoindrir leurs charges anciennes ? Ils calculeront aisément ce que leur coûtera cette assurance obligatoire, dont ils vont faire tous les frais, et diminueront sans doute les salaires en conséquences. Voilà qui donnera fort à réfléchir aux assurés (je veux dire aux salariés), et ceux-ci seront peut-être tentés, dans leur propre intérêt, de repousser d'avance un présent fatal. Il fallait prévoir cette révolte, cet accord des « employés » et de l' « employeur ». L'Etat entend être prévoyant pour les gens de mer comme pour les autres, faire leurs affaires sans leur aveu, au besoin contre leur aveu. Un texte spécial (art. 113) interdit aux « associations professionnelles » ainsi qu'aux entrepreneurs industriels, coarmateurs ou commandants de navires, d'exclure ou de restreindre, au détriment des assurés, les dispositions de la nouvelle loi par des conventions particulières, et brise d'avance ces conventions. C'est admirable !

Cela ne suffit pas, car l' « entrepreneur d'industrie », l'armateur restent maîtres, en définitive, de chercher un dédommagement dans l'abaissement des salaires. Non, l'Etat n'aura pas le dernier mot. *Le salaire moyen est uniformément fixé pour toutes les places maritimes, sur un rapport des autorités centrales de l'Etat, par le chancelier de l'Empire.* On ne peut pas faire de meilleure grâce la courte échelle au socialisme.

L'Etat aura donc la main partout. Certains entrepreneurs d'industrie se figurent qu'ils échappent aux prévisions de la loi tutélaire? « Une décision du Conseil fédéral peut déclarer soumises à l'assurance obligatoire des personnes qui d'après les dispositions de l'art. 1 § 2, ne tombent pas sous le coup des prescriptions de cette loi (1) ». *L'administration impériale des assurances* plane, comme dans les lois précédentes, au-dessus des « associations professionnelles » pour les contrôler et les mettre au pas. Les articles 20 à 23, 98 à 101 témoignent de cette immixtion continuelle. Les statuts de chaque association doivent être approuvés par l' « ad-

(1) Art. 1 § 5.

ministration impériale » ; si l'accord ne s'établit pas, celle-ci punira l'incartade en rédigeant elle-même les statuts (1) : elle sait tout et pourvoit à tout ! Elle approuve le tarif des risques (2), elle dresse à l'avance des formules dont on ne peut pas s'écarter (3), elle remplace par ses propres délégués les « organes » de l'association qui refusent de remplir leurs obligations (4), elle fait dissoudre par le Conseil fédéral les compagnies d'assurances mutuelles qui deviennent incapables d'exécuter les prescriptions légales et, par suite de la dissolution, tous les droits de ces associations « passent à l'Empire (5) », etc., etc. Puisque l'Etat est devenu, selon l'expression employée par l'exposé des motifs du deuxième projet de loi sur l'assurance contre les accidents, « une institution de bienfaisance », il ne pouvait pas s'essayer plus complètement au rôle de bienfaiteur.

Il est probable que les armateurs allemands auront beaucoup à se plaindre de la loi nouvelle. D'abord elle les soumet à l'ingérance minutieuse et tracassière des associations professionnelles qui sont elles-mêmes dans la dépendance étroite de l'administration impériale. Une ère de vexations s'ouvre pour eux. Il est en outre hors de doute que le législateur leur impose une lourde charge sans compensation, soit en dispensant absolument les assurés (je veux dire les salariés) de participer aux charges de l'assurance, soit en élevant les pensions au chiffre énorme de 60 ou 66 2/3 0/0 du salaire moyen annuel. C'est ce qu'avait très bien compris la chambre de commerce de Hambourg et ce que révèle l'étudé des travaux préparatoires (6).

1687 *quater*. Par malheur, M. de Bismarck, même quand il ne fait que des lois sur les assurances, exerce sur beaucoup d'esprits une séduction irrésistible, et plusieurs de nos hommes d'état ne demandent qu'à s'élancer sur ses traces. MM. F. Faure, Martin Nadaud, Ricard, Aujame, Chavoix, Lagrange, Guillaumou, Trystram, Siegfried et Lyonnais soumirent à la chambre des députés, le 15 octobre 1888, une proposition de loi « tendant à rendre applicable aux marins du commerce les dispositions du projet de loi adopté par la Chambre des députés concernant la responsabilité des accidents dont les ouvriers sont victimes dans leur travail. » Cet empressement était d'autant plus remarquable que la proposition votée le 18 juillet 1888 par la chambre, défectueuse à beaucoup d'égards, paraissait devoir être amendée par le sénat. Il s'agissait de généraliser un texte qui n'avait pas encore et qui ne devait pas avoir force législative.

(1) Art. 26. — (2) Art. 36. — (3) Art. 59. — (4) Art. 33. — (5) Art. 42. — (6) V. dans l'Ann. de législ. comp., p. 232 et s., l'intéressante notice de M. H. Mornard.

Le gouvernement français avait recommandé sagement aux armateurs et aux marins certaines compagnies d'assurances qui s'étaient formées par l'initiative privée. Dès le 6 novembre 1872, le ministre Pothuau signalait aux autorités maritimes les statuts de la société l'*Etoile de la Mer*, autorisée par décret du 1⁰ʳ novembre 1871 à comprendre dans ses opérations l'assurance sur la vie des marins et des passagers, victimes d'accidents de mer. D'autres institutions, telles que les sociétés de secours mutuels de marins fondées dans nos ports et la société centrale de secours aux familles des marins naufragés apportaient d'utiles secours à de nombreuses infortunes. Mais ces secours étaient « variables et facultatifs », leurs bienfaits « relevaient de l'association ou de la philanthropie ». C'était leur mérite à nos yeux, leur tort aux yeux des honorables auteurs du projet. « Il faut, lit-on dans l'exposé des motifs, une loi qui établisse *le droit à l'assistance*, fixe, proportionnel et permanent ». Tel est, en effet, le nouveau principe qu'on prétend introduire dans notre législation commerciale maritime.

La proposition est ainsi conçue :

Art. 1. Le projet de loi adopté par la chambre des députés le 10 juillet 1888, concernant la responsabilité des accidents dont les ouvriers sont victimes dans leur travail, est applicable aux marins du commerce. Sont marins du commerce, aux termes de la présente loi, les capitaines, patrons, officiers, matelots, novices et mousses, mécaniciens et chauffeurs, cuisiniers, portés sur le rôle d'équipage d'un navire affecté à un transport de passagers ou de marchandises, à la pêche lointaine ou côtière ou à la navigation de plaisance. La garantie de la présente loi s'étend non-seulement aux naufrages ou accidents survenus à bord, mais encore à tout accident arrivant à terre, dans des opérations ayant pour objet le service du navire, y compris tout accident arrivé pendant le rapatriement.

On sait que, d'après le projet voté le 10 juillet 1888 par la chambre des députés, tout accident survenu dans leur travail à certaines catégories d'ouvriers leur donne droit à une indemnité (si ce n'est au cas où la victime a intentionnellement provoqué l'accident) et que cette indemnité reste à la charge du « chef de l'entreprise », les employés et ouvriers dont les appointements dépassent 4,000 fr. ne bénéficiant que jusqu'à concurrence de cette somme des dispositions nouvelles. Nous désapprouvons entièrement le principe même de cette réforme, qui apporte une dérogation exorbitante à la loi commune et viole la règle constitutionnelle de l'égalité devant la loi (1).

(1) C'est ce que nous avons amplement expliqué dans la *Revue des deux Mondes* du 15 mars 1888.

Mais il n'est pas inutile de faire observer que, « pour encourager les matelots et porter un plus grand nombre de personnes à embrasser cette profession », l'ordonnance de 1681 et le code de commerce avaient déjà dérogé au droit commun (1). D'après l'art. 262 co., « le matelot est payé de ses loyers, traité et pansé aux frais du navire s'il tombe malade pendant le voyage ou s'il est blessé au service du navire ». On ne propose pas d'ailleurs d'abroger l'article 262 : il s'agit de le compléter, le traitement dont il impose les frais à l'armateur « n'étant, en équité, qu'une partie de ses obligations (2) ».

En outre, on remarquera qu'il ne s'agit plus, à proprement parler, du moins en ce qui concerne les gens de mer, d'un contrat d'*assurance*. Tandis que, dans le projet déposé par le gouvernement allemand (3), les armateurs étaient autorisés à prélever sur les paiements de salaires une retenue de deux pfennigs par mark entier, le législateur français se propose simplement de mettre une nouvelle espèce d'*indemnités* « à la charge de l'entreprise ».

D'après l'alinéa final de l'article 1, le bénéfice de la loi s'étendrait à *tout accident* arrivant à terre dans des opérations ayant pour objet le service du navire. La chambre de commerce de Marseille, consultée par le ministre des travaux publics, a critiqué cette disposition (délibération du 22 février 1889). En effet le code de commerce a fait une distinction très sage entre le matelot sorti du navire sans autorisation et le matelot sorti du navire avec autorisation. Cette distinction devrait être maintenue.

La même chambre de commerce aurait, en outre, désiré qu'on effaçât du projet les mots « y compris tout accident arrivé dans le rapatriement ». Toutefois, le principe de la réforme une fois admis, il faut bien reconnaître que le matelot, étant présumé s'être loué pour l'aller et le retour, devrait pouvoir réclamer le bénéfice de la loi nouvelle, comme il réclame celui de l'art. 262, jusqu'à son retour au port d'armement (cf. notre t. III, n. 724).

Mais il n'est pas inutile de remarquer qu'on se propose, dès 1888, de défaire l'œuvre du législateur de 1885. Celui-ci, pour remédier à *l'imprévu* et à *l'indéfini* des dépenses mises à la charge de l'armement, autorise, on le sait, les armateurs à se libérer des frais de traitement et de rapatriement par une sorte de forfait (nouvel art. 262 § 2) (4).

La proposition de loi continue en ces termes. *Art. 2.* L'art. 216 co. est modifié par l'addition du paragraphe suivant : « Mais le pro-

---

(1) V. notre t. III, n. 723. — (2) Exposé des motifs. — (3) D'ailleurs amendé sur ce point par le Reichstag. — (4) V. notre t. III, n. 729, et notre t. V, n. 1281 et 1282.

priétaire du navire ne peut, dans aucun cas, s'affranchir, par l'abandon du navire et du fret, de la responsabilité des accidents survenus aux marins ou à tous autres formant l'équipage de son navire, que les accidents soient arivés à bord ou à terre, en ce dernier cas dans les opérations relatives au service du navire ». On ne saurait trop appeler l'attention des armateurs, du gouvernement et du pouvoir législatif lui-même sur cette disposition, dont l'adoption porterait un coup très-grave au commerce maritime.

D'abord il ne faut pas laisser entamer à la légère l'article 216. C'est la citadelle de l'armement. On a limité très sagement, par cette ingénieuse distinction entre la fortune de terre et la fortune de mer, une responsabilité qu'il ne fallait pas détruire (1). A quoi bon l'avoir imaginée si le législateur, hors de propos, retire d'une main ce qu'il a donné de l'autre ?

Or la modification proposée est inacceptable. On a songé, selon toute vraisemblance, aux fautes de l'équipage. L'armateur en est responsable (v. notre t. III, n. 274). Mais, en droit français comme en droit allemand, il peut limiter cette responsabilité par l'abandon du navire et du fret. Quoi de plus sage que de maintenir cette limitation dans l'hypothèse où l'auteur de la réclamation est l'auteur du dommage ? Mais c'est ici que l'école socialiste élève une de ses revendications les plus déraisonnables. Il importe peu, dans son système, que l'ouvrier ait amené l'accident par sa faute. La responsabilité du « chef d'entreprise » étant contractuelle, celui-ci doit préserver par toutes les mesures nécessaires la vie ou la santé des ouvriers, même contre leur imprudence. Il n'entre pas dans notre cadre de réfuter ce dangereux sophisme. Cette partie de la proposition est, à notre avis, déplorable.

Art. 3. Le tiers du salaire moyen annuel du marin engagé à la part s'entendra, pour l'application de l'article 2 § 2 de la loi (?) du 10 juillet 1888, du tiers de la moyenne des parts de pêche acquises par lui ou par les marins de son grade ou de son emploi, faisant partie du même équipage, dans les cinq années précédentes.

Il s'agit ici de la pension allouée au cas d'incapacité permanente absolue. On sait que, d'après le texte adopté par la chambre des députés le 10 juillet 1888, cette pension ne peut être inférieure au tiers du salaire moyen annuel ni supérieure aux deux tiers, et qu'elle ne peut, dans aucun cas, être moindre de 400 francs par an pour les hommes ni de 250 francs par an pour les femmes. Les critiques que nous pourrions diriger contre cette partie de la proposition s'adressent au projet de loi générale sur la responsabilité des accidents.

(1) C'est précisément ce mécanisme que fausse, en sens inverse, la jurisprudence de la cour de cassation sur les clauses d'irresponsabilité.

Les contestations entre les victimes d'accidents et les chefs d'entreprise, relatives à diverses indemnités sont, d'après l'article 8 du projet de loi générale, jugées en dernier ressort par le juge de paix. La proposition de MM. F. Faure. Martin Nadaud et autres modifie comme il suit cette attribution de compétence. *Art. 4.* Le règlement des contestations prévues à l'art. 8 de la loi (?) du 10 juillet 1888 appartiendra, en dernier ressort, à une commission composée du commissaire de l'inscription maritime, d'un membre de la chambre de commerce et d'un marin ou mécanicien de la spécialité de la victime. Le juge de paix, à la requête du commissaire de l'inscription maritime, et sur le vu de la décision, commettra un huissier pour la signification des actes nécessaires.

La chambre de commerce de Marseille demande qu'on remplace la commission par le tribunal de commerce. Elle a raison. Les Etats-Généraux, sous l'ancien régime, ne cessèrent de protester, de 1355 à 1789, contre l'abus des juridictions extraordinaires. Il importe de préserver la démocratie triomphante des fautes que les cahiers de 1789 reprochaient à la monarchie absolue. Pas de privilèges, pas de juridictions privilégiées.

L'art. 13 du projet de loi générale, après avoir fixé le salaire moyen annuel à 300 fois le gain quotidien moyen des jours de travail, décide que, si une portion du salaire est fournie en nature, le juge fera l'évaluation des choses fournies, suivant les usages et le prix du lieu. La proposition de MM. F. Faure, Martin Nadaud et autres s'exprime en ces termes. *Art. 5.* N'est pas considérée comme la portion de salaire, fournie en nature, au sens de l'art. 13 § 2 de la loi (?) du 10 juillet 1888, la valeur de la ration délivrée à bord.

Art. 6. La déclaration d'accident prévue à l'art. 14 de la loi (?) du 10 juillet 1888 sera faite, dans un port français, au commissaire de l'inscription maritime, dans un port étranger au consul ou à l'agent consulaire de France. En pleine mer, le capitaine dressera un procès-verbal signé des marins de l'équipage (1) et qui sera déposé devant l'autorité maritime ou consulaire française du premier port où le navire abordera.

Art. 7. Lorsque la blessure pourra occasionner la mort ou une incapacité de travail de plus de dix jours, la commission instituée à l'art. 4 de la présente loi sera chargée de l'enquête préliminaire prescrite par l'article 15 de la loi (?) du 10 juillet 1888. La minute de l'enquête sera déposée aux archives du bureau de la marine.

La chambre de commerce demande avec raison que les tribunaux de commerce soient chargés de cette enquête préliminaire.

---

(1) La chambre de commerce de Marseille demande qu'on se borne à exiger la signature de deux des marins de l'équipage.

D'après les dispositions du titre V du projet de loi générale, lés « chefs d'entreprise » pourront former entre eux des syndicats à l'effet de constituer des caisses d'assurance mutuelle contre les risques prévus par ce projet, caisses « basées sur la répartition annuelle des charges résultant des accidents ». L'*art. 8* de la proposition spéciale est rédigé comme il suit : « Les syndicats prévus au titre V de la loi (?) du 10 juillet 1888 seront régulièrement composés par la réunion de six propriétaires de navires, lorsque ces propriétaires seront des compagnies armateurs de transports subventionnés par l'Etat (1). Les statuts prévus à l'art. 30 de la loi (?) précitée seront déposés à la préfecture du département où les syndicats auront leur siège social et au bureau de la marine du chef-lieu du sous-arrondissement maritime de la circonscription des ports d'immatriculation des navires ». M. Ad. Guérard, ingénieur en chef du port de Marseille, propose, dans une note adressée au ministère des travaux publics, de remplacer cet article par la disposition suivante : « Les syndicats, etc. seront régulièrement composés par la réunion de quatre propriétaires de navires lorsque ces armateurs possèderont ensemble un matériel naviguant d'au moins 25.000 tonneaux de jauge officielle ». Cette rédaction serait plus pratique.

Le projet de loi générale autorise, dans son titre VI, la caisse d'assurance en cas d'accidents, créée par la loi du 11 juillet 1868, à effectuer des assurances ayant pour objet de garantir dans les conditions indiquées par les articles 36 et suivants, les « chefs d'entreprise » contre les conséquences pécuniaires de la responsabilité qu'il détermine. L'article 40 de ce projet donne au ministre du commerce le droit de fixer annuellement le taux des primes d'assurance pour l'année qui commencera le 1er janvier suivant. L'art. 41 fixe pour la première année, à dater de la promulgation de la loi future, le tarif de ces primes.

L'*article 9* de la proposition spéciale est ainsi conçu : « Les primes mentionnées à l'art. 41 (2) de la loi (?) du 10 juillet 1888 sont fixées ainsi : *Prime annuelle*, quels que soient les salaires . Pour le risque soit de mort, soit d'incapacité de travail, Au long cours, 13 fr. 50 c., Au cabotage et aux pêches, 18 fr. ; pour les deux risques réunis, Au long cours, 20 fr. 25 c., Au cabotage et aux pêches, 27 fr.

(1) Il n'existe en France, à notre connaissance, que trois compagnies de navigation subventionnées : la compagnie des messageries maritimes, la compagnie générale transatlantique, la compagnie insulaire Morelli. — (2) Il n'est pas inutile de faire observer que cet article a disparu du texte proposé par la commission du sénat.

« L'assurance prévue au titre VI de la loi (?) du 10 juillet 1888 peut être faite soit pour un voyage déterminé, soit pour un ou plusieurs mois, soit pour une année entière.

« Est considéré comme ayant succombé à un cas de mort accidentelle dont l'assurance répond, tout assuré (1) embarqué sur un navire dont on n'a pas eu de nouvelles pendant un laps de temps de : six mois pour les voyages de cabotage ; huit mois pour les voyages de long cours en deçà des caps Horn et de Bonne-Espérance ; un an pour les voyages au-delà de ces caps ».

Si l'on veut comprendre le premier alinéa, fort mal rédigé, il faut se rappeler que, d'après le projet de loi générale 1° l'assurance est collective pour tous les ouvriers et employés ; 2° elle a lieu moyennant une prime calculée sur l'ensemble des salaires moyens annuels sans que le salaire moyen d'un assuré puisse être compté pour moins de 1200 fr. pour les hommes et de 750 fr. pour les femmes ; 3° les primes sont fixées « pour chaque mille francs du salaire moyen annuel ». Il s'agit encore ici d'une prime collective et calculée à tant pour mille du salaire moyen annuel.

Je relève dans la note adressée au ministre des travaux publics par l'ingénieur en chef du port de Marseille plusieurs chiffres qui mènent à la conclusion suivante : 1° les chiffres de la proposition spéciale diffèrent peu de ceux que font payer en général les compagnies d'assurances (la Royale Belge, la Winthertur, etc.) aux armateurs faisant le cabotage ou dont la flotte est d'une importance moyenne (2) ; 2° ils sont très supérieurs à ceux que paient les grandes compagnies (3). J'en conclus avec M. Guérard qu'il y a, pour le commerce maritime, un avantage manifeste à laisser aux armateurs toute la liberté de leurs mouvements, c'est-à-dire, la faculté de s'assurer ou de ne pas s'assurer, de s'assurer séparément ou de se syndiquer en vue d'une assurance mutuelle.

Mais j'abrège d'autant plus cette discussion que la commission sénatoriale a remplacé toute la partie du projet voté par la chambre des députés le 10 juillet 1888, relative au tarif et *au mode de calcul* des primes, par une phrase ainsi conçue : « Un règlement d'administration publique déterminera la forme des polices d'assurances et les conditions des contrats ».

---

(1) Cette expression n'est pas exacte. D'après le mécanisme du projet, c'est aux chefs d'entreprise, non aux gens de l'équipage que la qualification d'assurés est applicable. — (2) 2,80 pour 100 fr. de salaires annuels. — (3) Prenant pour type une très grande compagnie qui paie annuellement plus de six millions en salaires et qui, pouvant avoir un intérêt à s'assurer elle-même, fait la loi, dans une certaine mesure, aux assureurs, M. Guérard arrive à 1 0/0 du salaire annuel.

Art. 10. L'assurance prévue au paragraphe premier de l'art. 43 de la loi (?) du 10 juillet 1888 est applicable au patron de pêche ou au patron pilote, propriétaire de son navire et naviguant seul à bord (1).

Art. 11. La présente loi ne déroge en rien à l'article 262 du code de commerce.

Les auteurs de la proposition savent bien qu'ils bouleversent de fond en comble le système du code (art. 262 à 264 et 216). Ils ont voulu dire qu'ils n'entendaient pas, en imposant de nouvelles charges à l'armement, alléger une seule des anciennes.

Ils rendent ainsi la condition des armateurs inférieure à celle des autres « chefs d'entreprise », car ceux-ci ne sont pas tout d'abord obligés par les lois existantes de faire traiter, panser à leurs frais leurs « employés » malades et de les payer en outre jusqu'au rapatriement.

Faut-il, parce que le gouvernement de l'empire d'Allemagne a commis une faute, que nous nous empressions de suivre son exemple ?

---

(1) On lit dans l'exposé des motifs de la proposition spéciale : « L'assurance des ouvriers qui ne font pas partie d'un atelier, telle que l'autorise l'art. 43 de la loi (?) du 10 juillet 1888, a pour mesure correspondante, au présent projet, la prime due par le patron naviguant seul, qui veut en profiter ». Mais il n'est pas inutile de faire observer que l'article 43 du projet voté par la chambre des députés a disparu du texte proposé par la commission sénatoriale.

DES PRESCRIPTIONS ET FINS

DES PRESCRIPTIONS ET FINS DE NON RECEVOIR

1688. L'ordonnance de 1681 traitait dans un titre unique, le douzième du premier livre, « des prescriptions et des fins de non recevoir ». C'est le plan qu'a suivi le législateur belge de 1879, en commençant toutefois par les fins de non recevoir.

Le code français de 1807 procède autrement. Les *prescriptions* et les *fins de non recevoir* forment l'objet de deux titres distincts, les titres XII et XIV du livre II. Les deux mots, nous le reconnaissons, ne répondent pas à la même idée. Le code civil (art. 2219) a défini la prescription « un moyen d'acquérir ou de se libérer par un certain laps de temps et sous les conditions déterminées par la loi ». La fin de non recevoir est une exception qu'un plaideur oppose à son adversaire pour empêcher que le combat judiciaire ne s'engage sur le fond du droit. Cependant l'illustre Merlin a dit (1) que « les fins de non recevoir se tirent » aussi « du laps de temps, lorsqu'il y a quelque prescription acquise ».

Nous croyons pouvoir réunir sans inconvénient dans un seul chapitre, ainsi que l'avait fait en 1867 la commission chargée d'arrêter un projet de revision, nos études juridiques sur les prescriptions et sur les fins de non recevoir.

La matière n'est pas, d'ailleurs, de celles qui comportent l'emploi de la méthode synthétique. Nous allons donc suivre pas à pas, cette fois, le législateur de 1807 en laissant chaque article du code à sa place : ce sera, nous n'en doutons pas, une surprise agréable pour la plupart des lecteurs français.

1689. L'article 430 est ainsi conçu : « Le capitaine ne peut acquérir la propriété du navire par voie de prescription ». L'Ordonnance avait dit (l. I, tit. XII, art. 1) : « Les maistres et patrons ne pourront, par quelque temps que ce soit, prescrire le vaisseau contre les propriétaires qui les auront établis ». On le comprend sans peine, puisque le capitaine est un détenteur précaire : ceux qui possèdent pour autrui ne prescrivent jamais ! Cependant, quelque absolu que soit le texte de l'article 430, il est indubitable que ses rédacteurs n'ont pas voulu déroger aux règles ordinaires du

(1) Répert., v° Fin de non recevoir.

droit civil et le capitaine, comme tout autre détenteur précaire, pourrait intervertir son titre en conformité de l'art. 2238 c. civ.

En disant que le capitaine ne prescrit pas le navire, la loi fait comprendre qu'un autre peut en acquérir la propriété par la prescription.

Nous nous sommes expliqué sur ce mode d'acquisition dans notre tome I, où nous avons commenté l'article 430 (n. 90).

1690. Le livre III du nouveau code espagnol (*del comercio maritimo*) ne contient pas de titre spécial relatif aux prescriptions maritimes. Mais le livre IV, intitulé « de la suspension des paiements, des faillites et des prescriptions », traite dans son titre II (art. 942 à 954) des prescriptions en matière commerciale, qu'il s'agisse du commerce terrestre ou du commerce maritime. Toutefois la disposition qui concerne la prescription des navires est mise à sa place, c'est-à-dire au titre des navires par lequel débute le livre III. « La propriété des navires, dit l'art. 573, s'acquiert aussi par la possession de bonne foi, continuée pendant trois ans, avec juste titre dûment enregistré. Si l'une de ces conditions vient à manquer, la propriété peut être acquise par une possession continue de dix années.| Le capitaine ne peut acquérir par prescription la propriété du navire qu'il commande ».

On ne peut que féliciter le législateur portugais de n'avoir pas inséré dans son nouveau code de commerce un titre des prescriptions et fins de non recevoir. Il y est dit, au chapitre I du titre des navires : « La possession d'un navire sans titre d'acquisition n'emporte pas propriété ».

Le code néerlandais, livre II, traite, au titre XII, « de l'extinction des obligations en matière de commerce maritime » (art. 741 à 747), mais ne contient aucune disposition relative à la prescription acquisitive des navires.

Le titre V du livre III du code de Costa-Rica est intitulé : *De la prescripcion en las obligaciones peculiares del comercio maritimo* (art. 932 à 940). On lit, en outre, dans l'art. 533 : » La possession du navire sans titre d'acquisition n'attribue la propriété au possesseur qu'autant qu'elle a été continue pendant l'espace de trente ans. Le capitaine ne peut acquérir la propriété du navire par voie de prescription ». De même au Pérou ; mais la durée de la possession continue requise pour prescrire est réduite à quinze ans par l'art. 551 cod. péruv. De même au Mexique ; mais la durée de la même possession est réduite à dix ans par le code de 1884 (art. 1020). Ce nouveau code contient d'ailleurs non dans le livre III (*del comercio maritimo*), mais au titre XVI du livre précédent *(de las operationes de comercio)* un titre *de la prescripcion en materias mercantiles* (art. 1003 à 1016).

Les codes de la république argentine et de l'Uruguay contiennent de même, à la fin du livre II (*de los contratos de comercio*) un
chapitre *de la prescripcion*, applicable au commerce maritime
comme au commerce terrestre (1). Mais l'un et l'autre code contiennent, au titre I du livre III, une disposition sur la prescription
des navires. « La posesion de un buque, dit le premier (art. 1019),
sin titulo de adquisicion, no atribuye la propiedad al poseedor, *sea
cual fuere el tiempo que trascurriere*. » On lit dans le second (art.
1036) : « La posesion con titulo y buena fé atribuye al poseedor la
propiedad del buque, con arreglo a lo dispuesto por derecho para
la prescripcion de bienes raices *(biens-fonds)*. La posesion del buque sin el titulo de adquisicion no atribuye la propiedad al poseedor, sino ha sido continua por espacio de *treinta* años ».

On trouve dans la première partie du code brésilien, qui traite
« du commerce en général », un titre *da prescripçao* (art. 441 à 456)
et, dans ce titre, un article ainsi conçu : « Le capitaine d'un navire
ne peut pas acquérir par voie de prescription le navire sur lequel il
sert ni aucun objet qui en dépende (2) ».

Le livre III du code chilien contient un titre final intitulé « De la
prescripcion de las obligaciones peculiares del comercio maritimo i
de la esception de inadmisibilidad de algùnas acciones especiales »
(art. 1313 à 1324). Il importe de signaler une règle générale, posée dans l'article 1318 : les actions issues des obligations dont il est
question dans le présent livre (del comercio maritimo), quand elles
n'ont pas été soumises à une prescription spéciale, se prescrivent
par cinq ans. La prescription acquisitive des navires est réglée
dans le titre des navires : d'après l'art. 828, il faut pour acquérir
un navire par prescription, une possession de dix ans avec juste
titre et bonne foi ; faute d'un juste titre une possession de trente
ans : le capitaine ne peut pas prescrire le navire qu'il commande
au nom d'un autre. Ainsi procèdent les codes de Guatemala, du
Salvador et du Honduras.

Le titre final du livre II du code Vénézuélien (art. 745 à 753) est
intitulé « De la extincion de las acciones » et contient une disposition semblable à celle de l'art. 1318 c. chil. Ce code est muet sur
la prescription acquisitive des navires.

Les codes de la Turquie (art. 274) et de l'Egypte (art. 267) se bornent à reproduire notre article 430.

Au contraire, le législateur belge de 1879 a supprimé cette disposition comme inutile. Le titre XII du livre V du code allemand,
qui traite de la prescription, garde le même silence. Ainsi procède

______

(1) Art. 997 à 1013 c. arg., 1013 à 1029 c. urug. — (2) Nem de cousa a
ella pertencente (art. 451).

encore le projet de code maritime élaboré en 1888 par les commissaires norvégiens, suédois et danois (1). Mais, d'après une règle générale posée par ce projet (art. 284), les créances maritimes qui ne sont pas soumises à une prescription spéciale devront s'éteindre par le laps d'un an à partir de leur date d'échéance.

Aucun titre de l'ordonnance russe sur le commerce ne correspond aux titres XIII et XIV, 1. II du code français.

Le code italien de 1882 traite dans un livre spécial (2) « de l'exercice des actions commerciales et de leur durée ». Le deuxième titre de ce livre, intitulé « de la prescription » (art. 915 à 926), contient des règles applicables soit au commerce de terre, soit au commerce maritime, et pose ce principe général : « La prescription ordinaire en matière commerciale s'accomplit par le laps de dix ans dans tous les cas pour lesquels le présent code ou d'autres lois n'établissent pas de prescription plus courte (3) ». L'article 918 remplace comme il suit la disposition que nous avons citée dans notre t. II, n. 90 : « L'action en revendication d'un navire se prescrit par dix ans, sans qu'on puisse opposer le défaut de titre ou de bonne foi. Celui qui possède un navire en vertu d'un titre stipulé de bonne foi, dûment transcrit et qui n'est pas nul pour défaut de forme, opère la prescription en sa faveur au bout de cinq années à partir de la transcription du titre et de la mention sur l'acte de nationalité ». Les art. 939 et 940 du nouveau code roumain sont calqués sur les art. 911 et 918 du code italien.

En Angleterre, aucune loi spéciale n'a déterminé la durée des actions en matière maritime. Il faut donc renvoyer le lecteur au droit commun (4). De même au Canada : toutefois, d'après le code civil du Bas-Canada, (art. 2260 § 4), l'action se prescrit généralement par cinq ans « en toutes matières commerciales ». Le code civil de Sainte-Lucie (art. 2121 § 4) pose la même règle.

Il faut consulter, pour l'île de Malte, non pas les lois de 1859 sur la marine marchande, mais l'ordonnance du 2 octobre 1857 (5), dont le titre X est intitulé *Delle prescrizioni e dei motivi d'inammissibilità in alcune materie commerciali*. D'après l'article 312, les actions, quand elles ne sont pas bornées par une prescription spéciale, s'éteignent par le laps de dix ans.

On ne paraît pas même concevoir, aux Etats-Unis, que la propriété d'un navire puisse être acquise par la prescription (6).

(1) Projet de loi maritime norvégienne. — (2) Le livre IV. — (3) V. sur la nécessité des courtes prescriptions en matière commerciale Vincenzo Lanza, *Corso di diritto commerciale*, I, n. 170. — (4) En lui rappelant que la loi du 7 août 1874, en vigueur depuis le 1ᵉʳ janvier 1879, est placée sous la rubrique *real property limited act* et que, en droit anglais, les navires sont « personal property ».— (5) V. notre introduction historique.— (6) L'ouvrage de Dixon

Il est admis soit en Hongrie, soit en Autriche que le capitaine ne peut pas acquérir la propriété du navire par voie de prescription (1).

1691. L'article 431 du code de commerce est ainsi conçu: « L'action en délaissement est prescrite dans les délais exprimés par l'article 373 ». Cette disposition était inutile.

Nous renvoyons le lecteur à notre tome VII, n. 1585 à 1589.

Nous avons dit (n. 1587) et nous répétons que les pourparlers n'interrompent pas cette prescription. De simples réserves faites par l'assuré, dans n'importe quel acte, ne l'interrompraient pas davantage (2). Il est vrai que l'assureur peut renoncer expressément ou tacitement, conformément au droit commun, à cette prescription comme à toute autre (3). S'il résulte clairement des pourparlers que l'assureur entend renoncer à la prescription acquise, l'article 2221 devient manifestement applicable. Mais, en général, des pourparlers échangés en vue d'un règlement amiable et transactionnel n'impliqueront pas, de la part de l'assureur, la volonté d'opérer une pareille renonciation, qui ne peut pas se présumer et si le juge du fait tire, à ce sujet, des faits qu'il aura souverainement constatés, une fausse déduction juridique, sa décision peut être cassée par la cour suprême. Il ne faudrait pas non plus se figurer que l'assuré pût opposer, pour échapper à la courte prescription, une simple reconnaissance verbale contenue dans les pourparlers. C'est ce que nous expliquerons en commentant l'art. 434 (4).

En cas de perte totale, l'assuré doit-il agir dans les délais de l'art. 373 ou a-t-il le temps plus long accordé, comme on le verra bientôt, pour l'exercice de l'action d'avarie ? Le tribunal de commerce de la Seine a déclaré (5) l'action de l'assuré non recevable sous prétexte que, la perte étant totale, le délaissement s'imposait et le délai de six mois, imparti dans l'espèce pour l'opérer, était expiré, tandis que l'assuré prétendait pouvoir encore exercer l'action d'avarie dans les cinq ans à dater de la police. Nous croyons avec MM. de Courcy (6) et de Lyon-Caen (7) que le tribunal s'est trompé. Ainsi que nous l'avons expliqué plus haut (8), le délaisse-

(the law of shipping) débute ainsi : The property of a ship may be acquired by building it, by inheritance, by deed of gift, by purchase and by capture followed by condemnation. Pas un mot de la prescription.

(1) *Diritto marittimo* (Alessio Dr. Feichtinger de B. Nadasd). V. notre intr. hist. — (2) Cf. civ. cass. 10 nov. 1880, S. 1880, 1, 115. — (3) Bordeaux 27 mai 1885. Rec. de la c. de Bordeaux, 1885, 2. 348 ; trib. co. Seine, 9 mars 1887. Rev. intern. du dr. mar. II, p. 694. — (4) L'arrêt de Bordeaux et le jugement de Paris précités rendaient nécessaire ce court exposé doctrinal. — (5) 9 mars 1887, *op. et loc. cit.* — (6) Rev. internat. du dr. mar. III, p. 110. — (7) Rev. crit. de législ. et de jurispr., ann. 1888, p. 364. — (8) t. VII, n. 1599.

ment est une exception au droit commun, même au droit commun des assurances, l'action d'avarie est, par excellence, l'action générale et propre à la nature du contrat. On pourrait même dire à un point de vue théorique, abstraction faite du code et de ses prescriptions, que la notion du délaissement disparaît quand il ne reste rien à délaisser. L'action d'avarie subsiste si bien que, dans la matière des assurances non maritimes, où le délaissement est inconnu, l'assuré garde indubitablement cette unique ressource au cas de perte totale. Dire qu'aucune avarie ne peut être constatée dans cette hypothèse et qu'on ne saurait, en conséquence, procéder par action d'avarie, c'est tomber dans une véritable confusion, puisque le code qualifie lui-même avaries certaines pertes totales, par exemple celle des câbles ou des ancres et celle des choses jetées à la mer (art. 403 et 400). Pourrait-on comprendre enfin que l'assureur fût soumis à l'action d'avarie pendant cinq ans s'il y avait perte constatée de 99 0/0 et soustrait à toute action après six mois, un an ou dix-huit mois par cela seul qu'elle atteindrait 100 0/0 ? On touche à l'absurde.

1692. Complétons nos aperçus de droit comparé.

On lit dans le code portugais de 1888 (art. 620) : « Le délaissement sera intimé *(intimado)* aux assureurs dans le délai de trois mois à compter du jour où l'on a eu connaissance du sinistre, si celui-ci est arrivé dans les mers d'Europe ; de six mois s'il est survenu dans les mers d'Afrique, dans les mers occidentales et méridionales d'Asie et dans les mers orientales d'Amérique ; d'un an s'il s'est produit dans d'autres mers. Dans le cas de prise ou d'arrêt par ordre de puissance, ces délais ne courent que du jour où expirent ceux établis par l'article précédent (1). L'assuré ne sera pas recevable à délaisser après l'expiration des délais fixés par le présent article, mais conservera le droit d'exercer l'action d'avarie ». Cette disposition corrige heureusement l'article 373 du code français : le délai le plus court est de trois mois, non de six ; le plus long est non de dix-huit mois, mais de douze, ainsi que nous l'avions demandé (2).

« Le délaissement, dit le code vénézuélien (art. 733), doit être fait dans les délais suivants : six mois quand le sinistre est arrivé

---

(1) « Le délaissement des objets pris ou arrêtés *(embargados)* ne peut se faire que passé trois mois après la notification de la prise ou de l'arrêt s'ils l'ont été dans les mers d'Europe, passé six mois s'ils l'ont été dans un autre lieu. Ces délais seront réduits de moitié pour les marchandises sujettes à détérioration rapide » (art. 619). — (2) V. notre t. VII, n. 1585. Le lecteur aura corrigé de lui-même une faute d'impression commise à la ligne 36 de la page 317.

sur la côte orientale de l'Amérique, huit mois s'il est survenu sur
la côte occidentale de l'Amérique, sur les côtes de l'Europe, de
l'Asie et de l'Afrique qui sont baignées par la Méditerranée, de
douze mois s'il s'est produit sur un autre point du globe ». « Les
délais commenceront à courir : au cas de prise, du jour de la réception de la nouvelle de la prise conduite à quelqu'un des ports
situés sur les côtes ci-dessus mentionnées ; aux cas de naufrage,
d'échouement avec bris, de perte ou de détérioration, du jour de
la réception de la nouvelle du sinistre ; aux cas d'innavigabilité ou
d'embargo, à l'expiration des délais fixés par l'art. 727 (1). Le droit
au délaissement devient caduc par l'expiration des susdits délais »
(art. 734).

Cette partie de la législation mexicaine a été complètement remaniée en 1884. « L'abandon ne sera pas recevable, dit le nouveau
code (art. 1316), s'il n'est pas notifié aux assureurs dans les trois
mois qui suivront la date à laquelle aura été reçue la nouvelle vraisemblable *(fidedigna)* de la perte (des effets assurés) ou de la
prise » (2). « Quand une année se sera écoulée depuis la date à
laquelle l'arrivée au port de destination devait être connue et sans
qu'on en ait reçu de nouvelles (*noticia fidedigna*), l'assuré pourra
faire le délaissement et demander aux assureurs le paiement des
effets compris dans l'assurance sans être tenu de prouver la perte »
(art. 1319) (3).

Le projet de revision du code maritime, élaboré en 1887 par
les commissaires norvégiens, suédois et danois, s'exprime en ces

(1) Art. 727. Recayendo el seguro sobre el casco y quilla de la nave, el
asegurado podra hacer abandono de ella al tiempo de notificar a los aseguradores la resolucion que la declara innavegable. Pero si el seguro versare
sobre la carga, no podra abandonarla hasta que hayan trascurrido seis me-
ses, si la inhabilitacion de la nave ocurriere en las costas de la America me-
ridional o septentrional ; ocho, si en las de Europa ; y doce, en cualquiera
otra parte. Estos plazos correran hesde la notification prescrita en el articulo
724. Art. 724. Declarandose que la nave ha quedado innavegable, el propie-
tario de la carga asegurada lo hara notificar a los aseguradores dentro de
tres dias, contados desde que dicha declaracion llegue a su noticia. — (2)
L'art. 1317 ajoute : « Se tendra por recibida la noticia para la prescripcion
del plazo que se ha profijado en el articulo anterior, desde que se haga noto-
ria entre los comerciantes de la residencia del asegurado, o se le pruebe por
cualquier modo legal, que le dieron aviso del suceso el capitan, el consigna-
tario o cualquier otro corresponsal suyo ». — (3) L'article 1320 ajoute : « No
obstara que el seguro se haya hecho por tiempo limitado, para que pueda
hacerse el abandono, cuando en el plazo determinado en el art. 1316 no se
hubiere recibido noticia de la nave, salva la prueba que puedan hacer los
aseguradores de que la perdida occurio despues de haber espirado so respon-
sabilidad ».

termes (1) : « Si le navire ou les marchandises sont frappés d'embargo ou si, d'une autre manière, ils sont retenus par une mesure émanant d'une autorité publique ou sont pris par des pirates ou si un navire assuré est abandonné par l'équipage, l'assuré peut réclamer le paiement de toute la somme assurée, moyennant le délaissement de ses droits sur la chose assurée (pourvu que le navire ou les marchandises ne soient pas libérés ou mis à la disposition de l'assuré) : dans les six mois, si l'événement susdit a eu lieu dans les eaux européennes, y compris la Méditerranée, la mer Noire et la mer d'Azof ; dans les neuf mois, s'il a eu lieu dans d'autres eaux en deçà du cap de Bonne-Espérance ou du cap Horn. Les termes susdits sont comptés du jour où l'avis du sinistre a été donné à l'assureur par l'assuré » (art. 259). « Si l'assuré veut délaisser la chose assurée, il doit en aviser l'assureur, au cas prévu par l'art. 257 *in fine* (2), dans le délai d'un mois, à compter du jour où il a appris le résultat de l'expertise ; aux cas prévus par les art. 258 (3) et 259, dans les six mois après l'expiration du délai fixé par ces articles pour chaque cas particulier » (art. 260). « Si le délai mentionné dans l'article précédent expire sans que l'assuré ait exercé son droit de délaisser, il en est déchu. » (art. 261 § 1).

On lit dans la loi maltaise du 21 décembre 1859 (art. 82) : « Le délaissement doit être fait aux assureurs dans les six mois à partir du jour de la réception de la nouvelle de la perte arrivée sur les côtes d'Europe ou sur celles de l'Asie et de l'Afrique dans la Méditerranée ; et aussi, en cas de prise, à partir du jour de la réception de la nouvelle de la prise conduite dans un des ports ou lieux situés aux côtes ci-dessus mentionnées ; dans les dix-huit mois à partir de la réception de la nouvelle des sinistres survenus ou des prises conduites dans quelque autre partie de monde. Ces délais passés, les assurés ne sont plus recevables à faire le délaissement. »

En Roumanie, la prescription de l'action en délaissement est réglée par l'art. 649 du nouveau code conforme à l'art. 637 du code italien (v. notre t. VII, n° 1589).

Les règles inscrites dans le code civil du Bas-Canada (4) sont reproduites dans le code de Sainte-Lucie (art. 2375 et 2376).

---

(1) Projet de loi maritime norvégienne. — (2) C'est-à-dire si un navire assuré souffre des avaries et si, par une expertise régulière, il est condamné. — (3) Art. 258. En cas de défaut de nouvelles d'un navire pendant un laps de temps trois fois aussi long que celui qu'il faut, en moyenne, à un voilier, pour aller du lieu auquel se rapportent les dernières nouvelles reçues du navire jusqu'au lieu de destination, mais au moins pendant trois mois, le navire est réputé perdu, et l'assuré peut exiger une indemnité pour perte totale moyennant le délaissement de ses droits sur la chose assurée. — (4) V. notre t. II, p. 325.

On appliquerait en Autriche-Hongrie, abstraction faite des clauses dérogatoires, notre ancien article 373 sans tenir compte des modifications apportées par la loi du 3 mai 1862 (1).

1693. Notre code de commerce poursuit en ces termes : « Toute action dérivant d'un contrat à la grosse ou d'une police d'assurance est prescrite par cinq ans à compter de la date du contrat » (art. 432). Le *Guidon de la mer* restreignait la durée de cette action : « Les avaries, ressortimens, repetition de ce qui est trop asseuré et autres repartitions touchant le fait des asseurances, disait-il (c. VII, art. 12), n'auront lieu si dedans l'an et jour elles ne sont poursuivies par demande faite en jugement contradictoire... ». Mais Emérigon écrivit en 1783 : « La prescription de quatre ans (2) n'a pas lieu en matière de contrats à la grosse. L'Ordonnance n'en établit aucune. L'action du donneur n'est donc prescrite que par trente ans (3) ». Trente ans, c'était beaucoup trop long : on a bien fait, en 1807, d'abréger cette prescription. On peut appliquer à la disposition nouvelle ce que Valin disait en général des courtes prescriptions établies par l'ordonnance de 1681 : « L'intérêt du commerce et de la navigation l'exigeait de la sorte pour la tranquillité de ceux qui s'y livrent : plus leurs opérations sont rapides et multipliées, plus leur libération doit être prompte, simple et entière ».

1694. *Toute action dérivant d'un contrat à la grosse*, dit le texte.

Quand un des deux copropriétaires d'un navire est assigné par l'autre, qui a remboursé les billets de grosse, en paiement de sa part dans ces billets, peut-il opposer la prescription quinquennale de l'article 432 ? Il ne le pourrait que si le demandeur avait uniquement agi contre lui comme subrogé aux droits du prêteur. Mais, comme ce demandeur peut agir en vertu d'une action *mandati contraria* ou *negotiorum gestorum contraria* qui se prescrit seulement par trente ans, on ne présumera pas facilement qu'il ait à ce point, en entrant dans la peau du prêteur, limité l'exercice de son droit (4). Toutefois il ne faudrait pas se figurer qu'on a résolu le problème juridique en énonçant qu'il s'agit d'une action en règlement de compte (5). Encore y aurait-il à vérifier, en supposant la créance prescriptible par cinq ans, si l'on ne s'est pas proposé

____

(1) Diritto maritimo, etc., p. 97. V. en note, à la même page, l'extrait de la police d'assurances mutuelles de Fiume. — (2) Etablie par le statut de Marseille, l. III, c. 25. — (3) Traité des contr. à la grosse, ch. IX, sect. III. Ce jurisconsulte ajoute : « Les fins de non recevoir établies par l'art. 48, *tit. des Assurances,* n'ont aucune relation au contrat à la grosse ». — (4) *Sic* Aix, 23 déc. 1870. D. 70, 2, 54. — (5) Cf. de Valroger, n. 2264.

simplement, en l'insérant dans les écritures d'un compte, d'en faciliter la liquidation. Alors même qu'il s'agit d'un contrat de compte courant, une pareille insertion ne produit pas nécessairement un effet novatoire.

C'est parce que le copropriétaire, remboursant un emprunt à la grosse, est armé de l'action *mandati contraria* que les intérêts mêmes de ses avances ont pu être soustraits à la prescription quinquennale de l'art. 2277 (trib. de c. de Marseille, 17 juillet 1871) (1).

Toute action dérivant d'un contrat à la grosse se prescrit par cinq ans à partir de la date du contrat et non de la date de l'échéance, alors même que le contrat accorderait un terme assez éloigné. « Attendu, dit à ce propos le tribunal de commerce de Marseille (8 juin 1874) (2), que les termes de l'art. 432 sont formels...; que le terme de cinq ans a pu paraître assez long pour comprendre la durée des assurances et des emprunts qui sont faits pour un voyage ou une période de temps dépassant bien rarement une année et la durée de la prescription elle-même ». En effet l'article 432 fixe comme point de départ la date même du contrat. On se demandera sans doute si les parties ne pourraient pas déroger, explicitement ou implicitement, à cette règle. Il n'a pas été dans leur intention, dira-t-on peut-être, si le prêteur a stipulé qu'il ne serait pas remboursé avant cinq ans, que son action expirât au moment de naître. Mais qu'on y prenne garde! Proroger, au moment même où le contrat se forme, la durée légale de l'action, c'est renoncer d'avance à la prescription non encore acquise, mais qui doit être acquise au bout de cinq années : renonciation prohibée par l'art. 2220 du code civil (3). Ce résultat, répondons-nous, peut être juridique, mais il est absurde.

Nous croyons bien cependant que, si le législateur de 1807 a eu tort de déroger, en rédigeant l'art. 432, à l'art. 2257 c. civ., d'après lequel « la prescription ne court point, à l'égard d'une créance à jour fixe, jusqu'à ce que ce jour soit arrivé », il y a dérogé.

Nous en concluons : 1° que la loi est mauvaise et devrait être modifiée; 2° que les prêteurs commettraient un acte de folie en fixant, au moment même du contrat, l'échéance de la dette à cinq ans; 3° qu'ils devront au moins, en pareil cas, se réserver la faculté de *renouveler*, dans la période quinquennale (4), le prêt ori-

___

(1) Rec. de M. 1871. 1. 209. En effet cette prescription est inapplicable aux intérêts des avances faites par le mandataire pour le compte du mandant. Req. 18 février 1836. D., v° Prescr. civ., n. 1096. — (2) Rec. de M. 1874. 1. 205. — (3) Conf. Paris, 30 nov. 1887. Rec. de M. 1888. 2. 99. — (4) Ou même dans une période moindre, mais dont le terme serait encore assez éloigné pour qu'ils n'eussent pas leurs coudées franches.

ginaire. Il est de toute évidence, en effet, que, si les prêts à la grosse en renouvellement ne peuvent pas être réputés nouveaux, quant à l'exercice du privilège, la prescription commencerait à courir seulement à la date du dernier contrat (1) ; 4° qu'ils agiront sagement en formant, toutes les fois que cela sera possible, une demande provisoire pour conserver leurs droits.

Emérigon a dit (2) : « Si le billet de grosse est fait *à l'ordre* du donneur et que celui-ci le négocie, le porteur sera obligé de faire ses diligences contre le preneur dans les délais prescrits par l'ordonnance de 1673, *tit. des lettres de change,* art. 13 et 32... Dans ce cas, on ne considère plus le billet comme contrat de grosse, mais bien comme simple billet à ordre ». Sous l'empire du code actuel, on a posé la question suivante : si le billet de grosse est à ordre, faut-il appliquer la prescription quinquennale de l'art. 432 ou la prescription quinquennale de l'art. 189 ? Le point de départ est la date du contrat si l'on adopte la première solution, le jour du protêt ou de la dernière poursuite juridique si l'on adhère à la seconde. M. Laurin propose d'appliquer l'art. 432 : en somme, dit-il, lorsqu'un tiers accepte en paiement ou en garantie un billet de grosse, il sait qu'il ne prend pas un effet de commerce pur et simple, c'est-à-dire une véritable monnaie ; ce titre se rattache « comme mode d'exécution » à un contrat dont les règles lui sont ou doivent lui être connues : en outre le motif général qui a porté le législateur à faire courir la prescription du jour du contrat subsiste dans toute sa force (3). Le code, ajoutent MM. Lyon-Caen et Renault (4), ne distingue pas selon la forme du contrat et son silence est d'autant plus significatif que le contrat de grosse est très souvent à ordre. Tel est aussi notre avis.

Lorsque le billet de grosse est au porteur, on n'a plus même à se demander s'il faut préférer l'article 189 à l'article 432, le premier de ces deux articles ne concernant que les billets à ordre. La prescription se rattache à la cause même de la dette, telle que ce billet au porteur la constate : par conséquent, elle est quinquennale et court du jour du contrat.

1694 *bis.* Un conflit de législations peut se produire. Par exemple, la loi belge déclare toutes actions dérivant d'un prêt à la grosse prescrites après trois ans à compter du jour où la créance est devenue exigible. Cette prescription pourrait-elle être opposée en Belgique à des Français par des Français ayant contracté en France ou, si l'on veut, à des Grecs porteurs de lettres de grosse qu'un capitaine grec aurait souscrites en Grèce par des Français ayant

______

(1) *Sic* de Valroger, t. V, n. 2266. — (2) Traité des contr. à la grosse, ch. IX, sect. III. — (3) II, p. 252 et 419. — (4) Précis, n. 2394.

eux-mêmes contracté en France (alors que la loi grecque est calquée sur la loi française)? La cour de Bruxelles a résolu cette question négativement le 13 mars 1885 (1) « attendu que l'équité et la raison se réunissent pour assurer dans ce cas la préférence à la législation du contrat, puisque c'est sur les droits qui en découlent que les contractants ont pu et dû légitimement compter ; qu'il ne faut s'en écarter que si la loi du pays d'exécution impose une autre solution soit à raison de principes d'ordre public, soit à raison de droits acquis sur son territoire ». La solution nous paraît juridique. On a dit ingénieusement et, selon nous, exactement que « la situation de l'obligation » est, pour ainsi dire, là où elle naît, là où sa naissance confère au créancier le droit d'agir, partant qu'il appartient au législateur de ce lieu de déterminer la durée de l'action, « la société étant d'ailleurs intéressée à ce que l'action, dès qu'elle apparaît, ait une limite certaine (2) ». Dans l'espèce, le donneur est intéressé à savoir, au moment même où il prête, quelle sera la durée de son droit au remboursement, et l'emprunteur doit savoir en même temps quelle est au juste la durée de son engagement. On peut en conclure que la prescription est un des éléments de l'obligation, par suite qu'elle doit être certaine comme les autres éléments, à l'instant où le lien se forme. Cependant notre cour de cassation a jugé le 13 janvier 1869 (3) qu'en matière d'actions personnelles « les règles de la prescription sont celles de la loi du domicile du débiteur ». Mais on ne ménage ainsi que l'intérêt du débiteur et c'est pourtant le droit du créancier qui est en jeu. Ensuite il est également difficile d'admettre que la loi d'un premier domicile ait irrévocablement fixé la durée de la prescription et que celle-ci change avec les domiciles successifs du débiteur (4).

Nous déciderons aussi, par conséquent, que, si la convention avait été passée en Belgique, la prescription de trois ans pourrait être opposée à des créanciers français devant un tribunal français.

1695. L'ordonnance de 1681 (l. III, tit. VI, art. 48) avait fixé non seulement pour les actions en délaissement, mais pour « toutes demandes en exécution de la police », des délais partant de la nouvelle de la perte et variant de six semaines à deux ans suivant les

(1) Rev. intern. du droit mar., I, p. 170 et 393. — (2) Laurent, le droit civil internat., VIII, n. 234. — (3) S. 1869, 1, 49. — (4) M. Laurent fait observer (ib. n. 250) que l'arrêt de la cour de cassation est à peine motivé. Aussi le tribunal de la Seine a-t-il refusé de s'y conformer le 2 juin 1881 (V. le journ. du dr. internat. privé, ann. 1881, p. 234). V. en outre sur la question de savoir quelle loi régit, en général, la prescription libératoire, les nombreuses autorités citées par la *Rev. internat. du dr. mar.* I, p. 170 et 171. Il n'entre pas dans notre plan de traiter *in extenso* la question générale.

distances. Ce système était vicieux, et les tribunaux essayèrent d'éluder la règle. « Quelque précise que fût l'Ordonnance, lit-on dans une consultation d'Emérigon du 6 avril 1759, l'on n'avoit pas cependant été autrefois fort scrupuleux de l'observer en cette province. Mais... lors de l'arrêt de mai 1713, messieurs (du parlement d'Aix) délibérèrent de faire droit dorénavant aux prescriptions prononcées par l'ordonnance maritime ; que si la chambre du commerce (de Marseille) les trouvait trop rigoureuses, elle n'avait qu'à se pourvoir au roi pour les faire mitiger » (1). « Cette prescription prononcée par l'ordonnance maritime est de rigueur, concluait l'illustre jurisconsulte, ainsi que toutes les autres prescriptions qui sont établies dans les affaires mercantilles ». Mais il avait changé d'avis en 1783 (2) et, après avoir cité l'opinion de Pothier, qui appliquait à la lettre les mots « toute demande en exécution de la police », écrivait : « La pratique journalière et l'ordre naturel des choses ne permettent pas d'adopter une pareille conclusion ». Les rédacteurs du code tranchèrent cette controverse en décidant que toute action dérivant d'une police d'assurance serait prescrite par cinq ans.

L'action en règlement par avaries se prescrit donc indubitablement par cinq ans, même en cas de perte totale, quoi qu'ait décidé l'étrange jugement du tribunal de commerce de la Seine du 9 mars 1887 (3).

1696. Mais les rédacteurs du code n'avaient pas prévu que la combinaison des articles 431 et 432 susciterait une autre controverse. Quand on reçoit la nouvelle de la perte cinq ans après la date du contrat, l'assuré pourra-t-il encore se prévaloir, s'il veut délaisser, des délais fixés par l'art. 373 ?

Premier système. M. Em. Cauvet a dit (4) : « On a créé, pour un même contrat et pour un même sinistre, deux prescriptions... L'une peut s'être accomplie alors que l'autre ne l'est pas... Etant donnée une assurance souscrite depuis près de cinq ans, un sinistre survenant au moment où la prescription va s'accomplir, et l'impossibilité où est l'assuré, vu la distance, de l'interrompre, l'action en délaissement qui part du jour où la nouvelle du sinistre est arrivée ne sera pas prescrite alors que l'action d'avarie le sera ».

Deuxième système. Il n'est jamais entré dans l'intention du législateur de tracer une telle ligne de démarcation entre l'action en délaissement et l'action d'avaries (5). Cette distinction est d'ailleurs contraire soit au texte, soit à l'esprit de la loi. L'article 432 dit, en

---

(1) Six autres arrêts conformes furent rendus de 1713 à 1753. — (2) Traité des assur., ch. XIX, sect. XV. — (3) Rev. intern. du droit mar. II, p. 694. V. ci-dessus, n. 1691. — (4) II, n. 493. — (5) Cf. notre t. VII, n. 1521.

effet: « toute action », et ses rédacteurs se sont indistinctement proposé, soit comme l'a dit la cour de Paris le 30 novembre 1887 (1), d' « assigner impérativement pour point de départ à la prescription non le fait qui permet d'agir contre l'assureur, mais la date du contrat nécessairement antérieure à ce fait », soit, comme l'a jugé la cour d'Aix le 14 janvier 1889 (2), d' « amener dans un court délai le règlement des difficultés qui se rattachent à l'exécution des polices et de protéger l'assureur contre des réclamations tardives d'un contrôle rendu impossible ». Tel est notre avis (3).

1697. « Toute action... », dit le texte.

Donc la prescription quinquennale est opposable à l'action en paiement de la prime (4).

Elle l'est à l'action en indemnité pour rupture du contrat, à l'action en nullité ou en réduction de l'assurance.

L'est-elle encore à la demande en restitution dirigée par l'assureur contre l'assuré pour déclaration inexacte des assurances faite au moment où l'assuré opère le délaissement ou demande le paiement de l'indemnité (art. 379)?

La question est délicate et nous nous demandons si l'on ne s'est pas placé, jusqu'à présent, pour la résoudre, à un faux point de vue. M. de Valroger distingue, selon que cette déclaration inexacte a été faite de bonne ou de mauvaise foi. « S'il y a eu fraude, dit-il, l'assuré ne pourra opposer que la prescription de trente ans (art. 380 co., 2262 c. civ.) ». Mais il s'agit ici de la prescription extinctive, non de la prescription acquisitive : Dunod lui-même enseigne que, dans l'ancienne pratique et selon les principes du droit canonique, on n'avait aucun égard, en matière de presciption extinctive, à la mauvaise foi du débiteur. D'ailleurs le code civil ne permet ni au créancier ni au propriétaire d'opposer l'exception de mauvaise foi. Que si l'on prétendait refuser le bénéfice de la prescription spéciale à l'assuré parce qu'il est, au cas prévu par l'art. 380, « privé des effets de l'assurance », il faudrait aussi le lui enlever quand il sera poursuivi en paiement de la prime, ce que nul ne propose. Il y a donc lieu, selon nous, de changer le terrain du débat. Il s'agit de savoir si cette action particulière dérive ou non de la police.

A notre avis elle n'en dérive pas, quoique née à l'occasion du contrat d'assurance. Elle dérive d'un quasi-délit ou d'un délit indépendant de la police, extrinsèque au contrat, postérieur au contrat. La prescription des actions personnelles ne peut pas com-

______

(1) Arrêt précité.— (2) Rev. intern. du dr. mar. IV, p. 539.— (3) *Sic* Droz, II, n. 670 et de Valroger, V. n. 2261. — (4) *Sic* Lyon-Caen et Renault, n. 2245 ; de Valroger, V, n. 2261.

mencer avant que ces actions naissent, puisque c'est à raison de leur durée que la loi les déclare éteintes. Le cours de la prescription de l'action en restitution n'a donc pu commencer avant que la négligence ou la mauvaise foi de l'assuré eût fait naître cette action nouvelle en conférant à l'assureur un droit à la restitution exclusivement issu de cette faute. Nous ne laisserons donc à l'assuré poursuivi en restitution que la prescription du droit commun, même quand sa mauvaise foi ne serait pas établie (1).

Peut-être, à vrai dire, la question n'a-t-elle pas un grand intérêt pratique ; car si l'on persistait à regarder l'action *en répétition* des sommes payées en exécution de la police comme dérivant de la police, de quel droit opposer la prescription quinquennale à l'assureur qui fonderait une action en *dommages-intérêts* sur une manœuvre dolosive extérieure au contrat ou sur une faute équivalente au dol ?

Au contraire, s'il s'agit de la réticence ou de la fausse déclaration prévue par l'article 348, qui vicie le contrat et s'y incorpore, l'obligation naît de la police, la prescription court du moment où la faute s'y est infiltrée et l'art. 432 nous semble applicable, même à l'action en répétition (2).

Les auteurs mêmes qui refusent à l'assuré de mauvaise foi, dans l'hypothèse prévue par l'art. 348, le bénéfice de la prescription quinquennale l'accordent au commissionnaire de bonne foi qui a remis au commettant la somme indûment versée entre ses mains. S'il est admis en matière d'assurance, a dit très bien la cour de cassation le 8 mai 1844 (3), que l'assuré pour compte ou le commissionnaire a les mêmes droits et est tenu des mêmes obligations que l'assuré, cette exception aux règles ordinaires du mandat doit être renfermée dans les limites du contrat d'assurance, et le commissionnaire ou assuré pour compte a le droit d'opposer les déchéances ou prescriptions particulières relatives à ce contrat. Or, « si la simulation et la fraude pouvaient empêcher l'application de la prescription quinquennale établie par l'art. 432 (4), ce ne serait qu'à l'égard de celui qui, s'en étant rendu coupable, devrait répondre de ses faits personnels » : après l'expiration de cinq années à partir

____

(1) *Contra* Nantes, 19 mai 1866. Rec. de N. 66, 1, 41. — (2) C'est dans ce cas qu'il a été dit par la cour de cassation le 8 mai 1844 (S. 44, 1, 387) : « L'action des demandeurs dérivait évidemment, dans le sens de l'art. 432, de la police, puisqu'elle avait pour objet la répétition des sommes payées en exécution de cette police et pour les risques auxquels s'étaient soumis les assureurs ». Dans l'espèce, les valeurs assurées n'avaient pas été expédiées. — (3) S. 44, 1, 387. — (4) On remarquera que la cour suprême évite de trancher cette première question.

du contrat d'assurance, le commissionnaire n'est plus identifié avec son commettant. C'est, à notre avis, de toute évidence. Il est d'ailleurs indubitable que les actions de l'assureur contre le commissionnaire naissent avec le contrat et du contrat lui-même ; le cours de la prescription, dans leurs rapports réciproques, date donc de la police.

1698. La prescription de cinq ans est-elle applicable aux assurances mutuelles maritimes, spécialement aux demandes en paiement de cotisations dues ? En matière d'assurances mutuelles terrestres, la cour de cassation a jugé, et, selon nous, bien jugé (1) que ces cotisations, « ne présentant pas les caractères de fixité et de périodicité voulus par la loi, ne rentraient dans aucun des cas prévus par l'art. 2277 c. civ. » Mais il s'agit, cette fois, d'appliquer la prescription quinquennale de l'art. 432 co., non celle de l'art. 2277 c. civ. Il suffit, les termes de l'art. 432 étant exclusifs de toute distinction, que cette action dérive des polices : or il est incontestable qu'on se fonde sur les polices pour demander le paiement des cotisations (2). De même s'il s'agit de faire restituer des sommes provenant de réduction à opérer sur les indemnités déjà payées (3).

1699. La prescription quinquennale est applicable aux réassurances comme aux assurances proprement dites. Ainsi que l'a dit à ce propos la cour de cassation (4), « le contrat de réassurance est assimilé par l'art. 342 co. au contrat d'assurance et régi par les mêmes principes. »

Donc, quand une société d'assurances maritimes assure l'armateur d'un navire, moyennant une prime fixe, contre le risque des cotisations qui peuvent être dues par ce dernier à une société d'assurances maritimes mutuelles dont il est membre, l'action de cet armateur en remboursement des cotisations qui constituent le risque réassuré se prescrit par cinq ans (5).

Cependant la cour de Montpellier soumit aux règles de la prescription trentenaire le 15 mai 1872 (6) une convention qualifiée réassurance, mais « par laquelle les parties mettaient en commun leurs intérêts respectifs, généralisaient et unifiaient pour ainsi dire entre elles les conséquences de toutes les assurances faites ou à faire par l'*Afrique française*, de manière à ce qu'on ne pût pas voir plus tard dans ce traité un contrat particulier de réassurance de la part du *Lloyd méridional* pour chacune des quatorze ou quinze

______

(1) Civ. cass. 17 mars 1856 et 1er février 1882. D. 56, 1, 99 ; 82, 1, 99. — (2) *Sic* Req. 30 avril 1862. D. 62, 1, 529. — (3) Même arrêt.— (4) Civ. rej. 3 décembre 1860, D. 1861, 1, 31. Cf. notre t. VI, n. 1370. — (5) Même arrêt. — (6) D. 74, 2, 165.

mille assurances contractées par l'*Afrique française*, mais une communauté indivisible de responsabilité et de profits résultant de la généralité de ces assurances », et le pourvoi formé contre cet arrêt fut, nous l'avons dit (1), rejeté par la cour de cassation. Il devait l'être, à raison de circonstances tout-à-fait exceptionnelles. Mais, depuis cette époque, les parties intéressées à éviter l'application de la prescription quinquennale cherchent par tous les moyens à convaincre leurs juges qu'elles se sont aussi placées sous l'empire d'une convention particulière « participant à la fois du contrat commercial d'assurances et d'autres contrats de droit commun, tels que la société et le mandat. » De semblables prétentions ont été repoussées le 17 novembre 1887 par le tribunal de commerce de Marseille (2), le 30 novembre 1887 par la cour de Paris (3), le 14 janvier 1889 par la cour d'Aix (4). Il ne faut pas, en cette matière, ainsi que l'explique très bien le dernier arrêt, s'attacher à des circonstances accessoires qui ne touchent pas au fond même des accords. Il n'échet, par exemple, de s'arrêter à la bonification d'un tant pour cent consentie par le réassureur à l'assureur, quand elle n'a d'autre caractère que celui d'un courtage ou d'une rémunération pour menus frais, ni même à l'existence d'un compte courant si ce compte ne comprend d'autres éléments que le règlement des primes et des indemnités.

1700. L'action est prescrite « à compter de la date du contrat ». Nous avons déjà commenté ces derniers mots en traitant de la prescription des actions nées du contrat à la grosse (v. ci-dessus, no 1694).

Avec quelque rigueur qu'on s'attache au sens littéral du texte, nous ne croyons pas que si, d'après les clauses de la police, l'exécution de la convention doit commencer à une date postérieure à sa rédaction, il faille s'attacher à cette date. L'acte est signé, mais le contrat n'est pas en cours : encore une fois, la prescription extinctive d'une action ne peut pas commencer à courir non seulement avant que cette action soit née, mais avant qu'elle ait pu naître. Rien n'empêche un assureur de stipuler le 1er janvier qu'il ne deviendra l'assureur de tel navire ou de telle marchandise que le

---

(1) V. notre t. VI, ib. — (2) Rec. du H., 1888, 2, 130. — (3) Rec. de M. 1888, 2, 99. « Sans doute, dit cet arrêt, toute réassurance supposant une contribution éventuelle dans les risques prévus, l'idée de participation ne saurait demeurer étrangère à ce contrat ; mais ce caractère accessoire de l'acte qui ne deviendrait dominant que par l'apport général d'une compagnie à une autre de l'ensemble de son portefeuille pour être géré à frais et profits communs, ne saurait enlever au contrat son véritable caractère. » V. toutefois Havre, 14 novembre 1863. Rec. du H. 1863, 1, 303. — (4)Rev. intern. du dr. mar. IV, p. 536.

1er juillet. Faire courir la prescription du 1or janvier, ce serait la faire commencer six mois avant que les contractants aient été dans les liens du contrat.

J. V. Cauvet a donc pu dire (1) que, dans les polices d'abonnement destinées à recevoir des applications successives à des chargements opérés successivement sur des bâtiments désignés, « chaque nouvelle application de l'assurance fixe la date d'un contrat et le point de départ d'une prescription différente » (2).

L'éminent praticien est allé jusqu'à dire : « Les assurances faites sur navires, à l'année ou pour toute autre période, ne donnent aussi des droits acquis à l'assureur que pour la période dont la prime lui est acquise. Il est vrai de dire qu'un risque nouveau donnant droit à une nouvelle prime commence après chacune de ces périodes et qu'en ce sens de chacune d'elles date une nouveau contrat. » M. de Valroger (3) a cru pouvoir adhérer à cette doctrine et nous pensons aussi que cette solution équitable ne heurte pas les principes du droit.

La prescription des actions nées de la réassurance court manifestement de la date du contrat de réassurance (4).

1701. Les courtes prescriptions courent contre les mineurs et les interdits. Quand il y a un intérêt public en cause, a-t-on dit à ce propos, le législateur y subordonne l'intérêt particulier des interdits et des mineurs. Quelle que soit la valeur de cette raison doctrinale, on n'aperçoit pas pourquoi les rédacteurs de l'article 432 se seraient écartés de la règle générale posée par l'article 2278 c. civ. « Si le législateur eût voulu soustraire les mineurs aux conséquences de la prescription en matière d'assurances, a dit la cour de Rouen le 12 juillet 1850 (5), il aurait évidemment statué à cet égard par une disposition particulière et exceptionnelle ».

En disant qu'il n'y a pas de suspension sans loi, le code civil (art. 2251) a proscrit la maxime *Contra non valentem agere non currit præscriptio*. Cette règle est assurément applicable à notre prescription quinquennale et l'on ne peut que recommander aux juges de s'y tenir, quand même une application stricte leur sem-

---

(1) II, n. 405 et 502. — (2) « Le contrat est censé renouvelé à chaque chargement que couvre l'assurance : il l'est, en effet, car alors même que l'assurance a une durée certaine, elle est toujours conditionnelle dans ses applications par la faculté qu'a l'assuré de renoncer aux transports de marchandises prévus ou de les effectuer dans des conditions qui ne fassent pas sortir l'assurance à effet ; chaque chargement est un objet de nouveaux risques qui prennent cours par le chargement même.» Conf. Aix, 14 janvier 1889 (précité).— (3) V, n. 2265. — (4) Cf. civ. rej. 3 déc. 1860 (précité). — (5) D. 51, 2, 49.

blerait contraire à l'équité. Les tribunaux ne sont autorisés ni à saper cette loi par des distinctions arbitraires ni à relever dans certains cas le créancier des suites de la prescription accomplie pendant la durée de l'obstacle.

Nous nous expliquerons sur l'interruption de la prescription quinquennale en commentant l'article 434.

1702. C'est une question débattue, en droit civil, que de savoir s'il est permis de renoncer d'avance à la prescription quinquennale de l'article 2277. « Lorsqu'une loi précise établit la prescription des intérêts et arrérages, a dit M. Pont (1); quand, d'un autre côté, un principe général, en matière de prescription, ne permet pas de renoncer par avance à une prescription non accomplie (art. 2220), nous hésitons à considérer comme légale une convention qui autoriserait à cumuler dix, vingt, trente, cinquante années d'intérêts. » Mais il a été répondu que, la clause de capitalisation ayant pour effet tacite de convertir en capital chaque annuité d'intérêts impayée à son échéance, ces intérêts échus ne peuvent plus être atteints que par la prescription trentenaire. Cet argument, quelle qu'en soit la portée juridique, est absolument inapplicable à la prescription quinquennale de l'art. 432. On n'aperçoit pas sous quel prétexte les tribunaux autoriseraient le créancier à s'affranchir de la règle posée par l'art. 2220 c. civ. C'est pourquoi la clause qui dispense les intéressés des formalités et *délais* (v. ci-dessus, n. 1662), quand bien même ses rédacteurs eussent voulu par là proroger au profit du créancier la durée légale de l'action, devrait rester sans effet, « puisqu'elle constituerait une renonciation anticipée à la prescription (2) ».

Mais, comme l'a dit la cour suprême le 16 janvier 1865, « la disposition de l'art. 2220 qui défend de renoncer à la prescription et de rendre ainsi les actions perpétuelles, se concilie parfaitement avec la stipulation qui tend à renfermer l'exercice de certaines actions dans des limites plus étroites que celles de l'action ordinaire ». D'après un arrêt rendu par la cour de Dijon le 11 mai 1863, il n'aurait pas été permis de stipuler que les actions nées du contrat d'assurance devraient être exercées dans un délai plus court que celui de l'art. 432 et, par exemple, dans un délai de trois mois ! Cet arrêt fut cassé, et devait l'être (3). Le débiteur

---

(1) Traité des privilèges et hypothèques, II, n. 1023. — (2) Paris, 30 novembre 1887 (arrêt précité). Cf. civ. cass., 16 janvier 1865, S. 1865, 1, 80. — (3) Il s'agissait, dans l'espèce, d'une assurance contre les risques de la navigation fluviale. La cour de Paris avait commis la même erreur, le 19 décembre 1849, dans l'interprétation d'une police d'assurance contre l'incendie et son arrêt avait été cassé le 1er février 1853. S. 56, 1, 892.

renonce à la prescription quand il permet au créancier d'agir pendant plus de cinq ans, non quand il lui défend d'agir avant ce terme.

C'est ce qu'on paraît n'avoir pas compris dans les travaux préparatoires de la loi du 11 avril 1888, qui a modifié les art. 105 et et 108 co. Le projet adopté par la chambre des députés déclarait nulles toutes les stipulations contraires à la loi nouvelle, par conséquent celles qui auraient abrégé les délais de prescription fixés par le nouvel article 108 (1). Mais la commission du sénat et le sénat retranchèrent cette disposition sous prétexte que « l'art. 108 est suffisamment protégé par la règle générale écrite dans l'art. 2220 c. civ. ». Cependant, si l'on assimile logiquement aux clauses de renonciation expresse les stipulations qui étendent d'avance la durée légale de la prescription, l'article 2220 n'empêche pas qu'on l'abrège. « Les conventions qui l'abrègent, a dit M. Lyon-Caen (2), ne font que hâter les résultats que le législateur a eus en vue par l'admission de la prescription ; elles favorisent le débiteur, loin d'empirer sa situation ».

1703. Valin avait dit (sur l'art. 10, tit. XII, l. I de l'Ord.) : « Quoique l'action soit prescrite, on n'est pas pour cela sans ressource, le défendeur ne pouvant en pareil cas obtenir sa décharge qu'en affirmant par serment qu'il ne doit pas ou, si c'est un héritier, qu'en affirmant qu'il n'a pas connaissance que la somme demandée soit due. C'était déjà une maxime universellement reçue avant que l'ordonnance de 1673 en eût fait une règle.... Toute courte prescription doit être accompagnée de bonne foi ». Cette opinion ne nous paraît pas pouvoir être soutenue dans le droit moderne. L'art. 2275 c. civ., parlant « de quelques prescriptions particulières », dit : « Néanmoins ceux auxquels *ces* prescriptions seront opposées peuvent opposer le serment à ceux qui les opposent sur la question de savoir si la chose a été réellement payée ». Or, en matière de prescription, aucune preuve n'est admise contre la présomption légale qui dérive de l'expiration d'un certain laps de temps, à moins que cette preuve n'ait été réservée par la loi. Les rédacteurs du titre XIII du livre II du code de commerce n'ayant pas dérogé à ce principe, on ne peut, sous prétexte d'analogie, étendre la disposition de l'art. 2275 à d'autres cas qui restent sous l'empire du droit commun. En outre, rien ne serait plus contraire à l'intention du législateur, qui s'est proposé de provoquer dans un assez court délai le règlement de ces sortes d'affaires (3).

(1) On voulait condamner par là certains tarifs spéciaux qui abrègent ces délais. — (2) *Le Droit* du 29 déc. 1888. — (3) Bordeaux, 16 novembre 1848

1704. La prescription quinquennale de l'art. 432 est-elle applicable aux actions dérivant d'une police d'assurance fluviale ? On peut croire, en lisant l'arrêt précité du 16 janvier 1865, que la cour de cassation tend à résoudre affirmativement cette question.

Les jurisconsultes qui soumettent, en principe, les assurances fluviales au régime des assurances terrestres (v. notre t. VI, n. 1394) la résoudront négativement, sans difficulté. L'embarras est grand au contraire pour ceux qui, comme nous, appliquent les dispositions du titre X du livre II aux assurances fluviales en tant que la nature des choses permet de les leur appliquer. En effet, on ne peut pas créer par analogie des prescriptions spéciales, quelle que soit l'analogie.

Mais ne s'agit-il que d'une analogie ? Si nous appliquons généralement les dispositions du titre X aux assurances fluviales, c'est que l'article 335 traite expressément et simultanément des assurances pour tous voyages et transports « par mer, rivières et canaux navigables ». Dès lors on peut légitimement admettre que les rédacteurs du titre XIII ont parlé le même langage (1). Le législateur, en séparant dans l'article 432 ce qu'il avait réuni dans l'article 335, se serait contredit.

S'il en était autrement, comme aucune de nos lois n'a traité spécialement des assurances fluviales, les actions qui s'y rattachent seraient, en principe, soumises à la prescription de droit commun, c'est-à-dire à la prescription trentenaire (2).

1705. La question de droit international privé que nous avons posée au n. 1694 *bis* devrait recevoir la même solution. Une police d'assurance maritime a été, par exemple, souscrite en Roumanie où les actions issues du contrat d'assurance maritime se prescrivent par un an et où le délai court soit du terme du voyage, soit du jour où l'assurance prend fin (dans les assurances à temps). On ne pourra soutenir devant les tribunaux français ni dans l'intérêt du créancier que la prescription est seulement quinquennale,

---

et Nantes, 15 février 1860 (déjà cités par M. de Valroger, V, n. 2268). Comp. civ. rej. 13 février 1856. D. 1856, 1, 77 et Laurent, *Princ. de dr. civ.*, t. XXXII, n. 514.

(1) On applique généralement dans la pratique la théorie du délaissement, malgré son caractère exceptionnel, à l'assurance fluviale. Celle-ci est donc régie par l'art. 431 qui se combine ou plutôt se confond avec l'art. 373. C'est une raison de plus pour qu'elle soit régie par l'art. 432. — (2) Peut-être agira-t-on prudemment en insérant dans ces polices une clause qui fixerait une prescription plus courte (comp. ci-dessus, n. 1702). C'est ainsi qu'on procède, en général, dans la rédaction des polices d'assurances terrestres.

ni dans celui du débiteur qu'elle a commencé de courir dès la date du contrat.

D'après un jugement du tribunal de Brême du 5 mars 1877 (1), d'ailleurs conforme à la jurisprudence du tribunal supérieur de Leipsig, lorsque l'exécution d'une obligation, contractée en pays étranger par un Allemand à l'égard d'un étranger, est poursuivie devant un tribunal allemand, l'exception de prescription libératoire opposée par le défendeur doit être jugée non d'après la loi allemande, mais d'après celle du lieu où l'obligation s'est formée (2).

1706. Le projet de revision qui fut imprimé en août 1867 s'exprimait en ces termes (art. 432) : « Toutes actions dérivant d'un contrat de prêt à la grosse, *d'un contrat d'hypothèque maritime, d'une charte partie* ou d'une police d'assurances sont prescrites après trois ans, à compter : du jour où la créance est devenue exigible s'il s'agit d'un contrat de prêt à la grosse ou d'hypothèque maritime ; du jour où le voyage s'est terminé, s'il s'agit d'une charte partie ou d'une police d'assurance ; si le navire a disparu sans qu'on ait de ses nouvelles, le délai de trois ans court du jour des dernières nouvelles. » Le point de départ n'était donc plus la date du contrat et le code était, à ce point de vue, heureusement amendé.

Toutefois il était assez bizarre d'énoncer que *toutes actions* dérivant de la charte partie se prescrivaient par trois ans, quand le projet de revision soumettait aussitôt après (art. 433) « toutes actions en paiement pour fret de navires » à la prescription annale.

1707. *Code espagnol.* « Les actions nées des prêts à la grosse ou des assurances maritimes se prescriront par trois ans à compter du jour où les contrats respectifs prendront fin ou du sinistre qui donne ouverture au droit » (art. 954). Il nous paraît évident que le créancier ne pourrait pas opposer au débiteur la maxime *contra non valentem agere non currit præscriptio.* En effet, d'après l'article 955 placé sous la rubrique « *disposicion general* » et que nous mentionnons une fois pour toutes, il faut, pour que la

______

(1) *Journ. du dr. int. privé*, t. V, p. 627. — (2) Dans l'espèce, un navire appartenant à un armateur allemand avait fait naufrage près d'un port irlandais et, sur la demande du capitaine, une maison irlandaise avait fait certaines dépenses à la suite du sinistre dans l'intérêt du navire : l'armateur opposait à l'action en remboursement de ces avances, formée devant un tribunal allemand, la prescription annale de l'art. 906 cod. all. Le tribunal de Brême jugea que la loi irlandaise était applicable. Au contraire, d'après un jugement antérieur du tribunal supérieur de Berlin (*J. du dr. intern. privé*, ann. 1876, p. 243), la prescription libératoire devrait s'apprécier eu égard à la législation du pays dont les tribunaux sont saisis.

prescription soit légalement suspendue aux cas de guerre, d'épidémie officiellement déclarée ou de révolution, un décret du roi délibéré en conseil des ministres et dont il sera rendu compte aux Cortès.

Les codes de Costa-Rica (art. 937) et du Pérou (art. 1049) reproduisent notre article 432.

Code mexicain de 1884. Art. 1012 § 2. « L'action en délaissement du navire assuré, au cas de perte ou de prise, est prescrite par deux ans à compter du jour où le sinistre ne peut plus être mis en question (1) ». Art. 1013 § 3. « Sont prescrites par trois ans les actions nées du contrat d'assurances » (2). Art. 1014 § 3. « Les actions dérivant d'un contrat à la grosse ou d'un contrat d'assurance *maritime* sont prescrites par quatre ans à compter du jour où l'intéressé peut former légalement sa demande devant les tribunaux ». Aux termes des art. 1005 et 1006, que nous mentionnons une fois pour toutes, la prescription se compte par jour et est suspendue par le dol ou la force majeure durant tout le temps qu'ils forment un obstacle à l'exercice de l'action.

Au Chili, « les actions dérivant d'un prêt à la grosse ou d'une assurance se prescrivent par cinq ans, comptés du jour du contrat, sans préjudice des prescriptions particulières en cas de délaissement » (art. 1316 c. ch.). « La prescription de l'action en délaissement n'éteint pas l'action d'avarie » (art. 1317). Ces dispositions sont reproduites par les codes de Guatemala, du Honduras et du Salvador. Le code vénézuélien statue de la même manière (art. 747 et 748).

Code brésilien. Les délais marqués par le code de commerce pour intenter une action ou pour protester ne peuvent être prorogés (*sao fataes e improrogaveis*) et l'on ne peut obtenir un bénéfice de restitution, même en faveur des mineurs (art. 441). Toutefois la prescription est suspendue en temps de guerre, tant que la guerre dure et même, un an après, en faveur de ceux qui servent dans les armées (art. 452). Quant aux actions dérivant d'un contrat à la grosse ou d'une police d'assurance, elles se prescrivent par un an à compter du jour où les obligations sont exigibles, lorsqu'elles ont été contractées sur le territoire national, par trois ans lorsqu'elles ont été contractées en pays étranger (art. 447).

Cette dernière règle a été reproduite par les codes de la république argentine (art. 1005) et de l'Uruguay (art. 1021). Les rédac-

---

(1) L'action dérivant d'une assurance sur marchandises transportées « par voie de communication fluviale » est également prescrite par deux ans à compter du jour où la délivrance doit être faite (art. 1012 § 8). — (2) « Sauf les dispositions des art. 1012 § 8 et 1014 § 3. »

teurs des mêmes codes (art. 1001 et 1017) ont copié l'art. 441 du code brésilien. Ils ont posé plusieurs autres règles : on ne peut pas renoncer *d'avance* à la prescription (art. 998 c. arg., 1014 c. urug.) ; la prescription peut être proposée en tout état de cause, en appel comme en première instance, s'il n'y a renonciation expresse ou tacite (à la prescription acquise) (art. 999 c. arg., 1015 c. urug.). Les créanciers gagistes et toutes les autres personnes *que tienen interés en que la prescripcion exista* peuvent l'opposer bien que leurs débiteurs, propriétaires de la chose, y aient renoncé (art. 1000 c. arg., 1016 c. urug.).

Code hollandais. « Se prescrivent par l'espace de cinq ans ; toutes actions résultant d'un contrat à la grosse ou d'une police d'assurance. Cette prescription commence à courir du jour de la conclusion du contrat » (art. 743). « Le droit de préférence sur les navires, le fret et les marchandises résultant d'un contrat à la grosse est éteint six mois après l'arrivée des navires dans le lieu où le voyage finit, si le contrat a été conclu dans les limites de l'Europe ; un an, s'il a été conclu dans un lieu situé sur les côtes d'Asie et d'Afrique, dans la Méditerranée ou dans la mer Noire, deux ans après l'arrivée du navire, s'il a été conclu dans des pays plus éloignés. En cas de guerre maritime, ces délais sont doublés. » (art. 745). Le serment peut être déféré, en général, à ceux qui invoquent les courtes prescriptions nées des obligations en matière maritime (art.747).

Les codes de la Turquie (art. 276) et de l'Egypte (art. 269) reproduisent notre article 232. Une disposition formelle que nous mentionnons une fois pour toutes permet de déférer le serment au débiteur lorsqu'il oppose la prescription (art. 279 c. t., 272 c. ég.).

Législation belge. Toute action dérivant d'une police d'assurance (quelconque) est prescrite après trois ans, à compter de l'événement qui y donne ouverture (art. 32 l. 11 juin 1874). Toutes actions dérivant d'un contrat de prêt à la grosse ou d'un contrat d'hypothèque maritime sont prescrites après trois ans à compter du jour où la créance est devenue exigible (art. 235 l. 21 août 1879) ; les actions dérivant d'une charte partie par trois ans à compter du jour où le voyage s'est terminé (même article) (1).

Code allemand. La créance dérivant d'un prêt à la grosse est prescrite par un an à partir de son exigibilité (art. 909) (2). « Se prescrivent par cinq ans les créances de l'assureur et de l'assuré dérivant du contrat d'assurance. La prescription commence à l'expiration du dernier jour de l'année où s'est achevé le voyage assuré et, en cas d'assurance à temps, à l'expiration du dernier jour du

___

(1) Comp. ci-dessus, n. 1706. — (2) *Junge* art. 906 et 757 § 7.

délai de l'assurance . Elle commence, en cas de disparition du navire, à l'expiration du jour où prend fin le délai de la disparition » (art. 910).

On lit dans le code danois de 1683 (l. IV, ch. V, art. 8) : « Le prêteur à la grosse doit demander son paiement dans les six mois après que le navire est arrivé au lieu désigné : ce délai expiré, il aura perdu ses droits... ». Le code norvégien de 1860 (art. 102) soumet à la prescription annale les actions nées du prêt à la grosse, ce délai courant de l'arrivée à destination du navire ou, si le voyage se termine en un autre lieu (que le port de destination) du moment où le créancier saura qu'il a pris fin. En Suède (1), les obligations réciproques de l'assureur et de l'assuré se prescrivent, à défaut de demande en justice ou de recours légal, dans le délai de cinq ans à compter du jour où l'obligation est née. Lorsqu'un navire présumé perdu par suite du délaissement de nouvelles a été délaissé, la prescription quinquennale court du jour de la signification du délaissement, y compris ce jour. D'après le projet de code maritime élaboré en 1888 par les commissaires norvégiens, suédois et danois (2), « toute créance résultant d'un contrat d'assurance est prescrite si, dans les cinq ans de son origine, elle n'a pas été suivie d'une demande en justice (3) ». L'action née du prêt à la grosse nous paraît régie par cet autre alinéa du projet (4) qui déclare éteintes, en général, les créances maritimes, si elles n'ont pas été suivies d'une demande en justice dans un an à partir de leur date d'échéance.

L'article 232 du code finlandais est ainsi conçu : « Pour porter devant la justice des réclamations au sujet d'un contrat d'assurance, il faut se procurer un acte de citation ou de poursuites et le communiquer à la partie adverse dans le délai de cinq ans après que la créance a pris naissance ou qu'on a pu la faire valoir légalement. Passé ce terme, aucune action semblable ne peut être intentée (5) ».

L'ordonnance russe sur le commerce *(torgovy oustav)* n'assigne pas de délais particuliers pour la prescription des actions nées du contrat d'assurance (6).

On applique soit en Autriche, soit en Hongrie la règle posée par l'article 432 du code français (7).

(1) V. les art. 284 à 286 du code marit. suédois. — (2) Projet de loi maritime norvégienne. — (3) Art. 265. — (4) Art. 284 § 6. — (5) En outre, d'après les art. 12 et 14 du même code, le privilège du prêteur à la grosse sur le navire est éteint s'il n'a pas fait sa réclamation au plus tard dans les six mois après la rentrée du navire dans un port finlandais pour y effectuer le déchargement définitif. — (6) « On applique à cet égard la prescription ordinaire en matière commerciale, qui est de dix ans » (Hoechster et Sacré, II, p. 1115). — (7) Diritto marittimo, etc. di Alessio Dr. Feichtinger de B. Nadasd (Fiume, 1888), p. 117.

Code italien. Les actions dérivant des contrats à la grosse ou de gage sur le navire sont prescrites par trois ans à partir de l'échéance de l'obligation (art. 920). Sont prescrites par un an les actions dérivant d'une police d'assurance. Dans les assurances maritimes, le délai court de la fin *(dal compimento)* du voyage assuré ; pour les assurances à temps, du jour où finit l'assurance : au cas de présomption de perte du navire par défaut de nouvelles, l'année commence à la fin du délai fixé pour la présomption de perte. Sont toujours saufs les autres délais fixés pour le délaissement au titre VI du livre II » (art. 924).

Ces dispositions sont littéralement reproduites par le code roumain de 1887 (art. 942 et 946) (1).

En Angleterre, on applique aux actions nées du contrat d'assurance (telle est d'ailleurs la règle générale en ce qui concerne les actions dérivant d'un contrat non scellé) la prescription de six ans (2). D'après les principes du droit anglais, le point de départ n'est pas la date du contrat qui donne naissance au droit, mais le jour à partir duquel le créancier peut saisir les tribunaux. Si, quand ce droit d'agir est né, la personne appelée à l'exercer était un mineur, un aliéné, une femme en puissance de mari, la prescription ne court qu'à dater du moment où ces incapables ont recouvré leur capacité (3).

D'après la loi maltaise du 2 octobre 1857 (art. 314), toute action née d'un contrat à la grosse ou d'une police d'assurance se prescrit par le laps de cinq ans à partir du jour où elle a pu être exercée.

On ne trouve ni dans le code civil du Bas-Canada ni dans celui de Sainte-Lucie de règles particulières sur la prescription des actions nées du contrat à la grosse ou du contrat d'assurance maritime. Mais le premier (art. 2260) établit une prescription générale

---

(1) D'après les articles 916 du code italien, 938 du code roumain, la prescription commerciale court même contre les militaires en service actif en temps de guerre, contre la femme mariée, contre les mineurs même non émancipés et contre les interdits sauf leur recours contre le tuteur. — (2) St. 9 Geo. IV. — (3) St. 21, Jac. I, c. 17 § 4 ; 2 et 3 Guil. IV, c. 42 § 4 ; 4 Ann., c. 16 § 19 ; 19 et 20 Vict., c. 97 § 10 et 12. La prescription n'est pas suspendue quand l'incapacité survient après coup (Homfray *v.* Scroope, 13 Q. B., 509 ; Smith *v.* Hill, 1 Wils., 134). Il n'y a point de suspension en faveur du demandeur qui se trouve en prison ou au-delà des mers ; mais, si le défendeur se trouvait au-delà des mers au moment où le créancier aurait eu le droit de l'actionner pour la première fois, le délai de la prescription ne partirait qu'à dater de son retour (st. 19 et 20 Vict., c. 97 § 10 ; 4 Ann., c. 16 § 19). Aucune partie du Royaume-Uni ou des îles adjacentes (Man, Jersey, etc.) n'est réputée, à ce point de vue, être au-delà des mers.

de cinq ans à compter de l'échéance pour toutes les actions de nature commerciale. Le second (art. 2121) énonce le même principe, mais en maintenant l'ancienne prescription de six ans.

Aux Etats-Unis, il suffit que l'action privilégiée née du contrat à la grosse soit exercée dans un délai raisonnable (1). Quant aux actions dérivant d'une police d'assurance, on permet aux intéressés de fixer d'un commun accord le terme au-delà duquel elles ne pourront plus être portées devant les tribunaux (2).

1708. L'ordonnance de 1681 avait dit : « Ne pourront aussi faire aucune demande pour leur fret (les maîtres et patrons) ni les officiers, matelots et autres gens de l'équipage pour leurs gages et loyers un an après le voyage fini » (l. I, tit. XII, art. 2). « Ceux qui auront fourni les bois et autres choses nécessaires à la construction, équipement et avitaillement des vaisseaux, les charpentiers, calfateurs et autres employés à la fabrique et radoub ne pourront faire aucune demande pour le prix de leur marchandise et pour leurs peines et salaires après un an, à compter, à l'égard des marchandises, du jour de la délivrance de leur marchandise et, pour les ouvriers, du jour que leurs ouvrages auront été reçus » (art. 3). « Ne seront plus reçues aucunes actions contre les maîtres, patrons ou capitaines en délivrance de marchandise chargée dans leur vaisseau, un an après le voyage accompli » (art. 4). Les taverniers n'auront aucune action, pour la nourriture fournie aux matelots, si ce n'a été par l'ordre du maître, et en ce cas ils en feront la demande dans l'an et jour, après lequel ils n'y seront plus reçus » (art. 9). Le code s'est exprimé comme il suit, dans des termes plus concis : « Sont prescrites toutes actions en paiement pour fret de navire, gages et loyers des officiers, matelots et autres gens de l'équipage un an après le voyage fini ; pour nourriture fournie aux matelots par l'ordre du capitaine, un an après la livraison ; pour fournitures de bois et autres choses nécessaires aux constructions, équipement et avitaillement du navire, un an après ces fournitures faites ; pour salaires d'ouvriers et pour ouvrages faits, un an après la réception des marchandises ; toute demande en délivrance de marchandises, un an après l'arrivée du navire » (art. 433). En 1867, on se proposa de corriger ainsi le texte : « Sont prescrites toutes actions en paiement pour fret de navires, gages et loyers des gens de l'équipage, un an après le voyage terminé ; pour fournitures de choses nécessaires à l'équipement et avitaille-

(1) Bottomry liens are required to be enforced within a reasonable time (Royal Arch, Swabey, 269, 284). Kent, 12° édit., t. III, n. 196, note 2. — (2) Philips, II, n. 1983 et 2171 ; Craig *v.* Hartford, Fire Ins. Co., 1 Blatchford's C. C. R. 280.

ment du navire, un an après ces fournitures faites ; pour salaires d'ouvriers et pour ouvrages faits, un an après la réception des ouvrages ; toute demande en délivrance de marchandise, un an après l'arrivée du navire. En cas de naufrage, la prescription pour les gages et loyers des gens de l'équipage ne commence qu'à partir de l'établissement du rôle de désarmement ».

Commençons par la prescription du fret.

Avant la promulgation de l'Ordonnance, le parlement de Toulouse avait jugé (12 septembre 1672) que l'action en paiement du fret durait trois ans. On fit bien, en 1681, de réduire à un an la durée de la prescription. Ce délai n'est ni trop long ni trop court : il ne faut ni étrangler l'affréteur ni contraindre le fréteur à conserver trop longtemps la preuve de l'exécution du contrat.

Valin fait observer (1) qu'il n'y a point de contradiction entre la disposition qui limite à quinze jours après la délivrance des marchandises la durée « du privilège du fret » et celle qui permet d'exercer l'action personnelle contre le débiteur du fret dans l'an après le voyage fini (2). C'est de toute évidence.

Qui peut opposer cette prescription annale ? Le débiteur du fret, quel qu'il soit. A qui peut-il l'opposer ? A ceux qui ont qualité pour réclamer le fret : par conséquent au fréteur lui-même, au capitaine, au recommandataire préposé du propriétaire-armateur en ce qui concerne les opérations de l'armement, au consignataire du navire agissant comme délégué du fréteur (3), au courtier d'affrétement (4) que celui-ci aurait investi d'un mandat, même tacite, pour toucher le fret, le cas échéant au syndic de la faillite de ce propriétaire-armateur, à l'affréteur principal qui aurait sous-frété, au correspondant de cet affréteur chargé de recouvrer les portions du fret dues par divers consignataires du chargement, etc. Une action en responsabilité pourrait être dirigée selon les cas contre tel délégué du fréteur qui n'aurait pas intenté l'action dans l'année, contre tel délégué du chargeur (à plus forte raison contre un administrateur légal, le syndic de sa faillite par exemple) qui n'aurait pas opposé la prescription annale à l'action intentée après l'an fini.

1708 *bis.* Il ne faut pas se figurer que cette courte prescription s'applique aux créances de l'affréteur contre le fréteur ni même à toutes les créances du fréteur contre l'affréteur, quand elles dériveraient de la charte partie. Le chargeur se plaint, par exemple, que le fréteur ait violé les conditions de ce pacte en substituant un autre navire au navire désigné, le fréteur intente une action du même genre parce que le chargeur a substitué des marchandises

____

(1) I, p. 313. — (2) *Sic* de Valroger, V, n. 2272 — (3) V. notre t. III, n. 337. — (4) Ib. et p. 653, note 5.

dangereuses aux marchandises inoffensives: ces actions, dont la durée légale n'est déterminée par aucùn texte, sont soumises, croyons-nous, à la prescription trentenaire. Cette distinction était expressément introduite dans le projet de revision (août 1867); mais on y réduisait à trois ans pour les actions nées de la charte partie (autres que les actions en paiement du fret) la prescription du droit commun (comp. ci-dessus n. 1706).

L'article 433 régit l'action en paiement du fret proportionnel dû dans le cas prévu par le troisième alinéa de l'article 296, même l'action en paiement du demi-fret accordé au fréteur dans le cas prévu par l'article 288 § 3, quoiqu'il y ait là, dans la rigueur des principes, non un fret, à proprement parler, mais une indemnité fixée à forfait (v. ci-dessus, n. 821), à plus forte raison l'action en paiement du demi-fret dans le cas prévu par l'art. 291 § 1. Il nous semble tout à fait conforme à l'esprit dans lequel fut rédigé l'article 433 de ne pas décomposer, cette fois, les éléments du demi-fret et de donner aux mots leur sens littéral.

Nous ne nous sommes prononcé qu'après de longues hésitations sur le caractère juridique des surestaries et des contrestaries (v. ci-dessus n. 828, 776, 777). Mais, nos prémisses étant données, la conclusion ne saurait être douteuse : « établie pour les actions en paiement du fret, la prescription annale s'applique aux actions qui, bien que n'ayant pas pour objet le fret proprement dit, ont pour objet des créances accessoires du fret et qui en sont le complément (1) ».

L'action en paiement d'un prix de remorquage a-t-elle la même durée légale? Le remorqueur, peut-on dire, transporte l'instrument originaire du transport et le prix de location de ce bâtiment auxiliaire est une variété du fret. Nous n'osons aller jusque-là. Ce n'est pas seulement une question de mots. Le remorqueur s'engage non à transporter des marchandises (puisqu'il peut remorquer un bateau vide), mais à fournir la traction dans les conditions spéciales de son industrie (2).

L'art. 433 comprend-il dans ses prévisions l'action en paiement du prix de passage? La question est fort délicate. J'ai dit et je persiste à croire que le contrat de transport maritime des passa-

---

(1) Civ. cass. 10 nov. 1880. D. 80, 1, 458. — (2) Comp. Montpellier, 5 mars 1859 (S. 60, 2, 136). D'après cet arrêt, « le capitaine du bateau à vapeur qui remorque un chaland ne fait que prêter sa force motrice à un bâtiment qui en est dépourvu. » *Junge* Paris, 16 avril 1886, D. 87, 2, 54. Le pourvoi formé contre un jugement du tribunal supérieur de Papeete qui assimilait le contrat de remorquage à un contrat de transport a été, le 5 juin 1889, admis par la chambre des requêtes. (*Gaz. des trib.* du 7 juin 1889).

gers n'est pas une variété de l'affrètement (1). Par conséquent, la pure logique conduit à la solution négative. Quand les codes des autres nations maritimes ont entendu soumettre à la même prescription l'affrètement proprement dit et le transport des passagers par mer, ils se sont expliqués.

La loi française n'a pas cru devoir s'expliquer, peut-être parce que le prix de passage est, en général, payé comptant. Mais il n'est pas *nécessairement* payable comptant, par exemple quand il s'agit de très longs voyages ou d'un transport collectif. Ce n'est pas sans raison que la loi belge de 1879 prévoit différentes hypothèses dans lesquelles le capitaine reste créancier du prix, en tout ou en partie (art. 127 et 128). Il est fort probable que, si la jurisprudence avait à se prononcer, elle ne se piquerait pas de logique à outrance et traiterait le prix du passage comme une sorte de fret. En cherchant bien, on aperçoit dans un fragment de Valin (2) une trace de cette assimilation et l'on peut soutenir, en thèse, que le passager n'est, après tout, sous l'empire de toutes les législations, qu'un chargeur de sa personne et de ses bagages. Il y a d'ailleurs, au point de vue purement pratique, de si bonnes raisons pour assigner aux deux actions la même durée légale !

Dans le système plus rigoureusement juridique auquel nous adhérons, avec regret, pourrait-on du moins appliquer l'article 108 § 2 du code de commerce ? Nous ne le croyons pas, les dispositions du livre 1, titre VI et du livre II, titre XIII s'excluant au lieu de se combiner (3).

On s'est demandé si l'action du capitaine en contribution d'avaries était régie par l'article 433 § 1. J. V. Cauvet (4) soumet à la prescription annale les demandes en règlement d'avaries communes, lorsqu'elles n'ont pas été plus tôt éteintes par une fin de non recevoir (5). « Si, en effet, dit-il, après le terme d'un an depuis la fin du voyage, un capitaine assignait en règlement d'avarie commune, les consignataires seraient en droit d'objecter qu'ils ne peuvent plus lui demander livraison des marchandises et qu'il est présumé avoir reçu le fret. De même aux consignataires qui voudraient faire régler des avaries communes, même par suite de jet, après une année depuis la fin du voyage, le capitaine pourrait opposer que, le fret entier étant présumé lui avoir été payé, toute action est censée aussi avoir été abandonnée. » Mais, d'une part, le

---

(1) *Sic* Lyon-Caen et Renault, Précis, n. 1934. — (2) Sur l'art. 18 du titre du *Fret*.— (3) « Considérant, a dit la cour de Paris le 18 déc. 1883, que la prescription édictée par l'art. 108 ne s'applique pas aux transports maritimes. » V. entre autres arrêts civ. cass. 8 mars 1865, S. 65, 1, 282. — (4) II, n. 406. — (5) *Sic* Lyon-Caen et Renault, Précis, n. 1997.

capitaine peut avoir fait constater qu'il n'a pas reçu le fret en livrant la marchandise ou avoir réservé l'action d'avaries en recevant le fret ; d'autre part, le consignataire peut avoir fait constater qu'il n'a pas reçu la marchandise ni payé le fret ; enfin les interprètes du code ne peuvent pas, d'eux-mêmes, déduire de certaines circonstances une présomption *légale* de renonciation à un droit et modifier en conséquence la durée d'une action. Or il faut aller au fond des choses : le capitaine, quand il demande à être indemnisé d'un sacrifice fait en vue de pourvoir à la sécurité commune du navire et de la cargaison, ne réclame pas le fret ni même un accessoire du fret. Il est donc impossible d'assujettir, par voie d'interprétation, son action à une prescription exceptionnelle (1). Il serait désirable que cette solution juridique, mais peu pratique, fût modifiée par une loi.

L'article 433 n'est pas applicable à la navigation fluviale. La durée légale des actions intentées par les maîtres de bateaux en paiement du prix de transport par fleuves, rivières ou canaux est déterminée par l'art. 108 du code de commerce (cf. art. 107 du même code).

1708 *ter*. Un an *après le voyage fini*, dit le texte. Le voyage est fini, dit à ce propos la cour de cassation (2), quand le navire est entré au port d'arrivée et déchargé. Cette formule nous paraît bonne.

Cependant Pardessus a dit (3) que l'action personnelle en paiement du fret se prescrit par un an « à compter du jour où le fret est devenu exigible ». M. de Valroger répète (4) que, si un terme a été stipulé pour le paiement, la prescription doit courir à partir de l'exigibilité. Mais qu'on y prenne garde ! Le débiteur renonce d'avance par là même à la prescription, puisque, s'il s'était croisé les bras, il aurait été libéré par le laps d'un an. Ces renonciations implicites ont précisément pour effet de retarder indéfiniment l'exercice du droit et contraignent les tribunaux à juger des contestations anciennes sur lesquelles ils ne sont plus suffisamment éclairés. L'action en paiement du fret pourrait être exercée, dans ce système, aussi longtemps qu'il aurait plu aux contractants de retarder l'exigibilité du fret, ou plutôt jusqu'à l'expiration de l'année qui suivrait ce terme, si éloigné qu'on le suppose. Nous avons écarté cette solution en commentant l'art. 433 (v. ci-dessus, n°

---

(1) Les arrêts rendus par la cour de cassation le 12 janvier et le 1er juin 1870 (D. 70, 1, 306 et 71, 1, 108) donnent à penser que la cour de cassation résisterait à cette interprétation extensive de l'art. 433. *Sic* Ruben de Couder, v° Avarie, n. 281 et de Valroger, V, n. 2277. — (2) Civ. cass. 10 nov. 1880. D. 80, 1. 457. — (3) n. 720. — (4) n. 2275.

1694) (1). Le fréteur qui aurait accordé un délai au chargeur agira donc prudemment en interrompant la prescription dans l'année qui suivra la fin du voyage (2).

C'est la fin du voyage pour les marchandises et non pour le navire qu'il faut considérer, puisqu'on a loué le navire en vue du transport de la marchandise. La cour de Rouen s'était donc trompée le 31 mai 1825 (3) en faisant courir le délai de l'action du jour du retour du navire au port du départ. Le délai part du jour où les marchandises sont débarquées, fût-ce dans un simple port d'échelle ; car, à ce moment, dans les rapports du fréteur et du chargeur, le voyage est fini. Il l'est, quand le navire est devenu innavigable sans qu'on en ait pu louer un autre (art. 296 § 3), du jour où la séparation s'est opérée entre ce navire et la marchandise ; il ne l'est que par l'arrivée au lieu de destination si la marchandise a été transbordée (art. 296 § 2).

Quel sera le point de départ, si les marchandises n'ont pas voyagé, par exemple dans l'hypothèse où le fréteur, après la rupture du voyage avant le départ, réclame le paiement du demi-fret (art. 288 § 3) ? On pourrait soutenir, en invoquant par analogie un arrêt du 24 mai 1830 (4), que, le voyage ne s'étant pas accompli, l'article 433 n'est plus applicable. Tel n'est pas notre avis. Dans les rapports de ces deux contractants, le voyage doit être réputé fini du jour où il a été rompu. L'action court donc à dater de cette rupture, quand le navire n'aurait pas bougé. L'action du fréteur n'aura pas une moindre durée, puisqu'elle aura pu s'exercer sur le champ.

Quant à la prescription de l'action en paiement du prix de passage, elle commence, dans notre système, dès que l'action est née, par application du droit commun en matière de prescription extinctive.

1709. L'action en paiement des gages et loyers des officiers, matelots et autres gens de l'équipage est également prescrite un an après le voyage fini.

Qui peut opposer cette prescription ? Le débiteur de ces gages et loyers, quel qu'il soit. Mais l'administration de la marine, dans les caisses de laquelle les salaires auraient été versés, ne pourrait

---

(1) Nous ne sommes pas, qu'on le remarque, dans une hypothèse analogue à celle sur laquelle nous avons raisonné au n. 1700. Dans l'espèce, non seulement l'action a pu naître, mais elle est née et la prescription pouvait courir ; elle aurait même nécessairement couru si l'on ne s'était pas entendu pour en retarder le point de départ. — (2) L'arrêt de cassation du 10 mars 1880 a consacré cette interprétation rigoureuse, mais juridique de l'art. 433. — (3) D. vᵒ Dr. marit., n. 2266. — (4) D. vᵒ Dr. marit., n. 2267.

pas soutenir qu'elle est tardivement actionnée : elle a reçu pour le compte des gens de mer.

A qui la prescription peut-elle être opposée ? D'abord aux marins eux-mêmes, c'est clair ; ensuite à l'administration de la marine réclamant après le délai légal les loyers dus soit aux marins absents, soit aux marins présents. On aura beau répéter qu'elle est la tutrice des gens de mer ; les armateurs ne peuvent pas être tenus plus longtemps envers la tutrice qu'envers les pupilles. On alléguerait en vain qu'elle exerce un droit propre en vue de recouvrer les retenues qui lui sont attribuées sur les salaires : où les salaires ne sont plus recouvrables, la retenue ne l'est pas davantage (1). Mais si l'administration de la marine avait payé d'avance les matelots en temps utile (par exemple dans le cas prévu par la circulaire du 3 janvier 1886) (2) et ne demandait son remboursement au propriétaire du navire qu'après l'expiration de la prescription annale, l'article 433 ne lui serait pas opposable. En effet le paiement, quoique fait pour le compte d'un tiers, conserve son caractère propre et son effet extinctif : le titre de l'administration réside dans un contrat de mandat ou un quasi-contrat de gestion d'affaires et dès lors on ne peut plus lui opposer que la prescription trentenaire. Il en serait d'ailleurs ainsi toutes les fois qu'un tiers

---

(1) Aix, 13 août 1859, D. 60, 2, 86. On lit encore dans un arrêt de Rennes du 8 mars 1869 (D. 70, 2, 198). « La retenue, même pour la caisse des invalides, n'est qu'un prélèvement et une portion intégrante des salaires de l'équipage et doit suivre leur sort : dès lors l'action de la marine tombe, quant à la durée, sous le coup de la prescription annale de l'art. 433. » —(2) D'après cette circulaire (Bull. off. mar., 1886, I, p. 36), dans le cas où des marins débarqués *hors de France* y rentrent avant que le montant de leurs salaires ait été versé dans la caisse des gens de mer, l'administration de la marine demandera, pour faire droit à une réclamation de leur part, au port d'immatriculation du navire, l'envoi par urgence d'un état certifié des sommes à leur payer. A la réception de ce document, il sera donné cours au paiement des salaires par le débit du compte courant du trésorier général des invalides. L'état émargé sera ensuite adressé au port d'immatriculation qui en prendra charge au débit du compte *Dépenses à régulariser*, sur mandat du commissaire de l'inscription maritime, et ce compte sera crédité par le débit du service gens de mer, dès que le département des affaires étrangères aura fait parvenir l'ordre de paiement au nom du trésorier des invalides. De cette façon, la caisse des invalides supportera au lieu et place des intéressés les retards que ces derniers ont subis jusqu'ici. On peut encore supposer que nos agents consulaires en Angleterre, en Belgique ou en Hollande, après s'être fait remettre par le capitaine des traites sur l'armateur, ont exceptionnellement payé, conformément aux instructions ministérielles de février 1875, aux marins débarqués dans le port de leur résidence, le tiers des salaires acquis.

aurait éteint la créance des matelots en les payant dans l'an après le voyage fini et pour le compte de l'armateur, de ses deniers personnels (1).

On ne pourrait pas même, à notre avis, opposer la prescription annale à l'administration de la marine lorsqu'elle aurait fait un paiement irrégulier, par exemple remis prématurément un salaire litigieux aux gens qui le réclament (2). Cette administration peut échouer dans son action *mandati contraria*, mais la nature de l'action n'est pas transformée.

1709 *bis*. La prescription annale s'applique non seulement aux salaires fixes, mais aux portions de fret ou parts attribuées à l'équipage (conf. notre t. I, n° 127), aux salaires aléatoires tels que le chapeau du capitaine (3) ; il faudrait, pour qu'il en fût autrement, que le chapeau ne put pas être, à raison de circonstances exceptionnelles, considéré comme un supplément de gages (4). S'applique-t-elle aux salaires des pilotes côtiers ? La question est délicate. Pour la résoudre affirmativement, il faudrait soutenir que ces gens de mer se rattachent à l'équipage et le complètent en quelque sorte lorsqu'ils prêtent au capitaine leur ministère obligatoire. C'est à quoi l'on n'aboutit pas sans un certain effort et j'incline à penser que le salaire des lamaneurs, déclaré saisissable par la jurisprudence (5) « parce qu'ils ne font pas partie de l'équipage du navire de commerce », échappe à la courte prescription de l'art. 433. J'y soumettrais au contraire les salaires de tous les hommes nécessaires à l'équipement régulier du navire, alors même qu'ils ne seraient pas protégés par l'ordonnance de 1745 et le décret du 4 mars 1852. La loi dit : les matelots et *autres gens de l'équipage*. Un certain nombre d'employés que nous n'avions pas pu classer parmi les « marins » (v. notre t. III, n° 675) appartiennent néanmoins à l'équipage.

Quand les marins réclament eux-mêmes leurs frais de conduite et de rapatriement, la prescription annale peut-elle leur être opposée ? Nous le croyons. Les frais de rapatriement sont les accessoires des loyers et nous ont paru pouvoir, à ce titre, être garantis

---

(1) *Sic* Rouen, 21 février 1881. D. 82, 2, 145. Dans l'espèce, c'est le capitaine qui avait fait l'avance et le syndic de la faillite de l'armateur lui opposait la prescription annale.— (2) Compar. civ. cass., 22 janvier 1884, D. 84, 1, 107. — (3) La jurisprudence tend de plus en plus à considérer le chapeau comme un supplément de gages (trib. civ. du Havre, 21 août 1877 et 10 mars 1887. Rec. du H., 78, 2, 27 et Rev. intern. du dr. mar., III, p. 44. *Junge* trib. de c. du Havre, 9 mars 1887, inéd.). — (4) La prescription annale pourrait donc être invoquée alors que le chapeau ne serait pas inscrit sur le rôle d'équipage, quoique le capitaine ne pût pas alors justifier de son privilège (art. 192 § 4). — (5) V. notre t. III, n° 676.

par le privilège que confère aux gens de mer l'art. 191 § 6. D'ailleurs l'art. 14 du décret du 7 avril 1860, conforme en ce point à l'article 252 du code de commerce, assimile les frais de rapatriement aux loyers proprement dits (1). Mais si l'administration de la marine, après avoir rempli l'obligation qui pesait sur l'armateur en rapatriant, recouvre ces frais par l'action *mandati contraria* (comp. ci-dessus, n° 1709),on ne peut lui opposer que la prescription trentenaire. La cour de cassation (2) fait en outre remarquer que l'administration de la marine agit, quand elle remplit l'obligation de l'armateur, en vertu d'un droit propre exercé dans l'intérêt de l'Etat et de l'ordre public (3).

Le tribunal d'Anvers a jugé le 29 novembre 1880 (4) que la prescription annale de l'article 433 n'est pas applicable à l'Etat réclamant à l'armement les frais de la sépulture d'un marin après en avoir fait l'avance. Tel est aussi notre avis. La question est plus délicate si les frais de maladie sont réclamés directement par les marins, les frais funéraires par leurs familles. J'incline à penser que les rédacteurs de l'article, en organisant la prescription d' « un an après le voyage fini », n'ont pas pensé aux frais de maladie, cette nouvelle obligation de l'armateur ne prenant fin qu'après la maladie elle-même (5). De même, un matelot débarqué malade et laissé dans un hôpital peut mourir plus d'un an après le voyage fini (6).

Il nous paraît évident que l'armateur ne pourrait pas opposer à l'administration de la marine agissant en remboursement des frais de sauvetage des pacotilles confiées au capitaine (7) la prescription annale de l'art. 433 § 1. Mais, parmi les frais de sauvetage, il peut y avoir lieu de comprendre des rémunérations allouées aux gens de mer qui se sont employés à sauver le navire, les passagers

(1) Toute la jurisprudence de la cour de cassation implique, à vrai dire, la solution contraire (civ. cass., 14 février 1870, 24 mars 1875, 31 déc. 1879. D. 70, 1, 327 ; 75, 1, 199 ; 80, 1, 133). Ces arrêts répètent que les frais de conduite et de rapatriement sont régis par des lois spéciales auxquelles le code de commerce ne déroge pas. Il aurait fallu dire, au contraire, que les lois spéciales n'ont pas dérogé aux art. 252 et 433 co. On est d'autant plus surpris de rencontrer cet argument dans les arrêts de la cour suprême qu'elle a plusieurs fois déclaré légal à tous les points de vue l'article 14 du décret d'avril 1860. Enfin ce raisonnement ne peut plus être reproduit depuis que la rédaction de l'art. 258 a été modifiée par la loi du 12 août 1885. — (2) Arrêts précités. — (3) Cf. notre t. III, n° 744. — (4) Rec. d'A. 1880. 1. 136. — (5) Cf. notre t. III, n. 725. — (6) Il semble bien que M. de Valroger repousse aussi cette extension de la prescription annale (n. 3284). — (7) Cf. Rouen, 27 août 1878. Rec. du H. 1879. 2. 54.

ou à recueillir les débris (cf. art. 258, texte nouveau). L'action directe de ces matelots est régie par l'art. 433.

1709 *ter*. Quand, à ce nouveau point de vue, le voyage doit-il être réputé fini ?

La jurisprudence a pu dire, pour sauver les loyers des gens de mer, que les divers voyages accomplis par un navire dans le cours d'une même expédition forment relativement à leur créance autant de voyages distincts (1). Mais c'est au voyage *des marins*, non à celui *du navire* qu'il faut évidemment s'attacher pour déterminer la durée légale de leur action. Il serait déraisonnable de scinder, à ce point de vue, d'abord le voyage, ensuite la créance (2). Cela posé, quand le voyage prend-il fin ?

D'après Bédarride (3), le jour où le navire est arrivé à destination : « cette arrivée étant authentiquement constatée par les formalités en douane, par le manifeste d'entrée, rend le point de départ de la prescription insusceptible de doute ». On trouve évidemment un vestige de ce système dans l'arrêt de la chambre des requêtes du 16 juillet 1860 (4).

Dufour, il y a trente ans, ébranla ce système. « Tant que le désarmement n'a pas lieu, dit-il (5), la créance des gens de l'équipage n'est pas liquide : au contraire, le désarmement vient-il à être opéré, ils sont mis en demeure de réclamer leurs salaires ». M. Laurin développa cette opinion en 1876 (6), estimant que le voyage est seulement terminé par l'opération règlementaire du désarmement, son complément indispensable : « avant l'accomplissement de cette formalité, écrivait-il, la créance n'a rien de liquide ni même d'exigible : il y a tout un décompte à faire, décompte que les circonstances peuvent rendre long et compliqué : il serait contraire aux principes que l'action fût prescriptible avant d'avoir pu être exercée ». C'est ce qu'ont jugé la cour de Rouen le 12 août 1863 (7), faisant observer que la prescription n'avait pas pu courir avant que le commissaire de la marine du Havre eût arrêté le rôle de l'équipage et fixé définitivement les salaires, préjugé la cour de Rennes le 13 janvier 1880 (8) en ordonnant de régler à part les loyers antérieurs au désarmement, qui est « la liquidation de la situation et des droits des marins ».

Le projet de revision (1867) s'attachait expressément à l'établissement du rôle en cas de naufrage. C'était trancher sagement une grande controverse. Selon la chambre des requêtes (arrêt pré-

---

(1) Civ. cass. 10 juin 1879. D. 79. 1. 539.— (2) Cf. Rouen, 12 août 1863. S. 64. 2. 299. — (3) T. V, n. 2264. — (4) D. 60. 1. 461. Cf. Marseille, 30 juillet 1862. Rec. de M. 1862. 1. 209. — (5) I, n. 111. — (6) I, p. 488. — (7) S. 1864. 2. 299. — (8) D. 81. 2. 6.

cité du 16 juillet 1860), le voyage devait être, en principe, « réputé fini par le naufrage du navire ». D'après un arrêt rendu par la cour de Rennes le 30 août 1866 (1), la prescription ne devait pas courir du jour du naufrage qui, à raison des distances, reste souvent ignoré de l'administration de la marine pendant plus d'un an, mais du jour où cette administration a été officiellement informée du sinistre (2). Bédarride assignait comme point de départ, dans la seconde édition de son commentaire (3), le retour des marins en France, parce qu'ils étaient auparavant dans l'impossibilité d'agir (4). Il faut s'en tenir à la date du désarmement (5), malgré les difficultés et les retards que cette opération peut présenter, parce que la créance de l'équipage est liquidée à ce moment par le commissaire de l'inscription maritime : or le cours de la prescription ne doit pas précéder, sauf exception écrite dans un texte formel, la naissance de l'obligation juridique, c'est-à-dire la faculté de recourir au juge. Il ne faut pas oublier que la créance des gens de l'équipage peut être supprimée ou réduite (art. 258, *nouveau texte*) si la perte du navire est le résultat de leur faute ou de leur négligence ou s'ils n'ont pas fait tout leur devoir dans les opérations du sauvetage : c'est une raison de plus pour que le délai ne commence pas à courir avant que cette créance soit liquide et exigible (6).

D'après MM. Lyon-Caen et Renault (7), la prescription trentenaire est seule applicable quand le navire a disparu, sans nouvelles, parce qu'on ne saurait plus trouver de point de départ à la prescription de l'art. 433 (8). Ce raisonnement serait exact dans toutes ses parties, répond M. de Valroger, si la prescription ne pouvait courir que du jour de la perte. Mais, au cas de défaut de nouvelles comme au cas de naufrage, l'administration de la marine fait le décompte des loyers qui peuvent être dus aux marins disparus et à ceux qui avaient été débarqués en cours de route ; la prescription devra donc courir encore à partir du désarmement ainsi opéré (9). Tel est notre avis.

C'est à propos d'une action en paiement des gages et loyers que

(1) D. 68. 2. 25. — (2) C'était là, on s'en aperçoit sans peine, un système artificiellement forgé par le juge. — (3) n. 1964 *bis*. — (4) C'était une application de la maxime *Contra non valentem agere non currit præscriptio*, proscrite par le code civil. — (5) *Sic* Boistel, n. 1444; Lyon-Caen et Renault, Précis, n. 1724. — (4) De Valroger, V, n. 2285. — (5) Ib. — (6) Il semble bien que la cour de cassation (ch. des requêtes) ait admis cette thèse le 20 février 1872. D. 73. 1. 364. — (7) Ib., n. 2286. — (8) « Il ne peut être question d'appliquer ici l'art. 375, exclusivement applicable dans les rapports de l'assureur et de l'assuré » (Rouen, 12 août 1863). — (9) C'est précisément dans cette hypothèse qu'avait statué la cour de Rouen le 12 août 1863.

la cour de cassation a dénié au créancier le droit de déférer le serment au débiteur sur le fait de sa libération (1) (comp. ci-dessus, n. 1703).

1710. Toutes actions en paiement pour nourriture fournie aux matelots par l'ordre du capitaine sont prescrites un an après la livraison.

Vincens (2) dit à ce sujet : « La nourriture est la première condition accordée aux gens de l'équipage. Or il arrive que, pendant l'équipement et avant que la marmite soit établie à bord (expression consacrée), le capitaine est obligé d'accréditer ses matelots chez des aubergistes pour leur faire donner leur subsistance journalière ». Si le code de commerce ne se fût pas expliqué, l'action des hôteliers et traiteurs eût été prescrite par six mois (art. 2271 c. civ.). Il convenait de leur laisser un peu plus de temps, le navire pouvant à chaque instant partir et s'éloigner.

Quand l'Ordonnance avait donné aux taverniers l'action pendant l'an et jour pour paiement de la nourriture fournie par l'ordre du maître, elle confirmait expressément les édits de 1555 et de 1584 qui privaient le cabaretier de toute action, *même contre les matelots*, s'il n'avait pas reçu cet ordre (3). Les rédacteurs du code ont-ils entendu maintenir cette déchéance? Il suffit, à notre avis, pour résoudre négativement la question, de comparer au texte ancien le texte moderne. C'est à dessein qu'on a modifié l'article 9 du titre *des prescriptions*. On ne s'occupe plus, en 1807, que de l'action contre l'armement, responsable des ordres donnés par le capitaine, et celle-ci est éteinte si le créancier ne l'a pas exercée dans le délai d'un an. Mais les matelots se tromperaient s'ils croyaient échapper, le cas échéant, à la loi pénale du 26 juillet 1873 (4). Abstraction faite de la loi pénale, les gens de mer sont, quant à la recevabilité de l'action personnelle (5), replacés sous le régime du droit commun ; cette action peut être dirigée contre eux soit

(1) Arrêt précité du 13 février 1856. D. 56. 1. 77. — (2) Expos. raisonn. etc., l. XII, sect. I, ch. IV. — (3) Valin sur l'art. 9, tit. XII, l. I et sur l'art. 14, tit. I, l. II. — (4) « *Quiconque*, sachant qu'il est dans l'impossibilité absolue de payer, se sera fait servir des boissons ou des aliments qu'il aura consommés, en tout ou en partie, dans des établissements à ce destinés, sera puni d'un emprisonnement de six jours au moins et de six mois au plus et d'une amende de seize francs au moins et de deux cents francs au plus ». — (5) Mais nous persistons à croire (conf. ci-dessus, n. 679) que les hardes des mariniers sont encore protégées par l'édit de 1584, comme le produit de leur solde est protégé contre toute saisie par l'ordonnance du 1er novembre 1745.

par les *hôteliers et traiteurs*, soit par les cabaretiers et cafetiers (1) :
sa durée est fixée par la loi civile.

L'article 433, après avoir déterminé la durée du délai, le fait
remonter à la livraison. Si les matelots étaient nourris à la journée, la prescription devrait-elle donc courir jour par jour ? Non,
répond M. de Valroger (2) : la prescription ne courra qu'après *la
livraison*, c'est-à-dire du jour où elle aura complètement pris fin.

1711. Toutes actions en paiement pour fournitures de bois et
autres choses nécessaires aux constructions, équipement et avitaillement du navire sont prescrites un an après ces fournitures
faites.

C'est le propriétaire du navire (ou son préposé) qui peut opposer cette prescription. La cour de Montpellier a jugé le 12 février
1830 (3) qu'elle n'était pas opposable par les fournisseurs aux
tiers qui leur avaient vendu les bois de construction. C'est de
toute évidence, et l'on ne comprend pas même que la question ait
été débattue devant un tribunal d'appel. Le tribunal de commerce
du Havre a décidé le 12 mai 1874 (4) et, selon nous, bien décidé
que la prescription du droit commun est seule opposable à l'action
du commissionnaire-consignataire en remboursement des avances
par lui faites pour le paiement des fournitures (5). D'après un arrêt
de Rennes du 25 avril 1882 (6), la prescription annale « peut être
opposée par les copropriétaires du navire aux fournisseurs, mais
non par l'un des copropriétaires à l'autre » : il ne s'agit plus alors,
en effet, d'un paiement à faire pour une fourniture, mais d'un recours exercé par un des propriétaires contre l'autre pour obtenir
le remboursement de ses avances (7).

(1) V. quant à la prescription de l'action des cabaretiers, cafetiers et
marchands de vin en détail, Laurent, t. XXXII, n. 506. — (2) n. 2289.
— (3) D., v° Dr. mar., n. 2265. — (4) Rec. du H. 1875. 1. 42. — (5) Comp.
ci-dessus, n. 1709. — (6) D. 84. 1. 163. — (7) La cour de Rennes est allée
jusqu'à dire que le copropriétaire actionné en remboursement n'aurait pas
pu reprocher à l'autre de n'avoir pas opposé la prescription annale en temps
utile, parce que celui-ci aurait obéi au sentiment de l'honneur et de la délicatesse « en s'abstenant de chercher dans le secours de l'art. 433 un moyen
de se libérer de la dette impayée ». Il ne faut pas généraliser cette thèse. Le
copropriétaire n'a pas reçu le mandat, même tacite, d'abdiquer le droit d'autrui : il n'avait pas qualité pour se prononcer sur un cas de conscience et le
juge n'est pas chargé d'autoriser les sacrifices que « la délicatesse » lui
semble commander. Nous approuvons, comme M. Laurent, la cour de Bruxelles d'avoir jugé le 6 août 1868 (*Pasicrisie* 1870. 2. 287) qu'il n'appartenait
pas au directeur et à l'administrateur d'une société de renoncer à une prescription acquise. Mais de ce que le copropriétaire trop généreux devrait suc-
comber dans son recours il ne faut pas conclure que la prescription annale
lui serait opposable.

Il est à peine utile de faire observer que l'extinction du privilège accordé par l'art. 191 § 8 à ces créanciers n'entraîne pas la prescription de leur action personnelle, tandis que la prescription de l'action entraîne l'extinction du privilège.

Quel est le point de départ de la prescription? Nous croyons avec Bédarride (1) qu'il y a lieu de distinguer. S'il s'agit d'une fourniture spéciale, isolée, par exemple de l'achat d'un mât, d'un achat de toiles ou de planches, le délai légal de l'action court de la fourniture effective ; il court de la dernière si les diverses fournitures étaient payables en bloc. Il ne suffirait pas précisément qu'un travail d'ensemble eût été commandé, la construction d'un navire par exemple, si la convention des parties en avait scindé l'exécution et le paiement (2).

Le tribunal de commerce du Havre a jugé le 21 avril 1873 que le fournisseur ne pouvait pas se prévaloir de l'article 2275 pour déférer le serment à son débiteur, et, selon nous, bien jugé (comp. n. 1703 et 1709 *ter*).

1712. Toutes actions en paiement pour salaires d'ouvriers et pour ouvrages faits sont prescrites un an après la réception des ouvrages.

Le propriétaire du navire (ou son préposé) ne peut donc opposer que cette prescription. Un entrepreneur pourrait opposer aux ouvriers la prescription de six mois, conformément à l'article 2271 c. civ.

En droit civil, il importe souvent de discerner si l'ouvrier n'est pas devenu marchand ou entrepreneur, parce que la prescription varie, selon les cas, de six mois à un an. Cette difficulté ne subsiste pas, l'art. 433 s'appliquant indistinctement soit aux ouvriers à la journée, soit à ceux qui auraient passé un marché pour certains travaux. Tel est assurément le sens des mots « et pour ouvrages faits ».

La durée légale de l'action qui compète aux ouvriers ne peut être ainsi doublée que si les salaires (et les fournitures) sont dus pour un bâtiment de mer. S'ils étaient dus pour de simples bateaux plats destinés à faire des gabarages dans un port, elle ne dépasserait pas le terme fixé par l'article 2271 c. civ. (3).

La réception des ouvrages est le point de départ de la prescription. Comment appliquer cette règle quand il s'agit d'ouvriers payés à la journée? La prescription de l'action commence au moment où celle-ci est née, c'est-à-dire où le droit peut être exercé.

---

(1) T. V, n. 1971. — (2) V. notre t. I, n. 62. — (3) Nantes, 4 janvier 1861. Rec. de N. 1861. 1. 332. *Sic* de Valroger, n. 2297.

1743. Toute demande en délivrance de marchandises est prescrite un an après l'arrivée du navire.

Cette prescription peut être opposée par l'armateur comme par le capitaine, quoi qu'ait jugé la cour de Montpellier le 5 mai 1828 (1) ; à l'expéditeur comme au destinataire, au chargeur comme au consignataire (2).

Nous supposons, bien entendu, que l'expéditeur exerce réellement une action en délivrance. Un steamer de la compagnie transatlantique ayant été submergé dans un bassin du Havre, l'expéditeur retira sa marchandise, désormais hors d'état d'être expédiée, et les assureurs, lui ayant payé une somme de 20,800 fr., en demandèrent le remboursement à cette compagnie qu'ils jugèrent responsable du sinistre. Celle-ci opposant la prescription annale, la cour de Rouen répondit avec raison qu'il ne s'était jamais agi d'une délivrance, « la marchandise ayant été retirée du navire avant qu'il fût sorti du port de charge » (8 mai 1869) (3).

Faut-il dire avec les tribunaux de commerce de Marseille (9 mars 1871) (4) et de Nantes (20 janvier 1875) (5) que l'armateur et ses préposés ne peuvent plus opposer cette prescription annale si le capitaine a pris les marchandises sans connaissement ? Non, sans doute. Est-ce que la loi distingue (6) ? Mais, dit le tribunal de Nantes, le capitaine, ayant enfreint un devoir, a engagé sa responsabilité personnelle : il n'appartient pas aux juges de le punir, répondons-nous, en prorogeant la durée légale de l'action qui compète à son créancier. Mais le destinataire, réplique le tribunal de Marseille, ne peut connaître ni le navire qui doit transporter la marchandise, ni l'époque de leur arrivée (7). L'objection n'aurait de portée que si la maxime *contra non valentem agere non currit præscriptio* n'avait pas été proscrite par le code civil.

Cette courte prescription, ne pouvant être appliquée hors des

(1) D., vᵒ Dr. mar., nᵒ 2267. La cour de Paris a dit encore dans son arrêt du 18 déc. 1883 : «.. Sans qu'il soit besoin d'examiner le point de savoir si, dans certains cas, l'article 433 peut profiter à l'armateur dans un intérêt commun avec celui du capitaine ». — (2) Mais il est évident que, si ce consignataire a pris livraison des marchandises, l'action qui peut être dirigée contre lui par les véritables intéressés au chargement n'est pas régie par l'art. 433 (comp. Paris, 18 décembre 1883). Toutefois il n'est pas inutile de remarquer que la cour de Paris posait ce principe dans une espèce où le consignataire n'était pas actionné. — (3) Le pourvoi dirigé contre cet arrêt fut rejeté par la chambre des requêtes le 12 janvier 1870, D. 70. 1. 307. — (4) Rec. de M. 1871. 1. 113. — (5) Rec. de N. 1875. 1. 54. — (6) *Sic* Valin sur l'art. 4, tit. XII, 1. I de l'Ord. — (7) Dans l'espèce, il s'agissait de fûts vides pour lesquels les fréteurs avaient délivré, conformément à l'usage, un simple récépissé.

cas prévus au texte, ne concerne pas l'action en indemnité pour avaries subies par la marchandise (1).

Une demande en indemnité pour perte ou défaut de représentation des marchandises est, au contraire, assimilée généralement à la demande en délivrance. Telles sont, en effet, remarque M. de Valroger (2), les conclusions dernières de toute demande en délivrance : l'indemnité due pour les marchandises perdues, ajoutent MM. Lyon-Caen et Renault (3), est substituée à ces marchandises. On peut encore assimiler à la demande en délivrance l'action en indemnité dirigée contre le transporteur pour délivrance à un autre que le véritable ayant-droit (4), mais non pas, bien entendu, l'action en indemnité dirigée contre celui qui se serait fait remettre irrégulièrement la marchandise. Il faut mettre sur le même plan (5) l'action que le chargeur exercerait pour se faire rendre compte du transport et de la remise au destinataire.

L'action en paiement du prix des marchandises vendues par le capitaine dans l'intérêt du chargeur n'est pas prescrite par un an : le capitaine s'est conduit en *negotiorum gestor* (6) et le gérant qui a reçu pour le maître peut être actionné dans les termes du droit commun (art. 2262) (7). Bédarride enseigne toutefois que « l'action en répétition du prix des marchandises vendues en cours de voyage pour les nécessités du navire est soumise à la prescription annale, n'étant, en réalité, que l'action en délivrance elle-même. » Le prix est alors subrogé aux marchandises, répètent MM. Lyon-Caen et Renault (8), et par suite cette action tient lieu de l'action

(1) Req. 1er juin 1870. D. 71. 1. 109. Mais, comme on le verra bientôt, la triple fin de non recevoir des art. 435 et 436 lui est applicable. — (2) n. 2301. — (3) Précis, n. 1929. — (4) La cour de Paris nous paraît avoir méconnu cette règle en infirmant le 18 décembre 1883 un jugement du tribunal de commerce de la Seine du 16 décembre 1881. Les expéditeurs soutenant que la compagnie des messageries maritimes n'avait pas livré deux caisses de marchandises au véritable destinataire, celle-ci leur opposa la prescription annale. Elle le pouvait d'autant mieux qu'elle avait remis ces caisses au destinataire indiqué par le connaissement. « Considérant, dit l'arrêt, que la décharge donnée au capitaine par le consignataire, destinataire indiqué au connaissement, constitue la délivrance consommée et établit une situation juridique nouvelle, différente de celle à laquelle s'applique le dernier paragraphe de l'art. 433... ». Dans ce système, un transporteur qui aurait rempli tout son devoir en livrant la marchandise ne pourrait plus, par le fait même de cette livraison, invoquer la prescription annale ! C'est inadmissible. — (5) Cf. Rouen, 31 mai 1825. D., v° Dr. mar., n. 2266. — (6) « Le capitaine peut être un *negotiorum gestor* pour ses affréteurs » (de Courcy), *Quest. de dr. mar.*, 4e série, p. 210. — (7) *Sic* Nantes, 20 janv. 1875. Rec. de N. 1. 54. Conf. Req. 24 mai 1830. D., v° Dr. marit., n. 2267. — (8) n. 1931 *bis*.

en délivrance. Voilà qui nous paraît fort douteux. La délivrance est, en effet, désormais impossible, puisque les marchandises ont été vendues : le chargeur a dû, sous l'empire d'une contrainte à laquelle il ne pouvait se soustraire, avancer le produit de leur vente pour les besoins de l'expédition. Il entend recouvrer le montant de ces avances. Les deux demandes ne se confondent pas, qu'on les envisage dans leur cause ou dans leur objet (1).

L'action pour inexécution des conditions du transport et, par conséquent, l'action fondée sur un simple retard dans la livraison ne sont pas comprises dans les prévisions de notre article : on ne pourrait donc, sous l'empire des textes actuels, leur opposer que la prescription du droit commun (art. 2262 c. civ.). L'anomalie est choquante, il faut en convenir.

1713 *bis. Un an après l'arrivée du navire,* dit le texte. Ces mots n'ont pas d'autre portée que les expressions « un an après le voyage fini », commentées au n. 1708 *ter.* C'est la fin du voyage *pour les marchandises* qu'il faut considérer : le reste ne regarde pas le réclamateur.

La cour de Rouen s'est donc trompée le 31 mai 1825 en donnant comme point de départ à la prescription annale le retour du navire au port d'expédition (2). L'action en délivrance est née le jour même où l'instrument du transport a touché le port de destination : la prescription commence dès que l'action existe.

Mais que décider au cas où le voyage s'est terminé ailleurs qu'au port de destination? D'abord si le capitaine modifie arbitrairement l'itinéraire et, par suite, le lieu d'arrivée, la marchandise n'a pas terminé son voyage et, par suite, le délai de la prescription n'a pu commencer. De même, sans nul doute, si c'est par suite de force majeure que le capitaine a changé ce lieu de destination : *pour le chargeur*, le navire n'est pas arrivé (3). A plus forte raison si la cargaison a péri dans un naufrage ou si des ennemis l'ont confisquée. Mais, dira-t-on peut-être, la marchandise ne voyagera plus, puisqu'elle est prise ou perdue, et par conséquent son voyage est fini. Ce serait jouer sur les mots : la perte ou la prise

---

(1) L'action formée contre l'armateur ou le capitaine en paiement de la valeur de la marchandise vendue ou de son net produit doit être alors considérée, a dit le tribunal de commerce de Marseille, le 28 avril 1879 (Rec. de M. 79. 1. 176), non comme une demande en délivrance de la marchandise, mais comme une demande en répétition des frais qu'elle a supportés pour d'autres : par conséquent, elle échappe à la prescription annale. *Sic* de Valroger, n. 2302. — (2) D., vº Dr. mar., n. 2266. — (3) « Dans ce cas, dit Pardessus (nº 730), il semble que la prescription ne devrait courir que du jour où le chargeur a eu connaissance de cet événement ». Mais n'est-ce pas ajouter au texte, répond judicieusement M. de Valroger (n. 2306), et comment déterminer au juste ce moment ?

a précisément empêché l'accomplissement du voyage en même temps que l'arrivée du navire (1). Le juge vérifiera d'ailleurs s'il est saisi d'une demande en délivrance ou d'une action fondée sur l'inexécution de la charte partie, c'est-à-dire soumise à la prescription trentenaire (comp. n. 1713).

On retrouve, au contraire, un point de départ à la prescription annale de l'action en délivrance si les marchandises, ayant été sauvées du naufrage, sont transportées au lieu de destination.

1713 *ter*. Il se peut que les marchandises, avant d'arriver à destination, doivent être transportées successivement par terre et par mer. Or le lecteur sait déjà que « la section II et la section III du titre VI du livre I, c. com., consacrées au transport sur le continent et traitant, l'une des commissionnaires de transport, l'autre du voiturier, sont essentiellement et doivent rester séparées du livre II, traitant du droit maritime (2) ».

Donc, quand l'expéditeur a conclu des traités de transport distincts avec le voiturier et avec l'armateur, il faut appliquer tout simplement les dispositions du livre I quand on actionne le voiturier, celles du livre II quand on actionne le fréteur. Mais il arrive aussi que l'expéditeur contracte moyennant un prix unique avec une compagnie de transports maritimes qui s'engage à expédier ses marchandises, par exemple de Paris en Algérie ou d'Algérie à Paris. Cette compagnie se charge évidemment de trouver un transporteur pour la partie terrestre du trajet, jouant, à ce point de vue, le rôle d'un commissionnaire de transports. Il peut n'y avoir, en pareil cas qu'un seul contrat ; mais, à coup sûr, il y a deux transports, l'un par terre, l'autre par mer. Quelle partie du code de commerce faut-il appliquer ?

Première hypothèse. L'action est intentée après l'arrivée du navire dans un port d'Algérie. L'article 433 me semble applicable (3). Qu'est-ce qu'on demande en effet ? La livraison. Est-ce qu'on la demande au commissionnaire de transports ? Non sans doute ; c'est, en conséquence du transport maritime, au transporteur maritime pris en cette qualité. Celui-ci, s'il allègue n'avoir pas reçu du voiturier la marchandise, peut exercer une action récursoire contre ce voiturier et, si bon lui semble, le mettre en cause. A notre avis, cette action récursoire doit être intentée, quand le garant est mis en cause, dans le délai d'un mois qui court du jour de l'exercice de l'action principale (4).

(1) *Sic* Req. 24 mai 1830. D., v⁰ Dr. marit., n. 2267. — (2) Cour de cassation, arrêt des chambres réunies du 22 juillet 1873. D. 74. 1. 207. — (3) Cf. civ. cass., 24 janv. 1870. S. 70. 1. 148 et ch. réunies, 22 juillet 1873. — (4) Art. 108 § 4 (texte nouveau). Il résulte des travaux préparatoires que, si l'action récursoire contre le voiturier ne se produit pas sous la forme d'un

Deuxième hypothèse. L'expéditeur, ayant traité pour un transport d'Alger à Paris, mais ne connaissant pas le voiturier, actionne en délivrance la compagnie de transports maritimes, à l'issue et en conséquence du transport terrestre. Il l'assigne, cette fois, en qualité de commissionnaire, et de commissionnaire de transports terrestres, puisque la livraison, en fait, ne pouvait être opérée que par le voiturier.

Or quelle est au juste la portée du nouvel article 108 § 2 ? Le législateur de 1888 s'est si mal expliqué qu'il est difficile de la saisir. Il semble, à première vue, que l'action dirigée contre le commissionnaire de transports terrestres ne soit prescriptible que par cinq ans. En effet ce législateur, après après avoir énoncé (art. 108 § 1) que les actions pour avaries, *pertes* ou retards auxquelles peut donner lieu contre *le voiturier* le contrat de transport (on parle du voiturier seul et non du commissionnaire) sont prescrites dans le délai d'un an, déclare prescriptibles par cinq ans *toutes les autres actions* auxquelles le même contrat peut donner lieu tant contre le voiturier *ou le commissionnaire* que contre le destinataire. Mais il est peu vraisemblable qu'il ait, innovant sans motif et comme à la sourdine (rien n'indique, dans les travaux préparatoires, la pensée d'un tel bouleversement), prorogé pendant quatre ans la durée d'une action, par cela seul qu'elle est exercée contre le commissionnaire. La distinction des délais repose probablement sur la nature des actions, et l'on n'a pas pu vouloir soumettre ce voiturier, en l'affranchissant par le laps d'un an de l'action principale, à l'action récursoire du commissionnaire pendant cinq ans et un mois. Ce commissionnaire de transports terrestres devra donc, ce semble, être actionné en délivrance dans l'année à partir du jour où la délivrance aurait dû être effectuée (art. 108 § 1 et 3). Il peut à son tour, s'il prétend avoir transmis la marchandise au voiturier et lui impute le défaut de livraison, l'assigner soit en garantie incidente dans le mois à dater de l'exercice de l'action originaire (art. 108 § 4), soit en garantie principale dans le délai même pendant lequel l'action originaire a pu être exercée (1). Le voiturier peut alléguer, il est vrai, que la marchandise ne lui a pas été transmise : à proprement parler, ce n'est pas là une seconde action récursoire intentée contre le transporteur maritime, mais une simple défense à l'action récursoire, opposée au commissionnaire de transports terres-

appel en garantie, elle doit être réputée principale et formée dans le délai d'un an imparti par l'art. 108 § 1 et 3, lequel délai court soit du jour où la remise aurait dû être effectuée, soit du jour où la marchandise aurait été remise ou offerte au destinataire.

(1) D'après l'opinion qui prévalut au sénat.

tres, car le voiturier n'a pas à s'enquérir de la nature du premier transport et ne connaît la compagnie que pour l'avoir chargé de réexpédier la marchandise par terre. Ce voiturier peut donc invoquer la maxime *Quæ temporalia sunt ad agendum perpetua sunt ad excipiendum* (1). Vous me reprochez, lui dirait-il, de n'avoir pas délivré la marchandise que vous deviez me transmettre : je conserve le droit de me défendre en prouvant que vous ne me l'aviez pas transmise.

Supposons maintenant que l'expéditeur a traité, moyennant un prix unique, avec un voiturier qui s'est engagé à expédier les marchandises, par exemple de Paris en Algérie ou d'Algérie à Paris.

Première hypothèse. L'action en délivrance est intentée contre le voiturier, à l'issue et en conséquence du transport terrestre. Elle est manifestement prescrite, conformément à l'art. 108, « dans le délai d'un an, sans préjudice des cas de fraude ou d'infidélité », lequel court, « dans le cas de perte totale, du jour où la remise de la marchandise aurait dû être effectuée, et dans tous les autres cas, du jour où la marchandise aurait été remise ou offerte au destinataire (2) ». L'action récursoire qui serait dirigée, le cas échéant, contre le transporteur maritime, ne serait pas régie par l'art. 108 § 2, inapplicable aux transports maritimes. Le fréteur auquel on demanderait compte, par voie de garantie incidente ou principale, des marchandises non représentées pourrait donc opposer la prescription annale de l'art. 433 § 5. L'ancien article 108 assignait sans doute « un point de départ invariable aux actions que les commissionnaires ou voituriers peuvent avoir à exercer entre eux (3) ». Mais le point de vue change, par la force des choses, quand le débat s'agite entre les deux catégories de transporteurs.

Deuxième hypothèse. L'action est intentée après l'arrivée du navire dans un port d'Algérie. L'expéditeur, n'ayant traité qu'avec le voiturier et ne connaissant que lui, l'actionne, mais l'actionne en qualité de commissionnaire de transports maritimes, puisque la livraison, en fait, ne pouvait être opérée que par le transporteur maritime. La prescription sera donc celle de l'art. 433, parce que l'art. 108 ne concerne pas plus le commissionnaire de transports mariti-

---

(1) Cf. Lyon-Caen, *Le Droit* du 9 décembre 1888. — (2) Comp. Mars. 18 juillet 1875. Rec. de M., 1875, 1, 292. V. encore l'arrêt des chambres réunies du 22 juillet 1873. Il faut rapprocher de ces documents l'arrêt de cassation du 28 octobre 1885 (D. 86, 1, 73) qui applique l'art. 99 du code de commerce à l'action en délivrance contre un voiturier commissionnaire à la suite d'un transport terrestre succédant à un transport maritime. — (3) Civ. rej., 11 nov. 1872. D. 72, 1, 433.

mes que le transporteur maritime lui-même. Toutefois ce commissionnaire de transports peut exercer une action récursoire contre le transporteur maritime lui-même, mais sans se prévaloir de l'art. 108 § 4 et cette action, intentée par voie de garantie incidente ou principale, sera prescrite un an après l'arrivée du navire (1). Le transporteur maritime peut alléguer à son tour, il est vrai, que le voiturier ne lui a pas transmis la marchandise ou ne la lui a transmise que partiellement. C'est encore, à mon avis, un moyen de défense dirigé non contre le voiturier pris en cette qualité, mais contre le commissionnaire de transports maritimes qui n'a pas mis le fréteur à même d'opérer la réexpédition, en tout ou partie. Ce fréteur peut donc opposer, à son tour, comme le voiturier l'eût fait dans la situation inverse, l'axiome de droit : *Quæ temporalia sunt ad agendum perpetua sunt ad excipiendum.*

1714. *Code espagnol.* « Les actions relatives au recouvrement du prix de transport, du fret, des dépenses accessoires (*gastos a ellos inherentes*) et de la contribution aux avaries communes se prescrivent par six mois à compter de la livraison des effets qui leur donne naissance. Le droit au paiement du prix de passage se prescrit par le même délai à compter du jour où le passager arrive à destination ou est devenu débiteur de ce prix » (art. 951). Se prescrivent par un an : 1° les actions nées de services, travaux, fournitures de provisions, d'effets ou deniers pour construire, réparer, gréer ou avictuailler les navires ou entretenir l'équipage à compter de la remise desdits effets ou du terme stipulé pour leur paiement et de la prestation des services et travaux, à moins que ceux-ci n'aient été stipulés pour un temps ou un voyage déterminés. Dans ce dernier cas, le délai de la prescription commence à courir à l'expiration du voyage ou du terme fixés et, si quelque interruption s'est produite, de la cessation définitive des services; 2° les actions en délivrance du chargement dans les transports terrestres ou maritimes ou en dommages-intérêts pour retards ou avaries arrivés à la marchandise transportée, le délai de la prescription partant du jour de la délivrance au lieu de la destination ou de celui où elle aurait dû s'effectuer d'après les conditions du transport ;... 3° les actions en paiement des frais de la vente judiciaire des navires, chargements ou effets transportés par mer ou par terre, comme aussi des frais de garde, de dépôt et conservation, des droits de navigation et de port, de pilotage, de secours, aide et sauvetage, le délai partant du jour où les frais ont été faits et les secours donnés ou de la fin des contestations (*del expediente*), si l'affaire a suscité quelque litige » (art. 952).

(1) Même arrêt.

Codes de Costa-Rica et du Pérou. L'action en répétition des effets fournis (*efectos suministrados*) pour construire, réparer et gréer un navire se prescrit par cinq ans, à compter de leur remise. L'action qui procède des fournitures de victuailles pour l'approvisionnement du navire ou d'aliments donnés aux marins sur l'ordre du capitaine se prescrit par un an à compter de leur remise, pourvu que, depuis cette époque, le navire ait mouillé pendant quinze jours dans le port où la dette a été contractée : sinon le créancier conservera son action même après l'an expiré, jusqu'à ce que le navire ait mouillé dans ce port pendant quinze jours au moins. L'action des artisans qui ont fait des travaux sur le navire se prescrit par le même laps de temps sous les mêmes réserves. L'action des officiers et gens de l'équipage en paiement de leurs gages et salaires se prescrit par le même laps de temps, depuis la fin du voyage dans lequel ils ont été gagnés. L'action en paiement des frais et de la contribution aux avaries communes se prescrit par le laps de six mois à compter de la livraison des effets qui lui ont donné naissance. L'action en délivrance de la cargaison ou pour dommages à elle causés se prescrit par un an depuis l'arrivée du navire (art. 932 à 936 code Cost.-Riq.; 1042 à 1048 code péruv.).

Code mexicain de 1884. « Se prescrivent par deux ans : 1º les actions des marins et gens de mer, qui composent l'équipage d'un navire, en paiement de leurs loyers, à partir du dernier trajet accompli.... ; 3º l'action contre le capitaine en délivrance des marchandises qui lui ont été confiées et qu'il n'a pas livrées au port de destination, à partir du jour de l'arrivée à ce port ; 4º l'action en paiement du fret, à partir de la même époque ; 5º l'action en paiement des aliments fournis par ordre du capitaine aux mariniers et gens de mer qui composent son équipage, à dater de la dernière fourniture ; 6º l'action en paiement des effets remis (*efectos provistos*) pour la construction, l'équipement et la mise à flot d'un navire, à partir de la dernière remise faite dans cette vue ; 7º l'action des constructeurs de navires (*arquitectos navales y constructores de buques*) en paiement de leurs travaux et de leurs émoluments à dater de l'achèvement des travaux stipulés » (art. 1012).

Code du Chili. Se prescrivent par six mois les actions en paiement du prix de passage, du fret, de la contribution aux avaries communes. Le délai court : dans le premier cas, de l'arrivée du navire ; dans le second et dans le troisième, de la remise effective des marchandises qui doivent payer le fret ou contribuer : si le capitaine provoque un règlement judiciaire d'avaries communes, du jour où ce règlement est fini (art. 1313). Se prescrivent par un an les actions intentées pour obtenir le paiement : 1º des fournitures de bois et autres objets nécessaires pour construire, réparer, gréer et approvisionner le navire ; 2° des salaires dus aux artisans et ouvriers pour travaux de construction ou de réparation (du navire) et du prix des ouvrages destinés au service du navire ; 3° des aliments ou deniers fournis à l'équipage par ordre du capitaine ; 4° des salaires et gratifications dus aux subrécargues, officiers et gens de l'équipage. L'action en délivrance du chargement se prescrit dans le même délai (art. 1314). Dans les cas désignés aux trois premiers numéros de l'article précédent, l'année court ou du moment de la remise (1) ou de celui de la prestation des services, pourvu que le navire ait mouillé pendant quinze jours, durant ladite année, dans le port où la dette a été contractée (2). Dans les deux derniers cas, le délai court du jour où le navire a été admis à la libre pratique (art. 1315). Les actions dérivant des obligations desquelles traite le présent livre (3) et qui ne sont pas assujetties à une prescription spéciale ont une durée de cinq ans (art. 1318). Ces dispositions sont reproduites par les codes de Guatemala, du Honduras et du Salvador. Le code vénézuélien statue de même (art. 745, 746, 749) (4).

Code brésilien. Se prescrivent par un an : 1° les actions entre contribuants pour avarie grosse, le délai partant de la fin du voyage dans lequel la perte a eu lieu ; 2° l'action en délivrance des marchandises, à dater du jour qui termine le voyage : 3° les actions en paiement du fret et du primage (5), des staries et surestaries, celles en paiement des avaries simples à compter du jour de la livraison des marchandises ; 4° les salaires et solde de l'équipage, à dater du jour qui termine le voyage ; 5° les actions pour nourriture fournie aux matelots par ordre du capitaine à compter de la livraison ; 6° les actions des ouvriers employés à la construction où à la réparation du bâtiment ou à quelque autre ouvrage sur le navire, à compter du jour où les travaux ont été faits ou l'ouvrage livré (art. 449).

Codes de la république argentine et de l'Uruguay. Se prescrivent par un an : 1° l'action des artisans, serviteurs, journaliers qui ont loué leurs services à l'année ; 2° les actions entre contribuants pour avarie commune (comme au Brésil) ; 3° les actions en délivrance

---

(1) En que se hayan entregado las especies. — (2) Au cas contraire, les créanciers conservent leur action, même après l'an expiré, jusqu'à ce que le navire ait mouillé dans ce port pendant quinze jours. — (3) C'est-à-dire le livre III (*del comercio marítimo*). — (4) Toutefois l'art. 746 fait courir le délai d'un an, pour les fournitures au navire et à l'équipage, de ces fournitures mêmes (*al ano de las suministraciones*); pour les salaires aux artisans, de la réception des ouvrages ; pour les loyers des marins, de la conclusion du voyage ; pour la délivrance des marchandises, de l'arrivée du navire. — (5) V. notre t. I, p. 129.

des marchandises ou pour dommage subi par elles, à dater du jour qui termine le voyage ; 4° les actions en paiement des fret, staries et surestaries, à dater du jour de la livraison du chargement ; 5° les salaires et solde de l'équipage (comme au Brésil) ; 6° les actions provenant de victuailles destinées à l'approvisionnement du navire ou d'aliments fournis aux marins par l'ordre du capitaine, à dater du jour de livraison, pourvu que, durant cette année, le navire ait mouillé dans le port où la dette a été contractée pendant l'espace de quinze jours depuis la dernière livraison (comme au Chili) (art. 1006 c.arg., art. 1022 c.urug.). La prescription court, dans les cas prévus par les différents alinéas du précédent article (le deuxième excepté), quand même les services, travaux, livraisons, fournitures auraient continué (art. 1008 c. arg., 1024 c. urug.).

Code hollandais. « Sont prescrites par un an toutes actions : 1° en paiement du fret, des gages et loyers du capitaine, des officiers et gens de l'équipage ; 2° pour nourriture fournie aux officiers et gens de l'équipage sur l'ordre du capitaine ; 3° pour délivrance des marchandises ; 4° en paiement de ce que doivent les passagers. Ces prescriptions commencent à courir : celle du n° 1 après le voyage fini ; celles du n° 2 après la délivrance ; celles des n°ˢ 3 et 4 après l'arrivée du navire. » (art. 741). Se prescrivent par trois ans toutes actions pour délivrance des choses nécessaires à l'équipement et à l'avitaillement du navire, ainsi que pour fourniture de bois, voiles, ancres et autres objets nécessaires à la construction et au radoub du navire, et enfin pour salaires d'ouvriers et ouvrages faits au navire. Cette prescription court du jour de la délivrance des objets ou de l'ouvrage achevé (art. 742). « Toute action des intéressés pour la répartition par avarie grosse sera prescrite par deux ans après le voyage fini. » (art. 744) (1).

Codes de la Turquie (art. 277-278) et de l'Égypte (art. 270-271). Les actions pour fournitures de bois, voiles, ancres et autres choses nécessaires aux constructions, radoub, équipement et ravitaillement du navire, et celles pour salaires d'ouvriers et ouvrages faits au navire sont prescrites trois ans après les fournitures faites et les ouvrages reçus. Toutes actions en paiement pour fret de navire, gages et loyers du capitaine, des officiers, matelots et autres gens de l'équipage, celles en paiement de ce que doivent les passagers, ainsi que les demandes en délivrance des marchandises sont prescrites un an après l'arrivée du navire ; les actions pour nourriture, fournitures aux matelots et autres gens de l'équipage par ordre du capitaine, sont prescrites aussi un an après la livraison.

_____

(1) L'article 747 (v. ci-dessus n. 1707) renvoie aux art. 741, 742, 743, mais non à l'art. 744.

Législation belge. La loi du 21 août 1879 (art. 236) reproduit notre article 433. Toutefois le troisième paragraphe est ainsi modifié : « pour fourniture de choses nécessaires à l'équipement et à l'avitaillement du navire un an après ces fournitures faites. » On soustrait donc à la prescription annale, pour les soumettre au droit commun, les actions pour fournitures de bois et autres choses nécessaires aux constructions des navires. « Leur importance, dit le rapport de 1875 à la chambre des représentants, et le moment auquel le contrat se forme nous semblent justifier cette modification ».

Code allemand. L'art. 906 § 1 énonce que les créances mentionnées en l'art. 757 se prescrivent par un an et soumet, par conséquent, à la prescription annale : 1º les frais de la vente forcée du navire ; 2º les frais de garde et de dépôt du navire faits depuis son entrée dans le dernier port, quand il est vendu par expropriation forcée ; 3º les impôts publics frappant le navire, les droits de navigation et de port ; 4º les gages et loyers de l'équipage : 5º les frais de pilotage, sauvetage, assistance, rachat et réclamation ; 6º les contributions du navire aux avaries grosses (1) ; 7º outre les créances des prêteurs à la grosse sur le navire (2), les créances nées d'autres opérations de crédit que le capitaine a conclues en sa qualité de capitaine dans des cas de nécessité, pendant le séjour du navire en dehors du port d'attache (3) et celles qui résultent de fournitures ou de travaux faits, sans ouverture de crédit, pour le compte du capitaine comme tel (4) ; 8º les créances pour non livraison ou détérioration des marchandises et des bagages mentionnés dans l'art. 674 § 2 (5) ; 9º les créances ne rentrant pas dans l'énumération des précédents alinéas, quand elles sont nées d'actes juridiques accomplis par le capitaine en vertu des pouvoirs qu'il a reçus de la loi en cette qualité et en dehors de toute procuration spéciale (6) ou quand elles découlent soit de l'inexécution, soit de l'exécution incomplète ou défectueuse d'un contrat conclu par l'armateur, en tant que l'exécution de ce contrat rentrait dans les obligations professionnelles du capitaine (7) ; 10º les créances nées de la faute d'une personne de l'équipage (8). Cette prescription est toutefois portée à deux ans, ajoute l'art. 906, pour les créances nées, au profit des gens de l'équipage, de contrats d'engagement et, pour les créances de loyers, si le congé a été donné au-delà du

(1) Et les autres dommages ou frais (art. 637, 734, 735) à répartir conformément aux principes des avaries grosses *(Proc. verb.,* VIII, p. 4152).— (2) V. ci-dessus, n. 1707.— (3) Art. 497-510. — (4) V. le texte de l'art. 757 § 7. — (5) C'est-à-dire dont le capitaine ou un tiers spécialement commis ont pris réception. — (6) Cf. art. 452 § 1. — (7) Cf. art. 452 § 2.— (8) Art. 451 et 452 § 3.

cap de Bonne-Espérance ou du cap Horn. L'art. 907 poursuit en ces termes : « La prescription établie par l'article précédent s'applique aussi aux actions personnelles appartenant au créancier contre l'armateur ou contre une personne de l'équipage ». « Elle commence (art. 908) : 1º pour les créances des gens de l'équipage à l'expiration du jour où prend fin le contrat d'engagement ou de loyer et, dans le cas où l'exercice de l'action est possible (1) et recevable plus tôt, à l'expiration du jour où ces conditions se trouvent réunies ; pourtant on ne prend pas en considération, pour fixer le commencement du délai de prescription, le droit de demander des avances et des acomptes ; 2º pour les créances provenant d'avaries ou de retard dans la livraison des marchandises et des bagages et de contribution aux avaries grosses, à l'expiration du jour où la livraison a eu lieu ; pour les créances provenant de la non-livraison des marchandises, à l'expiration du jour où le navire a atteint le port où la livraison devait avoir lieu et, s'il ne l'atteint pas, à l'expiration du jour où l'intéressé a eu connaissance à la fois de la non-arrivée du navire et du dommage ; 3º pour les créances ne rentrant pas sous le numéro 2 et provenant de la faute d'une personne de l'équipage, a l'expiration du jour où l'intéressé a eu connaissance du dommage... ; 4º pour toutes autres créances, à l'expiration du jour de l'échéance de la créance ». « Sont en outre prescrites après un an (art. 909) les créances grevant les marchandises à raison du fret et de tous ses accessoires : des surestaries, des droits de douane déboursés et autres dépenses ; (des prêts à la grosse), des contributions aux avaries grosses, frais de sauvetage et d'assistance, comme toutes les actions personnelles contre les ayants-droit à la cargaison et les créances pour prix de passage. La prescription commence, pour les contributions aux avaries grosses, à l'expiration du jour de la livraison des marchandises qui doivent contribuer et, pour les autres créances, à l'expiration du jour de leur exigibilité » (2).

(1) Il s'agit ici non seulement de la possibilité juridique résultant de l'échéance de la dette, mais même de la possibilité de fait : ainsi la prescription ne court pas tant que le capitaine et les gens de l'équipage sont en voyage (*note de M. Gide, Flach, Lyon-Caen et Dietz*). — (2) Lewis, commentant cet article (*Das deutsche Seerecht*, II, p. 403), remarque qu'on n'a pas soumis à la prescription annale toutes les actions dérivant du contrat d'affrètement, telles que l'action de l'affréteur pour rupture de la charte-partie, mais que la courte prescription s'applique à toutes les actions du fréteur, soit contre le réceptionnaire, soit contre l'affréteur comme responsable du fret : la prescription du droit civil est seule applicable lorsque la créance, au lieu de grever les marchandises chargées, dérive uniquement d'engagements pris par l'affréteur dans la charte partie, comme au cas où un navire ayant été affrété pour aller prendre sur lest un chargement ne trouve pas de chargement.

D'après l'article 284 du code maritime suédois, les créances dont l'armateur n'est pas tenu personnellement et qui ne l'obligent que jusqu'à concurrence de la valeur du navire et du fret sont prescrites, lorsque le créancier n'exerce aucun recours, dans les deux années du retour du navire au port suédois où il effectue le déchargement définitif, après l'achèvement du voyage qui a donné naissance à ces créances. D'après le projet de code maritime élaboré en 1888 par les commissaires norvégiens, suédois et danois (1), les créances pour lesquelles le créancier ne peut exercer ses droits que sur les objets grevés d'un privilège à son profit s'éteignent, si elles n'ont pas été suivies d'une demande en justice, dans les délais suivants : les contributions aux avaries communes et aux frais qui doivent être répartis d'après des règles semblables à celles qui sont établies pour les avaries communes (2) dans un an à partir de la date de la dispache ; les créances dues pour indemnité du chef des marchandises perdues ou détériorées dans un an à compter de la fin du déchargement, s'il s'opère au lieu de destination de la cargaison ; les créances dues pour indemnité hors des cas ci-dessus mentionnés dans un an à compter du jour où celui qui a souffert les dommages en a eu connaissance ; *toutes les autres créances maritimes dans un an à partir de leur date d'échéance*. Le privilège accordé sur le navire et sur le fret « pour les loyers et autres rémunérations que le capitaine et l'équipage peuvent réclamer légalement pour leur service à bord du navire » s'éteint si la créance n'a pas été suivie d'une demande en justice dans un an à compter du jour où leur service cessait. Si, en d'autres cas, le débiteur est tenu personnellement d'une créance, garantie par un privilège, le privilège s'éteint également à l'expiration des délais fixés ci-dessus.

Le code finlandais règle (art. 14) non l'extinction des créances elles-mêmes, mais l'extinction des privilèges sur les navires par la prescription. Hors les cas pour lesquels des délais particuliers ont été fixés (3), les réclamations doivent être faites au plus tard dans les six mois après la rentrée du navire dans un port finlandais pour y effectuer le déchargement définitif : passé ce terme, les privilèges sont éteints.

On applique soit en Autriche, soit en Hongrie, les diverses règles posées par l'article 433 du code français (4).

Code italien. Les actions dérivant du contrat d'affrétement d'un

____

(1) Projet de loi maritime norvégienne.— (2) V. art. 162 § 2 et 219 § 2 du projet. — (3) V. les art. 11 et 12 du code finlandais et le projet de révision imprimé à Helsingfors en 1888. — (4) Diritto marittimo, etc. di Alessio Dr. Feichtinger, etc., p. 118.

navire se prescrivent par le délai d'un an à partir de la fin du voyage, et les actions dérivant du contrat d'engagement par le laps d'un an à partir de l'expiration du délai convenu entre les parties ou de la fin du dernier voyage si le contrat a été prorogé (art. 924). « Sont encore prescrites par un an : 1º les actions pour les fournitures de provisions, de bois, de combustibles et autres choses nécessaires au radoub ou à l'équipement du navire en voyage et pour les travaux faits en vue du même objet ; 2º les actions pour le paiement de la nourriture fournie aux matelots et aux autres gens de l'équipage par l'ordre du capitaine. La prescription court de la date des fournitures et de la prestation des services si les parties n'ont pas stipulé un autre délai pour le paiement : dans ce dernier cas, la prescription est suspendue pendant le temps convenu. Si les fournitures ou le travail *(la prestazione d'opera)* ont été continués pendant plusieurs jours successifs, le délai d'un an court du dernier jour » (art. 925).

Ces dispositions sont reproduites par le code roumain de 1887 (art. 946 et 947) (1).

En Angleterre, on applique à ces diverses actions, quand elles n'ont pas été formellement soumises à quelque prescription particulière (à moins qu'il ne s'agisse d'un contrat scellé) (2), la prescription de six ans (3). Les actions nées de l'infraction aux règles statutaires concernant le transport des passagers par mer sont assujetties par un texte spécial à une prescription de douze mois (4).

(1) On lit en outre dans l'un et l'autre code (art. 926 c. ital., 948 c. roum.) : « Les actions contre les voituriers dérivant du contrat de transport se prescrivent : 1º par le laps de six mois si l'expédition a été faite en Europe, sauf l'Islande et les îles Féroë, dans une place maritime de l'Asie ou de l'Afrique sur la Méditerranée, sur la mer Noire, sur le canal de Suez ou sur la mer Rouge ou dans une place intérieure reliée à l'une des places susdites au moyen d'un chemin de fer ; 2º par un an si l'expédition a été faite dans un autre lieu. Le délai commence, en cas de perte totale, à partir du jour où les choses expédiées auraient dû arriver à destination ; en cas de perte partielle, d'avarie ou retard, à partir de la remise des marchandises. » — (2) Dans ce cas, dit Maclachlan (p. 240), l'action en paiement des gages des gens de mer ne serait prescriptible que par vingt ans.— (3) V. sur l'application de ce principe aux actions dérivées du contrat d'engagement Maclachlan, ib., p. 239 et comp. ci-dessus, n. 1707. — (4) Art. 94 du *Passengers Act* de 1855, ainsi conçu : « Where no time is expressly limited within which any complaint or information is to be made or laid for any breach or nonperformance of any of the requirements of this Act, the complaint shall be made or the information laid within twelve calendar months from the time when the matter of such complaint or information respectively arose, or in case the master of any ship is the offender or party complained against, within twelve calendar months next after his return to the country in which the matter of complaint or information arose. »

L'article 315 de la loi maltaise du 2 octobre 1857 serait entièrement calqué sur notre article 433 si l'on n'y avait soumis à la prescription de *deux ans* les actions en paiement pour fournitures de bois et autres choses nécessaires aux constructions, équipement et avitaillement du navire.

Les codes civils du Bas-Canada et de Sainte-Lucie contiennent la disposition suivante (1) : « La prescription ne commence à courir à l'encontre des réclamations des matelots pour leurs loyers qu'après la fin du voyage. » Mais aucun texte de la quatrième partie *(Lois commerciales)* ne règle la durée de cette prescription. Il faut donc appliquer les règles du droit commun contenues au titre de la prescription (2).

Aux Etats-Unis, la loi commerciale maritime n'a pas fixé le délai dans lequel les gens de mer doivent exercer leur action privilégiée en paiement des gages ; mais ils peuvent, comme les autres créanciers privilégiés, la perdre par une inaction déraisonnablement prolongée *(by unreasonable delay)*, surtout s'ils laissent le navire passer aux mains d'un acheteur de bonne foi, non renseigné sur leurs droits. On admet généralement, en matière de navigation maritime proprement dite, que le privilège n'est plus opposable à cet acheteur après un nouveau voyage *(beyond the next voyage)* (3). Quant aux bâtiments naviguant sur les grands lacs, l'action privilégiée est limitée à la saison de navigation et ne dépasse pas un an (4). D'après une note insérée dans la douzième édition des commentaires de Kent (5), la durée légale des actions privilégiées du chargeur contre le capitaine qui manque aux obligations nées du contrat d'affrètement est assujettie aux mêmes règles.

1715. L'Ordonnance avait dit (l. 1, tit. XII, art. 10) : « Les prescriptions ci-dessus n'auront lieu lorsqu'il y aura cédule, obligation, arrêté de compte ou interpellation judiciaire. » Le code a répété (art. 434) : « La prescription ne peut avoir lieu s'il y a cédule, obligation, arrêté de compte ou interpellation judiciaire ».

Le mot « cédule » appartient à notre ancienne pratique. « *Cédule,* lit-on dans le dictionnaire de droit, de Claude-Joseph de Ferrière

(1) Art. 2406 c. canad., art. 2243 cod. Saint.-Luc. — (2) C'est-à-dire combiner les articles 2260 à 2262 du premier code, 2121 à 2123 du second. Le *passengers act* de 1855 est, d'ailleurs, en vigueur soit dans l'une, soit dans l'autre colonie. — (3) Leland *v.* The Medora, 2 W. and M. 92, 100 ; 2 Chicago Legal News, 381, etc. Mais si des tiers n'ont pas acquis quelque droit sur ces navires, on admet aussi que l'action peut encore être intentée *after considerable lapse of time.* The Canton, 1 Sprague, 437 ; Fisher *v.* the Galloway (Morris 27 Leg. Int. 204. July 1, 1870). — (4) The Buckeye State, Newb 111 ; the Dubuque, 2 Abbott, U. S. 20. — (5) T. III, n. 218.

(édit. de 1771), est un billet portant promesse de payer une somme à la volonté du créancier ou dans un temps préfix. Il y a différence entre cédule, billet ou promesse et obligation. La cédule est sous seing privé et l'obligation est par devant Notaire... ». Les rédacteurs du code civil (art. 2274) avaient employé déjà ces expressions, qu'ils empruntaient d'ailleurs à l'ordonnance de 1673. Mais tout porte à croire qu'on n'opposait plus, dès l'an XII, les deux mots l'un à l'autre et qu'on entendait le terme « obligation » dans un sens général. Un médecin demande à son client de lui payer ses visites : le client écrit qu'il passera chez le médecin pour le remercier : la cour de cassation décide le 11 juillet 1820 (1) que le juge du fait a pu envisager cette lettre commme une « obligation » et légalement appliquer l'art. 2274. Par les mots « cédule, obligation », le législateur de 1808 a désigné, selon nous, tout écrit contenant reconnaissance de la dette existante, y compris les lettres missives (2).

Mais il ne suffirait pas d'une reconnaissance verbale. Troplong paraît croire (3), il est vrai, que l'article contient une lacune et doit être complété par l'art. 2248. Mais il nous semble que, même en droit civil, les courtes prescriptions ne sont pas interrompues par la reconnaissance verbale (4). En tout cas, la disposition de notre article 434 est, comme l'a jugé la cour de cassation le 10 novembre 1880 (5), « essentiellement limitative » (6). A notre avis, le créancier ne pourrait pas se prévaloir d'un simple commencement de preuve par écrit, même en offrant de le compléter par la preuve testimoniale ou les présomptions (7).

A plus forte raison ne pourrait-il pas invoquer les réserves qu'il aurait faites lui-même de son action en paiement (8). Mais que décider si le débiteur avait accepté ces réserves par écrit ? Il ne faudrait pas ériger en règle universelle la solution que présente l'arrêt de cassation du 10 novembre 1880. De telles réserves pourraient, en effet, réunir tous les caractères d'une reconnaissance écrite. Il en serait autrement si le débiteur n'avait adhéré qu'à des déclarations vagues, ne spécifiant pas l'action réservée.

---

(1) D. v° Prescrip. civile, n. 1040. — (2) « ...Que cette cédule et cette reconnaissance, a dit la cour de Montpellier le 15 mai 1872 (D. 75, 2, 165), résultent de toute la correspondance du gérant du Lloyd méridional avec le représentant de l'Afrique française... ». *Sic* Req. 19 mars 1888. S. 1888, 1, 480. — (3) De la prescription, n. 988. — (4) Comp. Marcadé sur l'art. 2274. — (5) D. 1880, 1, 457. — (6) V. toutefois Rennes, 15 mars 1870. Rec. de N. 70, 1, 112. — (7) Paris, 14 juin 1884. S. 85, 2, 198. Il s'agissait, dans l'espèce, d'une lettre faisant allusion à une dette dont la quotité n'était pas énoncée. — (8) Cf. Bordeaux, 3 déc. 1840, D. v° Contrat de mar., n. 3481.

Aussi la cour de cassation a-t-elle expliqué pourquoi, dans l'espèce, les réserves acceptées ne constituaient pas une reconnaissance de la dette.

On a voulu, dans un procès récent, assimiler un acte de ristourne à la reconnaissance d'une dette existante, alors que cet acte, daté du 10 mars 1881, ne comprenait aucune réclamation applicable au règlement d'un sinistre du 10 juillet 1880 et que ce sinistre « paraissait avoir été encore inconnu à cette époque ». La cour de Paris écarta très juridiquement cette assimilation (30 novembre 1887) (1).

Les interprètes du code civil admettent généralement que la prescription n'est plus régie par les articles 2271 à 2274 si, dès le principe, au moment où la convention a été formée, les parties en ont dressé acte. Il n'en saurait être ainsi des courtes prescriptions créées par le titre XIII du livre II du code de commerce. D'abord l'article 432 régit expressément les actions dérivant d'une police ; ensuite le prix du fret ou du nolis (art. 273) est presque toujours déterminé dans la charte partie. Les articles 432 et 433 s'appliquent si l'écrit n'est pas dressé pendant le cours de la prescription (2).

1716. La loi commerciale, comme la loi civile, place l'arrêté de compte sur la même ligne que la cédule ou l'obligation.

Le compte peut être arrêté soit dans un acte séparé, soit même par un simple mot mis par le débiteur au bas d'une facture ou ou d'un mémoire. La loi ne prescrit aucune forme (3).

M. de Valroger (4) pose la question suivante : l'approbation donnée à des factures par le capitaine suffit-elle pour écarter la prescription de l'art. 433 dans les rapports des fournisseurs et de l'armateur ? Il faut, répond-il, distinguer si le capitaine était ou non au lieu de la demeure du propriétaire : dans le premier cas, les factures doivent être arrêtées par l'armateur. Tel est aussi notre avis. Les commentateurs de l'art. 2274 c. civ. ne doutent pas que le mandataire du débiteur puisse valablement signer le compte. Il s'agit seulement de savoir si le débiteur est, au moment de l'arrêté de compte, représenté par le prétendu mandataire (5).

La cour d'Aix (23 décembre 1870) (6) semble donner à la demande d'un compte les mêmes effets qu'au compte arrêté. Cependant les parties peuvent chercher le moyen de régler amiablement ou judiciairement leur compte sans parvenir à le régler. Cette assimilation serait contraire à l'esprit comme au texte de l'art.

(1) Rec. de Mars. 1888, 2, 99. — (2) Même arrêt. — (3) Cf. Laurent, t. XXXII, n. 534. — (4) T. V, n. 2315. — (5) Cf. Laurent, ib. — (6) D. 72, 2, 54.

434 (1). Le jugement même qui ordonne un compte n'est pas, en thèse, assimilable au compte arrêté (2).

A nos yeux, il n'y aurait pas « arrêté de compte », au sens de l'article 434, parce que les contractants auraient fixé, dans l'acte originaire, un prix payable par portions à des époques déterminées (3).

1717. L'arrêté de compte, l'obligation ou la cédule deviennent-ils le point de départ d'une nouvelle prescription de même durée ou la dette ne peut-elle pas désormais se prescrire que par trente ans ?

M. Dalloz incline à penser (4) « que les actes dont parle l'art. 434 n'opèrent point novation et ne modifient point la durée légale de la courte prescription qu'ils ont seulement interrompue ». M. Boistel dit (5) : « Quant à la question de savoir s'il y a eu novation substituant la prescription de trente ans à la prescription abrégée, elle sera tranchée par les tribunaux qui devront, avant tout, consulter l'intention des parties et exiger, pour l'admettre, que cette intention soit bien formelle (art. 1275 c. civ.). Il pourrait très bien se faire qu'une obligation, une reconnaissance écrite n'emportât pas cette intention ; par exemple si le créancier a accepté le renouvellement d'un billet de grosse ou d'un billet de prime ou un arrêté de compte spécial à l'assurance, il doit bien être censé avoir voulu accepter l'obligation comme étant toujours une obligation résultant du prêt à la grosse ou de l'assurance, comme étant toujours prescriptible par cinq ans (6). On sait qu'au contraire la novation devrait se présumer si la créance avait été passée en compte courant». La cour de cassation adopte un système plus absolu : « La reconnaissance, a-t-elle dit le 19 mars 1887 (7), intervenant avant l'accomplissement de la prescription annale, n'a pas seulement pour effet de l'interrompre et de devenir le point de départ d'une nouvelle prescription de même durée ; elle empêche la prescription annale

---

(1) Comp. Req. 14 juillet 1875, D. 76, 1, 439. — (2) *Sic* Req. 19 août 1816 (D., v° Prescript. civ., n. 1028). — (3) Il ne faudrait donc pas appliquer à notre matière l'interprétation donnée le 12 mai 1887 par la cour de cassation de Belgique à l'art. 2274 c. civ. (D. 1888, 2, 143). — (4) v° Dr. marit., n. 2269. — (5) Précis, n. 1445. — (6) Mais M. Boistel approuve la cour de Rouen d'avoir jugé le 21 février 1881 (D. 82, 2, 145) que, si le paiement intégral des loyers de l'équipage a été fait par un tiers au nom de l'armateur et si celui-ci l'a reconnu, il s'est opéré une véritable novation dans le titre, et l'engagement de l'armement envers son nouveau créancier encourt la prescription trentenaire, « la célérité nécessaire à l'acquit des dettes maritimes ayant été respectée. » — (7) S. 1888, 1, 480. La question avait été très fortement préjugée dans ce sens par un précédent arrêt du 29 juin 1842, interprétant l'art. 2274 (S. 42, 1, 712).

d'avoir lieu désormais et, par suite, la créance n'est plus prescriptible que par trente ans ». Nous adhérons à cette jurisprudence.

D'abord c'est ainsi qu'il convient d'interpréter les mêmes expressions de l'art. 2274 c. civ. « L'article 2274, écrit Laurent (1), décide formellement que, dans les cas qu'il prévoit, il n'y a plus lieu aux courtes prescriptions des art. 2271-2273 ; et il n'appartient pas aux parties intéressées de changer la durée de la prescription, en ce sens qu'une prescription qui, d'après la loi, cesse d'être courte pour devenir longue, resterait courte (2) ».

Ensuite on n'entendait pas autrement l'Ordonnance : « Lorsque la créance est justifiée par un arrêté de compte ou autre reconnaissance par écrit, enseignait Valin (3), il n'y a plus d'autre prescription à opposer que celle de trente ans ».

Enfin il faut avouer que le texte même de l'article (la prescription *ne peut avoir lieu)* favorise cette interprétation.

Cependant nous reconnaissons que, si les parties ont tout simplement remplacé le contrat primitif par un contrat de même nature, par exemple se sont bornées à renouveler *un billet de grosse,* il n'y a pas de novation, c'est-à-dire pas de substitution de la prescription trentenaire à la prescription quinquennale. Par la force des choses, la même action compète au donneur, dérivant encore d'un contrat à la grosse et prescriptible par cinq ans à partir du second billet (4).

D'après un jugement du tribunal de Nantes du 13 décembre 1882 (5), approuvé par M. de Valroger (6), le décompte des loyers par l'administration de la marine ne donnerait plus ouverture qu'à la prescription trentenaire. Cela me paraît douteux. De ce que nos règlements imposent à l'administration de la marine l'obligation de faire ce décompte en établissant le rôle de désarmement, il ne résulte pas qu'il y ait, par cela seul, *arrêté de compte* au sens de la loi civile ou commerciale. Le compte est si peu arrêté qu'il peut être encore débattu devant les tribunaux et qu'un jugement interlocutoire peut ordonner d'y procéder contradictoirement, abstraction faite du décompte administratif. C'est pourquoi l'administration s'était bornée à soutenir, la cour de Rouen à juger le 12 août 1863 (7) que la prescription *fixée par l'art. 433* courait à partir de

(1) T. XXXII, n. 537. — (2) *Sic* Paris, 14 juin 1884 (précité). — (3) Sur l'art. 10, tit. XII, l. I. — (4) La cédule, l'obligation, l'arrêté de compte novent le droit en modifiant le titre *(titulus juris)* : au contraire, quand on remplace un billet de grosse par un autre billet de grosse, le fait générateur du droit n'est pas modifié : il n'y a plus qu'une vérification de dates à faire. La cour de cassation n'a pas statué en vue de cette hypothèse le 19 mars 1887. — (5) Rec. de N. 1883, 1, 61. — (6) T. V, n. 2316. — (7) S. 1864, 2, 299.

l'établissement du rôle de désarmement. C'est pourquoi les réformateurs de 1867 avaient expressément fixé, au cas de naufrage, à la date même de ce rôle le point de départ de la prescription annale, ce qui ne se concevrait pas si cette courte prescription *ne pouvait plus avoir lieu* à partir de cette opération règlementaire. L'arrêté de compte dont parle le législateur ne peut pas se confondre avec l'acte qui fait courir la prescription en permettant d'exercer l'action : il intervient pendant le cours de cette prescription.

1718. Après l'arrêté de compte, l'interpellation judiciaire, c'est-à-dire la demande en justice.

Il y a lieu de combiner cette disposition de la loi commerciale avec les règles ordinaires du droit civil. « Pour qu'il y ait interruption civile de la prescription, il faut un commandement, une saisie ou une interpellation judiciaire, *portant réclamation du droit du demandeur,* signifiée à celui qu'on veut empêcher de prescrire ». Par exemple, une simple citation en référé qui ne contiendrait point de conclusions au fond et *réclamerait seulement des mesures provisoires* en vue de faire valoir ultérieurement un droit ne produirait pas cet effet interruptif (1).

Il est à peine inutile d'énoncer que des pourparlers ne le produiraient pas davantage (2) ; les expressions qu'emploie le législateur excluent précisément les pourparlers.

Mais l'interpellation judiciaire pourrait résulter de simples conclusions prises au cours d'une instance, même de conclusions en nomination d'arbitres, si *ces conclusions contiennent la réclamation d'un droit*, et la cour de cassation a pu juger le 14 mai 1844 (3) que le droit était réclamé par cela seul que des assurés demandaient cette nomination au tribunal de commerce « pour statuer sur le délaissement offert et sur toutes les contestations qui pourraient exister entre les parties à raison des assurances ».

D'après un arrêt de la cour de Rennes du 30 août 1866 (4), la citation donnée au capitaine « pour réclamer de lui, comme représentant des propriétaires, les gages de l'équipage et les frais de rapatriement » interrompt la prescription à l'égard de tous les intéressés. D'après un arrêt de Rouen du 16 juillet 1873 (5), la pres-

---

(1) V. civ. rej. 5 juin 1883. D. 83, 1, 373 et mes conclusions du 5 août 1879. D. 80, 1, 18.— (2) Req. 29 avril 1835. S. 1835, 1, 351 ; Rouen 12 juillet 1850. D. 51, 2, 49, etc. Le parlement d'Aix avait décidé, le 27 mars 1751, infirmant une sentence de l'amirauté de Marseille du 7 décembre 1848, que de *simples démarches* avaient pu interrompre la prescription au profit d'un assuré. Cette jurisprudence doit être reléguée parmi les choses *d'antan*. Il en est de même de la thèse d'Emérigon (ch. XIX, sect. X) sur l'interruption par la *minima agnitio debiti.* — (3) S. 1844, 1, 387. — (4) D. 68, 2, 25. — (5) D. 74, 2, 174.

cription interrompue pas une citation en justice « contre M...,
armateur du navire et dès lors son représentant légal (et qui en
était propriétaire pour la presque totalité) s'est par cela même
trouvée interrompue contre l'armement tout entier (1) ». Ces solutions sont irréprochables (2).

L'interruption est non avenue si la demande est *définitivement*
rejetée. Par exemple, s'il s'agit de la prescription quinquennale et
qu'elle eût encore trois ans à courir le jour de la demande, mais
que le procès ait duré trois ans et un jour, elle est acquise au moment où l'arrêt définitif est prononcé. La règle *actiones quæ tem-
pore pereunt semel inclusæ judicio salvæ permanent* n'est donc vraie
que si la demande aboutit.

Si le juge accueille la demande, le jugement forme un nouveau
titre et l'action ne se prescrit plus que par trente ans.

Au contraire, le commandement interrompt la prescription à
partir de sa date ; mais, aussitôt après, la prescription annale ou
quinquennale recommence à courir, Il en est ainsi même sous l'empire de l'art. 434 et malgré les termes absolus de cet article (*ne
peut avoir lieu*). Rien ne peut faire que le titre ou le droit soient
novés par cet acte interruptif.

1719. Les parties peuvent renoncer à la prescription annale,
une fois acquise, comme à toute autre prescription et leur renonciation, n'étant subordonnée, dans sa forme, à aucune condition
substantielle, peut s'induire de tout acte qui manifeste la volonté
d'y renoncer. On ajoute communément que les juges de fait sont
investis à cet égard d'un pouvoir souverain d'appréciation et que
leurs décisions échappent au contrôle de la cour de cassation. Tel
est, nous le reconnaissons, le langage même qu'a tenu la chambre
des requêtes le 21 mai 1883 (3). Mais cette proposition est trop absolue, ainsi que je le disais à la cour de cassation (chambre civile) le
13 mai 1889. Cette chambre, à laquelle appartient le dernier mot
dans l'interprétation des lois civiles et commerciales, cassa sur
mes conclusions, à cette date, un jugement du tribunal de commerce d'Alger du 4 juin 1886 qui, après avoir exposé des faits absolument inopérants pour impliquer la renonciation à la déchéance
établie au profit du transporteur par l'art. 436, l'en avait néanmoins déduite. En cette manière comme en beaucoup d'autres, la
cour suprême peut casser à raison d'une déduction non juridique
tirée des faits souverainement constatés.

1720. L'article 944 du code espagnol est ainsi conçu : « La
prescription est interrompue par la demande (en justice) ou par

---

(1) « Et contre C..., co-propriétaire du navire pour dix quatre-vingt-cin-
quièmes. » — (2) *Sic* de Valroger, n. 2317. — (3) D. 84, 1, 163.

toute autre interpellation judiciaire faite au débiteur, par la reconnaissance de la dette ou par le renouvellement du titre sur lequel est fondé le droit du créancier. L'interruption résultant de l'interpellation judiciaire est réputée non avenue si le demandeur se désiste ou si l'instance est périmée ou si la demande est rejetée. Le délai de la prescription commence à courir de nouveau : au cas de reconnaissance, du jour où elle a été faite ; au cas de renouvellement, de la date du nouveau titre ; au cas où l'échéance de la dette a été prorogée, du jour de cette échéance ». Les codes de Costa-Rica et du Pérou ne contiennent pas de disposition spéciale sur l'interruption de la prescription *en las obligaciones peculiarés del comercio maritimo.*

D'après le code mexicain de 1884, la prescription est interrompue : 1° par la demande en justice, fût-elle portée devant un tribunal incompétent ; 2° par la reconnaissance du débiteur faite soit par acte public, soit par acte privé, soit dans un compte arrêté ; 3° par le renouvellement ou la ratification du contrat, de quelque façon qu'ils s'opèrent. La prescription recommence à courir (*se contara de nuevo*) : dans le premier cas, du dernier acte judiciaire ; dans le second, du jour de la reconnaissance ; dans le troisième, du jour où les parties se sont accordées sur le renouvellement ou la ratification » (art. 1007) (1).

Le code hollandais, les codes du Chili, de Guatemala, du Honduras et du Salvador ne contiennent aucune disposition relative à l'interruption de ces prescriptions spéciales. Le code vénézuélien (art. 750) renvoie aux articles 361 et 362, qui règlent la prescription des actions nées des lettres de change (2).

(1) La demanda entablada cuando hay varios deudores solidarios, contra cualquiera de ellos, o el reconocimiento de la deuda de la manera que se expresa en el articulo anterior interrumpe tambien la prescripcion contra los otros y contra sus herederos (art. 1008). La demanda entablada contra uno de los herederos de un deudor o el reconocimiento que haga de la deuda, interrumpe la prescripcion con relacion a el y a la parte que de ella le toque satisfacer, pero no respecto de sus coheredes, aunque el credito sea hipotecario (art. 1009). La demanda puesta al deudor principal de una deuda caucionada, o el reconocimiento que haga de ella, interrumpe tambien la prescripcion contra la caucion (art. 1010). — (2) Art. 361. Si, pendiente la prescripcion, hace el deudor algun pago parcial, u obtiene nuevo plazo, o resulta de su correspondencia que consideraba vigente su deuda, principia de nuevo el termino desde el dia siguiente a la fecha de tales actos. La demanda judicial contra los deudores interrumpe la prescripcion respecto a los demandados ; pero principiara a correr de nuevo desde el dia siguiente al en que el demandante suspenda el curso de sus gestiones. Cuando ocurra condemnacion judicial o cuando se hiciere novacion sobre la deuda, sera aplicable la prescripcion ordinaria. Art. 362. Aunque haya trascurrido el termino

L'article 453 du code brésilien est ainsi conçu : « La prescription s'interrompt comme il suit : 1º quand l'obligation est novée ou que le titre primordial de la dette est renouvelé ; 2º par une citation judiciaire, même par la citation en conciliation ; 3º par une interpellation judiciaire faite à la personne du débiteur (1) ou portée à la connaissance des absents par des affiches et annonces (*por edictos*). La prescription interrompue court de nouveau : dans le premier cas, de la date de la novation ou du renouvellement ; dans le second, de la date du dernier acte de procédure ; dans le troisième, de la signification de la protestation (*da intimaçao do protesto*) (2) ». Les codes de la république argentine (art. 1010) et de l'Uruguay (art. 1026) contiennent une disposition semblable (3) : ils autorisent la délation du serment (art. 1009 et 1025) (4).

Le législateur belge de 1879, adoptant sur ce point notre projet de révision de 1867, a fait disparaître la disposition de notre article 434.

Les codes de la Turquie (art. 280) et de l'Egypte (art. 273) s'expriment en ces termes : « Les prescriptions ne peuvent avoir lieu s'il y a titre, obligation ou arrêté de compte *signé du débiteur* ou in-

de la prescripcion de cinco años, el demandado á cuyo juramento defiera el demandante debe prestarlo, afirmando que no debe la cantidad ; y su viuda, herederos o representantes, que creen de buena fé que no se debe nada. Si se niegan a tal afirmacion jurada, ó si mediante ella reconocen estar vigente la deuda, queda restablecida la accion del acreedor.

(1) « D'après la jurisprudence, disent MM. Hoechster et Sacré (II, p. 1118), le paiement à compte, la demande de délai, la reconnaissance ou l'obligation contractée par lettre sont interruptifs. » — (2) L'article 454 ajoute : « A citaçâo ou intimiçâo de protesto feita a devedor do herdeiro commum nao interrompe à prescripçao contra os mais co-reos da divida : exceptuado-se os socios, contra os quaes ficará interrompida a prescripçâo sempre que hum dos socios for pessoalmente citado ou intimado de protesto. » — (3) Toutefois, il faut remplacer les mots « même en conciliation » par « même devant un juge incompétent », et ajouter à la mention finale, relative au point de départ de la prescription nouvelle « ou de sa publication dans les journaux. » — (4) On lit encore dans les articles suivants (1011 et 1012 c. arg., 1027 et 1028 c. urug.) : « La interpelacion a uno de los deudores solidarios o su reconocimiento interrumpe la prescripcion contra todos los demas, y aun contra sus herederos. La interpelacion hecha á uno de los herederos de un deudor solidario o el reconocimiento de ese heredero no interrumpe la prescripcion respecto de los demas herederos, à no ser que la obligacion sea indivisible. Esa interpelacion o ese reconocimiento no interrumpe la prescription sino en la parte a que esta obligado ese heredero, corriendo respecto de los otros. La interpelacion hecha al deudor principal, ó su reconocimiento interrumpe la prescripcion contra el fiador (*la caution*) ».

terpellation, protêt ou demande judiciaire, *dûment faite* et signifiée à temps par le créancier. Toutefois si, après l'interpellation judiciaire, le créancier a laissé écouler trois ans sans poursuite, dans ce cas, sur la demande du débiteur, l'instance, considérée comme non avenue, serait périmée, et la prescription aurait lieu si le temps exigé à cet effet était déjà écoulé ».

Rien à signaler dans les codes de l'Allemagne et des états scandinaves ni dans l'ordonnance russe sur le commerce.

Le code finlandais, après avoir fixé à cinq ans la prescription des actions nées du contrat d'assurance (v. ci-dessus, n. 1707), ajoute : « Toutefois si la créance a été constatée par un jugement, par un compte approuvé ou par un acte de prêt ou si l'affaire a été entre les mains du dispacheur, l'action en paiement pourra toujours être intentée dans les délais fixés par le code civil » (art. 232 § 2).

On applique soit en Autriche, soit en Hongrie les dispositions de notre article 434 (1).

En Italie et en Roumanie, « l'interruption de la prescription est régie par les dispositions du code civil » (art. 916 cod. ital., 938 c. roum.) (2).

D'après les principes généraux du droit anglais, lorsqu'il s'agit d'une dette *by specialty* (3), si elle a été reconnue par un écrit signé du débiteur ou de son représentant, ou par un paiement partiel du capital ou des intérêts, la prescription court seulement de la date de la reconnaissance ou du dernier versement (4). Quant aux dettes *by simple contract*, une reconnaissance verbale ne suffit pas pour produire un effet interruptif (5). La reconnaissance doit être explicite et avoir été faite au créancier (ou à son représentant) (6). La prescription recommence à courir à partir de l'acte interruptif. A défaut d'une reconnaissance volontaire, le créancier peut éviter la prescription par une interpellation (*writ of summons*), suivie de l'introduction d'une action dans les six mois ou renouvelée de six mois en six mois jusqu'à l'introduction de l'instance (7).

On lit dans le livre III, tit. XIX, sect. V du code civil du Bas-Canada, sous la rubrique *De quelques courtes prescriptions* : « Après

---

(1) Diritto marittimo, etc. (Fiume, 1888), p. 117. — (2) *Junge* ci-dessus, n. 1707, *notes*. — (3) C'est-à-dire consignée en un instrument scellé. — (4) St. 3 et 4, Guil. IV, c. 42 § 5. — (5) « Il faut que cette reconnaissance, dit M. Lehr (*Éléments de droit civil anglais*, n. 825) soit écrite ou signée par le débiteur ou son représentant (St. 19 et 20, Vict. c. 97 § 13) ou qu'il y ait eu paiement partiel du capital ou des intérêts » (Williams *v.* Griffiths, 2 C. M. R. 48 ; Cleave *v.* Jones, 6 Exch. 573). — (6) Williams *v.* Griffiths, 3 Exch., 335, 584. — (7) St. 15 et 16, Vict. c. 76, § 11.

la renonciation ou l'interruption, excepté quant à la prescription de dix ans en faveur des tiers, la prescription recommence à courir par le même laps de temps qu'auparavant, s'il n'y a novation, sauf ce qui est contenu en l'article suivant » (art. 2264). « La poursuite non déclarée périmée et la condamnation en justice forment un titre qui ne se prescrit que par trente ans, quoique ce qui en fait le sujet soit plus tôt prescriptible. L'aveu judiciaire opère interruption, même dans une instance déclarée périmée ou autrement inefficace pour avoir seule cet effet; mais la prescription qui recommence n'est pas pour cela prolongée » (art. 2265). « La continuation des services, ouvrages, ventes ou fournitures n'empêche pas la prescription, s'il n'y a eu reconnaissance ou autre cause interruptive » (art. 2266). Le code civil de Sainte-Lucie (art. 2126 à 2128) s'exprime dans les mêmes termes.

1721. Il ne nous reste plus à commenter que le titre XIV du livre II de notre code, placé sous la rubrique « Des fins de non recevoir ». J'ai montré plus haut (n. 1688) en quoi la fin de non recevoir diffère de la prescription. M. de Valroger ajoute (1) : « La distinction faite entre les prescriptions et les fins de non recevoir paraît répondre à l'idée suivante : les prescriptions impliquent que l'action est éteinte, les fins de non recevoir qu'elle n'est pas née ». Cette antithèse est-elle rigoureusement exacte ? J'avais à faire une réclamation et je ne l'ai pas signifiée dans les vingt-quatre heures ou, après l'avoir signifiée dans ce délai, je n'ai pas formé dans le mois une demande en justice : peut-on soutenir que, vingt-trois heures avant l'expiration du premier délai ou vingt-neuf jours avant la fin du second, mon action ne fût pas née ? Elle l'était, car, si je ne m'étais pas croisé les bras pendant la dernière heure ou pendant le dernier jour, mon adversaire aurait dû plaider au fond.

Toutefois on enseigne généralement qu'il ne faut pas confondre la prescription extinctive avec les délais prescrits par la loi pour l'exercice d'un droit sous peine de déchéance. Nous n'y contredirons point, mais une dissertation sur ce sujet nous entraînerait hors de notre cadre : on trouvera les éléments du débat dans les traités généraux que les jurisconsultes ont composés sur la prescription (2).

L'ordonnance de 1681 avait dit (l. I, tit. XII) : « Le marchand ne sera recevable à former aucune demande contre le maistre ni contre ses assureurs pour dommage arrivé à la marchandise, après l'avoir reçue sans protestation ; ni le maistre à intenter aucune action pour avaries contre le marchand, après qu'il aura reçu son fret sans avoir protesté de sa part » (art. 5). « Le maistre ne sera

(1) T. V, n. 2319. — (2) V. notamment Laurent, XXXII, n. 10.

aussi recevable, après la délivrance des marchandises, à alléguer d'autres cas fortuits que ceux mentionnés dans son rapport » (art. 7). « Toute demande pour raison d'abordage sera formée vingt-quatre heures après le dommage reçu si l'accident arrive dans un port, havre ou autre lieu où le maistre puisse agir » (art. 8). « Les protestations n'auront aucun effet si, dans le mois, elles ne sont suivies d'une demande en justice » (art. 6).

Le code de commerce exprime plus brièvement les mêmes idées. « Sont non recevables toutes actions contre le capitaine et les assureurs pour dommage arrivé à la marchandise si elle a été reçue sans protestation ; toutes actions contre l'affréteur, pour avaries, si le capitaine a livré les marchandises et reçu son fret sans avoir protesté ; toutes actions en indemnité pour dommages causés par l'abordage dans un lieu où le capitaine a pu agir, s'il n'a point fait de réclamation » (art. 435). « Ces protestations et réclamations sont nulles si elles ne sont faites et signifiées dans les vingt-quatre heures et si, dans le mois de leur date, elles ne sont suivies d'une demande en justice » (art. 436).

1722. Les commentateurs de la loi civile se demandent si l'article 2223 c. civ., qui défend aux juges de suppléer d'office le moyen résultant de la prescription s'applique aux délais établis par la loi pour certains actes afin d'accélérer la procédure. Nicias Gaillard s'est exprimé devant la cour de cassation, le 29 mai 1850, dans les termes suivants (1) : « Si la déchéance n'est pas en tout point la prescription ; s'il est excessif de prétendre qu'il n'y a aucune différence entre l'une et l'autre, il est vrai qu'il y a entre elles des rapports nombreux, intimes, et que, quant à l'art. 2223 c. civ., de puissantes raisons d'analogie doivent faire appliquer aux déchéances ce qu'il décide littéralement pour les prescriptions ». Dans un cas comme dans l'autre, aux yeux de l'avocat-général, « la loi n'a pas voulu gêner la conscience du débiteur et lui imposer un avantage qui répugne à sa délicatesse ». « On prétend, poursuit-il, qu'indépendamment de mon intérêt privé, dont je suis le seul juge, il y a l'intérêt public, l'ordre public... La règle alors serait dans l'article 6 du code civil... Tout se réduit donc à savoir s'il s'agit vraiment ici d'ordre public ». Tel est notre avis : le juge ne peut suppléer d'office les fins de non recevoir que si l'ordre public est en jeu.

Les articles 435 et 436 prononcent-ils des déchéances d'ordre public ? Nous ne le croyons pas. Il y a sans doute un intérêt public à ce que les opérations multiples du commerce maritime ne soient pas entravées par des procès tardifs. Mais l'intérêt public n'a,

____

(1) D. 50, 1, 237.

dans la question, qu'une part subordonnée : l'intérêt des parties est l'objet principal et direct de ces dispositions (1). Comme a dit Valin, « l'intérêt du commerce maritime et de la navigation l'exigeait de la sorte *pour la tranquillité de ceux qui s'y livrent* ». Or, si les intéressés jugent que leur tranquillité n'est pas compromise, la société n'a pas à prendre leur parti contre eux-mêmes.

Donc ces déchéances ne peuvent pas être suppléées par le juge.

Donc elles ne sauraient être proposées pour la première fois devant la cour de cassation (civ. cass. 17 déc. 1884) (2). Puisque le juge n'en pouvait connaître que si la partie intéressée les avait opposées, aucune loi n'a été violée.

Par une déduction logique, les parties peuvent y renoncer. « Le capitaine est toujours libre de renoncer à se prévaloir de l'article 435 », a dit le tribunal de commerce de Marseille le 23 juin 1884 (Rec. de M. 84. 1. 239). « L'armateur, a dit le même arrêt de cassation, peut dispenser le destinataire de l'application de la loi et renoncer à se prévaloir de son inobservation ».

Pouvant dispenser entièrement son créancier de cette application, le débiteur peut l'en dispenser partiellement et l'autoriser à remplacer par des équivalents les formalités susceptibles d'être ainsi remplacées (3).

1723. Quand le défendeur, sans entrer dans le fond de la demande, en critique la forme ou prétend en retarder l'examen, il invoque une « exception » : on appelle plus spécialement défense au fond ou simplement « défense » la dénégation du droit. Cette distinction offre un intérêt pratique. Le succès de la « défense » permet d'opposer au demandeur l'exception de la chose jugée et l'empêche de reproduire sa demande ; le succès de l'exception l'oblige seulement à la recommencer. Les défenses peuvent être opposées en tout état de cause ; les exceptions ne peuvent l'être qu'*in limine litis*, avant toute défense au fond : le jugement rendu contre un défendeur qui a proposé ses défenses au fond est, on principe, contradictoire ; il est par défaut si le défendeur a proposé seulement une exception et omis de conclure au fond. On admet à peu près unanimement aujourd'hui que les fins de non recevoir tirées de la demande elle-même, comme la prescription et la transaction, sont des défenses au fond. A ce point de vue, les déchéances

---

(1) Rouen, 7 juillet 1879 (Rec. du H. 80, 2, 49) ; Aix, 9 février 1888 (Rec. de M. 1888, 1, 283) ; Havre, 27 mars 1888. Rec. du H. 1888, 1, 136; Montpellier, 10 juillet 1889.— (2) D. 85, 1, 366. — (3) Même jugement du Havre. *Adde* Rouen, 7 juillet 1879 (précité) ; trib. de co. de Honfleur, 14 janv. 1880, Rec. du H., 80, 2, 109 et Req. 15 juillet 1872. S. 1874, 1, 317.

établies par nos deux articles ne diffèrent pas des prescriptions proprement dites. Elles ne peuvent pas être considérées, a dit la cour de cassation le 10 avril 1865 (D. 65. 1. 229), comme des nullités ou des exceptions de procédure qui seraient couvertes par les conclusions au fond et constituent, au contraire, un moyen de défense proposable en tout état de cause « puisque ce moyen porte sur le fond même du litige et est de nature à le trancher » (1).

Elles pourraient être, par conséquent, proposées pour la première fois en cause d'appel (cf. 2224 c. civ.). Elles ne pourraient pas l'être pour la première fois devant la cour de cassation, on l'a vu tout à l'heure : mais, si la décision attaquée était cassée pour un autre motif, la fin de non recevoir non invoquée devant les premiers juges pourrait être proposée devant la cour de renvoi, la cause et les parties étant remises en même et semblable état qu'avant l'arrêt cassé (2). C'est ce que vient de décider la cour de Montpellier (10 juillet 1889).

Cependant il pourrait advenir que le débiteur, au lieu de se borner à garder le silence, eût renoncé d'une manière expresse à se prévaloir des art. 435 et 436. Il est évident que, si cette renonciation a été opérée par un acte distinct et séparé, le créancier continuera d'en profiter. Mais, si l'on n'en pouvait trouver la preuve que dans le texte ou les qualités d'un arrêt intégralement cassé, garderait-il ce droit ? J'en doute fort, puisque rien ne subsiste de cet arrêt. Il faudrait donc, pour que la fin de non recevoir cessât d'être proposable devant la cour de renvoi : 1º que le premier arrêt eût donné acte, par un chef spécial du dispositif, de la renonciation ; 2º que ce chef particulier n'eût pas été compris dans l'annulation (cf. le même arrêt du 10 juillet 1889).

1724. Ce serait tomber dans une regrettable confusion que de combiner, pour la solution de certaines difficultés, les articles 435 et 436 avec les articles 105 et 108 du code de commerce. Les dispositions des art. 435 et 436, a dit le 1er mai 1865 la cour de cassation (3), sont *seules* applicables en matière de transport par mer. La cour d'Alger a néanmoins appliqué, le 17 juin 1875 (4), l'article

---

(1) L'arrêt de cassation du 13 mai 1889 (Cie genér. transatl. c. faillite Foucault) s'exprime dans les mêmes termes. — (2) Marcadé sur l'art. 2224 et Laurent, t. XXXII, n. 179. Mais il ne faut pas invoquer à l'appui de cette solution, comme l'ont fait MM. Dalloz, vo Cassat., n. 2156, l'arrêt de la chambre criminelle du 16 juin 1836. — (3) Rapp. Laborie (S. 1865, 1, 285). « Ces articles sont spéciaux au commerce maritime, avait-elle dit le 8 mars 1865 (ib., 1, 283) : en cas de transport des marchandises par cette voie, c'est à ces articles qu'il faut se reporter et non aux art. 98, 106, 108 du même code, relatifs aux transport par terre et par eau confiés aux voituriers ou commissionnaires. » — (4) Rec. de M. 1878, 2, 139.

105 aux actions dérivant d'un transport maritime. L'erreur est manifeste. Les travaux préparatoires de la loi du 11 avril 1888 démontrent d'ailleurs que nos deux chambres, en remaniant les art. 105 et 108, ont entendu légiférer exclusivement sur les transports terrestres. L'arrêt de cassation du 13 mai 1889 débute encore par ces mots : « attendu qu'aux termes des dispositions de ces articles (435 et 436), *seules* applicables en matière de transport par mer... » (conf. ci-dessus n. 1708 *ter* et 1713 *ter*).

1725. Nous allons traiter d'abord, conformément au plan du code, des fins de non recevoir opposables aux actions pour dommage arrivé à la marchandise.

La cour de cassation a dit le 1er mai 1865 et répété le 13 mai 1889 : « La recevabilité de toutes actions pour dommage arrivé à la marchandise est subordonnée à une triple condition, savoir: 1° que la marchandise n'ait pas été reçue sans protestation ; 2° que les protestations et réclamations aient été faites et signifiées dans les vingt-quatre heures ; 3° qu'elles aient été, dans le mois de leur date, suivies d'une demande en justice ». M. de Valroger a critiqué cette formule en 1886 (1) : « Les deux dernières conditions seules, a-t-il dit, sont prescrites. Il résulte de l'art. 436 que la protestation peut être *faite* dans les vingt-quatre heures. Ce délai n'est pas seulement accordé pour la signification, mais pour la protestation elle-même ». Nous n'avons pas cru devoir demander à la chambre civile, en 1889, de modifier la rédaction de ses précédents arrêts. Conforme au texte, elle l'est en outre à la nature des choses. Est-ce que le transporteur ne peut pas s'entendre avec les réclamateurs pour les dispenser de la signification sans les dispenser de la réclamation elle-même ? Le procès peut dès lors rouler sur cette seule question : le réclamateur ne s'est-il pas déclaré satisfait ou n'a-t-il pas du moins laissé croire qu'il n'avait rien à réclamer ? (cf. Anvers, 26 octobre 1885) (2).

La cour de Rennes s'est placée, le 20 avril 1880 (3), à un point de vue tout différent, jugeant que « l'assignation donnée dans le délai de la protestation vaut signification de la protestation ». A vrai dire, elle n'a pas confondu deux choses bien distinctes, mais jugé qu'on avait protesté dans les vingt-quatre heures en assignant dans ce bref délai. Quelle protestation plus énergique ? et d'ailleurs est-ce que la protestation est assujettie à une forme spéciale ? Cette forme de procéder est insolite et peut-être agira-t-on prudemment en suivant la marche ordinaire. Cependant il ne nous semble pas que l'article 436 ait été violé. Rien n'empêche soit de faire simul-

(1) T. V. n. 2320. — (2) *Journ. des intérêts marit.* d'Anvers, du 29 oct. 1885. — (3) Rec. de N. 1881, 1, 80.

tanément les deux actes, soit d'inscrire deux mots de protestation en tête de l'exploit introductif : pourquoi celui-ci ne pourrait-il pas contenir la protestation ? La triple condition n'en serait pas moins remplie.

1726. Le code parle des actions « contre le capitaine et les assureurs » pour dommage arrivé à la marchandise. Nous traiterons d'abord des actions dirigées contre le capitaine.

Auxquelles, parmi ces actions, faut-il appliquer ce premier alinéa ?

La cour de cassation a dit le 17 décembre 1884 que les termes de l'article 435 sont « limitatifs » (1). Il suffit, en effet, de rappeler que chacun de ses alinéas déroge au droit commun.

Mais d'abord il ne faut pas, sous prétexte d'interpréter à la lettre l'art. 435 § 1, en restreindre la portée. Un cheval ayant été blessé pendant une opération d'embarquement, on soutint que la disposition initiale était inapplicable : la cour de Douai répondit à bon droit que cet embarquement constituait le préliminaire indispensable ou, pour mieux dire, le premier acte du transport (5 mai 1873) (2). De même, il n'importe que les dommages rentrent dans la catégorie des avaries communes. Il ne s'agit pas des conditions auxquelles est subordonné le recours du réceptionnaire contre les autres intéressés, mais de son recours contre le capitaine : celui-ci, si l'on n'a pas observé les dispositions de notre article, pourra s'en prévaloir (3).

L'action intentée du chef de coulage l'est, en définitive, pour dommage arrivé à la marchandise. Elle rentre donc dans les prévisions de notre article (4).

Mais il n'en est pas de même de l'action en dommages-intérêts pour perte totale des marchandises. Il suffit de remarquer que ces marchandises ne peuvent plus faire l'objet d'une réception et que la fin de non recevoir est attachée à la réception sans protestation (5).

---

(1) Elle avait déjà dit le 27 janvier 1880 (D. 80, 1, 401) : « il n'est pas permis d'appliquer les fins de non recevoir établies par l'art. 435 dans des circonstances autres que celles qu'il prévoit expressément. » — (2) D. 74, 5, 41. — (3) Comp. de Valroger, n. 2323. — (4) Civ. cass. 1er mai 1865, S. 65, 1, 285 ; Anvers, 23 avril 1885. Rev. internat. du dr. marit., I, p. 252. Comp. Havre, 20 août 1879 et Mars., 17 juin 1884. Rec. de M. 80, 2, 31 ; 84, 1, 218. — (5) *Sic* Havre, 20 février 1878 (Rec. du H. 1878, 1, 101). Comp. Bordeaux, 19 août 1872 (Rec. de M. 1874, 2, 213) et Paris, 16 février 1882 (Journ. du dr. intern. privé, ann. 1883, p. 145). V. en outre le jugement rendu par le trib. de co. de la Seine le 12 juillet 1888 dans l'aff. Valenzuela c. assureurs et Comp. génér. transatlantique, *Annales de dr. comm.*, III, p. 17.

Au contraire, l'article 435 nous paraît comprendre dans la généralité des expressions « dommage arrivé à la marchandise » aussi bien « le déficit dans le poids et la quantité que le dommage provenant de détérioration ». Ainsi le décident en termes formels deux arrêts de cassation du 2 et du 3 juillet 1877 (1). Dans l'espèce, à vrai dire, il ne s'agissait que de colis incomplets ; mais tous les colis avaient été présentés au destinataire.

Une question plus difficile fut posée à la cour de cassation le 13 février 1889. Le demandeur alléguait qu'un certain nombre de sacs, faisant partie d'un chargement de graines, ne lui avaient pas été présentés. Quant à ces sacs, disait-il, la présentation n'a pas eu lieu, la réception n'a pas été possible ; donc la déchéance ne pouvait pas être encourue (2) : d'ailleurs une action pour perte ou défaut de représentation des marchandises n'est, au fond, qu'une demande en délivrance, régie par l'art. 433 (cf. ci-dessus, n. 1713). Ce raisonnement est assurément plausible. Toutefois il pèche par la base s'il faut déduire des faits souverainement constatés que *la marchandise* a bien été reçue. Par exemple, le chargement se composait de cent sacs et l'un d'eux a disparu : peut-on soutenir que « la marchandise » n'a pas été l'objet d'une réception et que le point de départ du délai de vingt-quatre heures a nécessairement fait défaut ? Ce serait bien contraire à l'esprit de la loi. Après avoir pris possession du chargement, le destinataire s'aperçoit qu'un sac lui manque, et ne prévient pas le capitaine ! Pourtant celui-ci, prévenu dans les vingt-quatre heures, aurait utilement vérifié les causes du manquant, réclamé près d'un autre réceptionnaire qui profitait de la méprise, etc. La raison d'être de la déchéance prononcée par l'art. 435 § 1 est dans les difficultés que présenterait la preuve de l'avarie ou de sa cause au bout d'un certain temps : il n'est pas plus aisé ni moins urgent de découvrir les causes d'une perte partielle, qu'elle porte ou non sur un objet déterminé. La contradiction devient choquante quand il y a, comme il arrive souvent (3), simultanéité de détériorations et de manquants : conçoit-on que le destinataire doive révéler les unes et puisse laisser ignorer les autres ? Nous comprenons donc très bien que la cour de cassation ait, dans l'arrêt du 13 février 1889, pris la marchandise dans son ensemble, estimé qu'elle avait été reçue, que le dommage provenant du manquant devait être signalé, que l'art. 435 était ap-

(1) D. 78, 1, 57. *Sic* civ. cass., 10 avril 1865 (S. 65, 1, 284) ; Douai, 22 août 1882. Rec. du H. 1882, 2, 224 et Anvers, 9 septembre 1884. — (2) *Sic* Mars. 28 fév. 1872. Rec. de M. 1873, 123 ; Paris, 16 février 1882 (précité). — (3) C'était le cas, dans l'affaire soumise à la cour de cassation le 13 février 1889.

plicable (1). Il n'est pas inutile de faire observer, à l'appui de notre opinion, que le nouvel article 105 du code de commerce assujettit à la même fin de non-recevoir les actions « pour avarie ou perte partielle ».

Toutefois nous ne prétendons pas que cette solution doive être uniformément généralisée. Tout dépend de la réponse qu'il y a lieu de donner à cette question : la marchandise a-t-elle été réellement reçue ? Voici, par exemple, deux expéditions bien distinctes, quoique simultanées et destinées au même négociant : les objets compris dans l'une d'elles ont totalement péri ; la remise de ceux qui composaient l'autre ne peut pas faire qu'il y ait eu, quant à la première, une réception effective ou seulement possible : il ne s'agit plus là d'une action en indemnité pour dommages provenant d'un manquant, mais d'une véritable demande en délivrance de la cargaison. Allons plus loin : il s'agit d'une seule expédition, qui se décompose en deux *parties* essentiellement distinctes : des sucres et des cuirs ou des animaux et des graines, et l'une de ces deux *parties* n'est pas représentée : je ne raisonnerais pas comme si deux ou trois moutons, même bien individualisés, manquaient au troupeau : la réception des graines n'implique pas qu'on ait reçu les moutons (2). Peut-être même faut-il aller plus loin encore, et je ne désapprouve pas, pour mon compte, le jugement rendu par le tribunal de commerce de la Seine le 12 juillet 1888 (3) qui refusa d'appliquer l'article 435 dans les circonstances suivantes : « aucun des 35 colis chargés par le sieur M... n'a pu lui d'être délivré lors de l'arrivée du paquebot à destination ; le fait a été dûment reconnu par le commissaire du bord et cet agent a délivré à M... une attestation formelle : toutefois il est affirmé par la compagnie transatlantique et les ayants-cause de M..., ne contredisent pas que deux colis ont été retrouvés dans le courant de janvier 1887 et remis aux susnommés ». Il n'est pas sérieux, concluait le tribunal, de soutenir que la réception de ces deux colis interdit toute réclamation à l'égard des trente-trois autres : en vérité, dans l'espèce, il n'y avait pas eu réception de la marchandise (4).

(1) Comp. Mars., 5 mars 1879. Rec. de M. 1879, 1, 135 , Havre, 20 août 1879, ib. 80, 2, 31. — *Contra* C. d'Etat, 21 nov. 1884. D. 86, 3, 52. — (2) C'est pourquoi le premier motif de l'arrêt du 13 février 1889 nous paraît rédigé dans des termes trop absolus : « Attendu qu'il s'agissait, dans l'espèce, non d'une demande en délivrance de marchandises, exercée dans les termes de l'art. 433, mais d'une demande en indemnité à raison de marchandises qui n'auraient pas été délivrées... » — (3) Dans l'affaire du comité des assureurs de Hambourg c. la comp. génér. transatlantique (*Annales de dr. comm.*, III, p. 12). — (4) Toutefois, il n'y avait évidemment aucune raison pour dispenser, quant à ces deux colis, le destinataire de la protestation (même jugement).

Il arrive parfois qu'un bâtiment apporte à l'adresse de plusieurs consignataires des grains « en grenier », les diverses parties du chargement n'étant séparées que par de simples nattes, et qu'un déficit doit être réparti, selon un *prorata* afférent à chaque cointéressé, après le déchargement intégral. Il faut alors résoudre une difficulté qui concerne uniquement le point de départ des délais, et nous verrons plus loin comment la cour de cassation l'a tranchée. Mais le tribunal de Marseille a méconnu la loi (1) en s'appuyant, dans un pareil cas, sur des usages locaux pour affranchir le dernier consignataire de la protestation imposée par l'article 435. On ne pouvait invoquer ces usages que pour déterminer l'époque de la réception.

Une question analogue fut soumise au tribunal de commerce du Havre le 12 mars 1888 (2). Les connaissements avaient stipulé qu'un transport de cotons serait fait « par le steamer *Saxmundham* ou par le ou les steamers de la même compagnie » : le steamer *Saxmundham* ayant fait un transport incomplet, la compagnie pouvait-elle opposer aux réclamateurs l'inobservation des art. 435 et 436 ? Non sans doute, fut-il jugé, puisque « les balles de coton manquant pouvaient être encore livrées plus tard par le ou par les steamers suivants (3) ».

Il importe peu, d'ailleurs, que le déficit provienne d'un détournement, lorsqu'aucun fait de fraude ou d'infidélité n'est relevé à la charge personnelle du capitaine, de l'armateur ou de leurs agents (4). Le détournement commis par le capitaine, par l'armateur ou par leurs agents constituerait, selon les cas, un abus de confiance ou un vol, et l'action civile, comme l'action publique, s'exercerait dans des conditions toute différentes. Il faudrait appliquer non plus les articles 435 et 436 co., mais les article 637 et 638 du code d'instruction criminelle, quand même l'action procédant du fait délictueux serait intentée séparément devant la juridiction civile (5).

Le tribunal de commerce de Nantes avait assimilé à l'action pour dommages arrivés à la marchandise la demande formée par le propriétaire d'un navire contre le capitaine, tendant à lui faire rendre compte de son mandat. L'erreur était évidente ! Il n'y avait pas même d'analogie entre les deux actions. Aussi le jugement fut-il cassé (6).

___

(1) 17 décembre 1873. Rec. de M. 1874, 1, 70. —(2) Rec. du H. 1888, 1, 74. — (3) Mais seulement, dira-t-on sans doute et non sans raison, tant que ce montant pouvait être encore livré. On conçoit toutefois combien il est, en pareil cas, difficile de fixer le moment où « la marchandise » est décidément reçue. — (4) Civ. cass. 2 et 3 juillet 1877 (précités). — (5) Nous renvoyons le lecteur aux explications données dans notre t. V, n° 1110. — (6) Arrêt précité du 17 décembre 1884. D. 85, 1, 366.

L'action en restitution du fret et de frais supplémentaires indûment perçus n'est pas assimilable à l'action pour dommages arrivés à la marchandise (1).

L'article 435 § 1 comprend-il dans ses prévisions les actions en responsabilité pour retard causé par le fréteur? Nous ne le croyons pas. Une question semblable avait été posée en matière de transports terrestres avant la promulgation de la loi du 11 avril 1888 et la cour de cassation avait refusé d'assimiler le retard à l'avarie « parce que les lois qui établissent des prescriptions ou des déchéances sont de droit étroit et ne peuvent être étendues, par voie d'analogie, d'un cas à un autre » (2). Il fallut corriger l'article 108 ; mais le nouveau texte ne s'applique pas plus que l'ancien au transport par mer. D'une part, une marchandise peut arriver en retard sans avoir subi le plus imperceptible dommage : de l'autre, il faut reconnaître que le destinataire peut ignorer les délais dans lesquels la marchandise devait être livrée et le défaut de protestation n'a plus, dans ce cas, aucune portée (3).

De même quand l'action n'est intentée par le consignataire que pour substitution de marchandise. Ce n'est pas qu'il ne puisse y avoir, le cas échéant, d'excellentes raisons pour l'astreindre à une protestation très prompte. Tout porte à croire que cette marchandise a passé dans les mains d'un autre réceptionnaire et l'erreur est de celles qu'il faut signaler au plus tôt pour qu'elles soient réparables. Mais il faut avouer que cette hypothèse juridique ne rentre pas dans les termes de notre article (4).

De même quand l'action est intentée contre un commissionnaire transitoire qui, méconnaissant ses instructions, a expédié les marchandises dans une fausse direction (5).

1726 *bis*. L'article 435 § 1 est-il applicable au contrat de transport des passagers par mer? Non, sans doute, s'il s'agit d'accidents arrivés aux passagers eux-mêmes. Je reconnais que le capitaine, prenant en charge la personne même d'un passager, s'oblige implicitement, en vertu d'un véritable contrat de transport, à la remettre saine et sauve à destination (6). Mais on ne saurait assimiler les personnes aux choses, les passagers aux marchandises (7). Il en est autrement des dommages arrivés aux bagages. On peut soutenir, il est vrai, que ces bagages ne sont pas, à pro-

---

(1) Havre, 13 avr. 1886. Rev. intern. du dr. mar., II, p. 31. — (2) Civ. cass., 26 juillet 1859. D. 59, 1. 308. — (3) Cf. Req. 13 nov. 1867. D. 68, 1, 68, V. surtout Req. 15 avril 1878 S. 1878, 1, 452. — (4) *Sic* Marseille, 3 juillet 1873. Rec. de M. 1873, 1, 255. — (5) Havre, 15 décembre 1886. Rev. intern. du dr. marit., II, p. 565. — (6) Conf. civ. cass., 1er mai 1855. D. 55, 1, 157. — (7) Comp. civ. cass., 10 nov. 1884, D. 85, 1, 435.

prement parler, des « marchandises » ; mais le mot doit être pris,
qu'on interprète l'art. 108 (1) ou l'art. 435, dans une acception générale et s'appliquer à toutes les choses transportées, puisqu'elles
sont réellement des marchandises par rapport à l'industrie du
transporteur (2). Nous ne sommes donc pas arrêté par le scrupule
qui nous empêchait (v. n. 1708 *bis)* d'assimiler le prix de passage
au fret, quant à l'application de l'art. 433. La disposition de l'art.
435 § 1 ne nous paraît pas marquée au même coin de spécialité (3).

Par une déduction logique, le transporteur ne pourrait pas se
prévaloir des articles 435 et 436 dans le cas où la marchandise
n'aurait point été reçue à destination, quand même le passager aurait remis son billet à l'arrivée. Rien ne serait plus contraire à l'esprit de l'article 435 que d'envisager la remise du billet de passage
comme une présomption légale de réception (4).

L'article 435 § 1 n'est pas applicable aux actions issues d'un
transport fluvial (5). L'action contre le voiturier par eau pour avarie ou perte partielle n'est plus éteinte que si, dans les trois jours
qui suivent celui de la réception et du paiement, le destinataire
ne lui a pas notifié par acte extrajudiciaire ou par lettre recommandée sa protestation motivée.

1726 *ter.* A notre avis, il y a lieu d'appliquer en thèse, du
moins en l'absence de disposition contraire dans les cahiers des
charges, les fins de non recevoir établies par les art. 435 § 1 et 436
aux contestations relatives à des marchés de transports maritimes
passés pour le compte de l'État. Comment en serait-il autrement
quand le code de commerce lui-même (art. 108, *texte nouveau)*
mentionne les transports « faits pour le compte de l'Etat ? » Mais
nous avertissons les intéressés que la jurisprudence administrative est, sur ce point spécial, obscure et d'une interprétation difficile. De ce que la juridiction administrative était compétente, le
conseil d'Etat parut déduire le 19 décembre 1868 (6) que l'art. 436
était inapplicable dans une contestation pendante entre l'administration militaire et la compagnie transatlantique au sujet d'avaries
subies par les colis du matériel de la guerre transportés au Mexique. A vrai dire, on s'accorda généralement à reconnaître qu'il
n'y avait pas de lien logique entre ces deux propositions. Le 21

____

(1) Texte de 1807. — (2) Conf. civ. cass. 27 mai 1889. — (3) Ainsi jugé
par le trib. de co. de la Seine le 12 juillet 1888 (1er jugement. *Annales de
dr. commerc.*, III, p. 10). — (4) Trib. de co. de la Seine, 12 juillet 1888, 3e
jugement (ib.). — (5) Comp. Rouen, 4 mai 1880. Rec. du H., 80, 2, 269. *Préjugé en ce sens* par un arrêt d'admission que la chambre des requêtes a rendu le 5 juin 1889 (*Gaz. des trib.* du 7 juin 1889). — (6) D. 69, 3, 99.

novembre 1884 (1), le même tribunal, alors que le ministre de la guerre prétendait faire écarter par une fin de non recevoir absolue les art. 435 et 436, déclara la compagnie transatlantique non pas irrecevable, mais mal fondée dans sa prétention parce que la marchandise n'avait pas été « reçue. » Cet arrêt, remarque Dalloz, peut servir à interpréter celui de 1868, qui paraît avoir voulu dire que la « demande en justice » ne peut être exigée dans les matières où le ministre est compétent pour statuer, sauf recours au conseil d'Etat, ou plutôt qu'il est satisfait au vœu de la loi par des actes avisant le transporteur que la question de responsabilité est mise à l'instruction devant l'administration.

Toutefois la compagnie transatlantique allégua dans un procès ultérieur que les procès-verbaux des pertes dressés conformément au cahier des charges et faisant la loi des parties ne lui avaient été communiqués que plusieurs mois après l'arrivée d'un paquebot, et le conseil d'Etat se contenta de répondre (7 janvier 1887) (2) qu'aucune disposition du cahier des charges ne permettait de rendre l'administration militaire responsable de ce retard (3).

1727. Il importe de déterminer avec toute la précision possible ce qu'est au juste la réception, puisque le délai de la protestation court de cette réception.

La marchandise n'est reçue, en général, comme l'explique un arrêt de cassation du 18 mars 1878, que si elle est parvenue à sa destination et régulièrement délivrée au destinataire, le contrat de transport ayant été exécuté par le capitaine (4).

Par conséquent, l'expéditeur qui retire sa marchandise du navire échoué dans le port de chargement ne l'a pas *reçue* au sens de l'art. 435 (5). Celui qui la retire en cours de voyage, après échouement et naufrage du navire, ne l'a pas reçue davantage (6). A plus forte raison n'y a-t-il pas réception quand la marchandise, au lieu de parvenir entre les mains du destinataire, est simplement sauvée par les soins d'un consul ou de l'administration de la marine (7).

Le tribunal de commerce de Marseille a pu juger le 12 avril 1859 (8), que des cafés n'avaient pas été *reçus* lorsque, aussitôt débarqués, ils avaient été mis sous les clefs de la douane, à l'entrepôt du prohibé (9). Mais il en serait autrement si la remise

(1) D. 86, 3, 52. — (2) D. 88, 5, 345. — (3) Il n'est pas inutile de faire observer que la compagnie avait avait eu le tort de ne pas se présenter pour opérer contradictoirement la reconnaissance (v. ci-dessous, n. 1727 *bis*). — (4) D. 78, 1, 197. — (5) Rouen, 8 mai 1869 et Req., 12 janvier 1870. D. 70, 1, 306. — (6) Même arrêt du 18 mars 1878. — (7) Mars., 23 déc. 1873. Rec. de M. 1874, 1, 15. — (8) D. 60, 1, 273. — (9) Le pourvoi dirigé contre

dans les magasins de la douane avait eu lieu en présence du destinataire (1). En pareil cas, comme l'a dit M. Guerrand (2), il faut regarder la douane non comme un lieu de simple dépôt provisoire, mais comme un véritable entrepôt dans lequel la marchandise a été reçue. Bien plus, d'après un autre jugement de Marseille (17 juin 1884) (3), lorsque le connaissement permet au capitaine de déposer la marchandise à la douane dans le cas où le consignataire ne se présente pas pour la recevoir, ce dépôt est encore l'équivalent d'une réception. Tel est notre avis. Mais le dépôt à la douane n'équivaudrait pas à la réception *par cela seul* que les avaries seraient apparentes : il n'importe qu'elles le soient, si rien n'a mis le destinataire à même de les constater.

Il n'y a pas eu nécessairement réception par cela seul que le capitaine s'est dessaisi de la marchandise. Si, par exemple, une certaine quantité de graines échappées des toiles qui les contenaient a dû faire l'objet d'une répartition ultérieure entre les divers destinataires, bien que cette répartition ait été l'œuvre du principal réclamateur auquel on en avait confié le soin d'un commun accord et d'après un usage constant (4), la livraison et la réception ne sont terminées que par l'établissement du prorata remis aux peseurs jurés (5). La solution est équitable et juridique. On se jouerait des réceptionnaires en les contraignant à protester avant la prise de possession de tous les objets qui doivent leur être remis : la réception n'est pas consommée (6).

La marchandise est-elle reçue s'il n'y a eu prise de possession que par un sequestre, nommé par justice pour compte de qui il

ce jugement fut rejeté par la chambre des requêtes le 20 mars 1860. *Sic* Lyon-Caen et Renault, Précis, n. 1928. D'après la jurisprudence de Marseille (20 avril 1877. Rec. de M., 1877, 1, 188), quand une marchandise est débarquée aux docks, la compagnie des docks doit en être réputée d'abord dépositaire pour compte du capitaine ou de l'armateur, et n'en devient dépositaire pour compte du consignataire que lorsque celui-ci se présente avec le *bon à délivrer* remis par le capitaine : le délai de la protestation ne commence donc à courir qu'à partir de ce dernier moment.

(1) Rouen, 30 janv. 1843. D. 43, 2, 74; trib. de co. de la Seine, 26 octobre 1878, Rec. du H. 1878, 2, 240; Aix, 8 janvier 1880. R. de M. 1880, 1, 191. — (2) Sur le jugement précité du tribunal de commerce de la Seine. — (3) Rec. de M. 1884, 1, 218. — (4) Il s'agissait, dans l'espèce, d'un usage constant à Dunkerque. — (5) Req. 23 juin 1884 (D. 85, 1, 65). — (6) Mais s'il s'agissait de marchandises représentées par des connaissements distincts et adressées au même destinataire, la remise de chaque connaissement au capitaine (cf. jugement précité du tribunal de la Seine du 26 octobre 1878) constituerait évidemment une réception distincte. *Sic* de Valroger, n. 2324.

appartiendra? La question nous paraît délicate. Les administra-
teurs légaux des incapables, peut-on dire, seraient tenus d'accomplir les formalités prescrites par les dispositions finales du livre II
du code de commerce : pourquoi ce dépositaire salarié ne protes-
terait-il pas? ceux pour le compte desquels il détient doivent-ils
être mieux traités que les mineurs ou les interdits? Cet administrateur n'est-il pas à même de constater ou de faire constater soit
un manquant, soit une avarie? Cependant il ne faut pas oublier que
la protestation est, en général, le préliminaire d'une assignation :
ira-t-on jusqu'à rendre un simple sequestre responsable s'il n'entame
pas un procès dont l'issue est souvent douteuse? A-t-il, d'ailleurs,
ce droit de refuser la marchandise que garde le destinataire véritable? Nous ne sommes donc pas surpris que les tribunaux de
commerce de Nantes (6 avril 1864) et de Saint-Nazaire (13 février
1873) (1) aient résolu négativement la question. Toutefois le sequestre agira prudemment en faisant constater l'état de la marchandise et en prenant les mesures conservatoires que la situation
pourrait comporter.

Enfin lorsqu'une marchandise est successivement transportée
par les bateaux de deux compagnies desservant chacune une partie de la ligne du voyage effectué par la marchandise, le transbordement qui s'opère au point intermédiaire et l'échange même des
connaissements entre les deux transporteurs n'impliquent à aucun
point de vue la réception par le destinataire et le laissent absolument libre de protester, même contre le premier capitaine, dans
les vingt-quatre heures de la livraison effective. Ainsi l'a jugé le
tribunal de commerce de Marseille le 23 mars 1865 (2), et cette
jurisprudence doit servir de règle, si ce n'est au cas exceptionnel
où le destinataire aurait fait lui-même, par un agent, recevoir et
transborder (3).

1727 *bis*. Ce n'est pas, en matière de transports terrestres
pour le compte de l'Etat, la réception qui sert de point de départ à
la prescription. « Dans les cas de transports faits pour le compte
de l'Etat, dit l'art. 108 § 5 du code de commerce, la prescription
ne commence à courir que du jour de la notification de la décision
ministérielle emportant liquidation ou ordonnancement définitif. »
Il est permis de regretter que les transports maritimes ne soient
pas régis par une disposition du même genre. En fait, les cahiers
des charges substituent à la réception la rédaction d'un procès-

(1) Rec. de N. 1864, 1, 104 ; 1873, 1, 26. *Junge* Rennes, 24 janvier 1883
et une note intéressante de M. Levillain. D. 85, 2, 89. — (2) Rec. de M.
1865, 1, 94. — (3) Le juge pourrait alors décider, en fait, que la marchandise a été reçue deux fois.

verbal dressé contradictoirement entre l'administration et les agents des entrepreneurs. En admettant que l'accomplissement de cette formalité puisse équivaloir à la signification d'une protestation, l'administration devrait, ce semble, prévenir dans le mois son adversaire qu'elle défère une question litigieuse au juge compétent (v. ci-dessus, n° 1726 *ter*).

1728. La cour d'Alger avait jugé le 17 juin 1875 (1) et, selon moi, mal jugé qu'un paiement purement volontaire du fret, coïncidant avec la réception de la marchandise, éteignait l'action contre le transporteur. C'était étendre l'art. 105 co. à des faits que le législateur de 1807 soumet à d'autres règles (2). Il n'était pas même besoin que le paiement du fret fût accompagné de réserves expresses pour que le droit du destinataire demeurât intact et que sa protestation pût être encore signifiée dans le délai légal (3). Aujourd'hui d'ailleurs, même en matière de transports terrestres, le paiement pur et simple du fret laisse subsister la faculté de notifier une protestation au voiturier pendant trois jours.

Quant au paiement partiel du fret, non seulement il n'équivaut pas à la réception sans protestation, mais le juge du fait peut l'envisager, le cas échéant, comme une renonciation du fréteur à la formalité de la signification (4).

A plus forte raison le pesage et l'allotissement par les réclamateurs des marchandises sur le quai, au cours du déchargement, ne doivent-ils être regardés que comme des opérations provisoires et ne peuvent-ils équivaloir à la réception définitive (5).

Pas plus que le paiement du fret, la réception pure et simple n'enlève le droit de réclamer dans le délai légal, la loi n'exigeant pas que le destinataire manifeste par un acte séparé son intention de protester avant de signifier la protestation (6).

1729. La cour de cassation (chambre des requêtes) a dit le 15 avril 1846 (S. 46, 1, 695) : « La réception de la marchandise est un fait que les juges de la cause ont pu souverainement appré-

---

(1) Rec. de M. 1878, 2, 139. — (2) *Sic* Rennes, 24 janvier 1883. D. 85, 2, 89. — (3) Comp. Req. 15 avril 1878. S. 78, 1, 452. Dans l'espèce, la cour de Douai avait légitimement déduit des circonstances que le paiement du fret n'avait *pu* être fait que sous réserve. — (4) Comp. Havre, 13 mars 1888. Rec. du H. 1888, 1, 74. — (5) Havre, 24 juin 1875 ; Rouen, 2 déc. 1876; Havre, 9 février 1880 et 4 mai 1881. Rec. du H. 1876, 1, 187 ; 1877, 2, 12 ; 1881, 1, 40 et 200. — (6) *Sic* Anvers, 18 août 1884 (*Journ. des int. mar.* du 28 août 1884). Si le même tribunal de commerce a déclaré, par son jugement du 26 oct. 1885, le réceptionnaire non recevable, c'est qu'il avait eu l'imprudence de délivrer au capitaine un reçu débutant par ces mots : « le soussigné reconnaît avoir reçu les marchandises *en bon état...* » (*Journ. des int. mar.* du 29 oct. 1885).

cier. » Cependant il ne faudrait pas croire que toute décision rendue en cette matière échappe nécessairement au contrôle de la cour régulatrice. Le juge du fait constate souverainement les faits qui peuvent constituer la réception. Mais s'il déduit à tort des faits souverainement constatés qu'il y a eu ou n'y a pas eu réception *en droit*, au sens de l'art. 435, son arrêt peut être censuré.

1730. Il arrive souvent que la réception est accompagnée de réserves. Bien que la réception pure et simple n'empêche pas de signifier une protestation dans le délai légal, ces réserves peuvent n'être pas inutiles. L'arrêt de cassation du 17 décembre 1884 (1) les envisage comme un mode régulier de protestation. Valin avait dit sans doute (sur l'art. 5 du titre XII du livre I) : « La protestation doit être faite par écrit, c'est-à-dire *par un acte pardevant notaires* (ou par une signification, etc.)... ». Mais, outre que l'illustre jurisconsulte s'était, sur ce point, promptement contredit, telle n'est pas l'exigence de la loi moderne. Au contraire, il nous semble évident que le code de 1807 ne soumet à aucune forme spéciale la protestation nécessaire à la conservation des droits. « Dans le langage usuel et dans la pratique du commerce, a dit très bien la cour d'Aix le 15 décembre 1881 (Rec. de M. 1883. 1. 75), les réserves sont l'équivalent d'une protestation ; au sens de l'art. 435, la protestation est tout acte duquel il résulte que le destinataire n'accepte pas purement et simplement la marchandise offerte et qu'il entend maintenir son droit de se plaindre ».

Mais il ne faudrait pas se figurer que des réserves, même assimilées à la protestation, déplacent le fardeau de la preuve. Quand une action en responsabilité pour avarie ou perte partielle est intentée *après* la réception, le fréteur peut toujours soutenir qu'elle s'est produite depuis cette époque. Quelques réserves qu'ait faites le destinataire, c'est toujours à lui de prouver que le fait dommageable est antérieur à sa prise de possession (2).

Mais des réserves, par cela seul qu'elles ont été faites, ne sont pas nécessairement *signifiées*. Pour s'en convaincre, il suffit de lire ce jugement de Nantes qui fut cassé le 17 décembre 1884. Le tribunal s'était borné à dire : « Il résulte des lettres échangées entre les parties que des réserves formelles ont été faites par C... lors du paiement du fret ». Cela n'impliquait pas que les réserves eussent été « signifiées », quelque sens qu'attache à ce mot le législateur, et la cassation fut prononcée parce que « des réserves, si

____

(1) D. 85, 1, 366. — (2) Toutefois il est évident que des réserves motivées et bien motivées pourront être prises en sérieuse considération et par conséquent aider le destinataire à faire sa preuve.

elles sauvegardent le droit de protestation, ne dispensent pas de l'exercer dans la forme prescrite par la loi. »

La cour d'Aix a jugé, par l'arrêt précité du 15 décembre 1881 (1), que, si les réserves ont été consignées dans le délai légal sur l'exemplaire du connaissement gardé par le capitaine, cette mention équivaut à la signification de la protestation. Il est probable que Bédarride n'eût pas approuvé cette jurisprudence (2). Croyant que l'intervention d'un huissier n'est pas indispensable (3), nous inclinons à penser que l'arrêt de 1881 n'a pas violé l'art. 436 du code de commerce (4).

1731. La requête à fin d'expertise, l'expertise elle-même peuvent-elles être envisagées comme des protestations au sens de l'article 435 ? « Le rapport d'experts fait à Cadix est une protestation suffisante », lit-on dans un arrêt de la cour d'Aix du 10 juillet 1824 et, dès cette époque, la cour de cassation, chambre civile, reconnaissait que les destinataires s'étaient conformés aux dispositions de l'art. 435 (5). La même chambre a, sur mes conclusions, maintenu sa jurisprudence dans un arrêt du 13 mai 1889 (6). « A défaut d'un texte de loi prescrivant la forme de la protestation qui doit être faite dans les vingt-quatre heures de la réception, dit cet arrêt, on doit admettre que la requête à fin d'expertise ou l'expertise elle-même constitue une protestation suffisante (7) ».

Mais une requête en expertise, bien qu'équipollente à la protestation, n'équivaut pas nécessairement à la protestation *signifiée*, et c'est ce que le lecteur apercevra clairement quand nous traiterons des actions dirigées contre l'assureur. Toutefois, l'intervention d'un huissier n'étant pas indispensable, il suffirait, pour répondre au vœu de la loi, que, *en vertu d'un accord exprès ou tacite*, l'expertise se fût effectuée dans un intérêt commun (8), l'accord n'ayant pas pu se conclure sans que la protestation fût portée, sous cette forme, à la connaissance du capitaine. On lit même dans le rapport de M. le conseiller Manau, qui prépara l'arrêt du 13 mai 1889 : « Cette protestation est d'autant plus suffisante qu'un agent de la compagnie a assisté à la première partie de l'expertise

---

(1) Confirmant un jugement de Marseille du 9 juin 1881 (Rec. de M. 1881, 1, 219). — (2) V. t. V, n. 2000. — (3) V. ci-dessous, n. 1750. — (4) On peut tenir pour constant que la cour de cassation n'a pas entendu trancher cette question dans un sens ou dans l'autre par son arrêt du 17 décembre 1884 : l'opinion du conseiller rapporteur désigné dans cette affaire est, sur ce point, conforme à la mienne. Comp. le rapport de M. le conseiller Manau, inséré dans *Le Droit* du 26 mai 1889. — (5) Arrêt du 12 janvier 1825. D. v° Dr. mar., n. 2287. — (6) *Le Droit* du 26 mai 1889. — (7) Comp. civ. cass. 10 avril 1865. D. 65, 1, 230. — (8) Req. 5 juillet 1872. D. 73, 1, 150.

et qu'ainsi la réclamation a été suffisamment connue de la compagnie (1) ».

Toutefois il ne faudrait pas isoler, pour l'ériger en règle doctrinale, ce motif d'un arrêt rendu par la chambre des requêtes le 15 juillet 1872 : « l'arrêt attaqué constate que, dès le jour même de son arrivée, *le capitaine* a provoqué une expertise pour faire dresser l'état des colis endommagés et l'importance des dommages ; *dans cette situation*, une protestation des destinataires devenait superflue, puisqu'elle aurait eu le même objet que la demande d'expertise introduite par le capitaine ». Une demande d'expertise introduite par le capitaine *seul* n'implique ni que tels ou tels réceptionnaires aient des réclamations à produire ni qu'elles soient portées à la connaissance du capitaine : elle ne les dispense pas de notifier leur protestation dans le délai légal (2).

1732. M. de Valroger préfèrerait visiblement qu'on n'étendît pas le premier alinéa de l'article 435 au cas où la marchandise a été refusée. Il fait observer que le texte de cet article suppose une marchandise « reçue » : c'est d'ailleurs, poursuit-il (3), lorsqu'une marchandise a été reçue qu'il convient surtout d'exiger une prompte protestation, de peur qu'on ne mette au compte du capitaine des avaries postérieures à la réception. Mais le destinataire a quelquefois un grand intérêt à ne pas même laisser soupçonner que les avaries soient postérieures à la réception : on ne peut pas soutenir qu'il s'est abstenu de protester quand il s'est abstenu de recevoir, et ce refus est, au demeurant, la plus énergique des protestations. D'un autre côté, le capitaine ne peut pas rester indéfiniment sous le coup de l'action pour dommage à la marchandise, parce qu'il a plu au destinataire de manifester son grief sous cette forme : il pourra donc exiger, puisque le refus est envisagé comme une protestation, qu'une signification lui soit faite dans le délai légal. Il lui importe d'ailleurs de savoir si le refus n'a pas été motivé par un retard, par une substitution de marchandises, etc.,

(1) La cour d'Alger nous paraît avoir posé nettement la question dans un arrêt du 29 novembre 1867 (Rec. de M. 1868, 2, 134). La requête en nomination d'experts par le consignataire de la marchandise a pu constituer la protestation et c'est l'assistance du capitaine aux opérations de l'expert qui équivaut à la signification. — D'après un jugement du Havre du 6 août 1878 (Req. du H. 1878, 1, 221), une nomination d'experts à l'étranger peut bien valoir comme protestation et conserver les droits du réceptionnaire ; mais c'est à la condition qu'il y ait eu signification dans les vingt-quatre heures et que les experts aient été nommés régulièrement (dans l'espèce, ils avaient été nommés par le destinataire lui-même). — (2) *Contra* Lyon-Caen et Renault, Précis, II, p. 216, note 2. — (3) T. V, n. 2326.

et la notification l'avisera que le réclamateur entend le rendre responsable d'un dommage à la marchandise.

Nous ne nous associons pas aux critiques dirigées, sur ce point, contre la jurisprudence (1).

1733. Qui peut opposer cette fin de non recevoir ?

D'abord le capitaine, c'est de toute évidence.

Ensuite l'armateur. Le tribunal civil d'Alexandrie a cependant jugé le 12 mai 1877 (2), interprétant un texte analogue, qu'on ne saurait, à ce point de vue, identifier l'armateur avec le capitaine : la loi n'aurait établi des procédures rapides contre ce dernier que parce qu'il peut quitter le port d'un moment à l'autre. Tel n'est pas notre avis. Les fins de non recevoir et les courtes prescriptions furent introduites dans l'intérêt général du commerce et de la navigation (3) : il serait illogique de distinguer entre le préposant et le préposé. Cette distinction a été repoussée par notre cour de cassation (4), et devait l'être.

Au demeurant la fin de non recevoir est opposable par tous ceux qui peuvent être actionnés, aux termes du contrat de transport, en paiement du dommage résultant de l'avarie (5).

A qui peut-elle être opposée ?

D'abord au réceptionnaire, c'est de toute évidence. La loi suppose avant tout que les protestations seront faites à la diligence de la personne chargée de prendre livraison, et c'est pourquoi les délais sont si courts.

Mais il est impossible d'admettre que l'expéditeur vienne dire : la déchéance n'est faite que pour le réceptionnaire et, comme je ne suis pas sur les lieux, elle n'a plus, en ce qui me concerne, de raison d'être. On retomberait ainsi dans tous les inconvénients que le législateur voulait éviter, notamment dans les incertitudes et les difficultés des vérifications tardives. C'est l'action elle-même qui se trouve, par l'inobservation de ces formalités rigoureuses, frappée de déchéance (6).

---

(1) Civ. cass. 13 avril 1870. D. 70, 1, 389; cass. (ch. réunies) 22 juillet 1873. D. 74, 1, 208 ; civ. cass. 7 avril 1874. D. 76, 1, 201. Comp. civ. cass. 2 et 3 juillet 1877. D. 78, 1, 57. Toutefois un arrêt d'Aix du 6 novembre 1872, rendu contrairement à mes conclusions, refuse d'étendre les art. 435 et 436 au cas de refus de la marchandise. — (2) Journ. du dr. internat. privé, t. V, p. 174. — (3) Valin, I, p. 312. — (4) Civ. cass. 8 mars, 10 avril et 1er mai 1865. S. 1865, 1, 283; civ. cass. 17 décembre 1884. D. 85, 1, 366. V. notamment civ. cass. 23 août 1869. D. 69, 1, 464 et 24 janvier 1876. D. 77, 5, 44. — (5) Cette formule générale est écrite dans un arrêt de la cour de cassation du 10 février 1840. D., v° Dr. mar., n. 2290. *Adde* civ. rej. 2 mars 1886. D. 87, 1, 34. — (6) Civ. rej. 22 août 1864; civ. cass. 1er mai 1865. D. 64, 1, 356 ; S. 65, 1, 284.

Le tribunal de commerce d'Oran avait, le 12 décembre 1862, éludé cette règle élémentaire. Dans l'espèce, le destinataire actionnait l'expéditeur qui appela les « messageries impériales » en garantie et la fin de non recevoir, opposée par le transporteur, avait été rejetée : il ne saurait être permis, dit la cour de cassation (1), à l'expéditeur directement poursuivi par le destinataire comme responsable d'un dommage provenant de son propre fait, de faire revivre une action frappée de déchéance sous le prétexte d'un recours en garantie contre le capitaine ou ses commettants. Cette solution rigoureusement juridique froisse quelquefois l'équité. La compagnie des docks de Marseille fut assignée comme responsable de soustractions dans une cargaison débarquée par elle : alors qu'elle avait reçu cette marchandise sans protestation, pouvait-elle exercer un recours par voie de garantie contre le capitaine ou l'armateur pour manquant dans la livraison ? Le tribunal de commerce de Marseille jugea le 5 mars 1879 (2) qu'elle pouvait le faire en protestant dans le délai légal, ce que nous admettons en principe, mais se trompa, nous le verrons plus loin, en imaginant qu'un nouveau délai pouvait courir à dater de la demande principale.

Mais la fin de non recevoir ne pourrait pas être opposée par le capitaine au propriétaire du navire, qui lui demande compte de son mandat (conf. ci-dessus, n. 1726).

Elle ne serait pas non plus opposable par l'expéditeur au destinataire alléguant que l'envoi n'est pas conforme à la commande et, par exemple, que des quantités de grains expédiées auraient été exagérées dans les factures (3). Le contrat de transport maritime est ici hors de cause.

Le tribunal de commerce de Marseille a jugé le 30 juin 1870 (4) et, selon nous, bien jugé, que le propriétaire d'un objet transporté par mer a qualité, bien qu'il ne soit ni chargeur ni destinataire, pour intenter contre le capitaine l'action en indemnité d'avaries. Mais il est hors de doute que la fin de non recevoir lui serait opposable.

Elle l'est au réclamateur qui n'a pas protesté, quand même les réclamateurs d'autres marchandises, transportées et débarquées dans les mêmes conditions, auraient signifié leur protestation dans le délai légal. Il n'en serait autrement que si ceux-ci, en vertu d'un mandat exprès ou tacite, avaient à la fois protesté pour leur compte et pour le compte d'autrui. Il arrive parfois, notamment lorsqu'une cargaison de graines est transportée à destination de plusieurs négociants, que les divers intéressés donnent au principal réclamateur

(1) Même arrêt du 1er mai 1865. — (2) Rec. de M. 1879, 1, 135. — (3) Req. 1er février 1873. D. 75, 1, 28. — (4) Rec. de M. 1870, 1, 208.

le mandat de protester (1). Quand celui-ci s'est acquitté de cette tâche, la fin de non recevoir ne peut plus leur être opposée.

Puisque le capitaine et son préposant peuvent l'un et l'autre opposer la fin de non recevoir, ils peuvent l'un et l'autre y renoncer. La renonciation du préposé ne lie pas le préposant, qui peut encore réclamer, tant que le délai légal de la protestation n'a pas expiré. La renonciation du préposant lie le capitaine, en ce qu'elle ne lui permet pas d'opposer l'art. 435 aux actions dirigées contre l'armement ; mais elle ne l'empêche pas de s'en prévaloir s'il est assigné personnellement en réparation du préjudice subi par les marchandises (2).

1734. Il se peut que les marchandises, avant d'arriver à destination, doivent être transportées successivement par terre et par mer. Si l'expéditeur a conclu deux traités de transport distincts, il devra protester dans les trois jours, conformément à l'article 105, à l'issue du transport terrestre ; dans les vingt-quatre heures, conformément aux art. 435 et 436, à l'issue du transport maritime. Mais il se peut qu'il ait contracté, moyennant un prix unique, soit avec un voiturier, soit avec une compagnie de transports maritimes et que le transbordement ne soit pas assimilable à la réception dans l'intention des parties. Comment faudra-t-il procéder ?

Nous croyons que les chambres réunies de la cour de cassation ont pris, le 22 juillet 1873 (v. ci-dessus, n. 1713 *ter*), le parti le plus sage. L'avarie est-elle constatée à l'issue d'un transport maritime, il y a lieu, qu'on agisse contre le capitaine ou contre un commissionnaire de transports maritimes, d'observer les articles 435 et 436. On n'a pas le temps de se livrer à des vérifications et de discerner *hic et nunc* si la marchandise a été endommagée sur terre ou sur mer. Quoiqu'il ne s'agisse plus d'une action en délivrance, il existe une corrélation étroite, par la force des choses, entre la livraison et la réception qui donne ouverture à la protestation. On évite des complications inextricables en appliquant, au moment de cette livraison et de l'arrivée dans le port de débarquement, le titre XIV du livre II du code de commerce, au moment de l'arrivée et de la livraison sur un point du continent l'article 105 du même code (3).

Par conséquent, dans cette dernière hypothèse, « la réception des objets transportés et le paiement du prix de la voiture étein-

___

(1) Cf. Req. 23 juin 1884. D.85, 1, 66. — (2) Comp. Rouen, 2 avril 1871. D.72, 2, 113. — (3) Il suffit en ce cas, a dit le tribunal de commerce de Marseille le 28 juillet 1875 (Req. de M. 1875, 1, 292), que l'action en indemnité soit intentée comme en matière de transport par terre, bien qu'il s'agisse d'avaries souffertes dans le trajet opéré par mer.

dront toute action contre le voiturier pour avarie ou perte partielle si, dans les trois jours, non compris les jours fériés, qui suivent celui de cette réception et de ce paiement, le destinataire n'a pas notifié au voiturier par acte extrajudiciaire ou par lettre recommandée sa protestation motivée » (loi du 11 avril 1888).

Nous nous sommes expliqué plus haut (n. 1713 *ter*) sur l'exercice des actions en garantie.

1735. L'article 435 § 1 parle des actions dirigées contre le capitaine et des actions dirigées contre les assureurs. Après avoir traité des premières, nous allons traiter des secondes.

Le réceptionnaire aurait pu suivre la procédure contre le capitaine ; il la suit contre les assureurs : pour maintenir son droit, il doit leur signifier une protestation dans le délai légal et les avertir de la sorte qu'il entend user contre eux des droits que lui confère la police (1).

Il ne s'agit, d'après le texte même de l'art. 435, que du dommage subi par la marchandise. Bien que, *lato sensu*, le navire puisse être regardé comme une marchandise, le législateur a manifestement employé ce mot, ici comme partout ailleurs en matière maritime, par opposition au mot « navire » (2). La fin de non-recevoir est assurément inapplicable aux assurances sur corps.

L'action dirigée contre les assureurs du profit espéré serait-elle soumise aux mêmes formalités ? Il faut et il suffit pour qu'il en soit ainsi que l'action prenne sa source dans un « dommage arrivé à la marchandise. »

1736. Lorsque les assureurs sont connus et présents au lieu de la réception, la prescription du législateur est logique et d'une exécution facile. Il n'en est pas de même lorsqu'ils ne sont ni présents ni représentés au lieu d'arrivée.

M. de Courcy dit à ce sujet (3) : « La recommandation de la loi devient illusoire ou impraticable. Un négociant de Valparaiso reçoit des marchandises qu'il croit assurées, il ne sait pas où ni par qui, en France, en Angleterre, ou à Anvers. Et si elles sont avariées d'eau de mer, on voudrait que, pour conserver l'action contre les assureurs, il s'empressât de protester dans les vingt-quatre heures ? Entre les mains de qui et sous quelle forme ? Entre les mains du capitaine ? Est-ce que le capitaine, qui repartira demain, peut être tenu de s'embarrasser de ce fatras de protestations inutiles et d'en donner acte ? Il y a parfois des centaines de colis avariés sur un navire. Entre les mains d'un consul, et de quel consul ?

---

(1) Comp. Bruxelles, 29 octobre 1887. Rev. internat. du dr. marit. III, p. 474. — (2) Laurin, IV, p. 208. Comp. Bordeaux, 7 mai 1839 et Mars., 18 sept. 1840. Rec. de M. 1840, 2. 1 ; 1841, 1, 49. — (3) Quest. I, p. 196.

Est-ce que les consuls sont tenus davantage d'accumuler ces vaines paperasses? Car ces protestations, n'avertissant pas l'assureur, ne serviraient absolument à rien, et personne, capitaine ou consul, n'en saurait que faire... ».

Ces observations critiques, sans être dénuées de fondement, sont empreintes de quelque exagération. D'abord, en fait, les polices d'assurances accompagnant le plus souvent les connaissements, le réceptionnaire connaîtra généralement l'assureur. Dans ce cas, il peut protester par le télégraphe (comp. ci-dessous, n. 1756), et nous nous plaisons à constater qu'on avait employé ce dernier procédé dans une affaire de la *Cie des Chargeurs réunis* contre Bensaude et la *Cie l'Équateur* sur laquelle statuèrent successivement la cour de Rouen le 2 juin 1886, la cour de cassation (chambre civile) le 27 mars 1889. On peut aussi, quand l'assureur est connu, sans être présent ni représenté, faire la dénonciation dans les vingt-quatre heures, en France, au maire (art. 68 pr.), en pays étranger à la chancellerie du consulat (1). Si l'assureur n'est pas connu, il nous paraît impossible d'exiger que l'assuré proteste avant d'avoir pu protester et signifie sa réclamation dans le vide.

1737. Il ne suffit pas, pour maintenir les droits de l'assuré contre les assureurs, qu'il ait signifié une protestation au capitaine : « celui-ci ne représente pas les assureurs (2) ».

Mais peut-il diriger son action contre les assureurs sans avoir adressé dans le délai légal une protestation au capitaine ? Nous le pensons. Ainsi que l'a dit la cour de cassation le 2 mai 1886 (3), toutes les personnes contre lesquelles est ouverte l'action en paiement du dommage résultant de l'avarie peuvent, *chacune en ce qui le concerne et dans les limites de son droit propre*, invoquer les fins de non recevoir introduites par les art. 435 et 436.

Dans cette même affaire, l'assuré sur facultés n'avait pas agi conformément aux art. 435 et 436 contre le capitaine ou l'armateur

---

(1) de Valroger, t. V, n. 2332. — S'il faut en croire M. de Courcy (ib., p. 197), « *jamais* l'assureur absent n'imagine d'opposer une fin de non recevoir pour défaut de protestation dans les vingt-quatre heures quand il s'agit de marchandises d'exportation. » Toutefois, dans une espèce citée par M. de Courcy lui-même, les assureurs absents avaient évidemment opposé la fin de non recevoir devant le tribunal du Havre le 26 juillet 1842, et devant la cour de Rouen le 30 janvier 1843. Comp. trib. co. Seine, 26 octobre 1878. Rec. du H. 1878, 2, 240. — M. de Courcy a écrit plus tard (Quest. IV, p. 426) : « Les assureurs, loyaux ou dominés par les nécessités pratiques, commencent eux-mêmes par biaiser et distinguer. Ils n'opposent pas le texte à ces destinataires lointains dont j'ai parlé, *recevant sans protestation* des caisses d'objets manufacturés». — (2) Bruxelles, arrêt précité du 29 octobre 1887. — (3) D. 87. 1. 34.

responsable des avaries et se trouvait, en conséquence, déchu du droit d'agir contre eux. Les assureurs se prétendaient libérés à raison de ce que l'assuré avait, par son fait, empêché la subrogation à ses droits contre le capitaine et contre l'armateur (1). La prétention était exorbitante. En effet l'assureur actionné en réparation d'un dommage justifié, débiteur en vertu d'un contrat distinct, ne peut pas opposer comme une exception péremptoire l'inaction du demandeur envisagé dans ses rapports avec le fréteur. « Il se plaint d'un préjudice, a dit très exactement M. de Courcy (2) : c'est une sorte de demande reconventionnelle, mais une demande dont il a la charge d'établir le bien fondé. Il a donc à démontrer que l'assuré a commis une négligence et que cette négligence lui a été préjudiciable (3) ». Il est vrai que l'assureur avait pris à sa charge la baraterie de patron ; mais cette renonciation au bénéfice de l'art. 353, disait encore la cour suprême, n'a pas pour effet de modifier la nature de son contrat et de substituer à son obligation propre, laquelle consiste à indemniser l'assuré des conséquences de l'avarie, celle de garantir l'efficacité de l'action de l'assuré contre le capitaine, à raison de sa baraterie. Enfin la subrogation aux droits de l'assuré, quelque avantage qu'elle offre à l'assureur, n'a pas pu être la cause déterminante de son engagement (4) : ce qu'il prend en considération, c'est la prime fixée d'après la probabilité de la réalisation des risques. Si les risques s'étaient réalisés par suite d'un cas fortuit, comment parler de subrogation alors que l'assuré n'a pas de droit à exercer contre les tiers ? comment l'assureur soutiendrait-il qu'il n'aurait pas conclu le contrat sans la perspective de cette subrogation ?

1738. D'autres difficultés ont été suscitées au cas d'avaries communes. Quand la marchandise de l'assuré a été sacrifiée au salut commun (en partie du moins, sans quoi il n'y aurait pas réception) (5), y a-t-il lieu d'appliquer les articles 435 et 436 ? Je le crois, puisqu'il s'agit d'une marchandise avariée ou à moitié per-

---

(1) V. sur cette question la note de M. Levillain dans le recueil périodique de Dalloz, 85. 2. 89 et l'article de M. Lyon-Caen dans la *Revue critique de législ. et de jurispr.*, ann. 1887, p. 627. — (2) Quest. IV, p. 419. — (3) M. de Courcy (ib., p. 420 à 424) développe la proposition suivante : « il n'est pas recevable à reprocher aux assurés d'avoir négligé le formalisme des art. 435 et 436, quand l'accomplissement de ce formalisme eût été impossible ou absurde ».V. encore, sur le droit des assureurs au cas où la négligence de l'assuré leur a préjudicié, Lyon-Caen, *loc. cit.*, p. 631. — (4) Ib., p. 629. — (5) Même à l'égard des assureurs sur facultés, les formalités des art. 435 et 436 ne sont pas applicables quand il s'agit d'une action à exercer non pour de simples dommages, mais pour la perte totale des marchandises : dans ce cas, il ne saurait être question *de réception* (de Valroger, n. 2335).

due et d'une action intentée contre les assureurs à raison de l'avarie (1). Il n'en est pas de même si l'assuré ne recourt contre l'assureur que pour se faire couvrir de sa contribution à l'avarie. Il s'agit ici d'une action récursoire et non, à proprement parler, d'une action pour avarie survenue à la marchandise. Ce serait d'ailleurs un contre-sens d'exiger que l'assuré agît alors dans les vingt-quatre heures de la remise à lui faite de sa marchandise, puisque, au moment même de cette remise, il n'a rien encore à réclamer (2).

1739. L'action en délaissement est-elle soumise à la fin de non recevoir ? La question est débattue.

Le tribunal de commerce de Marseille a résolu négativement cette question le 7 décembre 1841 (3), sous prétexte que, l'art. 374 obligeant alors l'assuré à signifier les avis reçus par lui dans les trois jours de leur réception, cette formalité rend la protestation superflue. Mais il n'y a pas le moindre rapport entre cet avis qui doit, d'ailleurs, être aussi donné « dans le cas de tous les accidents au risque des assureurs » et dont l'omission n'entraîne aucune déchéance, et la protestation imposée par l'art. 435. Une autre objection, qui fut soumise à la cour de cassation le 12 janvier 1825, est plus embarrassante : l'art. 373, qui accorde un délai de six mois au minimum pour délaisser, exclut l'application de l'art. 436 qui enjoint d'intenter l'action dans le mois. Il a été répondu que l'art. 373 prévoit le cas de la réception d'une nouvelle et par conséquent l'hypothèse d'un sinistre survenant à distance, tandis que l'article 436 dispose pour les cas où la marchandise avariée est remise à l'assuré, nanti sur le champ, par conséquent, de tous les renseignements nécessaires. En effet les deux articles ne sont pas précisément inconciliables (4).

Mais il faut soigneusement restreindre l'application des art. 435 et 436 au cas où il y a eu réception de la marchandise et où le dommage subi par elle est le fondement de l'action (5). M. E. Cauvet démontre péremptoirement que la protestation ne peut être exigée ni au cas de prise ou d'arrêt ni au cas d'innavigabilité, ni au cas de naufrage, ni au cas de défaut de nouvelles. Il en est autrement quand il y a détérioration des facultés. Il serait d'ailleurs contradictoire d'imposer ces formalités lorsque la perte est plus faible et d'en dispenser quand elle est plus forte (6).

---

(1) Il importe peu que l'assuré ait aussi de ce chef une action en contribution contre les autres chargeurs et l'armateur. V., pour le développement de cette idée, Laurin, t. IV, p. 209. — (2) Cf. Mars., 21 avril 1824. Rec. de M., t. V. 1. 73. — (3) Rec. de M., t. XX. 1. 372. — (4) *Sic* civ. rej. 12 janvier 1825. S. 1825. 1. 75 ; Bordeaux, 27 janvier 1829. D. v° Dr. marit., n. 2287. — (5) Cf. Bédarride, V, n. 1999. — (6) Un arrêt de la cour d'Aix du 14 dé-

1740. Il est évident que les assureurs peuvent renoncer soit expressément, soit tacitement au bénéfice des fins de non recevoir. Ils devront, s'ils tiennent à ce que cette renonciation ne leur soit pas opposée, se garder soit de concourir ou même de consentir à la réception pure et simple, soit de laisser vendre en leur présence une marchandise avariée sans que les assurés aient signifié leur protestation (1).

1741. D'après l'art. 435 § 2, sont non recevables toutes actions contre l'affréteur pour avaries, si le capitaine a livré les marchandises et reçu son fret sans avoir protesté.

A quelles actions ce paragraphe est-il applicable ?

D'abord et sans nul doute aux réclamations que peut faire valoir le capitaine pour dommages causés au navire par la cargaison (2) ;

En second lieu, nous le croyons du moins, aux réclamations pour avances faites dans l'intérêt de la cargaison ;

En troisième lieu, aux réclamations que le capitaine peut faire valoir pour contribution aux avaries grosses. « Quoique le mot soit omis, il s'agit incontestablement, dit M. de Courcy (3), des avaries communes que le capitaine peut avoir à réclamer... Quoiqu'il connaisse mieux que personne les événements de sa traversée et ait déposé son rapport, il peut hésiter s'il introduira contre les chargeurs une demande en règlement d'avaries. Ce sont, comme on sait, matières fort souvent litigieuses... Afin de ne pas importuner et mécontenter leur clientèle, certains armateurs, ceux des bateaux à vapeur surtout préfèrent souvent, quand le cas n'est pas grave, s'abstenir de réclamation. Pour réserver ses droits, pendant que l'on délibère, le capitaine n'a qu'à protester. Comment ? D'une manière générale d'abord par son rapport de mer souvent appelé *protêt*, puis d'une manière plus spéciale à chaque réceptionnaire dans la quittance même du fret sur le connaissement, qu'il signera sous réserve de l'action d'avarie commune ».

L'article 435 § 2 est-il applicable aux réclamations nées des avaries particulières que certaines marchandises peuvent avoir cau-

cembre 1860 (Rec. de M. 1861. 1. 84) implique que l'assuré, délaissant les facultés assurées pour détérioration de plus des trois quarts, est astreint aux formalités des art. 435 et 436. Cet arrêt décide que le délaissement n'est pas irrecevable faute de protestation lorsque la marchandise, au lieu d'avoir été reçue par l'assuré, est demeurée dans les magasins de la douane, depuis le moment où elle a été débarquée jusqu'au jour où elle a été vendue aux enchères.

(1) Mars. 2 février 1871, Rec. de M. 1871. 1. 188. Cf. Mars. 7 oct. 1872. Rec. de M. 1873. 1. 142. — (2) *Sic* Boistel, n. 1449 ; de Valroger, n. 2339, etc. — (3) Quest. I, p. 202.

sées à d'autres marchandises ? Oui, d'une manière absolue, d'après MM. Boistel et de Valroger. D'accord, s'il ne s'agit que d'une action dirigée par le capitaine contre un chargeur. On peut supposer, en effet, que le chargeur ait embarqué une marchandise infectée d'un vice caché et que, ce vice s'étant communiqué à des marchandises saines, le capitaine veuille se prémunir contre les conséquences d'une action en dommages-intérêts, partant conserver sa propre action contre ce chargeur négligent ou coupable. Mais faut-il aller plus loin et dire que l'action d'un chargeur contre un autre chargeur est éteinte si le capitaine n'a pas protesté ? C'était au capitaine, enseignent MM. Boistel et de Valroger, de réserver les droits des chargeurs. Nous en doutons fort. Il faut, d'après M. Boistel, « considérer le capitaine comme mandataire de ceux-ci pour la conservation de leurs droits et responsable envers eux s'il laissait perdre leur recours faute de protestation ». Ce n'est pas le lieu d'entrer dans l'examen doctrinal de cette grave question, si vivement débattue entre MM. Levillain, Lyon-Caen, de Courcy (1) et Laurin (2) : le capitaine est-il le mandataire des chargeurs ? C'est, à notre avis, dépasser toute mesure que de lui attribuer le mandat exorbitant de vérifier sur le champ l'état de tous les colis et de discerner *hic et nunc* s'il convient de protester, au nom de gens qui se seraient peut-être abstenus de protester pour leur propre compte. Se figure-t-on le capitaine d'un grand steamer, ayant affaire à cent réceptionnaires et contraint de se demander, sous peine d'encourir la responsabilité la plus lourde, s'il convient de sauvegarder, par une nuée de protestations distinctes, les droits des uns contre les autres ? Enfin se figure-t-on un chargeur déchu de toute action contre ses co-chargeurs parce que le capitaine, n'ayant pas découvert les avaries (il s'agit peut-être d'avaries non apparentes), se sera croisé les bras ? Il ne convient ni d'imposer au capitaine ce devoir problématique ni de mettre, dans de telles conditions, les réclamateurs à sa merci.

Nous admettons encore moins qu'un réclamateur puisse se prévaloir contre un autre réclamateur de l'inobservation, par ce dernier, de l'art. 435 § 1. Il ne s'agit, dans ce premier alinéa, que des actions à diriger contre le capitaine ou l'assureur, et le texte, dérogeant au droit commun, ne peut pas être étendu. Il n'est pas même démontré qu'il y ait, dans ce texte, une lacune à combler. Le chargeur dont la marchandise est avariée par le fait d'un autre chargeur ne saura d'abord, le plus souvent, à qui s'en prendre, et le délai de vingt-quatre heures pourrait être absolument insuffisant.

Enfin il nous paraît évident que la réception de la marchandise

(1) Quest. IV, p. 183. — (2) *Annales de droit commercial*, I, p. 5 et s.

et le paiement du fret ne sauraient faire obstacle au recours entre chargeurs prévu par l'art. 298.

1742. Il suffit de lire notre article pour se convaincre que la fin de non recevoir n'est pas opposable après la livraison s'il n'y a pas eu en outre paiement du fret. On ne conçoit pas même que le tribunal de commerce de Marseille ait eu à statuer deux fois (1) sur une semblable question.

Valin se demande (2) si les « protestations générales » que le capitaine a faites dans sa déclaration au greffe de l'amirauté suffisent pour le mettre à couvert de la fin de non recevoir et résout affirmativement la question en ce qui touche les réclamations du capitaine pour contribution aux avaries grosses. En admettant que le rapport de mer pût équivaloir, le cas échéant, à la protestation dont parle notre article (cf. art. 412 et 413), il faudrait du moins qu'une signification fût faite à chacun des intéressés dans le délai légal. La « protestation générale », à elle seule, ne suffit pas.

Il est évident que, si un accord a été fait par écrit entre l'affréteur et le capitaine, aussitôt après l'arrivée du navire et avant la livraison, pour une contribution aux avaries communes (ou pour le règlement d'une avarie quelconque), l'affréteur sera présumé avoir renoncé à se prévaloir de l'inobservation des formalités prescrites par nos deux articles (3).

Il en serait de même, de quelque façon que l'accord eût été conclu, pourvu qu'on arrivât à le constater.

Mais ces accords ne pourraient être opposés par le propriétaire de la marchandise à ses assureurs qu'autant que ceux-ci y auraient participé ou adhéré. S'ils n'y ont pas acquiescé, ils sont restés dans l'intégrité de leurs droits (4) (cf. ci-dessus, n. 1737).

1743. Enfin, l'article 435 déclare non recevables « toutes actions en indemnité pour dommages causés par l'abordage dans le lieu où le capitaine a pu agir, s'il n'a pas fait de réclamation. »

De quelles actions s'agit-il ?

D'abord, le législateur n'a compris dans ses prévisions que les actions issues d'un abordage proprement dit.

Ainsi, le dommage causé à un ponton par l'entrepreneur qui l'a loué et qui l'emploie au sauvetage d'une ancre et d'une chaîne n'étant pas à assimilable à l'avarie causée par un abordage, l'action du propriétaire en réparation de ce dommage n'est pas subordonnée à la signification d'une protestation (5). De même pour la ré-

---

(1) Le 27 nov. 1855 et le 17 juin 1880 (Rec. de M. t. XXXIV, 1, 14 ; 1880, 1, 237). — (2) Sur l'art. 5, tit. XII, l. I de l'Ord. — (3) Civ. rej. 10 février 1840. S. 1840, 1, 363. — (4) Même arrêt. — (5) Marseille, 7 mai 1878. Rec. de M. 1879, 1, 25.

paration du dommage causé par la rupture volontaire d'un câble amarrant un navire (1).

En second lieu, le législateur n'a compris dans ses prévisions que les actions issues d'un abordage maritime (2). On sait qu'il faut uniquement, pour décider si l'abordage est maritime, se demander si la navigation était maritime (v. ci-dessus, n. 1077) (3). Ce n'est ni la forme ni la direction d'un navire, remarque à ce sujet la cour de Rouen (4 mai 1880. D. 81, 2, 123), qui imprime à sa navigation le caractère maritime.

Il s'agit, au texte, de « toutes actions » directement issues de l'abordage. Alors même que l'abordage paraîtrait purement fortuit, remarque judicieusement M. de Valroger (4), ou qu'il y aurait faute des deux côtés, chaque capitaine agira prudemment en faisant sa réclamation, car un capitaine assigné par suite d'abordage ne pourrait, faute de s'être mis en règle, réclamer lui-même des dommages-intérêts par voie reconventionnelle (5). Il importe, d'ailleurs, que l'assureur ne puisse pas trouver dans la négligence

(1) Trib. de co. de Bordeaux, 11 janvier 1875. Rec. de M. 1879, 2, 29. On lit dans un arrêt de la cour de cassation du 27 janvier 1880 (D. 80, 1, 405): « L'action en indemnité intentée par les défendeurs contre la chambre de commerce de Bayonne n'avait pas pour objet la réparation d'un dommage causé par un abordage ; elle était uniquement fondée sur ce que le capitaine de l'*Adour*, dont la chambre de commerce est armateur, avait coupé la remorque qui reliait ce bateau au navire le *Saint-George* qu'il s'était engagé à conduire dans le port, et que cette mesure avait entraîné la perte du *Saint-George*. Si la chambre de commerce prétendait qu'elle avait été contrainte d'abandonner le *Saint-George* par suite d'un abordage dont elle avait été elle-même victime de la part du navire *la Jeune Elisa*, ce fait invoqué par elle comme constituant un évènement de force majeure de nature à la décharger de toute responsabilité envers les demandeurs ne pouvait pas avoir pour conséquence de modifier les caractères légaux de l'action formée par ceux-ci. Les parties ne se trouvaient donc dans aucun des cas déterminés par l'art. 435. » — (2) Anvers, 14 décembre 1878, 4 avril 1884 et 10 novembre 1885. Rec. d'A. 1879, 1, 17; 1884, 1, 254 et *Journ. des int. marit.* d'Anvers, du 26 nov. 1885. — (3) Il importerait donc peu, quoi qu'ait pu juger le tribunal de commerce du Havre le 20 août 1879 (Rec. du H. 1880, 1, 192), que le navire fût affecté, en général, à une navigation de rivière. Dans l'affaire jugée le 10 nov. 1885 par le tribunal de commerce d'Anvers, l'abordeur se trouvait être un bateau « d'intérieur. » *Jugé* par la cour de Bruxelles, le 8 décembre 1884, qu'il n'y avait pas lieu d'appliquer les fins de non recevoir de la loi commerciale maritime, alors qu'il s'agissait du *Poney*, remorqueur de petite dimension servant uniquement à remorquer les bateaux d'intérieur, et de l'allège à vapeur *Maria Hendrika* (*Journ. des intérêts mar.* du 29 janv. 1885). — (4) n. 2343. — (5) Nantes, 23 février 1878. Rec. de N. 1878, 1, 106.

du capitaine le principe d'une action en dommages-intérêts, ce qu'il tenterait assurément de faire s'il ne pouvait agir que comme subrogé à ses droits.

Mais s'il s'agit d'une simple privation de bénéfice résultant d'un événement nouveau, quoique subie à l'occasion de l'abordage, alors même que le juge rattacherait par un lien quelconque cette perte au fait primitif et comprendrait ce fait primitif parmi les causes accessoires du dernier préjudice (1), il ferait évidemment fausse route en appliquant les articles 435 et 436. C'est la survenance du second événement qui peut seule mettre le capitaine à même de réclamer et d'agir, à ce point de vue spécial, en connaissance de cause.

Il faut comprendre parmi les dommages directs les avaries causées au navire abordé soit par la faute commune du remorqueur et du remorqué, soit par la faute exclusive du remorqueur, alors même qu'il aurait été matériellement abordé par le remorqué. Même solution pour les avaries causées par la faute du remorqué, quand l'autre navire aurait été matériellement abordé par le remorqueur. Les protestations doivent alors être dirigées, en droit strict, au cas de faute exclusive contre l'auteur de la faute (v. notre t. V, n⁰ 1114), en cas de faute commune contre le remorqueur et le remorqué (2).

La cour de Rennes a jugé le 11 décembre 1865 (3) que le navire remorqué, s'il avait éprouvé des dommages dans un abordage imputable au remorqueur, devait lui-même, pour conserver son recours contre le remorqueur, protester conformément aux articles 436 et 435. On peut objecter qu'il s'agit d'un dommage indirect. Mais de ce que le premier choc s'est produit entre le remorqueur et le troisième navire, on ne saurait conclure que le dommage n'ait pas été directement causé par ce choc : le contre-coup même de la collision en était la suite inévitable. J'incline néanmoins à penser que ce remorqué se trouve dans une situation particulière. Il peut invoquer la mauvaise exécution de son contrat et, si l'action est issue du contrat de remorquage, il est bien difficile de la soumettre aux déchéances des articles 435 et 436, qui dérogent au droit commun. La question est fort embarrassante (4).

1744. L'ordonnance de 1681 suppose que l'accident est arrivé

(1) Mais v. sur ce point notre t. V, n. 1130. *Junge* Marseille, 1er août 1888. (Rev. internat. du dr. mar., t. IV, p. 309). — (2) En fait, il sera prudent de protester toujours contre l'un et contre l'autre, car on ne peut deviner comment les responsabilités seront réparties en fin de compte. — (3) Rec. de Nantes, 1866. 1. 73. — (4) M. de Valroger (n. 2347) paraît approuver la jurisprudence de la cour de Rennes.

« dans un port, havre ou autre lieu où le maître puisse agir ».
Mais Valin n'hésitait pas à penser (1) que l'article 8 du titre XII du
livre I s'appliquait à l'abordage fait en pleine mer, sauf à changer
le point de départ du délai légal. Emérigon adopta cet avis (2). On
retrouve le même vice de rédaction dans l'article 435. Pour adapter au nouveau texte l'ancienne interprétation, il faut remplacer
les mots « dommages causés par l'abordage dans un lieu où le
capitaine a pu agir, s'il n'a point fait de réclamation » par cette
autre phrase : « dommages causés par l'abordage si, dans un lieu
où le capitaine a pu agir, il n'a point fait de réclamation ».

C'est à quoi M. de Courcy n'a consenti, ni en 1877 (3) ni en
1887 (4). S'attachant à l'interprétation littérale, il enseigne que la
seule question est de rechercher si le capitaine a pu agir sur le
lieu de l'abordage. « Or, poursuit-il, il est bien clair que le capitaine ne peut pas agir en pleine mer. Donc l'article est sans application aux collisions qui se produisent en pleine mer et qui sont
les collisions redoutables de la navigation moderne. Donc l'application de l'article doit être restreinte aux seuls abordages connus
du législateur qui rédigeait l'article, à ces chocs qui se produisaient
entre deux navires à voiles dans les mouvements des ports et des
rades, laissant les deux capitaines en présence l'un de l'autre, *pouvant agir*, pouvant descendre à terre et courir chez un huissier
dans les vingt-quatre heures... Il est déplorable que la jurisprudence ne l'entende pas ainsi et s'attache à un rigorisme que con-
damne le texte même de l'art. 435. Je crois avoir dit la raison de ce
rigorisme. Les juges saisissent l'occasion de s'affranchir de l'examen du fond dans des questions difficiles qui les embarras-
sent... » (5). Tel n'est pas notre avis.

Il n'est pas vrai qu'on n'ait pu prévoir en 1807 que les abordages arrivés dans un port, puisque les commentateurs de l'Ordonnance, obligés de résoudre une question semblable, s'étaient occu-
pés des abordages en pleine mer. Il n'est pas vrai que les tribunaux aient étendu la loi pour voiler leur ignorance ; les juges des
amirautés connaissaient ces matières et les tribunaux de commerce
des villes maritimes sont moins impropres à résoudre ces questions
de fait qu'un grand nombre de difficultés suscitées par la combinaison des lois commerciales avec les principes du droit civil. Le
législateur de 1807 connaissait l'interprétation qu'on avait universellement donnée au texte de l'Ordonnance, et, s'il l'avait regardée comme extensive ou abusive, il aurait condamné par une nouvelle formule l'opinion de Valin et d'Emerigon. L'expression a

____

(1) I, p. 323. — (2) II, p. 306. — (3) Quest. I, p. 204 et s. — (4) Rev.
internat. du dr. mar. III, p. 127 et s. — (5) *Sic* Boistel, n. 1450.

sans doute trahi sa pensée ; mais il n'a pas pu vouloir, sans modifier l'ancienne formule, remplacer une pratique uniformément admise par un système qui aurait laissé aux intéressés trente ans pour agir par cela seul que l'abordage a eu lieu en pleine mer (1).

Mais le navire abordé en pleine mer n'est pas astreint à relâcher en route pour protester (2).

1745. Emérigon, entendant les mots « dommage reçu » dans un sens restrictif, enseignait que l'article 8 du titre XII du livre I ne s'appliquait pas au cas de perte totale par abordage. Plusieurs commentateurs du code, notamment Alauzet (3) et Bédarride (4) maintiennent cette interprétation : « Tout le monde est d'accord sur ce point, dit Bédarride, que les art. 435 et 436 ont, quant à l'abordage, pour but unique de prévenir qu'on n'attribuât à celui-ci le dommage occasionné par d'autres accidents de mer qui peuvent se succéder à de très courts intervalles. Or cette fraude est impossible dans le cas de perte entière. Dès lors à quoi bon prescrire des précautions complètement inutiles » ?

Tel n'est pas notre avis. L'article 435 § 3 comprend aussi bien le dommage total que le dommage partiel (5). Il est important d'agir promptement, même au cas de perte totale : plus on laissera le temps s'écouler et moins il sera facile de discerner les véritables causes du sinistre. Les représentants du navire perdu, peut-être jeté sur la côte déserte ou recueillis par un autre bâtiment, ne trouveront peut-être que fort tard le moment d'agir ; c'est l'affaire du juge. qui fixera le moment à partir duquel ils auront pu protester. Telle est, depuis l'an XIII, la jurisprudence de la cour de cassation (6).

1746. Il a été jugé par la cour de Bordeaux le 20 décembre 1853, par la cour d'Aix le 29 janvier 1866 (7) que les art. 435 et

---

(1) Aix, 18 février 1864 et Poitiers, 14 janvier 1883 (Rec. de M. 64.1.7 ; 2. 155) ; civ. rej., 19 août 1878, D. 78. 1. 454 ; Havre, 10 février 1880. Rec du H. 1880. 1. 84; Bordeaux, 6 avril 1881 et, sur pourvoi, Req. 26 juin 1882. D. 83. 1. 33 ; Anvers, 27 juin 1884. (*Journ. des int. mar.* du 3 juillet 1884) etc. — (2) Havre, 10 février 1880 (précité) ; Mars, 9 mars 1883 (Rec. de M. 1882. 1. 164) ; Anvers, 18 oct. 1884 (*Journ. des int. mar.* du 23 oct. 1884), etc. — (3) n. 2273. — (4) 2027. — (5) Si nous avons entendu le même mot dans un sens plus restreint en commentant l'art. 435 § 1, c'est parce que le premier alinéa, parlant de marchandise reçue, excluait le cas de perte totale. — (6) Civ. rej. 5 messidor an XIII, D. v° Dr. mar., n. 2294 ; civ. cass. 21 avril 18s4 et civ. rej., 4 août 1875. D. 75. 1. 167 et 471 ; civ. rej., 4 août 1878. D. 78. 1. 454 ; Req. 26 juin 1882. D. 83. 1. 33. *Sic* Boulay-Paty IV, p. 609 ; Vincens III, p. 197 ; Lyon-Caen et Renault, Précis, n. 2022 ; de Valroger, n. 2348, etc. — (7) Rec. de M., 1854, 2. 9. Rec. de N., 1866, 2. 127.

436 ne concernent pas les dommages causés aux personnes (blessures et mort) par un abordage. Cela nous paraît incontestable toutes les fois qu'il s'agit de poursuivre la réparation civile du crime prévu par les art. 295 et suivants ou d'un des délits prévus par les art. 311, 319 et 320 c. pén. L'action n'est dès lors soumise à d'autres déchéances qu'à la prescription décennale ou triennale des art. 637 et 638 I. cr. (cf. ci-dessus, n. 1726).

Mais, en dehors de ce cas spécial, nous nous demandons si la jurisprudence est fondée sur des raisons inébranlables et si elle n'a pas quelque peu corrigé la loi. « L'action, dit la cour d'Aix, bien que naissant d'un événement de mer, doit être jugée suivant les règles du droit civil ». Qu'importe? Les articles du code de commerce ne distinguent pas et l'on sait d'ailleurs que la juridiction commerciale reste compétente pour connaître, en pareil cas, des obligations nées du quasi-délit (v. ci-dessus, n. 1116). Or il n'y a pas moyen de méconnaître qu'il s'agit bien d'actions en indemnité pour dommages causés par un abordage. M. Lyon-Caen réplique, il est vrai (1): « Les motifs de la loi sont sans portée dans ces hypothèses. On ne peut dire alors que la fréquence des dommages causés par les accidents de mer doit faire craindre qu'on ne sache plus après un certain temps si le dommage allégué provient de l'abordage ou d'un autre accident : *cessante ratione legis, cessat lex* ». Il est aisé de répondre d'abord qu'il y a toujours à discerner les causes de l'abordage, ensuite que si la raison est péremptoire pour les dommages causés aux personnes, elle l'est pour les dommages causés aux animaux ; que si des passagers ou des chevaux ont péri, il y a même raison de ne plus craindre qu'on ne sache pas, après un certain temps, « si le dommage allégué provient de l'abordage ». Ira-t-on jusque-là ? Aussi je comprends très bien que M. de Courcy ait écrit (2) : « Il n'est pas juste que nos lois soient interprétées pour la veuve d'un matelot autrement que pour une famille ruinée... Je n'aime pas cette sentimentalité... Puisque nous sommes dans la région du sentiment pour interpréter les lois, je préfère de beaucoup aux complaisances de cette sentimentalité de nerfs, qui s'apaise trop souvent aux dépens de la justice, le sentiment de la justice elle-même».

Toutefois il n'est pas probable qu'on obtienne un revirement de jurisprudence.

1747. Qui doit et peut protester?

D'abord, c'est de toute évidence, le capitaine du navire abordé doit protester dans le délai légal.

____

(1) Rev. crit. de législ. et de jurispr., ann. 1888, p. 356. — (2) Rev. intern. du dr. mar., III, p. 124 et 125.

Mais la cour de Douai dit à ce sujet (1) : « Les art. 435 et 436 imposent momentanément au capitaine la nécessité de protester et de signifier dans les vingt-quatre heures ; ils sont absolument muets en ce qui concerne le second venant à remplacer le capitaine : ce silence, évidemment volontaire, marque l'intention du législateur de faire une différence entre le capitaine et le second du navire ; le capitaine peut, en effet, être soumis à des obligations plus étroites, car il réunit les qualités particulières requises par les lois et ordonnances qui règlent l'obtention des lettres de commandement ou même des congés ou des licences, alors que le second n'est, le plus souvent, qu'un homme de l'équipage ». L'erreur est palpable, ainsi que l'a fort bien compris la cour de Montpellier le 10 juillet 1889. Il s'agit de savoir non si le législateur impose au second des garanties suffisantes, mais si le second remplace le capitaine. Or il le remplace, et doit s'acquitter de ses obligations. Un officier subalterne, qui aurait seul échappé au sinistre, serait lui-même, ainsi que l'indique M. Boistel (2), tenu de le remplacer. Le tribunal de commerce de Marseille est allé jusqu'à juger que la protestation pouvait être faite par le gardien du navire, s'il se trouvait seul à bord (3).

Le propriétaire du navire abordé n'est pas tenu de protester. Mais le préposant peut assurément faire ce qu'aurait fait le préposé. La réclamation du préposant, conçue en termes généraux, aura, selon nous, la même portée et produira les mêmes effets que celle du préposé.

Le chargeur peut aussi protester, dans la limite de son intérêt. C'est ce qu'énonce expressément un arrêt de la cour de cassation du 4 août 1875 (4). Mais, qu'on y prenne garde, la cour ne lui reconnaît pas le droit d'agir hors des délais impartis au capitaine : elle ne lui donne pas un délai spécial qui commencerait à courir du jour où il a eu connaissance du sinistre. En effet, il aurait fallu, pour changer en sa faveur le point de départ des délais, compléter la loi, ce qui ne saurait être l'œuvre du juge.

La double conséquence de cette proposition juridique, c'est que le capitaine sauvegarde par sa réclamation les droits du chargeur et que, s'il ne proteste pas en temps utile, l'action du chargeur n'est plus recevable.

Cette solution, sans présenter tous les inconvénients de celle que nous avons combattue au n° 1741, nous paraît être, à beaucoup d'égards, peu satisfaisante. Aux jurisconsultes objectant « que le chargeur n'est pas le mandant du capitaine », la cour de

______

(1) 5 juillet 1886. Rev. internat. du droit marit., II, p. 258.— (2) n. 1450. — (3) 20 février 1860. Rec. de M., 1860. 1. 18. — (4) D. 1875. 1. 471.

cassation répond, il est vrai (1), « que si le capitaine n'est pas le mandataire conventionnel du chargeur, il est son représentant légal pendant le voyage pour introduire contre les tiers les actions en réparation du dommage causé à la cargaison par un abordage. » Mais n'est-ce pas résoudre la question par la question ? « Une négligence de vingt-quatre heures dans un port étranger dont il ne sait pas la langue et où il est jeté dénué de toute ressource, d'un capitaine peut-être malade, blessé, troublé par la catastrophe à laquelle il vient d'échapper, à la nage ou sur un radeau, une négligence peut-être achetée par l'adversaire, suffira pour frapper de déchéance les actions des tiers qui apprendront l'événement plusieurs mois après » (2) ! C'est d'autant plus absurde que les chargeurs n'ont pas choisi ce capitaine et ne peuvent pas, en bonne logique, porter le poids de ses fautes (3).

Mais que faire ? une fois que la loi n'ouvre pas à ces réclamateurs un droit distinct à partir du moment où ils ont eu connaissance du sinistre, comment contester que le capitaine soit chargé de conserver leurs droits ? Cela posé, comment les admettre à faire valoir ces droits quand le capitaine n'a pas agi pour les conserver ? Il nous paraît urgent de remanier une législation aussi incohérente.

Il nous paraîtrait difficile de soutenir que le capitaine est encore, à notre point de vue spécial, le « représentant légal » des chargeurs, si ceux-ci avaient mis un subrécargue sur le navire. Ces derniers ne pourraient pas, en pareil cas, rendre le capitaine responsable de son inaction. Pourquoi, leur répondrait à bon droit le capitaine, votre mandataire n'a-t-il pas agi (4) ?

En tout cas, il est évident que les chargeurs ne représentent ni le capitaine ni l'armateur. En protestant pour leur compte, ils n'ont pas conservé les droits de l'armement. Il n'en pourrait être autrement que s'ils avaient positivement agi comme gérant l'affaire de l'armateur (5).

(1) Arrêt précité du 4 août 1875. *Sic* Rouen, 27 novembre 1876. Rec. de M. 1878, 2, 126. — (2) De Courcy, Quest. I, p. 217. — (3) Aussi ne sommes-nous pas surpris que la cour de Paris, le 15 février 1861 (Rec. de M. 1861, 2, 63) et le tribunal de commerce de la Seine, le 26 mars 1887 (Rev. intern. du mar. III, p. 33) aient déclaré les fins de non-recevoir inopposables aux propriétaires des marchandises chargées sur le navire abordé. — Le tribunal de commerce de Marseille s'est placé à un autre point de vue le 1er août 1888 (Rev. intern. du dr. mar., IV, p. 309) ; il a décidé que l'affréteur d'un navire abordé n'est pas recevable à agir contre l'abordeur s'il n'a pas signifié sa protestation en temps utile, quand *le capitaine du navire abordé aurait protesté dans le délai légal.* — (4) V. toutefois sur cette question, Douai, 5 juillet 1886 (précité). — (5) *Sic* Rouen, 2 juin 1886 (aff. des *chargeurs réunis* c. Steel Young et Cie). D. 87, 2, 167.

La compagnie des *chargeurs réunis* et le capitaine Thaunay soutinrent successivement devant la cour de Rouen le 2 juin 1886 (1) et devant la cour de cassation le 27 mars 1889 que la réclamation du navire abordé n'était pas recevable parce que, au lieu d'être signifiée dans le délai légal au capitaine du navire abordeur, elle l'avait été au propriétaire de ce navire (2). La cour de Rouen répondit très bien : « Il importe peu que la protestation n'ait pas touché immédiatement le capitaine ; l'art. 436 ne parle pas du capitaine et les nullités ne se suppléent point. Si cet article a été fait dans un temps où le télégraphe était inconnu, il se réfère aussi à une époque où, l'armateur voyageant souvent avec son navire, la notification pouvait lui être faite aussi bien qu'au capitaine. *C'est comme représentant de l'armateur* que le capitaine aurait reçu la signification de la protestation ; cette signification faite au mandant remplace évidemment celle qu'on aurait pu faire au mandataire : aller plus loin, ce serait dépasser les exigences de la loi. » Le pourvoi fut rejeté sur mes conclusions.

Faut-il en conclure que la renonciation de l'armateur (du navire abordeur) au bénéfice des fins de non recevoir empêche le capitaine (du même navire) de les invoquer ? Oui, si le capitaine est actionné comme représentant de l'armement ; non, s'il est poursuivi sur ses biens personnels, à raison de faits qui lui sont personnellement imputables. Quand même on envisagerait, en appliquant l'art. 55 du code pénal à l'espèce, ce capitaine et cet armateur comme des codébiteurs solidaires, un débiteur solidaire ne peut pas renoncer, au préjudice de ces codébiteurs, à une fin de non-recevoir ou à une prescription acquise (Cf. Larombière sur l'art. 1208 c. civ., n. 20) (3).

M. de Valroger, tout en reconnaissant que l'art. 435 ne s'occupe pas des assureurs sur corps, enseigne qu'ils seraient fondés à *décliner leur responsabilité* si le capitaine, n'ayant pas exécuté les prescriptions des art. 435 et 436, avait perdu son recours contre l'abordeur. Bornons-nous à dire qu'ils trouveraient dans cette inertie de l'assuré le germe d'une demande reconventionnelle et qu'il y aurait, si cette demande était accueillie, compte à faire (4). Nous avons développé la même proposition au n° 1737.

1748. Le législateur ayant remplacé, dans le troisième alinéa de l'article 435, le mot « protestation » par le mot « réclamation », M. de Courcy s'est attaché (5) à faire ressortir la différence des expressions et des idées. La protestation serait un simple acte

---

(1) D. 87, 2, 168. — (2) C'est-à-dire à la compagnie elle-même. — (3) *Sic* Rouen, 27 avril 1871 (précité). — (4) V. une note de M. Levillain dans le Dalloz de 1881, 2, 124. — (5) Quest. I, p. 205 et s.

conservatoire de l'action qu'on n'exerce pas encore, qu'on renon-
cera peut-être à exercer : la réclamation impliquerait un grief précis. Le regretté publiciste va jusqu'à prêter ce langage au capitaine du navire abordeur : « Oui ou non, formulez une réclamation,
je verrai ce que j'aurai à vous répondre, tandis que je n'ai rien à
répondre à une vaine protestation. » Personne n'a suivi M. de
Courcy sur ce terrain : les deux mots ont le même sens (1).

Cela posé, nous renvoyons le lecteur, pour éviter des redites, à
notre commentaire des deux premiers alinéas.

Des équivalents peuvent être admis, comme s'il s'agissait des
actions dirigées contre le capitaine ou l'assureur pour dommage
arrivé à la marchandise (2). Conformément à la thèse exposée au
n⁰ 1731, le capitaine du navire abordeur qui assiste sans réserves
à l'expertise des avaries subies par le navire abordé ne peut plus
opposer au capitaine de ce navire la fin de non-recevoir résultant
du défaut de protestations signifiées (3). Mais la requête présentée
par le consignataire du navire abordé en nomination d'experts et
non signifiée à l'abordeur n'équivaut pas à la protestation signifiée (4). Il n'y a pas lieu à signification des protestations lorsque,
sur la demande des réclamateurs, le consignataire du navire fait
procéder à l'arbitrage des marchandises et reçoit leurs factures,
tant pour les marchandises laissées pour compte que pour les ré-
factions arbitrées (5). Un rapport de mer peut être considéré
comme une protestation suffisante (6). Il en serait sans doute autrement si ce rapport ne contenait pas les éléments de la réclamation. Mais, s'il relate les circonstances de la collision, à plus forte
raison s'il pose la question des responsabilités, il est satisfait au
vœu de la loi (7). Dans l'affaire des *Chargeurs réunis* c. Bensaude,
la cour de Rouen admit le 2 juin 1886 (8) que la demande, faite
par l'avocat des réclamateurs, de lire le rapport de mer et d'assister aux interrogatoires de l'équipage était équivalente à la protestation signifiée : c'était aller bien loin, et je fis observer à la
cour de cassation le 27 mars 1889 que cet avocat avait pu faire
cette demande pour fixer sa propre opinion et aviser au parti à
prendre.

Quelques tribunaux de commerce ont exagéré l'importance des
pourparlers. La cour de Rouen est allée jusqu'à juger, le 7 juillet

(1) Le législateur, disent MM. Lyon-Caen et Renault (Précis, II, p. 282),
n'a cherché qu'à varier les expressions, souci dont il est trop souvent préoc-
cupé. — (2) Honfleur, 14 janvier 1880. Rec. du H. 80, 2, 109. — (3) Même
jugement et Havre, 28 décembre 1886. Rec. du H., 87, 1, 1. — (4) Rouen,
2 juin 1886, D. 87, 2, 167. — (5) Havre, 27 mars 1888. Rec. du H. 1888,
1, 146. — (6) Rennes, 20 avril 1880. Rec. de Nantes, 1881, 1, 80. — (7)
Bruxelles, 11 août 1884. — (8) D. 87, 2, 168.

1879 (1), que des pourparlers « sérieux » rendaient superflue toute signification ultérieure. Il suffit de remarquer que ces pourparlers peuvent être rompus : comment, en bonne logique, des pourparlers rompus peuvent-ils équivaloir à une protestation signifiée ? (2) Nous examinerons bientôt quelle influence les pourparlers peuvent exercer sur la suspension des délais légaux.

1749. Ce qu'il y a de plus choquant dans le système législatif adopté par les rédacteurs de l'art. 435 § 3, c'est que les droits lésés par un abordage, notamment ceux des tiers chargeurs, puissent être ainsi sacrifiés par une négligence du capitaine (v. ci-dessus, n. 1747). Ce n'est pas seulement choquant, c'est absurde.

En outre, le délai de vingt-quatre heures accordé soit aux uns, soit aux autres pour protester, est assurément trop court.

Valin avait pu dire (3) : « Les accidents maritimes sont si fréquents qu'il se pourrait qu'un navire, après avoir été abordé par un autre, souffrît, dans un intervalle assez court, d'autres avaries dont on dissimulerait la cause pour les faire regarder comme une suite naturelle ou même comme un effet direct de l'abordage. Tel est le motif de la brièveté de l'action, et rien assurément n'est plus juste, pour éviter les surprises ». Mais, depuis le dix-huitième siècle, l'emploi de la vapeur a transformé la navigation maritime, et les collisions en pleine mer, ce danger presqu'inaperçu des législateurs de 1681 et de 1807, se sont multipliées. Or leurs conséquences sont terribles, et les prescriptions étroites de notre législation s'adaptent mal à la réparation de telles catastrophes. Que signifie l'injonction faite au capitaine du navire abordé, peut-être coulé, de protester dans les vingt-quatre heures et dans le lieu où il a pu agir alors que le navire abordeur continue sa route et vogue au bout du monde ? « N'est-il pas juste, lit-on dans l'*exposé des motifs* de la proposition de loi soumise à la chambre des députés le 14 décembre 1886, de tenir compte des circonstances avec lesquelles se trouve aux prises le capitaine d'un navire abordé ? Il vient d'échapper personnellement aux périls d'une catastrophe qui a englouti son navire et peut-être une partie de son équipage. Il peut être malade ou blessé ; le plus souvent, il a été recueilli par le navire abordeur ; épuisé de fatigue, isolé, il peut être circonvenu, induit en erreur. S'il est débarqué dans un port étranger, il peut en ignorer la langue, se heurter à l'indifférence d'un consul. En fait, l'art. 436 exige d'un homme aux prises avec les périls et

***

(1) Rec. du H. 1880, 2, 49. — (2) Aussi la cour de cassation a-t-elle, sur mes conclusions et au rapport de M. Merville, condamné cette thèse le 17 décembre 1885, D. 85, 1, 366. — (3) Sur l'art. 8, tit. XII, l. I de l'Ordonnance.

les responsabilités les plus émouvants, dans les vingt-quatre heures du drame qui s'est accompli, une présence d'esprit, une résolution qui dépassent de beaucoup les forces physiques et morales du plus dévoué des capitaines. Il est inique, dans tous les cas, de faire dépendre de cet étroit délai de vingt-quatre heures la recevabilité des recours, soit qu'ils émanent des armateurs, soit qu'ils émanent des chargeurs ».

Aussi, depuis un quart de siècle, une réforme est-elle préparée soit dans les conseils du gouvernement, soit dans les assemblées délibérantes.

Le projet de révision du livre II (1865-1867) supprimait la nécessité de la protestation, afin que les droits lésés par un abordage ne pussent pas être sacrifiés par une négligence du capitaine, et déclarait non recevables toutes actions en indemnité si la demande n'était pas faite en justice « dans le mois de la connaissance acquise de l'événement par les intéressés » (art. 431). Il était en outre reconnu (art. 428) que la demande formée par le capitaine ou le propriétaire du navire abordé conservait les droits des hommes de l'équipage, des tiers chargeurs, des passagers et des autres intéressés. Mais la négligence du capitaine, d'après le texte du même projet, ne compromettait pas les droits des intéressés, qui pouvaient agir à défaut du propriétaire et du capitaine.

Le 14 décembre 1886, MM. E. Delmas, F. Faure, Siegfried, Hovius, Trystram, Lecour, Chevillotte déposèrent sur le bureau de la Chambre une proposition ainsi conçue : *Article unique.* Toutes actions en indemnité, pour dommages provenant d'abordage, seront non recevables si elles ne sont intentées dans le délai d'un an à dater du jour de l'abordage. Le dernier paragraphe de l'article 435 du code de commerce est abrogé.

L'exposé des motifs s'approprie dans les termes suivants un des principaux arguments de M. de Courcy (1) : « Tandis que, en France, la déchéance du recours le mieux fondé est encourue par un retardement de vingt-quatre heures dans la réclamation, en Angleterre il n'y a aucun délai entraînant déchéance. Un navire français qui se sera trouvé en collision avec un navire anglais n'est jamais, si celui-ci a éprouvé quelque dommage, à l'abri d'une saisie dans un port anglais. Il est guetté par les intéressés, réduit à s'interdire de fréquenter les ports de l'Angleterre ou de ses colonies, même de s'y réfugier en cas de péril. Si c'est, au contraire, le navire français qui a subi des avaries dans la collision et que, par ignorance ou omission du capitaine, la réclamation n'ait pas

____

(1) Quest. I, p. 208.

été faite dans les vingt-quatre heures, le navire anglais abordeur profitera de la forclusion, fréquentera librement nos ports sous les yeux des intéressés, échappant à tout recours ».

La commission d'initiative tarda beaucoup à proposer la prise en considération, qui fut votée seulement dans la séance du 11 février 1889.

La chambre des députés vota, dans la séance du 26 juin 1889, après déclaration d'urgence, la proposition ainsi remaniée : *Article unique*. Les art. 435 et 436 du code de commerce sont modifiés ainsi qu'il suit. Art. 435. Sont non recevables : Toutes actions contre le capitaine et les assureurs, pour dommage arrivé à la marchandise, si elle a été reçue sans protestation ; toutes actions contre l'affréteur pour avaries, si le capitaine a livré les marchandises et reçu son fret sans avoir protesté. Ces protestations sont nulles si elles ne sont faites et signifiées dans les vingt-quatre heures et si, dans le mois de leur date, elles ne sont suivies d'une demande en justice. Art. 436. Toutes actions en indemnité pour dommages provenant d'abordage sont non recevables si elles n'ont été intentées dans le délai d'un an à compter du jour de l'abordage.

La proposition a été transmise, dès le 27 juin, au sénat, qui statuera sur la déclaration d'urgence après le dépôt du rapport (*Officiel* du 28 juin 1889).

1750. Il nous reste à présenter un certain nombre de réflexions générales sur la signification des protestations et sur la demande en justice.

I. *Signification des protestations.*

MM. de Valroger (1), Lyon-Caen et Renault (2), commentant l'article 436, disent : « La signification se fait en France par huissier, à l'étranger suivant les formes du pays ou par le chancelier du consulat. »

Il n'est pas nécessaire que la signification exigée par l'art. 436 soit faite, en France, par un officier ministériel ou public. Les mœurs commerciales du monde entier, les exigences de la navigation maritime ont adouci la rigueur apparente de ce texte.

A notre avis, il est satisfait au vœu de la loi quand la protestation a été portée à la connaissance des intéressés par une lettre recommandée, comme en matière de transport terrestre (cf. loi du 11 avril 1888).

(1) T. V, n. 2351. — (2) Précis, n. 2018.

Il n'est pas même indispensable, selon nous, que la lettre soit « recommandée. » La loi commerciale maritime ne l'exige pas (1).

La lettre peut être remplacée, le cas échéant, par un télégramme (2). Les tribunaux auront peut-être même à se demander tôt ou tard si le protestataire, pouvant user du télégraphe et laissant passer les délais légaux pour n'en avoir pas usé, n'est pas forclos. Ce ne serait pas un des moindres effets « de l'influence du télégraphe sur le droit maritime » (3).

Comment en serait-il autrement s'il a été satisfait au vœu de la loi soit par une mention insérée dans un connaissement, soit par une assistance pure et simple à des opérations contradictoires d'expertise (v. ci-dessus, n. 1730 et 1731)?

Si la rédaction ou la signification de cette protestation étaient soumises à des règles inflexibles, on tomberait dans un formalisme absolument contraire à l'esprit de la loi commerciale maritime (4).

1750 *bis.* Mais la loi ne peut être aussi tolérante sur les questions de forme qu'en protégeant efficacement, au fond, les droits de tous les intéressés.

C'est pourquoi tant que le protestataire ne parle qu'à lui-même, quelque persuasif que puisse être ce monologue, il ne satisfait pas au vœu de la loi. Nous avons tiré plusieurs déductions de ce principe incontestable, au n. 1731.

Le résultat sera le même si le protestataire se trompe de porte et raconte à *Paul* ce qu'il devrait dire à *Pierre*.

C'est pourquoi le capitaine du navire abordé pourrait faire fausse route en avisant le courtier du capitaine du navire abordeur au lieu d'aviser le capitaine lui-même (5). Il en serait assurément ainsi, selon nous, si le capitaine n'avait pas donné mandat à son courtier (6).

La cour d'Aix a jugé le 2 février 1858 (7) que le capitaine du na-

(1) Le tribunal de commerce du Havre a pu juger le 20 août 1879 (Rec. du H. 1879, 1, 269) qu'une lettre missive était l'équivalent d'une protestation signifiée. *Sic* Marseille, 15 mai 1872 et 28 août 1874. Rec. de M. 1872, 1, 215 et 1874, 1, 271. Mais il en serait autrement, à notre avis, si la correspondance ne contenait que des pourparlers (cf. ci-dessus, n. 1748). — (2) Comp. la loi suédoise du 13 juillet 1887 sur la dation d'un mandat *ad litem* par télégramme (*Ann. de législ. étrang.*, t. XVII, p. 730.) — (3) Tel est, on le sait, le titre d'une des plus intéressantes dissertations de M. de Courcy (Quest. III, p. 227). — (4) V. le rapport de M. Manau précédant l'arrêt de cassation du 13 mai 1889 (*le Droit* du 26 mai 1889). — (5) Havre, 20 août 1879 et 29 juin 1880. Rec. du H. 1879, 1, 269 ; 1880, 1, 173. — (6) V. toutefois un jugement du tribunal de commerce du Havre du 29 juillet 1884 qui, à notre avis, pose moins bien les principes (Rec. du H. 1884, 1, 250). — (7) D. 59, 5, 2.

vire abordé, s'il ne connaissait pas l'abordeur, avait pu se dispenser de notifier sa protestation dans les vingt-quatre heures de
son arrivée au port de destination, cette notification étant, pour le
moment, sans portée. La cour de Rouen jugea tout autrement le
27 novembre 1876 (1) : « quelle que soit, disait-elle, la forme de
cette signification et la latitude accordée à cet effet, il faut, du
moins, que le but du législateur soit atteint, à moins d'impossibilité absolue de la part du capitaine. Ayant reconquis sa liberté
d'action à Falmouth, où il a protesté, le capitaine devait notifier
sa réclamation dans les vingt-quatre heures, soit entre les mains
du vice-consul français, soit entre celles de l'autorité anglaise qui
aurait fait parvenir cet acte au capitaine Tymann, dont elle connaissait le nom et le domicile. » M. de Courcy attaqua cette jurisprudence, en 1877, avec une grande vivacité (2) : « ... Le capitaine
devra s'ingénier dans les vingt-quatre heures pour trouver un
moyen quelconque... Pourvu qu'il signifie quelque chose à quelqu'un, il atteindra le but du législateur. Il pourra notifier la chose
entre les mains du vice-consul. C'est facile, il est tout rendu au consulat pour déposer sa protestation ou son rapport. Il retiendra
donc le consul en lui disant: Attendez, je vous dépose maintenant entre les mains un papier par lequel je signifie ma réclamation au capitaine du *Lilian*. Le vice-consul mettra le papier dans
un carton, voilà le capitaine du *Lilian* bien averti, et le but du législateur atteint. Le capitaine pourra encore, suivant l'arrêt, aller
déranger une autorité anglaise, je ne sais pas laquelle, pour lui
déposer son papier. Il serait bien sot de prendre cette peine, puisque l'arrêt lui permet de ne pas sortir du consulat. L'autorité anglaise, si elle le juge à propos, fera parvenir le papier au capitaine
du *Lilian*. Pourtant, j'aurai peu de confiance dans l'arrivée du papier à son adresse, surtout si le *Lilian* est grec, brésilien ou péruvien. Et si le capitaine avait été débarqué dans un port de Mada-
gascar, où il aurait reconquis sa liberté d'action n'y trouvant pas
de consul, il aurait dû déposer son papier entre les mains d'une
autorité malgache, pour atteindre le but du législateur. Tout cela
n'est pas sérieux. » Cette mordante critique explique mieux que
n'importe quel commentaire pourquoi la proposition de loi votée
par la chambre des députés le 26 juin 1889 supprime la nécessité
d'une protestation en matière d'abordage.

Quoi qu'il en soit, sous l'empire d'une loi encore existante,
quoique sur le point d'expirer au moment où nous écrivons ces lignes, il est jugé : 1° le 17 août 1857 par la cour de Rennes et, sur
pourvoi, par la cour de cassation (ch. des req.) le 17 novembre

<hr>

(1) D. 78, 1, 454. — (2) Quest. I, p. 213 à 215.

1858 (D. 59, 1, 33) que, « si le navire a quitté son ancrage et ne peut être retrouvé, la signification est valablement faite au maire du lieu où le capitaine se trouvait avec son navire avant le départ » ; 2⁰ le 27 avril 1871 par la cour de Rouen (D. 72, 2, 114) « que la brièveté du délai démontre qu'il ne s'agit pas d'une signification à faire à la personne ou au domicile du capitaine abordeur, puisque ce capitaine a pu s'éloigner et que son domicile peut être établi à une grande distance, mais que cette signification doit être faite, conformément aux analogies de droit, au procureur de la république près le tribunal dans le ressort duquel les protestations sont recueillies ou au moins au maire soit du lieu de protestation, soit du lieu de débarquement » ; 3⁰ le 19 août 1878 par la cour de cassation (chambre civile) (1) « que, si l'absence du capitaine (du navire abordeur) qui avait continué sa route sur Anvers ne permettait pas de faire la signification à sa personne, elle n'empêchait pas le capitaine X... de remplir les formalités prescrites pour les significations à faire aux personnes non présentes dont le domicile connu peut être plus ou moins éloigné » ; 4⁰ par la cour de Rouen le 29 décembre 1880 que, au cas d'absence ou de départ de l'abordeur, les significations doivent être faites au parquet du procureur de la république (2) ; 5⁰ par la cour de Bordeaux le 6 avril 1881 et, sur pourvoi, par la cour de cassation (ch. des req.) le 26 juin 1882 (3) qu'une notification générale « à qui les présentes parviendront pour être vues, lues et entendues », faite par acte devant notaire, en Angleterre, après des protestations déposées au consulat de France, ne remplit pas les conditions requises pour la validité de la signification prescrite par l'art. 436 ; 6⁰ par la cour de Rouen le 17 novembre 1884 que, si le navire abordeur est inconnu ou éloigné du lieu du sinistre ou n'a pas reparu, les réclamations de l'abordé sont valablement signifiées et, par conséquent, doivent être signifiées à la mairie du lieu le plus rapproché du sinistre (4).

Toutefois la cour de cassation réserve le cas où l'abordé s'est

---

(1) Après délibér. en chambre du conseil. D. 78, 1, 455. — (2) Rec. du H. 82, 2, 1. C'est assurément la meilleure marche à suivre quand on se trouve dans l'hypothèse prévue par l'art. 69 § 8 ou § 9 du code de procédure. — (3) D. 83, 1, 33. — (4) Rec. du H. 85, 2, 34. C'est évidemment la meilleure marche à suivre quand l'abordeur a un domicile connu en France (art. 68 pr.). Mais, d'après un arrêt de Poitiers du 26 juillet 1886 (Rec. du H. 1889, 2, 13), les art. 68 à 70 du code de procédure sont ici hors de cause : la signification, qui a surtout pour but de donner à la protestation une date certaine, peut être faite indifféremment au procureur de la république ou à la mairie (du lieu où le capitaine abordeur se trouvait avant son départ).

trouvé « dans l'*impossibilité* d'agir » (civ. rej. 10 mars 1861 (1). Conf. ci-dessous, n. 1751).

Pour éviter des redites, nous renvoyons le lecteur aux n⁰ˢ 1733, 1736, 1737, 1747.

1751. Les protestations doivent être signifiées «dans les vingt-quatre heures. »

Quel est le point de départ du délai ?

Dans le cas prévu par l'art. 435 § 1, la réception des marchandises (v. ci-dessus, n. 1727).

Dans le cas prévu par l'art. 435 § 2, la livraison de la marchandise et la réception du fret (v. ci-dessus n. 1742).

Dans le cas prévu par l'article 435 § 3, le moment où le capitaine *a pu agir.*

D'abord, la fin de non recevoir de l'art. 436 n'est pas opposable à l'abordé quand la protestation n'a pu être signifiée par la faute de l'abordeur. Dans l'après-midi du 16 mars 1878, à 3 heures, un huissier était monté dans un canot pour se rendre à bord du *Tomassie* (navire abordeur) : celui-ci ayant aussitôt pris la fuite, l'huissier l'avait suivi sur son canot ; un des hommes du canot parvient à monter à bord du *Tomassie,* jette une corde à l'huissier pour qu'il puisse s'y cramponner et monter à son tour : mais un homme du *Tomassie* coupe cette corde et le navire abordeur gagne le large. « C'est à la suite d'un acte de violence, dit très bien la cour d'Aix (2) que le capitaine du *Tomassie* n'a pas reçu l'acte d'huissier qui lui était destiné, et, dans ces circonstances, il ne peut pas se plaindre d'un défaut de signification qu'il a empêché lui-même. »

Le capitaine du navire abordé en pleine mer est évidemment dans l'impossibilité d'agir vingt-quatre heures «après le dommage reçu » (3). C'est ce qu'enseignait déjà Valin (4). « Aujourd'hui comme alors, dit Bédarride (5), le capitaine ne peut pas revenir dans le port du départ après le voyage commencé et sans une invincible nécessité : c'est rompre le voyage, par conséquent déterminer la nullité tant des assurances sur corps que des assurances sur facultés... Le capitaine, qui n'est pas tenu de rétrograder, ne saurait l'être de dérouter ou d'entrer dans un port où il ne lui est pas permis de faire échelle...». La jurisprudence est d'accord avec la doctrine, et de nombreux arrêts ont décidé que le navire abordé n'est pas obligé de relâcher en route pour faire et signifier sa protestation (6).

---

(1) D. 61, 1, 115. — (2) 4 février 1879. Rec. de M. 1879, 1, 231. — (3) Expressions de l'ordonnance de 1681, art. 8, tit. XII, l. I. — (4) I, p. 323. — (5) n. 2020. — (6) V. notamment Aix, 18 février 1864. Rec. de M. 64, 1, 7 ;

Quand le délai commence-t-il donc à courir dans cette dernière hypothèse ? Du moment où le capitaine recouvre la possibilité d'agir. Quand la recouvre-t-il ? Il appartient au juge du fait de déterminer ce moment suivant les circonstances et de fixer en conséquence le point de départ du délai (1).

Les tribunaux de commerce peuvent donc juger en fait que le capitaine a reconquis sa liberté d'action dans le premier port étranger où il relâché après l'abordage (2). Ils pourraient juger en fait qu'il ne l'a pas reconquise avant son retour dans un port français ; mais la signification devrait être faite alors dans les vingt-quatre heures de l'arrivée en France (3). Ils ont pu regarder comme des obstacles suffisants pour proroger le délai légal soit l'obligation d'aller chercher des secours (4), soit même celle de donner des soins au navire avarié, mais à la condition d'en constater l'urgence absolue, dégénérant en force majeure, soit même celle de se conformer à certaines formalités de procédure usitées à l'étranger (5), mais pourvu que ces formalités fussent préalables, nécessaires et de nature à paralyser l'action du capitaine.

Il ne suffirait pas, en effet, au capitaine d'alléguer, au juge de constater la *difficulté* d'agir. C'est pourquoi, dans une affaire où la cour de Rouen s'était bornée à dire : « on *comprend aisément* que la journée du... ait été employée par le capitaine à divers soins », une cassation a été prononcée (29 mars 1882) (6). Il ne faut pas oublier, en outre, que la cour suprême se reconnaît le droit d'apprécier la portée légale des faits concernant soit l'existence, soit la durée de la force majeure (7).

Havre, 10 février 1880. Rec. du H. 1880, 1, 84 ; Mars. 9 mars 1883. Rec. de M. 1883, 1, 164 ; Anvers, 18 octobre 1884. Journ. des int. marit. (d'Anvers) du 24 octobre 1884. *Junge* civ. rej. 19 août 1878 (précité).

(1) Même arrêt du 19 août 1878 et Req. 26 juin 1882 (précité). — (2) Rouen, 27 novembre 1876, etc. — (3) Cf. Req. 26 juin 1882, précité. — (4) Mars. 19 juin 1872. Rec. de M. 1872. 1. 206. — (5) Aix, 18 février 1859 et Mars. 8 mai 1861. Rec. de M. 59. 2. 203, 63. 2. 84.   (6) D. 82. 1. 404. La cour de Rouen a jugé le 29 déc. 1880 (Rec. du H. 1882. 2. 1) qu'un capitaine n'était pas affranchi de l'obligation de signifier sa protestation dans les vingt-quatre heures sous prétexte qu'il en aurait été empêché par les soins à donner au navire pour le relever de l'échouement occasionné par l'abordage, si l'autorité maritime avait pris la direction du renflouement et s'il ne se trouvait pas dès lors hors d'état d'agir dans le délai légal. — (7) Civ. cass., 22 janvier 1877. D. 77. 1. 321. La chambre des requêtes avait jugé le 29 décembre 1857 (D. 58. 1. 105) « que, pour être sainement appréciée, cette action doit être exercée *dans un délai moral* dont il appartient au juge du fait de mesurer l'étendue selon les diverses circonstances dans lesquelles elle est introduite ; que, dans la cause, les *armateurs* du... n'ont pu intenter leur action aussi longtemps qu'ils ont ignoré le nom et la nationalité

1752. Le délai doit-il se compter *de momento ad momentum* ? Dunod enseignait que ce mode de supputation doit être adopté « dans le cas d'un délai de vingt-quatre heures » (1). Cela est bon, s'écriait Emérigon (2), en matière de retrait lignager et autres actions peu favorables ; mais, en matière d'abordage, il suffit de faire signifier la requête du jour au lendemain ; et je n'ai jamais vu qu'on ait chicané sur les heures, ni sur les *moments* encore moins.» Ce que l'illustre jurisconsulte ne voyait pas au dix-huitième siècle aurait frappé ses yeux au dix-neuvième.

Nos tribunaux jugent sans cesse que le délai court d'heure à heure (3), et cette jurisprudence ne saurait être critiquée. Le délai court nécessairement d'heure à heure quand il expire après un nombre d'heures déterminé. Un abordage ayant eu lieu le 14 novembre 1879 à cinq heures et demie du matin, un arrêt de Rouen qui admettait la régularité d'une protestation faite le 15 novembre à sept heures du soir fut cassé (29 mars 1882). Au contraire, un arrêt d'Aix du 20 janvier 1879 (4), d'après lequel un exploit, constatant que le domicile de l'abordeur a été cherché toute la journée le lendemain de l'abordage et, que faute de l'avoir trouvé, l'huissier a remis la copie au parquet le surlendemain, ne satisfait pas au vœu de l'art. 435, eût échappé, sans nul doute, à toute censure.

Cependant l'arrêt de cassation du 29 mars 1882 excepte formellement le cas où le juge du fait aurait *établi* que le capitaine n'avait pu agir qu'à partir du 14 novembre à sept heures du soir (cf. n. 1751).

Le tribunal de commerce de Marseille a suivi ce conseil et formellement établi, dans l'affaire *Pierre c. C*ie *des transports maritimes* (20 janvier 1885) (5), que le capitaine du navire abordé, recueilli par l'abordeur et débarqué seulement après neuf heures du matin le 13 décembre 1884, après que le capitaine du navire abordeur avait dû : 1° descendre à terre pour obtenir la libre pratique ; 2° retourner à son bord pour prendre la place assignée dans le port, n'avait pu agir avant son débarquement. La réclamation avait donc pu être signifiée en temps utile le lendemain à neuf heures, quoique l'abordage remontât à la nuit du 12 au 13 décembre.

---

du navire abordé, ainsi que le nom des personnes contre lesquelles ils devaient agir...» Il semble que la cour de cassation ait interprété plus rigoureusement, depuis trente ans, les mots « dans un lieu où le capitaine a pu agir ».

(1) Des prescriptions, part. II, ch. II, p. 115. — (2) Ch. XIX, sect. XIV, § 2. — (3) Nantes, 12 décembre 1874. *Table de Nantes*, v° Abordage, n. 68 ; Rennes, 20 avril 1880. Rec. de N. 1881. 1. 80 ; Rennes, 22 oct. 1882. Rec. du H. 1884. 2. 68, etc. — (4) Rec. de M. 1879. 1. 65. — (5) Rec. de M. 1885. 1. 77.

Mais le même tribunal s'est trompé manifestement dans une affaire où, l'abordage ayant eu lieu à neuf heures du matin, l'exploit signifié le lendemain portait seulement la mention « avant midi » : « ces mots, a-t-il dit (1), ne portent pas nécessairement en eux-mêmes la preuve que la protestation a eu lieu après neuf heures ». Quand l'acte de notification ne mentionne pas l'heure, il peut y être suppléé ; mais la preuve incombe à celui qui intente l'action, non au défendeur qui invoque l'irrecevabilité de la demande (2).

Il n'y a pas d'augmentation possible à raison des distances. Le législateur eût manqué complètement son but, s'il avait fallu ajouter à un simple délai de vingt-quatre heures un jour à raison de cinq myriamètres (3). A quoi bon, d'ailleurs, quand l'acte doit se faire, autant que possible, sur les lieux mêmes ?

Les jours fériés sont-ils exclus du délai ? Valin (4), Emérigon (5) n'en doutaient pas et le parlement de Provence l'avait jugé, sous l'empire de l'Ordonnance, le 17 décembre 1751. Bédarride, il est vrai, résout négativement la question (6) dans le cas où le jour férié est celui de l'événement, sous prétexte « que la signification peut être utilement faite le lendemàin ». Singulière distinction ! Quoi ! si l'événement a eu lieu le dimanche à huit heures du matin, je devrai protester le lundi avant huit heures ! Mais un demandeur peut tenir, afin de couper court à certaines difficultés de preuve, à se conformer *le plus possible* au vœu de la loi en faisant signifier sa protestation par un huissier : qui pourrait l'en blâmer ? Il ne lui resterait alors que deux heures pour agir, au moins du 1er octobre au 31 mars, ou il lui faudrait obtenir, dans un espace de temps si court, une permission du président (art. 63 pr.) ! C'est absolument illogique. Les vingt-quatre heures accordées pour protester doivent s'entendre de vingt-quatre heures utiles et ce délai si court cesserait d'être complet si le jour férié se trouvait compris dans les vingt-quatre heures accordées par la loi pour faire un acte qu'elle prescrit à peine de déchéance (7).

Pour décider quels jours sont fériés, faut-il s'attacher à la loi

(1) 9 mars 1883. Rec. de M. 1883. 1. 164. — (2) Rennes, 22 nov. 1882. Rec. du H. 1884. 2. 68. — (3) Req. 22 août 1864. S. 1864. 1. 408. Cet arrêt ne raisonne, à vrai dire, que sur l'hypothèse juridique de l'art. 435 § 1. Mais l'art. 436 ne distingue pas. *Sic* Rouen, 27 nov. 1876 et 29 déc. 1880. Rec. du H. 1877. 2. 2 ; 1882. 2. 1. L'arrêt de 1880 raisonne, au contraire, sur l'hypothèse prévue par l'art. 435 § 3. *Contra* Bédarride, n. 2017. MM. Lyon-Caen et Renault (n. 2019), de Valroger (n. 2056) adhèrent, au contraire, à la jurisprudence de 1864. — (4) Sur l'art. 8, tit. XII, l. II.— (5) Ch. XIX, sect. XVI, § 2. — (6) n. 2023. — (7) *Sic* Req. 17 nov. 1858. D. 59. 1. 33 et 20 nov. 1871. D. 72. 1. 79 ; comp. Marseille, 20 janvier 1885 (précité) et 21 mars 1865. D. 70. 5. 3.

nationale de l'abordeur, à celle de l'abordé ou prendre exclusive-ment en considération la loi du pays où la protestation est signi-fiée ? Cette dernière solution est la meilleure. Si le jour est férié d'après la loi locale, remarque M. Deloynes (1), nul fonctionnaire n'est là pour recevoir la protestation, nul officier ministériel ne peut instrumenter pour la notifier ; s'il n'est pas férié d'après la même loi, le capitaine peut, au contraire, agir : or il ne s'agit que de savoir si l'on peut agir. Si les formalités pouvaient être accom-plies, le délai devait courir ; sinon, il devait être suspendu. C'est à la fois juridique et pratique (2).

1753. Nous n'admettons pas, on le sait (v. ci-dessus, n. 1748), que des pourparlers, même sérieux, rendent superflue toute signi-fication ultérieure. Au contraire, nous sommes convaincu que cer-tains pourparlers peuvent proroger le délai légal (3), mais non pas toute espèce de pourparlers. Il faut, à notre avis :

1° Que les parties s'accordent pour essayer d'un arrange-ment (4). Si les prétendus pourparlers consistent uniquement dans des propositions faites par *Paul* à *Pierre* et non acceptées, la déchéance est encourue par Paul, faute d'avoir accompli les formalités prescrites (5) ;

2° Que les pourparlers s'engagent entre les parties elles-mêmes ou leurs représentants incontestés. Le tribunal de commerce du Havre a jugé plusieurs fois que des pourparlers entamés entre le réclamateur et le courtier du capitaine contre lequel la réclama-tion devait être dirigée ne liaient pas ce capitaine (6). On le con-çoit, puisqu'il s'agit de renoncer à l'exercice d'un droit ;

3° Que les pourparlers aient une certaine précision et tendent, s'ils aboutissent, à décharger une des deux parties de la responsa-bilité qu'elle aurait encourue (7).

Mais, une fois ces conditions réunies, comment une partie, libre de renoncer entièrement à la déchéance établie en sa faveur, ne le serait-elle pas de suspendre l'exercice d'un droit rigoureux ? Autant vaudrait lui dénier le droit d'accepter des propositions conciliatrices et de prévenir un procès, ce qui serait absurde.

---

(1) Rev. crit. de législ. et de jurispr., ann. 1878, p. 269. — (2) *Sic* de Val-roger, n. 2357 ; Lyon-Caen et Renault, Précis, n. 2019. — (3) Rouen, 24 janvier 1860, *Jurispr. de la cour de Rouen*, 1860, p. 307 ; Havre, 10 février 1879. Rec. du H. 1879. 1. 87 ; Havre, 27 novembre 1888. Rec. du H. 1888. 1. 136, etc. — (4) Ou, comme l'a dit la cour de Rouen le 29 décembre 1880 (Rec. du H. 1882. 2. 1), qu'elles « aient donné leur consentement non équi-voque pour renoncer soit à la déchéance encourue, soit à l'accomplissement des formalités ». — (5) Havre, 21 juin 1862. Rec. de N. 1862. 2. 127. — (6) Havre, 20 août 1879 et 29 juin 1880. Rec. du H. 1879. 1. 269 ; 1880, 1. 173. — (7) Havre, 8 septembre 1869. Rec. du H. 1869. 1. 196.

Mais comment prouver l'existence et la nature des pourparlers ? Valin prohibait la preuve testimoniale et ne laissait d'autre ressource « que de s'en rapporter au serment de la partie adverse » (1). Il m'est impossible d'apercevoir pourquoi l'article 109 co. ne serait pas applicable. La jurisprudence admet quotidiennement que la preuve des pourparlers soit faite par la correspondance (2), par témoins ou par présomptions (3).

Si les pourparlers sont rompus, le délai de vingt-quatre heures, accordé pour signifier la protestation, court, selon nous, à dater de la rupture (4). On pourrait soutenir, il est vrai, qu'il reste seulement au protestataire la fraction du délai de vingt-quare heures qui lui appartenait encore au moment où les pourparlers se sont ouverts. Mais on arriverait, si les pourparlers s'étaient engagés quelques minutes avant l'expiration des premières vingt-quatre heures, à ne laisser en définitive au réclamateur qu'un nombre égal de minutes pour signifier sa protestation, ce qui serait absurde. D'un autre côté, je persiste à croire que les pourparlers ne dispensent pas de cette signification. Il y a plusieurs manières de rompre, et le capitaine ou l'affréteur (art. 435 § 1, 2, 3) peuvent ne pas savoir au juste à quoi s'en tenir ; il faut les aviser pour satisfaire au vœu de la loi.

Il en serait autrement s'il était établi en fait que les intéressés, en ouvrant des pourparlers, avaient renoncé à la formalité de la signification (5).

1754. Après que la protestation a été signifiée dans les vingt-quatre heures, la demande en justice doit être introduite dans le mois.

II. *Demande en justice.*

Il s'agit d'une véritable demande en justice. Le tribunal de commerce d'Alger s'était efforcé, le 25 septembre 1863, de rattacher par un lien juridique l'assignation tardive à une requête à fin d'expertise et à une ordonnance de nomination d'experts, en vue de constater l'état de la marchandise ; mais ni cette requête ni cette ordonnance ne pouvaient équivaloir au fait distinct et spécial de la demande. C'était éluder, non appliquer l'article 436, et le juge-

(1) Sur l'art. 8, tit. XII, l. I de l'Ord. — (2) Havre, 20 août 1879 (précité). Cf. Sirey, 71. 2. 85. — (3) Req. 19 novembre 1856. D. 57. 1. 61 ; Rouen, 24 janv. 1860, et Havre, 10 février 1879 (précités). — (4) Comp. Req. 19 nov. 1856 ; Havre, 27 mars 1888 (précités). *Adde* Aix, 6 août 1885. Rec. du H. 87. 2. 141 ; Havre, 28 déc. 1886. R. du H. 1887. 1. 1. — (5) C'est ce qu'implique l'arrêt de cassation rendu sur mes conclusions le 17 déc. 1884. D. 85. 1. 366. C'est bien ainsi qu'avait procédé la cour de Rouen le 30 janv. 1843. S. 45. 2. 329.

ment fut cassé (1). En toute matière contentieuse, disait à ce sujet la cour suprême dès le 27 novembre 1822 (2), on ne peut entendre par demande en justice que celle formée par un individu contre un autre qui est cité dans les délais prescrits par le code de procédure civile.

Toutefois nous regardons avec le tribunal de commerce du Havre (3) comme une véritable demande en justice au sens de l'art. 436 la demande reconventionnelle formée (dans le délai légal, bien entendu) par de simples conclusions d'audience, par exemple en réponse à une action en paiement de fret. Mais cette demande reconventionnelle ne relèverait pas le destinataire de l'omission d'une protestation signifiée dans les vingt-quatre heures (4). En outre, alors même que la protestation aurait été faite dans les vingt-quatre heures ou que le réclamateur aurait été dispensé de cette formalité, c'est en vain qu'il se serait présenté à l'audience sur la citation en paiement du fret et aurait consenti à des renvois, s'il n'avait pris ses conclusions reconventionnelles que plus d'un mois après la rupture des pourparlers (5).

Quel est le point de départ de ce second délai? En thèse générale, la protestation. Le texte suppose en effet que la protestation, signifiée dans les vingt-quatre heures, a été *suivie* de la demande.

La réponse est un peu moins simple à faire quand il s'agit d'actes équivalents à la protestation signifiée (v. ci-dessus, n. 1748, 1731, etc.). Il semble toutefois qu'il faille s'attacher alors au moment où ces opérations équivalentes auront pris fin, par exemple à la clôture de l'expertise, dans le cas où l'expertise aura pu tenir lieu d'une protestation signifiée (6).

La question ne devient délicate que si le réceptionnaire a protesté avant d'avoir reçu la marchandise, le capitaine avant d'avoir livré la marchandise et reçu son fret, etc. Ce seraient alors, d'après un arrêt de Bordeaux du 17 février 1876 (7), la réception, la livraison qui serviraient de point de départ au délai : « En effet, dit M. Levillain (8), si le délai de vingt-quatre heures pour la protestation ne court pas tant que la remise au destinataire des objets transportés n'a pas eu lieu, il en est de même, à plus forte raison, du délai d'un mois pour l'introduction de la demande en justice ». Ce serait assurément raisonnable. Mais on peut tou-

---

(1) 10 avril 1865. D. 65. 1. 229. *Addc* Douai, 7 février 1873. D. 74. 5. 41. —(2) S. 1823. 1. 103. — (3) 20 août 1879, 29 juillet 1884, 4 juillet 1888 (R. du H. 1879. 1. 269 ; 1884, 1. 250 ; 1888. 1. 165). — (4) Jugement du 20 août 1879. — (5) Jugement du 29 juillet 1884. On ne peut pas, en effet, traiter la demande reconventionnelle plus favorablement qu'une demande principale. — (6) Cf. Req. 15 juillet 1872 (précité). — (7) D. 78. 1. 195. — (8) Ib., p. 194. *Sic* de Valroger, n. 2360.

jours dire à ce demandeur : Pourquoi vous êtes-vous tant pressé?
Pourquoi devancer le point de départ naturel et légal du premier
délai ? Pourquoi ne pas attendre l'accomplissement des faits qui
donnent ouverture à la réclamation ? Je craindrais fort pour ce
demandeur qu'un pareil raisonnement, appuyé sur le texte précis de l'art. 436. ne prévalût devant la cour de cassation. Le législateur, il faut bien le reconnaître, se place à la date même des
protestations pour calculer le second délai.

D'après MM. Lyon-Caen et Renault (1), le délai d'un mois « n'est
pas plus augmenté à raison des distances que le délai de vingt-
quatre heures accordé pour signifier la protestation ». Tel n'est
pas notre avis. Les motifs naguère invoqués pour déroger à l'art.
1033 pr., qui pose une règle générale, perdent ici toute leur force
et, par exemple, on ne peut plus dire avec la cour de Rouen (2) : « la
notification doit prendre, pour ainsi dire, l'abordeur *sur le fait*,
l'informer de la réclamation *en présence des équipages*, lorsqu'ils
n'ont pu se concerter, que les avaries ne peuvent résulter d'une
autre cause, qu'elles ne peuvent être l'œuvre ni du temps ni des
flots, etc. ». La chambre civile a dit très bien le 22 août 1864, confirmant sa jurisprudence du 27 novembre 1822 : « Si les protestations doivent avoir lieu dans les vingt-quatre heures sans addition
du délai des distances, c'est parce qu'elles doivent avoir lieu à la
diligence de la personne chargée de prendre livraison des marchandises et être adressées à la personne chargée, *sur les lieux mêmes*,
d'effectuer cette livraison ; mais la même suppression ne saurait
être appliquée à la demande en justice, lorsque la personne à laquelle elle appartient et qui n'est pas, quant à ce, représentée nécessairement par le destinataire, se trouve domiciliée à une distance qui ne lui permet pas d'agir dans le mois ». Il en est surtout ainsi lorsqu'il s'agit, pour l'assuré, d'actionner les assureurs
dans l'hypothèse prévue par l'art. 435 § 1 : ceux-ci peuvent être domiciliés assez loin du lieu où la protestation a été faite par l'assuré
pour que l'exercice du droit devienne très difficile, sinon impossible. Répliquera-t-on que l'assuré, le destinataire, etc., peuvent
donner l'ordre d'assigner par le télégraphe ? Mais nul ne songeait
au télégraphe en 1807 et l'usage même des communications télé-
graphiques n'a pas décidé le législateur de 1862 à supprimer le
délai d'un jour par cinq myriamètres en remaniant l'article 1033 (3).

(1) Précis, n. 2020. — (2) Arrêt précité du 29 déc. 1880. — (3) *Sic* Rouen,
30 janv. 1843 (précité). Bordeaux, 4 juin 1862. D. 63, 2, 132 et 17 fév. 1876.
D. 78. 1, 195 ; Aix, 6 août 1885 (précité) etc. V. dans le même sens Alauzet, III, n. 2372 ; Caumont, Dictionn., vº *Act. marit.* n. 74 ; Boistel, n. 1451 ;
de Valroger, n. 2361 ; Levillain sur l'arrêt de Bordeaux du 17 février 1876.

Les rédacteurs du code n'ont pas pu vouloir, en laissant un délai
d'un mois au demandeur pour prendre le parti décisif, le lui rogner,
en fait, selon les circonstances, de quinze jours ou de trois semaines.

1755. La cour de Rennes a jugé le 20 avril 1880 (1) que la règle de l'art. 2246 c. civ. d'après laquelle une citation en justice,
donnée devant un juge incompétent, interrompt la prescription, est
applicable à la déchéance prévue par l'art. 436.

La question est délicate. On reconnaît généralement, en effet,
que cette règle s'applique aux prescriptions spéciales et de courte
durée, mais on débat la question de savoir s'il faut l'appliquer aux
déchéances (2). Quand la loi circonscrit dans un délai déterminé
l'exercice d'un droit, dit à ce sujet la cour de Caen, c'est une prescription qu'elle établit au profit de celui contre lequel ce droit peut
être exercé. Mais le code de commerce a précisément distingué
d'une manière expresse, dans les deux derniers titres de son second livre, les fins de non recevoir des prescriptions. C'est une première raison d'hésiter ; la seconde dérive de la grande célérité que
le législateur veut imprimer à toute cette procédure.

Cependant je ne combattrai pas la jurisprudence de la cour de
Rennes. Il est si difficile de discerner le véritable juge en matière
d'abordage (v. notre t. V, n. 1116 à 1120), que je ne puis me décider à priver l'abordé de tout recours parce qu'il aura commis
une erreur très excusable. On arriverait quelquefois à des résultats monstrueux ! C'est surtout en matière commerciale que les jurisconsultes doivent savoir compter avec le sens commun.

J'approuve d'ailleurs sans hésiter la même cour d'appel d'avoir
décidé que, si le tribunal s'est déclaré incompétent, le délai d'un
mois recommence à courir non de la signification du jugement,
mais du jour même où le jugement a été rendu. C'est le droit commun (3).

1756. *Code espagnol.* Les actions pour avaries ou manquants
ne seront pas recevables si, au moment de la délivrance des expéditions respectives, ou dans les vingt-quatre heures qui suivront
lorsqu'il s'agira de dommages non apparents, les protestations et
réserves qui les concernent n'ont pas été faites (*no se hubieren for-
malizado las correspondientes protestas o reservas*) (art. 952). Les actions en réclamation d'indemnité pour cause d'abordage se prescrivent par deux ans à compter du sinistre : elles ne seront pas re-

---

(1) Rec. de N. 1881, 1. 80. — (2) La cour de Caen a deux fois admis la
solution affirmative (en faveur du porteur d'un billet à ordre et en matière
de vices rédhibitoires) 1er février 1842 (D., vo Effets de comm., n. 721) et 24
mars 1862, D. 63. 2, 182. — (3) Comp. req. 17 déc. 1849. D. 50, 1, 80.

cevables si la protestation relative aux faits d'abordage n'a pas été formée par le capitaine du navire avarié (ou par celui qui le remplace dans ses fonctions), au premier port d'arrivée conformément aux alinéas 8 et 15 de l'article 612 (1), le cas échéant, (art. 953).

Codes de Costa-Rica et du Pérou. Est éteinte l'action contre le capitaine et contre les assureurs pour dommage arrivé à la marchandise si une protestation en forme authentique (*en forma autentica*) n'a pas été faite dans les vingt-quatre heures de la délivrance et notifiée au capitaine dans les trois jours suivants (2) (art. 938 c. cost. riq., 1050 c. péruv.). Est éteinte toute action contre l'affréteur pour paiement des avaries ou des frais (3) à la charge de la marchandise, si le capitaine a touché le fret des effets livrés sans avoir formé sa protestation dans le délai fixé par l'article précédent (art. 939 c. c. r., 1051 c. p.). Les unes et les autres protestations seront nulles et non avenues, si une demande judiciaire n'a pas été régulièrement intentée (4) contre les personnes que ces protestations concernent avant l'expiration des deux mois suivants (art. 940 c. c. r., 1052 c. p.).

Code chilien. La deuxième section du titre VIII du livre III traite des fins de non recevoir. « Sont irrecevables : 1° l'action contre le capitaine et les assureurs pour avarie particulière ou commune soufferte par les marchandises quand elles ont été reçues sans protestation ; 2° l'action d'avarie contre l'affréteur toutes les fois que le capitaine délivre les marchandises et reçoit le fret sans protester ; 3° l'action en réparation des avaries causées par un abordage, si le capitaine n'a pas protesté en temps utile (*oportunamente*) : cette disposition ne s'applique pas au cas où l'abordage a causé la perte totale du navire » (art. 1319). « Ces protestations ne produisent aucun effet : 1° si elles n'ont pas été faites et notifiées dans les soixante-douze heures aux cas prévus par les deux pre-

---

(1) D'après l'art. 612 § 8, le capitaine doit « se présenter, aussitôt son arrivée dans un port de relâche forcée, à l'autorité maritime si c'est en Espagne, au consul d'Espagne si c'est à l'étranger, et faire, dans les vingt-quatre heures, une déclaration du nom, de la matricule et de la provenance du bâtiment, de sa cargaison et des motifs de son arrivée : cette déclaration sera visée par l'autorité ou le consul si, après examen, ils la trouvent acceptable ; ils délivreront alors au capitaine le certificat nécessaire pour attester son arrivée et les motifs qui y ont donné lieu. A défaut d'autorité maritime ou de consul, la déclaration sera faite devant l'autorité locale ». D'après le parag. 15 du même article, le capitaine doit, « en cas de naufrage, faire dans les vingt-quatre heures une protestation en due forme, au premier port où il abordera, entre les mains de l'autorité compétente ou du consul, spécifiant tous les accidents (*accidentes*) du naufrage, conformément au par. 8 ». — (2) Le texte ajoute : *en persona ó por cédula.* — (3) *Gastos de arribada*, dit le texte. — (4) *La competente demanda judicial*, dit le texte.

miers alinéas de l'article précédent, dans les vingt-quatre heures au cas prévu par le troisième ; 2º si, faites et signifiées dans les délais légaux, elles n'ont pas été suivies d'une action judiciaire dans les deux mois de leur date » (art. 1320). « En supposant que la délivrance des marchandises atteintes d'avaries apparentes s'opère successivement, le délai de soixante-douze heures ne court que du moment où la réception est entièrement terminée. En tout cas, si l'avarie n'est pas apparente, le délai court du moment où les marchandises sont entrées dans les magasins de l'assuré. Si l'ouverture des ballots en douane a lieu en présence de l'assuré ou si, par un évènement quelconque, il vient à connaître l'existence des avaries avant que les marchandises soient introduites dans ses magasins, le délai court du moment de cette découverte » (art. 1321). « Les vingt-quatre heures courent, s'il s'agit d'un abordage, en quelque endroit qu'il se soit produit, du moment où le capitaine peut protester ». (art. 1322). « Les assureurs ne peuvent opposer au destinataire des marchandises les fins de non recevoir établies par les art. 1319 et 1320 si, avant la livraison, ces marchandises ont été vendues aux poursuites et diligences d'un créancier de l'assuré: ils peuvent les opposer s'il y a eu livraison et réception des marchandises » (1) (art. 1323). « L'affréteur n'est plus en droit d'opposer des fins de non recevoir si, se trouvant à bord au moment du sinistre, il a signé le procès-verbal de jet ou si, avant de recevoir les marchandises et de payer le fret, il passe un arrangement écrit avec le capitaine pour le règlement des avaries» (art. 1324).

Les rédacteurs des codes de Guatemala, du Honduras et du Salvador se sont approprié ces dispositions. Le code vénézuélien (art. 751 à 753) reproduit les articles 1319 à 1322 du code chilien, mais non les articles 1323 et 1324.

Les codes de la république argentine et de l'Uruguay ne contiennent pas, dans le chapitre « De la prescripcion », qui termine le livre II (2), une théorie des fins de non recevoir, parallèle à la théorie des prescriptions proprement dites. Toutefois nous inclinons à penser que l'art. 175, placé dans le livre I (3), sous la rubrique générale *De los acarreadores, porteadores o empresarios de trasporte* s'applique aux transports maritimes (4).

---

(1) Le texte ajoute : « sea cual fuere la accion a que dé lugar el daño que éstas hubieren sufrido ». — (2) C'est-à-dire le livre qui traite des contrats commerciaux. — (3) Intitulé *De las personas del comercio*. — (4) Cet article, commun aux deux codes, énonce que l'action des destinataires de marchandises contre le transporteur à raison d'avaries découvertes au moment de l'ouverture des ballots (et pourvu que ces avaries ne fussent pas révélées par

Au contraire, les fins de non recevoir établies par les articles 280 et 281 du nouveau code mexicain sont exclusivement applicables aux transports par terre, rivières, canaux et lacs (1). Quant au titre XVI du livre II, il traite exclusivement des prescriptions proprement dites.

Le titre XVIII du livre II du code brésilien (*Da prescripçao*) se borne également à traiter de la prescription.

Code portugais de 1889. L'action pour avaries contre l'affréteur ou le destinataire est irrecevable si le capitaine a reçu le fret et livré les marchandises sans protester, bien que le fret ait été payé par anticipation (art. 653). La réclamation pour pertes et dommages résultant d'un abordage de navires sera non recevable si elle n'a été présentée dans le délai de trois jours à l'autorité du lieu où arrive ou du premier port auquel touche le navire abordé. L'omission d'une réclamation, quant aux dommages causés aux personnes et aux marchandises, ne nuira pas aux intéressés qui n'étaient pas à bord et qui se trouvaient empêchés de manifester leur volonté (art. 673) (2).

Codes de la Turquie et de l'Egypte. Les art. 281 c. t., 274 c. ég. reproduisent notre article 435 (3). Les articles 282 et 275 des mêmes codes sont ainsi conçus : « Ces protestations et réclamations sont nulles si elles ne sont faites et signifiées dans les quarante-huit heures et si, dans trente-un jours de leur date, elles ne sont suivies d'une demande en justice ».

Code belge. Le législateur de 1879 a conservé le texte de notre article 435, mais modifié comme il suit notre article 436 : « Ces protestations et réclamations sont nulles, si elles ne sont faites et

des signes extérieurs) est encore recevable dans les vingt-quatre heures de la réception : « passé ce délai *ou* après le paiement du prix de transport ou *du fret (pagado el porte o flete)*, aucune réclamation relative à l'état des objets transportés ne peut être élevée contre le transporteur ». On parle plusieurs fois, dans le même chapitre, du *fret* proprement dit (V. notamment les art. 165 et 186).

(1) V. la rubrique du titre V du livre I. — (2) D'après l'art. 581 du même code, le créancier privilégié sur la cargaison n'est recevable à exercer son privilège qu'avant le déchargement, — ou encore dans les dix jours qui suivent, mais pourvu que dans ce délai les effets composant le chargement n'aient point passé dans les mains d'un tiers. D'après l'art. 583, le créancier privilégié sur le fret n'est pas recevable à exercer son privilège une fois le fret payé si ce n'est dans le cas prévu par l'art. 523, le privilège des matelots sur le fret pouvant s'exercer pendant six mois *depois do rompimento da viagem.* L'art. 539 § 1 du nouveau code ne reproduit pas la fin de non recevoir établie par l'art. 1533 de l'ancien code. — (3) Sauf une très légère différence de rédaction ; aux mots « pour dommage arrivé à la marchandise » on a substitué : « pour dommage arrivé à la marchandise chargée ».

signifiées dans les vingt quatre heures, *les jours fériés non compris*, et si, dans le mois de leur date, elles ne sont suivies d'une demande en justice. *Toutefois, dans le cas où l'abordage a causé la perte entière du navire, le délai de la signification est d'un mois, à partir du jour où les intéressés ont eu connaissance de l'événement »* (art. 233 l. 21 août 1879) (1).

(1) D'après la jurisprudence belge, l'obligation de *signifier* un protêt dans les vingt-quatre heures de l'abordage n'existe que si l'accident est survenu dans un port ou dans un lieu où le capitaine a pu agir, et le délai franc de vingt-quatre heures ne court que du moment où il s'est trouvé en mesure d'agir : si l'abordage est arrivé soit en pleine mer, soit dans tout autre lieu où le capitaine ne pouvait agir, il appartient aux tribunaux de déterminer selon les circonstances le moment où cette impossibilité a cessé et de fixer en conséquence le point de départ du délai (Bruxelles, 11 août 1884 ; comp. Anvers, 13 avril 1888). D'après le même arrêt de 1884, il y a lieu de tenir compte à cet égard de la nationalité du capitaine, qui peut ignorer les formalités de la loi belge.—Le délai de la signification doit être augmenté à raison des distances (*même arrêt*).—Le capitaine d'un navire abordé, qui ignorait le nom et la nationalité du steamer abordeur, les ayant connus le 22 décembre 1883 par télégramme d'Anvers, a pu protester en temps utile le lundi 24 décembre : on tient compte de l'éloignement du demandeur et des retards entraînés par une correspondance (Anvers, 27 juin 1884). — Le demandeur n'était pas obligé de citer les armateurs, domiciliés à Anvers et pouvait citer valablement le capitaine du steamer abordeur : dès lors le protêt et la citation ont pu être signifiés par la voie des journaux à domicile inconnu (*même jugement*). — Le délai d'un mois dans lequel l'action née de la collision doit être intentée n'est pas applicable au cas d'abordage fluvial (Anvers, 31 mars 1884. Comp. Anvers, 31 mars 1887*)*. — Celui qui réclame des dommages-intérêts pour manquant et avaries doit former une protestation précise : il ne suffirait pas de protester d'une manière vague, en réalité pour des dommages-intérêts éventuels, en n'indiquant aucune avarie déterminée (Anvers, 9 septembre 1884). — Le réceptionnaire qui n'a protesté que des chefs de mélange (de marchandises) et de retard dans l'arrivée ne peut pas agir en justice du chef de manquant (Anvers, 23 février 1885). — La réserve des droits éventuels du chef d'avaries ne remplace pas la protestation exigée par l'art. 232 l. 1879 (c. de Gand, 18 juillet 1885). — La demande en justice pour manquant ne peut pas se produire plus d'un mois après la réception, même par voie d'exception, même quand la citation du capitaine pour solde de fret aurait été signifiée plus d'un mois après le protêt pour chef de manquant (Anvers, 25 nov. 1886). — Les réclamations et significations doivent être notifiées par le ministère d'un officier ministériel dans les formes et de la manière prescrites par la loi (Bruxelles, 1er février 1887). — L'action d'avaries doit être intentée dans le mois de la protestation sans qu'il y ait lieu à augmentation à raison de la distance entre le tribunal saisi et le lieu de la protestation (Anvers, 6 juillet 1887). — Le protêt signifié au capitaine ne sauvegarde pas les droits de l'assuré contre l'assureur (Bruxelles, 29 oct. 1887). — Le navire abordé en cours de voyage n'est pas tenu d'interrompre son

Code hollandais. « Toute action contre le capitaine et les assureurs, pour dommages arrivés à la marchandise chargée, est non recevable si la marchandise a été reçue sans la visite et l'estimation ordonnée par la loi ou si, le dommage n'étant pas visible à l'extérieur, la visite et l'expertise n'ont pas eu lieu dans le délai prescrit par la loi » (art. 746). Les rédacteurs de ce code, en énonçant que le dommage causé par abordage se prescrit par trois ans, ne subordonnent à aucune condition particulière la recevabilité de cette action.

Code allemand. Nous renvoyons le lecteur aux articles 609 et 610, que nous avons cités dans notre tome II, n. 560. On se rappelle que le destinataire est déchu de son action, dans le cas où la vérification n'a pas eu lieu avant la réception des marchandises, s'il ne l'a pas provoquée dans les quarante-huit heures du jour de cette réception. Pour qu'il y ait réception au sens de ces articles, il ne suffit pas que les marchandises aient été livrées, en fait, à un représentant du destinataire : il faut, de plus, que cette personne ait eu des pouvoirs suffisants pour compromettre les droits de son mandant, les tribunaux décidant d'après les circonstances particulières et les usages des lieux si une véritable réception a été opérée (1). Les rédacteurs de ce code, en énonçant que les créances d'indemnités provenant d'abordage de navires se prescrivent par deux ans (2) et que la prescription commence à l'expiration du jour où l'abordage a eu lieu, ne subordonnent à aucune condition particulière la recevabilité des actions issues de l'abordage (3).

Les fins de non recevoir ne sont pas inconnues en droit danois. M. Beauchet analyse (4) un jugement du tribunal maritime de Copenhague du 3 avril 1886 d'après lequel le réceptionnaire, se plaignant d'un déficit dans la marchandise livrée, est débouté pour

voyage pour protester : le délai de 24 heures ne court alors qu'à partir de la fin du voyage (Anvers, 28 avril 1888).

(1) *Proc. verb.* VIII, p. 3915-3916. L'art. 408, placé dans le livre IV (*Des actes de commerce*) et sous la rubrique *Du transport,* énonce que « la réception de la marchandise et le paiement du prix de transport éteignent toute action contre le voiturier ». D'après un jugement du tribunal supérieur hanséatique du 27 avril 1888 (Rev. intern. du dr. mar., IV, p. 322), cet article serait applicable, le cas échéant, à des bateliers chargés de transporter des marchandises à bord d'un bâtiment de mer (cf. art. 420 c. all.). — (2) Art. 906. D'après une loi spéciale à la ville de Brême (9 février 1866), le destinataire perd tout recours à raison des avariés *apparentes* s'il ne les a pas, au moment de la réception, signalées au capitaine soit par écrit, soit par un avis équivalent. — (3) Art. 908. Comp. Reichsgericht, 24 sept. 1884 (Rev. intern. du dr. mar., II, p. 49). — (4) Dans la Rev. intern. du dr. mar., III, p. 347.

n'avoir pas protesté lors du déchargement (1). On lit dans le projet de code maritime élaboré en 1888 par les commissaires danois, suédois et norvégiens (2) : « Si, à l'arrivée du navire au port de déchargement, il y a lieu de présumer que la cargaison a souffert des dommages ou qu'une partie s'est perdue, non seulement le capitaine, mais aussi le réceptionnaire peut procéder à une expertise, laquelle, en cas de constatation de dommages, doit aussi en déterminer les causes. Si un réceptionnaire, à qui les marchandises ont été délivrées sans expertise préalable, veut faire, plus tard, des réclamations à cause de leur état, il doit, avant l'expiration du jour ouvrable qui suit celui de la remise des marchandises, exiger que, sans retard, une expertise ait lieu. S'il le néglige, *il ne peut pas réclamer de dommages-intérêts* pour l'avarie ou le manquant, à moins qu'il ne soit constaté qu'ils ont été causés par la faute ou la négligence du propriétaire, du capitaine ou de l'équipage (3) ». « Si le capitaine a délivré la marchandise au destinataire, il ne peut former aucune demande contre l'affréteur pour le montant que le réceptionnaire était tenu de payer... (4) ». En énonçant que « les créances dues pour indemnité du chef d'abordage s'éteignent si elles n'ont pas été suivies d'une demande en justice dans les deux ans après que les dommages sont survenus », les rédacteurs du même projet ne subordonnent à aucune autre condition la recevabilité des actions nées de l'abordage.

D'après une note de M. Breitfuss, attaché au tribunal de commerce de St-Pétersbourg (5), il existe dans cette ville un usage commercial, d'après lequel, au cas d'avaries d'une cargaison débarquée, le destinataire est obligé, dans les trois jours au plus et sous peine de déchéance, d'aviser par écrit l'agent du navire. Celui-ci examine la réclamation et, s'il la juge fondée, retient une partie du fret qui correspond au montant de cette demande. De son côté, le destinataire doit présenter dans le délai d'un mois un compte détaillé des dommages qu'il a subis : s'il ne le fait pas, l'agent rend au capitaine la partie du fret qui avait été réservée, et le destinataire perd tout droit à une indemnité (6).

---

(1) Ou tout au moins, dans l'espèce, avant le départ du navire. — (2) Projet de loi maritime norvégienne. — (3) Art. 149. — (4) Art. 159. — (5) Journ. du dr. intern. privé, II, p. 164. — (6) D'après un jugement du trib. de co. de St-Pétersbourg du 20 mai 1877 (Journ. du dr. intern. priv., ann. 1881, p. 182), la protestation faite par le capitaine et l'équipage d'un navire, au sujet des avaries survenues en mer, fortifiée par un serment, délivrerait le capitaine de toute responsabilité pour les pertes et avaries subies par la cargaison, tant qu'il ne serait pas prouvé que le capitaine et l'équipage ont fait un faux témoignage.

On lit dans le code finlandais : « Si le destinataire s'aperçoit de dommages arrivés à ses marchandises, il en fera la déclaration au capitaine dans les quarante-huit heures après qu'il les aura reçues, et les fera visiter. Faute de quoi, ou s'il manque à prouver que le dommage est arrivé avant que les marchandises lui eussent été remises, il perdra tout droit à une indemnité » (art. 116) (1).

S'il faut en croire l'abrégé de droit maritime publié l'année dernière à Fiume (2), on suivrait purement et simplement dans la monarchie austro-hongroise les prescriptions de nos articles 435 et 436.

Code italien. « L'action en dommages-intérêts résultant de l'abordage des navires n'est pas recevable s'il n'a pas été fait une protestation ou réclamation *(protesta o richiamo)* devant l'autorité du lieu de l'événement (3) ou de la première relâche. Pour les dommages causés aux personnes ou aux choses chargées, le défaut de protestation ne nuit pas aux intéressés qui ne se trouvaient pas sur le navire ou n'étaient pas à même de manifester leur volonté » (art. 665). « Sont prescrites par un an à compter du jour de la protestation ou de la réclamation (4) indiquées dans l'art. 665, les actions en indemnité des dommages causés par l'abordage des navires (5) » (art. 923). Le code roumain tient le même langage (art. 677 et 945).

Loi maltaise du 2 octobre 1857. Sont non recevables les actions contre le capitaine et les assureurs pour dommage arrivé aux marchandises si elles ont été reçues sans protestation *quand l'avarie était apparente ;* les actions contre l'affréteur pour avarie si le capitaine a consigné les marchandises et reçu le fret sans avoir protesté ; les actions en indemnité pour dommages causés par un abordage de navires dans un lieu où le capitaine a pu agir, s'il n'a pas protesté (art. 316).

Angleterre. Abbott (6) recommande aux capitaines de se présen-

---

(1) L'art. 120 du même code astreint le capitaine à faire un « protêt » dans le cas où, pour une cause quelconque, il ne pourrait obtenir le paiement du fret ni rentrer dans ses dépenses. — (2) Di Alessio Dr. Feichtinger, etc. — (3) Et non pas, comme le dit inexactement M. de Valroger (n. 2263), du lieu de destination. — (4) Et non pas, comme le dit inexactement J. Bohl (p. 576) « de la protestation *ou de l'appel* ». — (5) D'après un arrêt de la cour d'appel de Catane du 15 mars 1886 (*Giurispr. comm. ital.* 1886. 2. 53 et Rev. intern. du dr. mar. II, p. 469), la réception de la marchandise et le paiement du fret sans réserves rendent bien le destinataire irrecevable dans son action contre le transporteur, mais seulement quand il s'agit d'une action qui n'a pas été introduite avant la livraison, notamment pour dommages-intérêts à raison du retard. — (6) V. la huitième édit., p. 380.

ter devant un notaire, dès leur arrivée, soit quand ils parviennent au port de destination, soit quand ils sont contraints de relâcher dans un autre port, et de faire recevoir par cet officier public une déclaration qu'on appelle communément *note of protest (cause a protest to be noted)*, sauf à la compléter ultérieurement (*and afterwards drawn up or extended*). Il constate que tel est l'usage anglais (*it is usual*) et conseille aux capitaines de s'adresser aux notaires plutôt qu'aux consuls anglais (1). Après s'être expliqué sur le contenu de cet acte et sur sa force probante, le jurisconsulte ajoute : « Les *protests* ont souvent une grande utilité pour le règlement des pertes (*adjustment of losses*) dans les affaires d'assurances et dans le calcul des avaries ; ils font preuve devant les tribunaux étrangers et, chez nous, les commerçants et les assureurs en acceptent souvent les énonciations, quand ils sont dégagés de tout soupçon de fraude. Des *protests* sont faits aussi par le capitaine contre les affréteurs du navire ou les consignataires de la cargaison qui n'ont pas chargé ou déchargé conformément au contrat ou dans les délais convenus ou raisonnables, par les marchands contre le capitaine à raison des fautes par lui commises (parce qu'il s'est enivré, n'a pas pris la mer avec la diligence requise, n'a pas signé régulièrement les connaissements, etc.) ». Toutefois il ne résulte d'aucun texte qu'un délai rigoureux s'impose aux protestataires et que les actions non précédées d'une protestation doivent être écartées par une fin de non recevoir.

J'ai cité au n. 1749 un fragment de l'exposé des motifs de la proposition votée par la chambre des députés le 26 juin 1889, énonçant que la législation anglaise n'impose aucun délai de protestation à peine de déchéance et faisant ressortir, à ce point de vue, la différence des lois anglaises et des nôtres. Cette diversité de législations n'est pas à notre avantage, puisqu'un navire français abordeur peut être indéfiniment saisi dans un port de l'Angleterre ou d'une colonie anglaise (2), tandis que le navire anglais abordeur peut fréquenter librement nos ports, sous les yeux des intéressés, profitant de la forclusion édictée par notre art. 436.

(1) « Their attestation would probably not be deemed abroad of equal authenticity with that of the regular public notary ». — (2) En 1871, des demandeurs anglais produisirent devant le tribunal de commerce de Bordeaux un certificat du consul anglais à Bordeaux, attestant que, d'après les lois et usages maritimes de la Grande-Bretagne, les capitaines doivent, dans les vingt-quatre heures de leur arrivée au premier port, devant le consul de leur nation et, *à défaut de consul de leur nation* (ce n'est pas ce que dit Abbott), devant un notaire ou magistrat compétent, faire une déclaration nommée en anglais *note of protest*. Cette déclaration, qui n'implique aucun détail circonstancié des faits, peut être complétée et suivie

Aux Etats-Unis, dit Dixon (1), le capitaine, dès son arrivée au port, au cas de sinistre, est tenu (*bound*) de donner, par écrit, un état vérifié (*verified statement*) des circonstances relatives au voyage et à la perte (2). Le même jurisconsulte cite à ce sujet les développements très importants dans lesquels est entré le juge Lushington (affaire de *l'Emma*) (3).

On chercherait en vain dans les codes civils du Bas-Canada et de Sainte-Lucie une théorie distincte des fins de non recevoir. L'un et l'autre code contiennent, dans le titre VII du livre III, qui traite « de l'acquisition et de l'exercice des droits de propriété en général », une disposition ainsi conçue : « La réception de la chose transportée et le paiement des frais de transport, sans protestation, éteignent tout droit d'action contre le voiturier, à moins que la perte ou l'avarie ne soit telle qu'elle ne pût être alors connue, auquel cas la réclamation doit être faite sans délai après que la

d'action sans limite spéciale de délai. Le tribunal de commerce dit à ce propos (29 déc. 1871) : « En protestant immédiatement entre les mains du consul britannique à Bahia, Waters avait satisfait à la première disposition de la loi (anglaise) qui veut que le capitaine fasse officiellement connaître, dès qu'il le peut, le fait de l'abordage ainsi que les dommages qui en sont résultés ». — M. de Courcy avait dit (*Réf. internat. du dr. mar.*, p. 191 et s.) : « Le navire français qui a causé un préjudice à un navire anglais est signalé dans les ports des possessions anglaises. On le guette au passage et, s'il entre dans un de ces ports, fût-ce après plusieurs années, on le saisit et on le contraint à payer l'indemnité. Le juge anglais observe sa loi qui, après une protestation immédiate, ne fixe plus de délai pour l'action judiciaire ». Il s'agit là d'une loi purement coutumière, qui n'est pas sanctionnée par une fin de non recevoir absolue. « Il n'y a aucun délai de rigueur en Angleterre pour la réclamation des indemnités d'abordage », disait en 1888 le même publiciste (Quest., IV, p. 392).

(1) Law of shipping § 175. — (2) Le même jurisconsulte donne d'intéressants renseignements sur la force probante du *protest*, notamment en Pensylvanie et dans la Caroline du Sud. — (3) 2 W. Robinson's R., 315. « ... Je ne puis remarquer sans une certaine suspicion qu'aucun *protest* n'a été produit de la part du navire actionné. Eu égard aux faits et circonstances de la cause, l'affaire est assurément de celles dans lesquelles un *protest* eût dû être fait ; et, s'il avait été fait, il serait indubitablement produit... Conformément à la règle et à la pratique de la cour, que j'applique en ce moment aux cas de sauvetage, un protêt doit être produit dans tous les cas (*protests in all cases ought to be brought in*)... Il est au plus haut point désirable, et plus encore dans les cas de naufrage (*salvage*) que dans les affaires d'abordage, de produire toujours un protêt... ». Il semble que nous touchions à la théorie des fins de non recevoir. Cependant le juge Conkling se bornait à dire (*Conkling's U. S. Admiralty*, p. 589) que le défaut de production, dans ses affaires où un *protest* est habituellement produit, met le demandeur en suspicion (*is regarded with suspicion*).

perte ou le dommage a été connu du réclamant » (art. 1680 c.
canad., 1581 c. S. Luc.). Nous ne sommes pas éloigné de croire
que cette disposition s'applique aux transports maritimes (1).

1757. Il nous reste à résoudre diverses questions qui touchent au droit international privé.

I. Les protestataires, destinataires, assurés ou capitaines peuvent être amenés à faire leurs protestations en France, quoiqu'ayant contracté hors de France ou n'appartenant pas à la
nationalité française. Quel statut régira la forme des protestations
et, quand elles sont signifiées, la forme des significations ?

Le statut français. Les formes extrinsèques ne dépendent ni du
statut personnel ni du statut réel ; elles sont déterminées par la
loi du pays où l'acte se passe.

II. Ces mêmes protestataires, quoique Français, peuvent être
obligés de réclamer hors de France. Ils pourront ne consulter que
la *lex loci* pour la forme de la protestation et de la signification (2).

Nous rappelons à ce propos que, d'après la majorité des auteurs,
la règle *locus regit actum* n'est pas impérative, mais simplement
facultative. Donc si les Français avaient, à l'étranger, protesté, et
signifié leurs protestations dans les formes prescrites par la loi
française, aucune fin de non recevoir ne leur serait applicable devant les juges français (3).

III. L'acte de protestation reste incontestablement soumis à la
loi du lieu où il est fait quant à la qualité de l'agent chargé de le
signifier (4).

IV. Le protestataire étranger appartient à un pays dont le statut
n'exige pas, à peine de déchéance, la signification des réclamations. Peut-il, s'il proteste en France, s'abstenir de les signifier ? Je
ne le crois pas.

On peut d'abord se demander si la règle *locus regit actum* n'est
pas encore applicable à cette hypothèse. Tout le monde s'accorde
pour laisser à la loi du pays où les actes sont dressés le choix des

---

(1) Il ne faut pas oublier que ces deux codes contiennent, au titre de
l'affrètement, la disposition suivante (art. 2413 c. can., 2250 c. S. Luc.) :
« Le contrat d'affrètement et les obligations qui en résultent pour les parties sont sujets aux règles relatives aux entrepreneurs de transport contenues dans le titre *Du Louage,* en tant qu'ils sont compatibles avec les dispositions du présent titre ». — (2) Cf. Bordeaux, 6 avril 1881. Journ. du
dr. intern. privé, ann. 1883, p. 150 ; civ. rej. 4 août 1875. D. 75. 1. 472. —
(3) Aubry et Rau vont jusqu'à dire : « Les juges français devraient admettre comme valables les actes que des étrangers ont passés en France conformément à la loi de leur pays ». Mais v. sur ce point Req. 9 mars 1853. S. 53.
1. 274. — (4) Même arrêt de la cour de cassation du 4 août 1875.

formes instrumentaires et des agents qui rédigeront ces actes ou les porteront à la connaissance des tiers. Quand nul ne lui conteste le droit d'imposer, par exemple, pour la signification des protestations le ministère d'un officier public, comment lui dénier le droit d'imposer, à peine de déchéance, la signification elle-même ? Cependant la question est débattue : quand il s'agit, a-t-on répliqué, de décider non pas comment un acte sera porté à la connaissance des tiers, mais s'il doit ou non être porté à leur connaissance, il ne s'agit plus d'une forme instrumentaire proprement dite, et la règle *locus regit actum* perd son empire.

Peut-être est-il, en effet, plus juridique de dire avec M. Laurent (1) que la règle *locus regit actum* n'est pas applicable aux formes de publicité établies dans l'intérêt des tiers et de la société (2). Il faut, d'après le professeur belge, observer la loi territoriale belge en tant qu'elle subordonne la constitution de certains droits non seulement à des formalités d'inscription ou de transcription, mais à des formalités de signification, par exemple à la signification d'un transport ou d'un nantissement de créances; « car c'est une espèce de publicité : donc l'intérêt de la société est en cause, *ce qui rend le statut réel en ce sens que les étrangers y sont soumis.* » Nous appliquons volontiers ce principe aux significations prescrites par l'art. 436 ; la loi territoriale a le droit d'imposer cette garantie dans l'intérêt des tiers et du crédit privé.

A vrai dire, le résultat n'est guère modifié. On conçoit très bien qu'un acte de constitution de privilège mobilier puisse être dressé dans un pays et doive être inscrit dans un autre ; mais, la protestation une fois faite en France, il faudra se conformer à l'injonction du législateur français qui impose, à peine de déchéance, cette espèce de publicité : la publicité de l'acte est inséparable de l'acte lui-même et le statut, « réel en ce sens que les étrangers y sont soumis », ne peut être que celui du lieu même de la protestation.

V. Par conséquent les tribunaux ne devraient pas pouvoir exiger que, si la protestation est faite, mais non signifiée dans un pays dont le statut n'exige pas soit une signification, soit une garantie analogue de publicité, le protestataire fût tenu d'observer à l'é-

(1) Droit civil internat. II, nᵒ 252. — (2) « Les anciens jurisconsultes, dit cet auteur, confondaient les formalités de publicité et celles prescrites pour la validité des actes. C'est une erreur. L'authenticité tient à la forme extrinsèque et dépend, par conséquent, de la loi du lieu où l'acte est dressé, tandis que la publicité est établie dans l'intérêt des tiers et, en termes plus généraux, dans un intérêt social, le crédit public et privé. En ce sens, la loi de publicité forme un statut réel, elle reçoit son application quels que soient le lieu du contrat ou de l'acte, la nationalité des parties ou la situation des biens. »

tranger cette formalité de la législation française. En s'abstenant de signifier, le protestataire ne viole pas, à quelque point de vue qu'on se place, une loi d'ordre public. Le législateur territorial peut non seulement atténuer les garanties de publicité, par exemple substituer à l'exploit d'huissier, qu'exigent certains statuts, une simple publication dans un journal, mais aller plus loin et présumer légalement qu'une protestation adressée à un consul, à un notaire, est portée à la connaissance des tiers.

C'est à quoi ne se résigne pas la jurisprudence française (1). Elle ne commet d'ailleurs aucune inconséquence, son point de départ étant, nous l'allons voir, tout différent.

VI. Il faut immédiatement se demander si la protestation faite en France doit être signifiée dans les délais impartis par la loi française et si la protestation faite à l'étranger doit l'être dans les délais impartis par la législation étrangère. Demolombe dit à ce sujet (2) : « La fixation d'un délai pour l'accomplissement d'un acte se lie intimement au caractère des formalitées exigées pour la validité de cet acte et, par suite, la loi qui régit les formalités doit régir aussi les délais... Le délai d'une formalité n'est, en définitive, qu'un des moyens garantis par la loi et presque toujours le plus indispensable d'accomplir les formalités légales ; la loi ne peut exiger que ce qu'elle rend possible. Le délai est donc de l'essence même de la formalité et réglé nécessairement par la loi qui régit l'acte ». « Les obstacles provenant de la loi ou des usages d'un pays, répondent MM. Lyon-Caen et Renault (3), ne peuvent pas s'opposer à l'observation d'un délai ». La proposition me semble bien téméraire. Est-ce que le statut étranger ne peut pas exiger un tel ensemble de formalités qu'il soit impossible de les accomplir dans les délais imposés par la loi française? Quand le statut étranger raisonne ainsi: « Vous n'avez pas le temps de faire en vingt-quatre heures dans le pays soumis à mon empire les démarches et les actes nécessaires à la sauvegarde de vos droits ; je vous en donne quarante-huit », il faut beaucoup de hardiesse pour répondre : « Ce législateur ne sait ce qu'il dit et puisque vingt-quatre heures suffisent en France, vingt-quatre heures doivent nécessairement suffire sur n'importe quel autre point du globe ».

(1) Arrêts précités du 4 août 1875 et du 6 avril 1881. *Junge* trib. com. Seine, 3 sept. 1883 (Journ. du dr. intern. pr., XI, p. 280) ; Paris, 1er août 1888 : toutefois le pourvoi formé contre ce dernier arrêt a été admis par la chambre des requêtes le 5 juin 1889. — (2) Dans une consultation produite à l'appui du pourvoi formé contre l'arrêt de Montpellier du 31 mars 1873 (D. 74, 2, 58). — (3) Précis, n. 2027.

A nos yeux, si la loi territoriale a le droit d'imposer les garanties de publicité, elle a le droit d'impartir les délais sans lesquels le principe de ces garanties serait illusoire.

Il importe d'exposer sommairement au lecteur les différents systèmes qui s'éloignent du nôtre.

Le plus sérieux et le mieux coordonné nous paraît être celui de la jurisprudence française. Celle-ci, jusqu'à présent du moins (1), applique à l'existence même et aux délais de la signification la *lex fori*, c'est-à-dire la loi du tribunal saisi. Fœlix a dit (2) : « Les formalités à observer par les parties pour introduire et pour diriger une action devant les autorités... ne peuvent tirer leur sanction que de la loi du territoire où elles siègent ; sinon, ces autorités dépendraient, dans le fait, de l'Etat étranger dont les lois leur traceraient les règles de conduite ». L' « Institut » de droit international s'est approprié cette solution dans les termes suivants (session de Zurich de 1877) : « Les formes *ordinatoires* de l'*instruction* et de la procédure seront régies par la loi du lieu où le procès est instruit : seront considérées comme telles les prescriptions relatives aux formes de l'assignation, aux délais de comparution, à la nature et à la forme de la procuration *ad litem*, au mode de recueillir les preuves... ». Le code italien dit encore : « Les formes de procédure sont régies par la loi du lieu où le procès a lieu... ». Eh bien ! pour la jurisprudence française, la protestation et la signification sont les premiers actes de l'instruction qui doit aboutir au jugement. Par cela seul qu'un tribunal français est saisi, il est tenu d'apprécier suivant la loi française la série des actes suivant lesquels l'action du demandeur est recevable et qui rentrent dans la catégorie des formalités « ordinatoires ». Ce système est spécieux, mais ne résiste pas à l'objection suivante. Est-ce que le protestataire peut savoir, au moment même où il réclame, quel sera le tribunal saisi ? Voici, par exemple, le capitaine d'un navire abordé pendant la nuit en pleine mer, qui ne connaît pas le nom ni la nationalité du navire abordeur : pou-

(1) Et abstraction faite du préjugé que fait naître l'arrêt de la chambre des requêtes du 5 juin 1889. Mais telle n'est pas la jurisprudence belge. — Il s'agissait d'un abordage survenu le 4 février 1886 pans le port de Bilbao entre un navire hollandais et un navire belge et ce dernier, assigné devant le tribunal de commerce d'Anvers, excipait du défaut de protêt dans les vingt-quatre heures : le tribunal décida le 16 février 1886 (*Journ. des intérêts marit.* du 25 février) que ni la loi hollandaise (celle du pavillon), ni la loi espagnole (celle du lieu de l'accident) ne subordonnaient la recevabilité de l'action à la signification d'une protestation dans les vingt-quatre heures de l'accident « et que le fait du demandeur de soumettre le litige aux tribunaux belges ne rendait pas, quant à ce, la loi belge applicable ». — (2) I, p. 176.

vant agir pour la première fois dans un port français, c'est là qu'il
proteste, et je suppose qu'il proteste conformément à la loi française. S'il doit un jour porter son action devant un tribunal étranger, celui-ci pourra-t-il le déclarer déchu parce qu'il ne se sera
pas conformé à la *lex fori* ? On touche à l'absurde. Il faudrait que
le réclamateur pût deviner quel tribunal il devra saisir. La régularité d'actes préliminaires, indispensables à la conservation du
droit, ne peut pas être liée à une question de compétence qu'il est,
tout d'abord, impossible de résoudre.

M. de Valroger (n. 2463) propose une distinction : « En ce qui
concerne les fins de non recevoir, dit-il, au point de vue de l'affrètement comme au point de vue de l'assurance, il conviendrait
de se référer à la loi du lieu du contrat ». Cette opinion isolée
repose, à notre avis, sur une confusion entre les prescriptions et
la fin de non recevoir (1). En outre, il ne faut pas oublier que le
réclamateur, en protestant, dénonce l'inexécution ou demande
l'exécution d'un contrat. Or « c'est la loi du lieu de l'exécution
qui régit tout ce qui concerne le mode d'accomplissement des
obligations résultant de l'acte et notamment le paiement ou la délivrance » (2).

Il faudrait, d'après MM. Lyon-Caen et Renault (3), appliquer la
loi du pavillon. Ce système se heurte à de grandes difficultés et
méconnaît les principes généraux du droit international. La loi du
pavillon ? Mais tout d'abord laquelle ? Un navire anglais et un
navire allemand se sont rencontrés ; aucun des deux n'entend
jouer le rôle d'abordeur et tous deux revendiquent la qualité d'a-
bordés (4) : comme on ne peut pas tout d'abord donner la préférence soit au pavillon allemand, soit au pavillon anglais, il faut

(1) «... Les délais établis par la loi en matière de procédure ne sont pas
des prescriptions... L'esprit de la loi est en harmonie avec cette distinction.
Pourquoi la loi établit-elle des délais et pourquoi consacre-t-elle la prescription extinctive ? Elle consacre la prescription pour que les actions aient une
fin et pour que les hommes jouissent de la sécurité et de la tranquillité sans
lesquelles il n'y a pas de vie, pas de société possible. Elle établit des délais
pour certains actes, afin d'activer la procédure ; ces délais sont calculés de
manière que les parties intéressées aient le temps de procéder à l'acte juridique qu'elles peuvent avoir intérêt de faire ou de ne pas faire » (Laurent,
Principes de dr. civ., t. XXXII, n. 10). — (2) Aubry et Rau, 4ᵉ éd., t. I.
p. 107. D'après le code civil italien, « les modes d'exécution des actes sont
réglés par la loi du lieu de l'exécution ». V. à ce sujet dans le *Journ. du
droit intern. privé* (année 1882, p. 270) un intéressant article de M. Pietro
Esperson sur le droit international privé dans la législation italienne. —
(3) Précis, n. 2027. — (4) C'est la réflexion qu'ont dû faire, dans un article
publié en 1887 sur l'affaire de l'*Essequibo* et de la *Hoffnung*, les rédacteurs
du Journ. du dr. internat. privé (t. XIV, p. 734).

bien choisir un autre *criterium*. Ensuite croit-on qu'un tribunal français admette aisément la prétention suivante : capitaine d'un navire anglais, je me conforme à mon statut personnel en protestant, en France, dans l'étude d'un notaire et j'entends être dispensé non seulement de signifier à mon adversaire français, en France, ma protestation dans le délai de vingt-quatre heures, mais encore de la lui signifier dans un moment quelconque ? Mais c'est précisément dans l'intérêt du défendeur éventuel, français ou non, que le législateur de 1807 avait établi ces garanties de publicité : quelle influence la nationalité du réclamateur peut-elle exercer sur l'application d'une pareille loi ? Enfin d'après une règle générale, sanctionnée par l'article 3 de notre code civil, le statut personnel (revendiquer la loi du pavillon, c'est revendiquer en définitive le statut personnel) comprend toutes les dispositions législatives qui ont pour objet principal et prédominant de régler l'état des personnes et leur capacité. Par quelle confusion d'idées propose-t-on d'appliquer au mode d'exécution d'une protestation formée à la suite d'un contrat de transport ou d'un abordage un semblable statut ?

M. Labbé (1) pensant que le fait, par la diversité de nationalité des parties et par le lieu de son accomplissement, échappe à toute loi positive, propose de suppléer par la raison et le droit « de l'humanité tout entière » au silence des textes écrits et promulgués (2). Le juge apprécierait si le demandeur pouvait agir à raison des circonstances, s'il a usé d'une diligence raisonnable, s'il était de bonne ou de mauvaise foi. Ce serait, en effet, l'idéal, et nous ne sommes pas surpris qu'une telle perspective ait attiré l'éminent jurisconsulte ; mais on lui a déjà répondu qu'il existe précisément en notre matière des textes écrits soit dans la loi française, soit dans la loi étrangère et que la difficulté naît de leur conflit.

La question, posée au Congrès de Bruxelles en 1888, a dû lui paraître fort embarrassante, car, en paraissant la résoudre, il ne l'a pas du tout résolue : « Le Congrès estime qu'il y a lieu d'adopter, par voie d'entente internationale, pour la solution des conflits des lois en matière maritime, les règles suivantes qui seront appliquées aux navires de chacun des pays contractants... Art. 2. En cas d'abordage en mer ou d'assistance commencée en mer, le capitaine et les intéressés conservent leurs droits en réclamant dans les formes et délais prescrits *par la loi du pavillon, par celle du navire débiteur* ou *par celle du premier port où le navire aborde* ».

<hr>

(1) *Journ. du Pal.*, 1875, p. 242. — (2) V. notre t. V, p. 119.

VII. Après les protestations et significations, la demande en justice.

En principe, la citation donnée sur le territoire étranger doit l'être suivant les formes locales. Il faut prendre en considération non le moment où elle se rédige, mais le moment où elle touche celui qu'elle doit atteindre : jusqu'à cette remise, il n'y a qu'un projet d'assignation.

Toutefois certaines législations tranchent d'avance cette question de forme sans se soucier du statut local. C'est ainsi qu'un étranger, domicilié à l'étranger, cité devant un tribunal anglais, doit être informé par un simple avis (1).

On sait comment notre code de procédure (art. 69 § 9, modifié par la loi du 8 mars 1882) a trouvé le moyen de faire parvenir aux personnes domiciliées ou résidant hors de France, étrangères ou françaises, les assignations lancées contre elles.

VIII. Quant au délai dans lequel le tribunal doit être saisi, nous n'hésitons pas à proposer d'appliquer la *lex fori*. Il serait déraisonnable de régir cette forme « ordinatoire » de l'instruction par une loi qui ne serait pas celle du lieu où le procès est instruit.

Nous avons sans doute enseigné qu'on ne pourrait pas opposer, devant un tribunal français, au demandeur qui aurait suivi la loi du lieu de la protestation, le défaut de signification. Quel point de départ, demandera-t-on peut-être, le juge français donnera-t-il alors au délai d'un mois, imparti par l'article 436 au demandeur? La date même de l'acte par lequel le réclamant aura manifesté ses griefs (2) ; par exemple, le dépôt dans une étude de notaire ou à la chancellerie d'un consulat : il faut réputer, à dater de ce moment, la protestation connue des tiers (3).

IX. On peut supposer que les réclamateurs ont porté leur action

---

(1) Un sieur Fabre, domicilié à Bordeaux, ayant reçu l'assignation elle-même, la haute cour, division du *Banc de la reine*, déclara nuls, le 4 mai 1888, cette assignation et le jugement par défaut qui l'avait suivie (*Times* du 4 mai 1888; *Journ. du dr. intern. privé*, t. XVI, p. 314. — (2) L'art. 23 du décret organique du 2 février 1852 prescrit de former les pourvois en matière électorale dans les dix jours de la notification de la décision : quand la notification n'est pas possible, les pourvois doivent être formés dans les dix jours de la décision elle-même (jurisprudence constante de la cour de cassation). — (3) De même, si le statut étranger, au lieu d'assigner un délai fixe, à peine de déchéance, au protestataire pour faire ou notifier sa réclamation, lui accordait purement et simplement un délai « raisonnable », il appartiendrait au juge français de déterminer le point de départ du second délai qui doit être régi par la *lex fori* en appréciant si le premier a été observé ou dépassé.

devant le tribunal étranger. Si le juge français n'est saisi que d'une demande d'*exsequatur*, par exemple au cas où un traité conclu avec telle nation étrangère aurait donné la force exécutoire aux jugements rendus par les tribunaux de cette nation, comme les articles 435 et 436 ne sont pas d'ordre public, on ne voit pas sous quel prétexte ce juge reviserait le fond quand les prescriptions de ces articles auraient été méconnues. De même si celui qui a obtenu gain de cause à l'étranger demande seulement au juge français de déclarer le jugement exécutoire en France sans que son adversaire l'assigne en revision du fond (1). Mais il se peut que, le demandeur trouvant un moyen de poursuivre son paiement en France, le défendeur profite de cette circonstance pour l'assigner en revision du fond en excipant des articles 435 et 436, non appliqués par la juridiction étrangère. Nous recommandons au juge français de ne pas considérer en pareil cas les prescriptions de ces deux articles comme une loi d'ordre universel et de vérifier tout d'abord si le statut français était effectivement applicable. C'est ce qu'a fait très sagement la cour d'Aix le 9 février 1888 (2).

Ici s'arrête notre traité de droit maritime. Nous remercions les jurisconsultes, les magistrats, les membres du barreau, les commerçants de l'accueil qu'ils ont bien voulu lui faire.

Nous publierons très prochainement une *introduction historique*, préface naturelle de l'ouvrage.

(1) V. sur le droit de revision au fond notre t. V, n. 1122. — (2) R. de M. 1888, 1, 283. Il s'agissait, dans la cause, d'un abordage entre un navire anglais et un navire espagnol, survenu dans les eaux espagnoles. L'affaire avait été complètement jugée par la juridiction espagnole, régulièrement saisie ; mais, comme le demandeur trouvait un moyen de poursuivre son paiement en France, on prétendait faire reviser le fond, en droit, par la juridiction française sous prétexte que les juges espagnols de Valence n'avaient pas appliqué nos articles 435 et 436 !

TABLE

OUVRAGES DU MÊME AUTEUR :

De scientia civili apud M. T. Ciceronem (Thèse pour le doctorat ès-lettres), *épuisé*. — Paris, Durand, 1858.

Essai sur les Confessions de saint Augustin (Thèse pour le doctorat ès-lettres). — Paris, Durand, 1858.

De l'aliénation et de la prescription des biens de l'État, des départements, des communes et des établissements publics (ouvrage couronné par la Faculté de droit de Paris). — Paris, Durand, 1862.

Les Devoirs, essai sur la morale de Cicéron (ouvrage couronné par l'Institut), *épuisé*. — Paris, Didier, 1865.

Mirabeau jurisconsulte (discours prononcé à la rentrée de la cour d'Aix). Aix, 1866.

Sieyès et le Jury en matière civile (discours prononcé à la rentrée de la cour d'Aix), *épuisé*. — Aix, 1869.

États-Généraux (1355-1614) (ouvrage couronné par l'Institut). — Paris, Durand et Pedone-Lauriel, 1871.

La nouvelle organisation judiciaire (Étude sur deux projets de loi soumis à l'Assemblée nationale). — Paris, Durand et Pedone-Lauriel, 1872.

Réforme du droit civil français d'après les écrits de Fénelon, Archevêque de Cambrai (discours prononcé à la rentrée de la cour de Douai). — Douai, 1873.

Henri IV et les Parlements (discours prononcé à la rentrée de la cour de cassation). — Paris, 1877.

Les Parlememts du Roi (1589-1596) (mémoire lu à l'Académie des sciences morales et politiques). — Paris, 1879.

La Magistrature élue (extrait de la *Revue des Deux Mondes* du 1er août 1882). — Paris, 1882.

Servan et l'instruction criminelle (mémoire lu à l'Académie des sciences morales et politiques). — Paris, 1883.

La suppression de la course (mémoire lu dans la séance publique annuelle des cinq Académies du 25 octobre 1883). — Paris, 1883.

Le Congrès de Paris (1856) et la jurisprudence internationale (mémoire lu à l'Académie des sciences morales et politiques). — Paris, Durand et Pedone-Lauriel, 1884.

Les Mines et les Mineurs (extrait de la *Revue des Deux Mondes* du 15 avril 1885). — Paris, 1885.

Le sifflet au théâtre (mémoire lu dans séance publique annuelle des cinq Académies du 25 octobre 1887). — Paris, 1887.

BIBLIOTHÈQUE INTERNATIONALE & DIPLOMATIQUE

Guide pratique des Consulats, publié sous les auspices du Ministère des affaires étrangères, par MM. DE CLERCQ et DE VALLAT, anciens ministres plénipotentiaires. 5º édition mise à jour d'après les plus récents documents officiels. 2 vol. in-8 (*sous presse*).................... 20 fr.

Formulaire des Chancelleries diplomatiques et consulaires, suivi du tarif des Chancelleries et du texte des principales lois, ordonnances, circulaires et instructions ministérielles relatives aux Consulats, par MM. DE CLERCQ et DE VALLAT, 6º édit. 2 vol. in-8 (*sous presse*). 22 fr.

Traité de Droit pénal international et de l'extradition, par M. PASQUALE FIORE, professeur de droit international à l'Université de Naples. Traduit, annoté et mis au courant du droit français, notamment par l'insertion des traités d'extradition conclus par la France avec les États étrangers, par M. CHARLES ANTOINE, juge d'instruction au tribunal civil de Péronne, 1880. 2 vol. in-8......................... 16 fr.

Cours de Droit diplomatique, à l'usage des agents politiques du ministère des affaires étrangères, des États européens et américains, accompagné des pièces et documents proposés comme exemples des offices divers qui sont du ressort de la diplomatie, par P. PRADIER-FODÉRÉ, chevalier de la Légion d'honneur. 1881. 2 vol. in-8 .... 18 fr.

Histoire de la discipline parlementaire, règles et usages des assemblées politiques des deux mondes, l'enquête du Foreign-Office sur la clôture, le serment, etc. La réforme du règlement de la Chambre des communes, suivi d'une table des auteurs et des personnages politiques cités par AUGUSTE REYNAERT, docteur en droit, membre et secrétaire de la Chambre des représentants de Belgique. 1884. 2 vol. in-8.. 18 fr.

Nouveau droit international public, suivant les besoins de la civilisation moderne, par PASQUALE FIORE. 2º édition refondue et augmentée, d'appendices contenant des documents les plus importants, traduite et annotée par CHARLES ANTOINE. 1885-86. 3 vol. in-8 .... 37 fr. 50

Traité de Droit international public européen et américain, suivant les progrès de la science et de la pratique contemporaines, par P. PRADIER-FODÉRÉ, conseiller à la Cour d'appel de Lyon, chevalier de la Légion d'honneur. 1885-86. 3 vol. in-8....................... 60 fr.

Le Droit public international maritime, principes généraux, règles pratiques, par CARLOS TESTA, capitaine de vaisseau; traduction annotée et augmentée de documents nouveaux, touchant la contrebande de guerre, la naturalisation des mers et des fleuves et la décision de la conférence africaine (1885) en matière de droit maritime, par AD. BOUTIRON, secrétaire d'ambassade. 1886. 1 vol. in-8................. 8 fr.

Le Droit des gens, ou des nations considérées comme communautés politiques indépendantes, par SIR TRAVERS TWISS, professeur à l'Université d'Oxford, membre de l'Institut de droit international, etc. — Édition française. 2 vol. in-8................................. 18 fr.

Le tribunal international, par le comte L. KAMAROWSKI, professeur de droit international à l'Université de Moscou, traduit par SERGE DE WESTMAN, ancien élève de l'école des sciences politiques, précédé d'une introduction par JULES LACOINTA, ancien avocat général à la Cour de cassation. 1 vol. in-8, 1887............................. 8 fr.

La mer territoriale, au point de vue théorique et pratique, par J. IMBART LATOUR, avocat à la Cour d'appel de Paris. 1889. 1 vol. in-8. 8 fr.

Traité de Droit international privé, par PASQUALE FIORE, traduction par CHARLES ANTOINE... 10 fr.

Laval. — Imprimerie et stéréotypie E. JAMIN, 41, rue de la Paix.

9 782013 464604